Hans-Jürgen Fründt
Costa de la Luz

W0054211

„Un paraíso (si el viento lo permite)"
Ein Paradies (wenn der Wind es erlaubt)
aus: GEO Español, Heft 159

Impressum

Hans-Jürgen Fründt
Costa de la Luz
erschienen im
Reise Know-How Verlag Peter Rump GmbH
Osnabrücker Str. 79, 33649 Bielefeld

© Peter Rump 2001
2., komplett aktualisierte Auflage 2003
Alle Rechte vorbehalten.

Gestaltung
   Umschlag: M. Schömann, P. Rump (Layout);
      Günter Pawlak (Realisierung)
   Inhalt: G. Pawlak (Layout und Realisierung))
   Karten: Catherine Raisin, der Verlag
   Fotos: Hans-Jürgen Fründt (jf), Susanne Muxfeldt (sm)
   Titelfoto: Hans-Jürgen Fründt
   Bildbearbeitung: Becker Reprotechnik, Thomas Buri

Lektorat: Anja Fröhlich

Druck und Bindung: Fuldaer Verlagsagentur

ISBN 3-8317-1212-3
Printed in Germany

Dieses Buch ist erhältlich in jeder Buchhandlung der BRD,
der Schweiz, Österreichs, Belgiens und der Niederlande. Bitte
informieren Sie Ihren Buchhändler über folgende Bezugsadressen:
BRD
   Prolit GmbH, Postfach 9, 35461 Fernwald (Annerod)
   sowie alle Barsortimente
Schweiz
   AVA-buch 2000, Postfach, CH-8910 Affoltern
Österreich
   Mohr Morawa Buchvertrieb GmbH, Sulzengasse 2, A-1230 Wien
Niederlande, Belgien
   Willems Adventure, Postbus 403, NL- 3140 AK Maassluis

Wer im Buchhandel trotzdem kein Glück hat,
bekommt unsere Bücher auch direkt bei:
Rump Direktversand Heidekampstraße 18, D-49809 Lingen (Ems)
oder über den **Büchershop im Internet:**
www.reise-know-how.de

Wir freuen uns über Kritik, Kommentare und Verbesserungsvorschläge.
Alle Informationen in diesem Buch sind vom Autor mit größter Sorgfalt gesammelt und
vom Lektorat des Verlages gewissenhaft bearbeitet und überprüft worden. Da inhaltliche
und sachliche Fehler nicht ausgeschlossen werden können, erklärt der Verlag, dass alle
Angaben im Sinne der Produkthaftung ohne Garantie erfolgen und dass Verlag wie
Autor keinerlei Verantwortung und Haftung für inhaltliche und sachliche Fehler über-
nehmen. Die Nennung von Firmen und ihren Produkten und ihre Reihenfolge sind als
Beispiel ohne Wertung gegenüber anderen anzusehen. Qualitäts- und Quantitäts-
angaben sind rein subjektive Einschätzungen des Autors und dienen keinesfalls
der Bewerbung von Firmen oder Produkten.

Hans-Jürgen Fründt

Costa de la Luz

REISE KNOW-HOW im Internet

Aktuelle Reisetipps und Neuigkeiten
Ergänzungen nach Redaktionsschluss
Büchershop und Sonderangebote
Weiterführende Links zu über 100 Ländern

www.reise-know-how.de
info@reise-know-how.de

Wir freuen uns über Anregung und Kritik.

Vorwort

Afrika liegt nur 14 km entfernt, Barcelona dagegen 1300 km; so viel zur Grundorientierung. Aber diese Lage prägt: Immerhin satte 3200 Stunden im Jahr scheint die Sonne bei einer durchschnittlichen Temperatur von 17,6°C. Das lockt! Kein Wunder, dass sich nordeuropäische Überwinterer gerne hier unten aufhalten. Aber die Costa de la Luz bietet noch einiges mehr.

Zunächst einmal sehr schöne Sandstrände, die aber nur bedingt zum Sonnenbaden genutzt werden können, denn es pustet beständig ein sehr starker Wind – was die Liegestuhlfraktion ärgert und die Surfer erfreut. Die treffen sich vornehmlich in Tarifa und sausen mit ihren Brettern die Küste rauf und runter. In malerischer Lage locken auch einige wunderschöne Weiße Dörfer. Als ob ein Künstler mit großem Pinsel Regie geführt hätte: Grundfarbe Weiß, hier und da ein Klecks Rot (Dachziegel), vereinzelt Grün (Blumen) und schließlich Braun (Erde). Conil, Vejer und Arcos heißen diese Kleinode. Und dann ist da noch die gastronomische Seite: Fisch und Meeresfrüchte stehen überall hoch oben auf der Speisekarte, in einigen Orten wetteifern die Lokale regelrecht um die geneigte Kundschaft. Das Schönste aber ist, dass bis auf zwei Ausnahmen kein Bauboom ausgebrochen ist. Die Orte sind noch malerisch verspielt, die Touristen integrieren sich zumeist ins Ortsbild. Wahrscheinlich trägt der Wind die Last der Schuld, in diesem Fall möchte man sagen: „Gracias a Dios".

Von Süd nach Nord werden hier alle Orte der Costa de la Luz vorgestellt, mit einer Fülle von Tipps und Hinweisen. Als besonderen Service durchleuchten wir alle(!) Strände der gesamten Küste auf „Ferientauglichkeit". Schließlich soll es sich doch lohnen, einmal diese lange Reise auf sich zu nehmen, nicht wahr? Buen viaje!

Hans-Jürgen Fründt

Inhalt

Vorwort 7
Zum Gebrauch 10
Wahl des Urlaubsortes 10

Reisetipps A–Z

Auto fahren 14
Diplomat. Vertretungen 23
Essen und Trinken 25
Feste und Feiertage 35
Formalitäten 38
Geldfragen 38
Gesundheit 39
Hin- und Rückreise 43
Infostellen 46
Mit Kindern unterwegs 49
Öffentliche Verkehrsmittel 49
Öffnungszeiten 50
Post 51
Rad fahren 51
Reisezeit 52
Sicherheit 54
Sport und Erholung 56
Sprache 57
Telefonieren 59
Unterkunft 62
Versicherung 68
Zollbestimmungen 69

Land und Leute

Geografie 72
Klima 73
Die Andalusier 75

Staat und Gesellschaft

Symbole Andalusiens 82
Geschichte 82
Andalusien heute 99

Die Costa de la Luz im Überblick

Kurzcharakteristik
  aller Orte 110
Die Highlights 112

Die Küste der Provinz Cádiz

Tarifa 119
Bolonia 129
Zahara de los Atunes 132
Barbate 137
Caños de Meca 142
El Palmar 147
Vejer de la Frontera 149
Conil de la Frontera 153
Novo Sancti-Petri 162
Chiclana de la Frontera 169
San Fernando 172
Cádiz 177
El Puerto de Santa María 189
Playa Santa Catalina 198
Rota 200
Zwischen Rota
  und Chipiona 205
Chipiona 208
Sanlúcar de Barrameda 213
Arcos de la Frontera 220
Jerez de la Frontera 225
Gibraltar 236

Die Küste
der Provinz Huelva

093cl Foto: sm

Sevilla	249
Matalascañas	272
El Rocío	277
Parque Nacional Doñana	280
Playa Castilla	286
Mazagón	289
Palos de la Frontera	293
Moguer	301
Huelva	304
Punta Umbría	308
El Portil	313
El Rompido	316
El Terrón	318
La Antilla	320
Islantilla	323
Isla Cristina	326
Isla Canela	331
Ayamonte	335

Anhang

Literaturtipps	340
Kleine Sprachhilfe	342
Register	354
Der Autor	359
Kartenverzeichnis	360

Exkurse

Paella - ein Arme-Leute-Gericht 29
Die Bar - das Wohnzimmer des Spaniers 32
Die Nationalstraße 340 - Spaniens Süd-Nord-Arterie 40
La siesta oder warum die Spanier nicht aussterben 78
Der Kampf mit den Stieren 102
Die Schlacht von Trafalgar 145
Das Who's who des Sherry 234
Wo ist das Grab des Kolumbus? 263
Bedrohung für den Park 285
Kolumbus - Entdecker oder Fälscher? 298

Zum Gebrauch

Im Kapitel „A–Z" erhält der Leser allgemeine Tipps und reisepraktische Hinweise für einen Urlaub an der Costa de la Luz. Das Kapitel „Land und Leute" gibt einen Überblick über Geografie und Klima und liefert eine erste Annäherung an die Menschen. In „Staat und Gesellschaft" wird die Region Andalusien vorgestellt, die geschichtliche Entwicklung kurz angerissen und anhand von Fakten und Daten ein Blick auf die heutige Lage geworfen. Danach folgt eine Beschreibung der Costa de la Luz von Südost nach Nordwest. Jeder Ort wird individuell vorgestellt, mit Tipps zu Unterkünften, Restaurants, Aktivitäten und einem breitem Adressenteil.

Der besondere Clou aber sind die ausführlichen Beschreibungen aller Strände, die in ihrer Ausführlichkeit einzigartig sein dürften: Unter dem Stichwort „Strandprofil" werden Lage und Ausdehnung (z.B.: „einsam", „eine Schnellstraße verläuft beinahe übers Handtuch"), die Art des Strandes (zumeist feiner, heller Sand) und die vorhandenen Serviceeinrichtungen beschrieben, ergänzt durch genaue Strandkarten und Piktogramme.

Die Ortsbeschreibungen zu Gibraltar, Jerez, Cádiz und Sevilla enthalten fundierte und konkrete Ratschläge für einen Tagesausflug. Niemand muss sich mit einer organisierten Tour zufrieden geben. Wer auf eigene Faust diese tollen Städte besuchen möchte, findet hier alle nötigen Hinweise, von der Anreise, über die Parkplatzsuche bis zur Stadtbesichtigung mit Gastronomietipps.

Wahl des Urlaubsortes

Wer noch nicht genau weiß, wie es in seinem Zielgebiet aussieht, kann schnell enttäuscht werden. Deshalb soll hier in aller Kürze eine Entscheidungshilfe angeboten werden, die die Auswahl des Urlaubsortes erleichtert. Weitere Tipps und Hinweise finden sich im Kapitel „Die Costa de la Luz im Überblick".

● Sie wollen einen Ort mit ausgeprägtem Nachtleben? Einen richtigen „Kracher-Ort" gibt es nicht. In Tarifa und Conil kann man in den Musikbars der Altstadt gut die Kehlen befeuchten. Da sich in beiden Orten viele Ausländer aufhalten (Surfer, Sprachschüler) gibt es auch international ausgerichtete Lokale. Ein eher spanisch orientiertes Nachtleben bieten die Tapabars von El Puerto de Santa María und Sanlúcar.

● Sie wollen einen schönen Strand, der nicht zu einsam und möglichst nahe an einem etwas größeren Ort liegt? In Tarifa und Conil geht's eine Spur internationaler zu; in Barbate, Rota, Chipiona, Punta Umbría, Isla Cristina, El Puerto de Santa María eher spanischer. Einen schönen Strand haben alle und in den Orten gibt es einiges zu entdecken.

● Sie möchten einen schönen Strand in Verbindung mit großen Hotels, die möglichst auch über Reisekataloge buchbar sind? Zu finden in Matalascañas, Isla Canela (noch ziemlich einsam), Novo Sancti-Petri, Islantilla, Conil.

● Sie wollen sich in einem kleinen, ruhigen Ort ohne großen touristischen Rummel einnisten, aber ein Strand sollte schon in der Nähe sein? Auch da gibt es einige Angebote: Zahara de los Atunes, Caños de Meca, Bolonia (sehr einsam!), Mazagón.

● Ihr Motto lautet: *vamos a la playa* und sonst nichts? Das geht überall, aber – der Wind ...

● Sie wollen sich in einem exzellenten Hotel in exponierter Lage verwöhnen lassen (nach dem Preis fragen wir lieber nicht)? Der Parador in Mazagón liegt traumhaft, hoch oben über dem Strand in totaler Einsamkeit. Ebenfalls in einer Top-Lage: Hotel Fuerte Conil am Strand von Conil und der Parador von Arcos de la Frontera in der verwinkelten Altstadt. Auch das Hotel Convento in Vejer de la Frontera zählt zu den außergewöhnlichen Häusern.

Praktische
Reisetipps A–Z

Auto fahren

**Auto-
bahnen**

Die gebührenpflichtige Autobahn **A4** verbindet Cádiz mit Sevilla. Zwar verläuft beinahe in Sichtweite parallel dazu die Nationalstraße N-IV, aber wesentlich ruhiger geht es auf der *autopista* zu. Kurz vor Sevilla vereinigen sich beide, dann geht es gemeinschaftlich ins hektische Verkehrsgetümmel der Stadt.

Eine zweite Autobahn im Bereich der Costa de la Luz, die **A49,** führt von Sevilla nach Westen bis zur portugiesischen Grenze, sie ist gebührenfrei.

Bei der Auffahrt auf eine gebührenpflichtige Autobahn muss man häufig ein **Ticket** ziehen und bei der Ausfahrt dann bezahlen. Manchmal wird aber auch für eine kurze Strecke ein **fester Betrag angezeigt,** dann gibt's kein Ticket. Begleichen kann man die Summe sowohl bar als auch per Kreditkarte. Wer den Betrag passend hat, fährt an die Kasse mit dem Schild *automático* und wirft dort die Münzen in einen Trichter. Wechselgeld gibt's hier nicht. Wer es nicht passend hat, reiht sich in die Schlange beim Schild *manual* ein. Dort sitzt ein Kassierer, der wechselt. Und wer mit Kreditkarte zahlen will, nutzt die Spur mit dem großen „T", das für *tarjeta,* („Karte") steht.

**National-
straßen**

Es existiert nur eine wichtige Straße im Bereich der Provinz Cádiz. Die **Nationalstraße N-340,** die spanisch *Carretera Nacional* heißt und in vielen offiziellen Adressen *Ctra. 340* oder *Ctra. N-340* abgekürzt wird, verläuft in etwa parallel zur Küste. Sie beginnt im südspanischen Ort Cádiz. Ab dort werden die Kilometerangaben gezählt, sie steigen also in West-Ost-Richtung auf. So manches Hotel und die meisten Campingplätze tragen in ihrer offiziellen Adresse keinen Straßennamen, sondern nur den Hinweis, an welchem Kilometerstein sie liegen. Das liest sich dann so: Camping XYZ, Ctra. N-340, km 88,3. Die N-340 endet nach etwa 1300 Kilometern in Barcelona.

Zwischen der Provinz Cádiz und der benachbarten Provinz Huelva fließt der Guadalquivir. Es gibt keine Möglichkeit diesen Fluss zu überqueren, da sich hier unmittelbar ein weitläufiges Naturschutzgebiet anschließt. Wer also von der Küste bei Cádiz an die Küste bei Huelva fahren möchte, muss einen **Umweg über Sevilla** akzeptieren – eine Strecke von 250 Kilometern.

Im Bereich der Provinz Huelva verläuft ebenfalls eine Straße entlang der Küste. Die **A-494** startet beim Ferienort Matalascañas und zieht sich durch einen riesigen Pinienwald in Richtung Huelva. Kurz vor der Provinzhauptstadt gabelt sich der Weg. Hier kann man durch ein großes Industriegebiet direkt nach Huelva hineinfahren oder aber der Einfallstraße folgen, die eng an der Stadtgrenze entlang schließlich auf die N-431 Richtung Portugal führt. Um

Huelva weiträumig zu umfahren, folgt man ab Mazagón den Schildern Richtung Moguer und später Gibraleón. Nach einigen Schlenkern landet man dann ebenfalls auf der nach Portugal weisenden Nationalstraße.

Im äußersten Westen führt besagte **N-431** schnurstracks zum Grenzort Ayamonte. Leider ist sie in diesem Abschnitt eine vielbefahrene (LKWs!) und nur zweispurige Straße. Etwas ruhiger geht es auf der Küstenstraße zu, die von La Antilla bis Isla Cristina verläuft. Aber aufgrund der vielen tief ins Land eingeschnittenen Flussläufe muss man doch immer wieder auf die Hauptstraße ausweichen.

Straßen-karten

● **„Costa de la Luz", Firestone-Karte T-30,** Maßstab 1:200.000. Deckt die Küste von Gibraltar bis zur portugiesischen Grenze ab. Auf der Rückseite obendrein ein guter Stadtplan von Sevilla.

● **RACE-Karte „Costa de la Luz", Editorial Everest.** Straßenkarte vom spanischen Automobilclub RACE in Zusammenarbeit mit dem Verlag Editorial Everest, Maßstab 1:200.000. An vielen Tankstellen in Spanien erhältlich.

● **„Costa del Sol, Costa de la Luz", RV-Verlag.** Zeigt nicht nur die Küste bis Portugal, sondern auch die Costa del Sol. Auseinander gefaltet etwa die gleiche Größe wie Firestone, aber Maßstab 1:300.000, doppelseitig bedruckt. Mit Stadtplänen u.a. von Sevilla, Granada und Córdoba.

● **ADAC-Karte „Costa de la Luz",** Maßstab 1:250.000. Genaue Straßenkarte mit City-Plänen von Cádiz, Córdoba, Málaga und Sevilla.

● **„Generalkarte Andalusien – Costa del Sol", Mairs Geographischer Verlag,** Maßstab 1:200.000. Eine sehr genaue und hochaktuelle Karte. Zeigt nicht nur die Costa del Sol, sondern auch aus dem Bereich der Costa de la Luz die gesamte Provinz Cádiz. Erste Wahl für Reisende im Gebiet zwischen Tarifa und Río Guadalquivir.

● Im **Reise Know-How Verlag** ist im world mapping project eine gute gps-taugliche Karte von **Andalusien** mit Höhenlinien und Sehenswürdigkeiten im Maßstab 1:650.000 erhältlich.

Verkehrs-regeln

Es gilt ein **Überholverbot** 100 m vor Kuppen und auf Straßen, die nicht mindestens 200 m zu überblicken sind.

Auf beleuchteten Straßen, außer Autobahnen und Kraftfahrstraßen, darf man nur mit **Standlicht** fahren.

Außerdem ist das **Abschleppen** durch Privatfahrzeuge verboten.

Fremd dürfte vielen Reisenden auch der sehr häufig anzutreffende **Kreisverkehr** sein. An größeren Kreuzungen hat man auf Ampeln verzichtet und stattdessen einen geräumigen Kreisverkehr angelegt. Wie es scheint, erfolgreich, denn lange Schlangen bilden sich hier nie. Jeder passt ein wenig auf, fädelt sich ein, dreht eine halbe Runde

und fährt wieder raus, fertig! Wer drauf ist, hat Vorfahrt, wer reinfahren will, muss warten. Und wenn man nun „seine" Abfahrt verpasst hat? Kein Problem, eine Runde drehen, auf die Schilder achten und ab.

In etlichen kleineren Orten sind **flexible Ampeln** zu finden. Diese hängen unübersehbar gelb blinkend hoch oben über der Zufahrtsstraße. Rauscht nun ein Pkw mit überhöhter Geschwindigkeit heran, springt die Ampel auf Rot. Simples Prinzip, nicht wahr? *„50 km/h, a más velocidad semáforo cerrado"*, so steht es dazu auf kleinen Schildern.

In Spanien gilt hochoffiziell die **0,5-Promille-Grenze.** Wer mit mehr Alkohol im Blut erwischt wird, muss mit bis zu 600 € Strafe rechnen.

Eine ähnlich hohe Summe soll derjenige löhnen, der fahrend mit einem **Handy** am Ohr erwischt wird. Erlaubt ist das Telefonieren am Steuer nur über eine Freisprechanlage.

Bandas sonoras bedeutet, dass zwei quer über die Straße gelegte Schwellen kommen. Wer hier nicht die Geschwindigkeit reduziert, kracht so richtig schön darüber, dass es wirklich „wohlklingt", wie das Schild verspricht.

Cambio de sentido besagt, dass man hier die Richtung wechseln kann, also einen U-turn, wie es so schön neudeutsch heißt, fahren darf. Es steht aber auch für „Abfahrt" mit anschließender Möglichkeit, die Fahrtrichtung zu wechseln.

„Achtung: Kurvige Strecke"

Ungewohnt auch dies: Speziell auf Überlandstraßen muss der **Linksabbieger** oftmals zuerst nach rechts auf eine besondere Spur schwenken, die einen Halbkreis beschreibt, und dann die eben verlassene Straße kreuzen. Staus werden so vermieden. Ähnlich verhält es sich an Stellen, an denen man sich in den Verkehr einfädeln will. Biegt man an einer Kreuzung nach links ab, befindet man sich manchmal noch nicht gleich auf der eigentlichen Straße, sondern auf einer Art **Einfädelungsspur**, die links neben der Straße verläuft. Ungewohnt, aber auch durchaus sinnvoll.

Immer häufiger werden **Kontrollen** durchgeführt. Wer als Temposünder erwischt wird, muss zahlen, und zwar sofort! Bis zu 600 € sind dann fällig.

Höchstgeschwindigkeiten

	in Orten	Land- straßen[1]	Land- straßen[2]	Auto- bahnen
● Pkw und Motorräder	50	90	100	120
● Busse	50	80	90	100
● Pkw mit An- hänger, Lkw	50	70	80	80 90[3]
● Wohnmobile bis 3,5 t	50	90	90	120
● Wohnmobile über 3,5 t	50	80	80	100

[1]zwei Fahrspuren   [2]drei Fahrspuren   [3]Lkw ohne Anhänger

Parken

In den Städten einen Parkplatz zu finden, ist nicht immer ganz einfach. Dem Ausländer kann man nur dringend empfehlen, in den Großstädten den **Parkleitschildern** zu folgen, auch wenn man dort immer eine Gebühr zahlen muss. Wer auf eigene Faust einen Platz irgendwo an einer Straßenecke sucht, kann sich sehr schnell heillos verfahren.

Mit **blauen Linien** gekennzeichnete Parkplätze sind gebührenpflichtig. Also nicht einfach forsch rein in eine Parklücke und verschwinden, sondern erst einmal den Automaten suchen. Dort muss der Parkschein gezogen werden. Das verlangt aber sich ungefähr darüber im Klaren zu sein, wie lange man hier parken möchte. Die Gebühren sind sehr unterschiedlich, die mögliche Parkdauer ebenfalls. In einigen Orten beträgt die Höchstgrenze zwei Stunden, in anderen vier. Wer aber seine Zeit überzieht und ganz viel Pech hat, wird von der GRUA (dem staatlichen Abschleppunternehmen) abgeschleppt.

003cf Foto: jf

Bei **gelben Bordsteinmarkierungen** heißt es aufpassen, hier herrscht absolutes Parkverbot!

Auf eine ärgerliche Unsitte muss noch hingewiesen werden. Die Spanier parken gnadenlos **in der zweiten Reihe!** Leider keine Ausnahme, sondern Alltag – Autos am Straßenrand werden ohne Rücksicht zugeparkt. Zumeist verschwinden die Fahrer dann tatsächlich nur mehr oder weniger kurze Zeit in der nächsten Bar, aber wer weiß? Und ruck-zuck parkt der Nächste ebenso, dann folgt der Dritte und so weiter, bis eine komplette zweite Reihe steht. Was tun? Da gibt es nur zwei Möglichkeiten: Zunächst versuchen den Zuparker wegzuschieben. Das immerhin bedenken viele dann doch und legen weder Gang ein noch

Erst zahlen, dann parken!

ziehen sie die Handbremse an. Falls das nicht möglich ist, hilft nur noch eins: so lange gnadenlos auf die Hupe drücken, bis aus irgendeiner Bar jemand angelaufen kommt und unter vielen *perdón!* seinen Wagen wegfährt. Oder die GRUA kommt.

In Andalusien wird es heiß, im Sommer sogar sehr heiß. Im Auto wird es dann sogar sehr heiß. Deshalb sollte, wo auch immer möglich, in einem **Parkhaus** oder in einer Tiefgarage geparkt werden. Der kühle, schattige Platz sollte einem schon die Gebühren wert sein. Jeder, der schon einmal sein Vehikel aufgeschlossen hat, nachdem es zwei Stunden in der prallen Sonne stand, wird wissen, was gemeint ist.

Ein Thema für sich sind **selbst ernannte Parkwächter.** An vielen touristischen Sehenswürdigkeiten tauchen sie wie aus dem Nichts auf und fordern mehr oder weniger deutlich eine Parkgebühr. Um es klar zu sagen: Wer auf einem offiziellen Parkplatz steht, bezahlt eine Gebühr zumeist über einen Automaten. Damit ist alles abgegolten. Wer dagegen auf irgendeiner Fläche parkt, wird oft mit den *voluntarios* („Freiwilligen") konfrontiert. Diese tragen eine weiße Mütze, die ihnen einen halbwegs offiziellen Charakter verleihen soll. Sie „helfen" beim Einparken, beim Aussteigen und bewachen das Auto ... Tja, wenn sie es dann wirklich täten, wäre ja auch ein Trinkgeld gerechtfertigt. Oft genug verbirgt sich aber nur die billige Masche dahinter speziell dem Ausländer Geld aus der Tasche zu ziehen.

Sommer-liche Staus Die Ausländer fliegen zumeist ein, braten brav am Strand und mieten sich vielleicht mal ein Auto. Die Spanier dagegen reisen im **Juli** und noch verstärkter im **August** mit ihrem Pkw an die Küste. Die Bewohner der Großstädte Sevilla und Huelva fliehen dann vor der innerstädtischen Hitze in Scharen an die weitläufigen Strände der Costa de la Luz. Entsprechend voll wird es in jener Zeit. Erschwert wird die Situation in dieser Zeitspanne an jedem **Wochenende.** Da herrscht ein kollektiver Aufbruch in allen andalusischen Städten und jeder, der das Pech hat, keinen Urlaub nehmen zu können, flüchtet an die Strände. Alle, ich wiederhole, alle *playas* werden dann okkupiert, jeder Campingplatz, jedes noch so miese Hotelzimmer, schlichtweg alles ist dann besetzt. Und entsprechend eng ist es dann auch auf den Straßen. Es wird sich wohl nie ändern: Die Spanier starten ihre Fahrt in die Ferien am gleichen Wochenende, unweigerlich landen alle im Stau, trotzdem wird's gemacht. Und mit schöner Regelmäßigkeit mischen sich dann auch noch die Wochenendausflügler darunter. Das kommt einem aber irgendwie bekannt vor, nicht wahr? In der Lokalzeitung heißt es warnend: „Bis Mitternacht werden etwa zehn Millionen Bewegungen auf Spaniens Straßen erwartet." Kommentar überflüssig.

Autounfall Ich hoffe es natürlich nicht, aber es kann ja doch mal passieren, dass es kracht. Was dann? Mir ist klar, dass die folgenden Ratschläge in dem Stress, der möglichen Hitze und noch dazu in einer fremden Sprache nicht einfach zu befolgen sind. Dennoch: Hat es gekracht, möglichst die **Polizei** rufen. Zuständig ist innerorts die *Policía Municipal* (Tel. 092), außerorts die *Guardia Civil* (Tel. 091).

Sie wird allerdings nur bei größeren Schäden oder bei Unfällen mit Verletzten ein **Protokoll** aufnehmen. Deshalb sollte man so genau wie möglich selbst dokumentieren. Hierbei hilft der internationale Unfallbericht, den jeder Versicherer ausgibt. Die Unfallstelle genau fotografieren, genaue Lage der Fahrzeuge, Bremsspuren, Verkehrszeichen nicht vergessen. Auch den Kilometerstein notieren. Anschrift, Kennzeichen und Versicherungsnummer des Unfallgegners festhalten und Anschriften von Zeugen notieren. Den internationalen Unfallbericht vom Unfallgegner unterschreiben lassen. Ohne diese Angaben wird es später ziemlich schwierig, seine Rechte durchzusetzen.

Wenn der Unfall selbst verschuldet wurde, den spanischen Vertreter seiner **Versicherung verständigen:**

● **HUK** über Real Asistencia, c/ Valencia, Barcelona, Tel. 934 510 840
● **Gerling** über AGF Union-Fenix, Passeig de Gràcia 21, Barcelona, Tel. 934 882 676
● **fast alle anderen** über AFICRESA, c/ Bailèn 141, Barcelona, Tel. 932 074 551
● **Infos** zur nächstgelegenen Vertretung einer deutschen Kfz-Haftpflichtversicherung erteilt OFESAUTO, c/ Sagasta 18, 24004 Madrid, Tel. 91446 03 00.

Um sein mögliches Recht durchzusetzen, sollte ein spanischer **Rechtsanwalt** eingeschaltet werden. Wer keinen Rechtsschutz hat, kann sich eine Anwaltsliste vom Generalkonsulat Sevilla besorgen.

Soweit die Formalitäten, jetzt das Prozedere, um seinen **Schaden geltend zu machen.** Da die spanische Polizei bei geringfügigen Schäden gar nicht erst ein Protokoll aufnehmen wird, muss sich jeder selbst kümmern. Das und die nicht ganz einfache Abwicklung haben schon so manchen zur resignierten „Vergiss-es-Lösung" kommen lassen. Warum?

Die spanische Versicherung hat Höchstgrenzen, die 100.000 € bei Sachschäden und 350.000 € bei Personenschäden betragen. Bei deutlich geringeren Schäden kann der Geschädigte seine Ansprüche direkt bei der **Versicherung des Verursachers** geltend machen. Dazu unbedingt ein Schreiben in spanischer Sprache per Einschreiben an die Versicherung schicken, Adressen von Übersetzungsbüros kann das Konsulat in Barcelona nennen. Sollte die

Versicherung nicht zahlen wollen, bleibt nur der Klageweg. Spätestens da taucht die Frage auf, ob sich der ganze Aufwand lohnt.

In jedem Fall muss spätestens 60 Tage nach dem Unfall eine **Anzeige** erstattet werden. Dazu benötigt man unbedingt einen spanischen Anwalt, der auch als Zustellungsbevollmächtigter genannt werden sollte. Dieser erfährt dann von einer Ladung zum Prozess über eine Mitteilung im Amtsblatt, eine Benachrichtigung ins Ausland würde nämlich nicht erfolgen. Kommt es zum Prozess, müssen Beweismittel erbracht werden. Zitat aus einem Merkblatt des deutschen Konsulats: „Es ist aussichtslos, einen Zivilprozess ohne Beweismittel zu führen."

Wer sich nun noch genauer informieren möchte, kann ein **Merkblatt über Kraftfahrzeugunfälle in Spanien** vom Generalkonsulat anfordern.

Jeder Autofahrer ist also gut beraten, einen **internationalen Unfallbericht,** den **Schutzbrief** eines Automobilclubs oder eine **Verkehrsrechtschutzversicherung** zu haben.

●**Literaturtipp:** Im REISE KNOW-HOW VERLAG ist in der Reihe „Praxis" das hilfreiche **Bordbuch Südeuropa für Unfall, Panne und Verkehr** erschienen. Die Autoren H. Backu und F. Köthe behandeln darin zahlreiche Fragen rund um den Schadensfall im Ausland.

Panne

Es muss ja nicht immer gleich der ADAC gerufen werden, in mehreren Orten entlang der Küste befinden sich autorisierte **Werkstätten** der namhaften Autohersteller. Vor allem in Huelva sind viele Marken mit großen Werkstätten vertreten (siehe „Adressen" in den einzelnen Ortskapiteln). Sprachprobleme? Dann fragen Sie doch einfach mal den Kellner Ihres Restaurants oder den Hotelportier. Gegen ein gutes Trinkgeld wird er bestimmt helfen. Ich selbst musste dreimal meinen Golf in eine SEAT-Werkstatt bringen. Die Reparaturen wurden binnen 24 Stunden einwandfrei ausgeführt, und zwar zum halben germanischen Stundensatz.

●**Pannendienste** landesweit unter Tel. (091) 441 2222
●**Unfall- und Pannenhilfe** innerorts durch die *Policía Municipal* unter Tel. 092, außerorts durch die *Guardia Civil* unter Tel. 091.
●Der **ADAC** ist über folgende Notrufnummern erreichbar: Tel. 934 787 878 (Barcelona) oder 915 930 041.

Autobahn-piraten

Kaum hat der Urlauber die spanische Grenze bei La Jonquera passiert und am ersten Rasthaus, keine zwei Kilometer hinter dem Schlagbaum verschnauft, da bekommt er vielleicht sogleich den ersten Schrecken. Vom dortigen Touristenbüro werden kleine Warnzettel verteilt, die vor

Autobahnpiraten warnen. Im Kern läuft es darauf hinaus, dass diese versuchen einen Autofahrer zum **unplanmäßigen Anhalten** zu überreden („Feuer!" oder „Öl läuft aus!"). Steigt dann der verunsicherte Fahrer aus, um den vermeintlichen Schaden anzusehen, wird blitzschnell irgendetwas geklaut. Leider sind derartige Vorfälle passiert. Dennoch sollte nun niemand in Panik verfallen und nur noch ängstlich fahren. Falls Sie aber doch in eine ähnliche Situation geraten (und nichts deutet darauf hin, dass ihr Wagen in hellen Flammen steht), stur bis zum nächsten Rastplatz weiterfahren und erst dort aussteigen, wo sich viele Menschen aufhalten, notfalls direkt beim Tankwart.

Mietwagen In jedem Ort, in dem sich überwiegend ausländische Touristen aufhalten, werden Mietwagen angeboten. Werbende Handzettel liegen überall aus, an der Hotelrezeption genauso wie in vielen Läden. Man kann sie gar nicht übersehen. *Rent-a-car* oder spanisch *alquiler de coches,* manchmal auch *alquiler de motos* („Motorradverleih") heißt es dann. Als Voraussetzungen gelten ein Mindestalter von 21 Jahren und eine **Kreditkarte.** Der Vermieter zieht sich einen Blankoabschnitt. Wer keine Karte hat, muss einen hohen **Barbetrag hinterlegen.** Es kann allerdings auch passieren, dass man ihm gar keinen Wagen leiht.

Der Kunde muss klären, ob der Wagen mit einer **begrenzten Laufleistung** gemietet wird oder ob er soviel fahren kann, wie er möchte. Limitierungen liegen zumeist bei 100 km pro Tag und die werden schnell erreicht. Wer darüber liegt, zahlt pro Kilometer eine Gebühr.

Eine **Vollkaskoversicherung** abzuschließen kann nur jedem angeraten werden.

Die Angebote sind meist so gehalten, dass der **Preis** für einen Tag, für drei und sieben Tage genannt wird, selten jedoch der Endpreis. Addiert werden dann Steuern, Versicherung und eventuell die mehrgefahrenen Kilometer.

Der Wagen muss mit der gleichen Menge **Benzin,** wie sich bei Abholung im Tank befand, zurückgegeben werden. Die Menge wird im Vertrag festgehalten. Treibstoff ist in Spanien etwas billiger als in Deutschland.

Wer für einen längeren Zeitraum einen Wagen mieten möchte, sollte sich eventuell schon **zu Hause** darum kümmern. Reiseveranstalter bieten nämlich mitunter ganz erstaunliche Tarife an, die zumeist in Kombination mit einer Flugreise gelten. Außerdem kommt im Streitfall in der Regel deutsches Recht zum Tragen, was im Falle eines Falles nicht unwichtig sein kann.

Diplomatische Vertretungen

Vertretungen in Spanien

Wie überall auf der Welt sitzt die Botschaft in der Hauptstadt des Landes, also in Madrid. Konsularische Betreuung wird aber auch im Bereich der Costa de la Luz angeboten:

Deutschland
●**Konsulat der Bundesrepublik Deutschland,**
Avenida de la Palmera 19, 2. Stock, Edificio Winterthur, 41013 Sevilla, Tel. 954 230 204, Fax 954 239 552
●**Honorarkonsulat,**
Avda. Duque de Abrantes 44, 11402 Jerez de la Frontera, Tel. 956 306 917, Fax 956 314 054

Österreich
●**Konsulat Österreichs,**
c/ Marqués Parada 26, 41001 Sevilla,
Tel. 954 222 162, Fax 954 218 261

Schweiz
Die nächstgelegene Vertretung der Schweizer befindet sich in Algeciras, kaum 10 km von Tarifa entfernt und damit knapp außerhalb der Costa de la Luz:
●**Konsularagentur,**
c/ Delfín 20, 11207 Algeciras,
Tel. 956 571 513

Spanische Vertretungen

In Deutsch-land
- **Botschaft des Königreichs Spanien,**
Schöneberger Ufer 89, 6. Etage, 10785 Berlin,
Tel. (030) 230 044 84, Fax 230 044 85,
Mo.-Do. 9.00-17.00, Fr. 9.00-14.00 Uhr,
botschaft.spanien@t-online.de
- **Spanisches Generalkonsulat,**
Homberger Straße 16, 40474 Düsseldorf,
Tel. (0211) 439 080, Fax 453 768,
Mo.-Fr. 8.00-13.00 Uhr
- **Spanisches Generalkonsulat,**
Nibelungenplatz 3, 60318 Frankfurt/M.,
Tel. (069) 959 1660, Fax 596 4742,
Mo.-Fr. 8.00-13.00, Sa 8.00-12.00 Uhr
- **Spanisches Generalkonsulat,**
Mittelweg 37, 20148 Hamburg,
Tel. (040) 41 46 460, Fax 417 449,
Mo.-Fr. 9.00-13.00 Uhr
- **Spanisches Generalkonsulat,**
Bödekerstraße 22, 30161 Hannover,
Tel. (0511) 311 085, -86, Fax 316 230,
Mo.-Fr. 8.30-13.30, Sa. 8.30-12.30 Uhr
- **Spanisches Generalkonsulat,**
Oberföhringer Straße 45, 81925 München,
Tel. (089) 998 4790, Fax 981 0206,
Mo.-Fr. 8.00-13.00, Sa. 9.30-12.00 Uhr
- **Spanisches Generalkonsulat,**
Lenzhalde 61, 70192 Stuttgart,
Tel. (0711) 997 9800, Fax 226 5927
Mo.-Fr. 8.30-14.00 Uhr

In Österreich
- **Spanische Botschaft,**
Argentinierstraße 34, 1040 Wien,
Tel. (01) 505 57 88, Fax 504 20 76,
- Außerdem **Honorarkonsulate** in Rankweil, Linz und Salzburg, jedoch ohne Visa-Befugnis

In der Schweiz
- **Spanische Botschaft,**
Kalcheggweg 24, 3000 Bern 16,
Tel. (031) 35 05 252, Fax 35 05 255,
- **Spanisches Generalkonsulat,**
Marienstraße 12, 3005 Bern,
Tel. (031) 356 22 20, Fax (031) 356 22 21,
- **Spanisches Generalkonsulat,**
7, rue Pestalozzi, 1202 Genève,
Tel. (022) 734 460-4, -5, -6, Fax 734 3869,
- **Spanisches Generalkonsulat,**
Riedtlistraße 17, 8006 Zürich,
Tel. (01) 368 61 00, Fax 368 61 21,

Essen und Trinken

Spanische Essgewohnheiten

Frühstück Spanier halten sich nicht lange mit dem Frühstück auf. Ein Kaffee, begleitet von einem **Croissant oder Toast,** das war's im wesentlichen. Nicht wenige gehen morgens gegen 8.00 Uhr zum *desayuno* gleich in eine Bar und frühstücken überhaupt nicht zu Hause. Ähnlich verhält es sich in manchen kleinen, typisch spanischen Hotels, in denen das Frühstück oft ziemlich mager ausfällt. Das gilt natürlich nicht für die großen internationalen Hotels, dort wird ein üppiges Frühstücksbüffet serviert.

Wer einen Kaffee bestellen will, hat drei Varianten zur Auswahl: Ein **café sólo** ist tiefschwarz und winzig, er wird gerne nach dem Essen bestellt. **Cortado** („Abgeschnittener") heißt eine kleine Tasse Kaffee mit etwas Milch und ein **café con leche** („Milchkaffee") besteht aus einer normal großen Tasse Kaffee mit viel Milch.

Das bisschen Mageninhalt reicht natürlich nicht bis zum Mittag, also wird mindestens noch einmal die Bar für eine Art zweites Frühstück aufgesucht. Zwischen 10.00 und 11.00 Uhr bleiben es aber bescheidene Mengen, die verzehrt werden: **Gebäck** vielleicht, möglich auch eine **Eierspeise,** ein Stückchen **Tortilla.** Um diese Zeit gibt's meist noch Kaffee, nur wenige versuchen sich schon am *vino.*

Zwei Stunden später, so zwischen 12.00 und 13.00 Uhr, geht es dann zur Vor-Mittags-Pause in die Bar. Gerne werden jetzt **bocadillos** (belegte Baguettes) gegessen, begleitet von einem **Bierchen** oder **Wein.**

Mittag-essen Das Mittagessen wird niemals vor 14.00 Uhr eingenommen, zumeist erst um 15.00 Uhr. Dann versammelt sich die gesamte Familie am Tisch, die Arbeitskollegen gehen ins Restaurant.

Mittags werden in beinahe allen Restaurants günstige Menüs serviert. Ein **menú del día** besteht zumeist aus zwei Gängen nebst Nachtisch und einer halben oder gar einer ganzen Flasche Hauswein. Der Preis liegt irgendwo zwischen 6 und 10 €. Eine andere Variante sind „Mittagsteller", **plato del día** genannt. Dabei bekommt der Gast einen gut gefüllten Teller mit einem variantenreichen Gericht, mehr aber nicht.

Das Mittagessen zieht sich hin, vor 16.00 Uhr steht niemand auf, die letzten Ausdauernden erst um 17.00 Uhr. Dann wird entweder eine *siesta* geschlafen oder es geht zurück an die Arbeit.

Abend-essen Abends wird entsprechend **spät** gegessen, vor 21.00 Uhr öffnen die wenigsten Restaurants. Eine *cena* („Abendes-

sen") um 22.00 oder gar 23.00 Uhr ist nichts ungewöhnliches. Kein Wunder also, dass Spanier morgens keinen Hunger verspüren.

In den Touristikorten regiert natürlich ein anderer Rhythmus. Dort werden in den großen Hotels und auch in vielen Restaurants Mahlzeiten nach nordeuropäischen Zeiten serviert.

Spanische und regionale Spezialitäten

Tapas

In spanischen Bars wird eine breite Auswahl kalter oder auch manchmal warmer **Häppchen** angeboten, die, auf kleinen Tellerchen serviert, den Wein oder das Bier begleiten. In Andalusien sind sie normalerweise sogar eine kostenlose Beigabe des Wirtes und werden dem Gast, der am Tresen steht und ein Getränk bestellt hat, mit dem Glas gereicht.

Über die **Ursprünge** dieser *tapas* kursieren verschiedene Legenden. Die gebräuchlichste behauptet, dass irgendwann im 18. Jh. Gästen in Wirtshäusern das Glas Wein mit einem Tellerchen bedeckt gereicht wurde. So sollte vermieden werden, dass Fliegen ins Glas gerieten. Auf diese Tellerchen wurde dann immer häufiger eine kleine Beigabe gelegt: eine Olive, ein halbes Ei, ein Stück Schinken – die *tapa* war geboren. Der Begriff leitet sich nämlich vom spanischen Wort *tapar* ab, was „zudecken" heißt.

Diese sympathische Sitte der **kostenlosen Dreingabe** einer kleinen Leckerei wird noch in vielen andalusischen Bars gepflegt, in den Touristikhochburgen natürlich selten. In einigen Bars werden sogar derart umfangreiche Tapas gereicht, dass man erschrocken zunächst ablehnen möchte: „Ich habe doch gar nichts bestellt!". Denn – so selbst erlebt – mancher Wirt klaubt ein ganzes Dutzend *gambas* (Garnelen) zusammen, schaufelt sie auf einen Teller und plaziert sie neben dem Glas. Das ist aber selbst für spanische Verhältnisse eine Menge. Selten, aber nicht unmöglich.

Es gibt eine unglaubliche Vielfalt an Tapas. Einfache Varianten, die kostenlos serviert werden, sind Oliven, eine Sardine oder ein halbes Ei mit einem kleinen Belag, wie etwa ein Paprikastreifen. Oder einfach ein Schälchen Erdnüsse, frittierte Kartoffeln oder ein Klecks Kartoffelsalat, manchmal auch eine Scheibe Schinken.

Eine besondere Leckerei: „churros con chocolate" – in Schokolade getunktes Fettgebäck

Andere Tapas müssen bezahlt werden und hier kennt die Phantasie keine Grenzen: ganze Teller mit Schinken-, Salami- und Käsescheiben oder die unterschiedlichsten Meeresfrüchte, mit einem Zahnstocher auf kleine Scheiben von Stangenbrot gespießt, oder *patatas bravas*, frittierte Kartoffeln in scharfer Sauce.

Es können auch verschiedene Varianten auf einem Teller zusammengestellt werden, so dass der Gast mehrere probiert. *Montados* werden solche Teller auch genannt.

Standard-Tapas sind *albóndigas*, kleine Häckbällchen in scharfer Sauce, oder *ensaladilla rusa*, eine Art Kartoffelsalat, ebenso *boquerones*, sauer eingelegte Sardinen. Dazu ein Bier – schmeckt köstlich! Manche Tapas sind richtig teuer, beispielsweise die *jamón de bellota*, ein Schinken der unglaublich zart auf der Zunge zergeht.

Wenn der Hunger etwas größer ausfällt, kann man gleich eine *ración* (Portion) bestellen. Dann erhält man einen gutgefüllten Teller

Eine **Tapa-Tour** durch mehrere Bars ist ein kulinarisches Highlight! *Irse de tapas* oder *tapeo* bedeutet einen Bummel durch mehrere Tapa-Bars zu unternehmen. Ganze Familien, Gruppen, Nachbarn (immer zu mehreren, niemals alleine) treffen sich dann in einer Bar, stehen am Tresen (niemals am Tisch), bestellen eine Runde Bier oder *vino* und die jeweilige Tapa-Spezialität der Bar. Beim Trinken und Naschen der Tapa wird viel geplaudert (niemals schweigen!), dann zahlt einer die Runde und weiter geht's. Mittlerweile gibt es ganze Bücher, die nichts weiter als die besten Tapa-Bars auflisten.

Bocadillos

Bocadillos sind **kleine Baguettes** oder etwas größere Brötchen, die ohne Butter unterschiedlich belegt werden, z.B. mit Schinken, Käse, *tortilla*, Fleisch oder Salat. Die idealen Hungerstiller für zwischendurch gibt es ebenfalls in jeder Bar.

Andalusische Küche

Ein schöner Satz charakterisiert die spanische Küche folgendermaßen: „Im Süden wird frittiert, in der Mitte gegrillt und im Norden gekocht." Wie wahr, wie wahr. Vor allem Fisch, insbesondere Sardinen, werden gerne frittiert. Die Hitze Andalusiens und die Nähe zum Meer prägen die Küche. Randvoll mit Fleischbergen gefüllte Teller werden selten angeboten, bestenfalls in Form von Eintöpfen, die in den Bergdörfern geschätzt sind.

An Besonderheiten muss an erster Stelle *gazpacho* genannt werden, eine erfrischende **kalte Suppe,** bestehend aus passierten Tomaten, Öl, Essig, etwas Brotkrume, Paprika und vor allem viel Knoblauch. Ähnlich hoch geschätzt wird *ajoblanco*, eine weitere kalte Suppe mit Mandeln und unendlich viel Knoblauch, dazu werden Weintrauben gereicht.

Paella – ein Arme-Leute-Gericht

Die weltberühmte Paella wird nur im Ausland als das typisch spanische Gericht angesehen, in Spanien keineswegs. Eigentlich heißt sie auch *Paella valenciana*, weil sie ursprünglich aus dem Gebiet um Valencia stammt. Denn nur dort wächst im Ebro-Delta in ausreichenden Mengen der benötigte Reis. Paella war in Valencia nichts weiter als ein Arme-Leute-Essen: Man nehme viel Reis und vermische es mit Fleisch- oder Fischresten. Erst später wurde das Gericht dann verfeinert und vor allem mit dem teuren Safran gewürzt.

Die Zubereitung einer Paella erfordert viel Zeit, 45 Minuten gelten als normale Wartezeit im Restaurant. Der Reis wird nämlich in einer besonderen Paella-Pfanne (einer Pfanne mit zwei seitlichen Griffen) über offenem Feuer gekocht, und die Zutaten und Gewürze werden in genau festgelegten Abständen hinzugegeben. In den meisten Restaurants wird eine Paella deshalb auch nur ab zwei Personen aufwärts angeboten. Sollte der Kellner keinen Hinweis auf die lange Zubereitungszeit geben und das Gericht gar nach kürzester Zeit servieren, stammt die Paella aus der Mikrowelle.

Eine gute Paella wird auf offenem Feuer zubereitet

Fisch gibt es natürlich in allen denkbaren Variationen, gegrillt, gekocht oder gebraten. In etlichen Küstenorten werden in den Strandbars, den *chiringuitos,* Sardinen auf kleinen Holzspießen über offenem Feuer gegrillt. Der Kunde bestellt einfach *media docena* („ein halbes Dutzend") und wenig später liegen sie frisch gegrillt auf dem Teller. Auf der Speisekarte häufig angebotene Gerichte sind *panojas malagueñas,* panierte Sardellenfilets, *pescacito frito,* frittierte Fischchen, oder *rape con patatas,* Seeteufel mit Kartoffeln. Gerne serviert man auch *bacalao,* Stockfisch, und **Muscheln** der unterschiedlichsten Größe, Art und Zubereitung, des weiteren **Garnelen, Gambas** und kleine **Tintenfische,** als da wären: *calamares en su tinta,* kleine Tintenfische im eigenen Saft geschmort, oder *chopitos* bzw. *chipirones,* sehr kleine gegrillte Tintenfische – einfach köstlich!

Weit verbreitet sind auch **Eierspeisen,** vor allem *tortilla,* ein Eieromelett mit Kartoffeln, manchmal aber auch mit weiteren Zutaten. Ein *pincho de tortilla* („Stückchen tortilla") zwischendurch dämpft den größten Hunger, und man bekommt es in jeder Bar.

Getränke

Bier

Auch Kurzzeiturlauber lernen recht schnell wenigstens ein spanisches Wort: *cerveza.* Tatsächlich hat der **Bierkonsum** in Andalusien schon lange das Weintrinken in den Schatten gestellt. Auf ein kleines Gläschen mal eben in die nächste Bar gehen, auch schon mal morgens um 11.00 Uhr, das gehört heute zum alltäglichen Leben. Trotzdem sieht man selten einen Spanier sturzbetrunken. Ein kleines Gläschen: ja, auch mehrmals am Tag, aber literweise Bier in sich hineinschütten: nie!

Ein kleines Glas **Bier bestellt man** mit *una caña,* ein etwas größeres mit *un tubo,* beides wird dann blitzschnell gezapft. Die „7-Minuten-braucht-ein-gutes-Bier"-Regel gibt es in Spanien nicht. Wer einen Krug möchte, bestellt *„una jarra".* Eine Flasche ist *una botella,* ein winziges Fläschchen *un botellín. Alkoholfreies Bier, cerveza sin alcohol,* findet auch in Spanien immer mehr Freunde und *una clara,* mit Limo gemischtes Bier, schmeckt in der andalusischen Hitze ebenfalls sehr erfrischend.

Wein

Wein aus Spanien ist längst nicht so bekannt wie französischer oder italienischer. Zu Unrecht, denn spanische Winzer achten schon seit den 20er Jahren auf hohe Qualität. In jener Zeit entstand nämlich ein System der **Herkunftsbezeichnung,** das strengen Kriterien unterliegt. Eine sogenannte *denominación de origen* gilt für bestimmte Weinanbaugebiete, in denen jeweils regionale Vorschriften eingehalten werden müssen. So versucht man, eine gleichbleibende Qualität zu erzeugen. Momentan existieren 40 *denominaciones* in ganz Spanien, davon zwei im Gebiet der Costa de la Luz: Jerez und Huelva.

Festgelegt wird beispielsweise, welche Rebsorten verwendet werden dürfen, in welchem Gebiet angepflanzt wird, und gegebenenfalls ist sogar eine Höchstmenge festgesetzt. Weiterhin wird die Lagerzeit bestimmt. Weiß- und Roséweine müssen wenigstens ein Jahr, Rotweine zwei Jahre gelagert werden, ein Jahr davon im Fass. Die Einhaltung all dieser Vorgaben überwacht ein unabhängiges Gremium und vergibt dafür ein **Gütesiegel.** Jedes Gebiet der 40 *denominaciones* hat sein eigenes. Obendrein erhalten die Weine eine fortlaufende Nummer, so dass eventuelle Unregelmäßigkeiten sich genau zurückverfolgen lassen. Auf den Etiketten der Flaschen müssen neben dem Herkunftssiegel und der Nummer die Traubenbezeichnungen erscheinen.

Im Gebiet von **Huelva** wird D.O.-Wein vor allem in der Umgebung von Bollullos Par del Condado angebaut. Dieser Ort liegt weit ab von der Küste im Hinterland.

Ein sehr großes und auch sehr berühmtes D.O.-Gebiet liegt im Städtedreieck Jerez, Puerto de Santa María und Sanlúcar de Barrameda. Dort wird auf einer Fläche von gut 100 km² Wein für die **Sherryproduktion** angebaut, das D.O.-Siegel heißt daher auch: *Jerez-Xérès-Sherry.*

Wein kann wie überall in unterschiedlichen Qualitäten und zu entsprechenden Preisen bestellt werden. In den Bars ist der **Hauswein** preiswert, aber leider nicht immer gut. Bestellt wird er am Tresen einfach mit *„un blanco"* („ein Weißer"), *„un rosado"* („ein Rosé") oder *„un tinto"* („ein Roter"). Im Restaurant klappt es im Prinzip ähnlich, da sollte nur der Zusatz *„vino de la casa"* („Hauswein") nicht fehlen. Eine erfrischende Variante heißt schlicht *vino del verano,* („Sommerwein"), eine Art gespritzter Rotwein mit Selter.

Lokalitäten

Bar

In jedem noch so kleinen Dorf findet man wenigstens eine Bar. Darunter darf man sich aber keinen Nachtclub oder ähnliches vorstellen, sondern mehr eine Mischung aus **Eckkneipe und Café.** Die Einrichtung ist meist schlicht, die Gäste drängeln sich am Tresen, um ein Gläschen zu trinken und eine Kleinigkeit zu essen. Die meisten verweilen aber nicht lange, so dass die wenigen Sitzplätze selten in Anspruch genommen werden.

Cafetería

Unter einer Cafetería darf man sich wiederum kein stilvolles Kaffeehaus vorstellen, in dem Kellner Tabletts mit Kaffee und Cognac durch rauchgeschwängerte Luft balancieren.

Die Bar – das Wohnzimmer des Spaniers

Es gibt sie in jeder Stadt, in jedem Ort, in jedem Dorf. Keine Gemeinde ist zu klein, eine Bar gibt es immer. Und sie ist wichtig, ist Sozialstation, Wärmehalle, Aufenthaltsraum, und Wohnzimmer zugleich – ein unverzichtbares Medium der Kommunikation.

Wesentlicher Bestandteil einer Bar ist ihr Tresen. Der ist oft aus Metall und wird ständig geputzt. Ein paar Barhocker stehen zwar davor, aber das ist zweitrangig, denn niemand setzt sich. Auf dem Tresen stehen hinter Glas kleine Leckereien, die im Laufe des Tages wechseln.

Eine Bar öffnet früh, gegen 8 oder 9 Uhr. Dann platziert ein verschlafener Kellner Dutzende von Tellerchen auf dem Tresen, legt auf jeden einzelnen Zuckertütchen und Löffelchen und baut sie dann in einer Weise auf, dass dabei regelrechte Pyramiden entstehen. So ist man für den ersten Ansturm gewappnet.

Der kommt in Form von Frühstücksgästen. Aber: Kein Spanier hält sich lange mit dem Frühstück auf, zu Hause sowieso nicht und auch nicht in der Bar. Einen Kaffee, dazu etwas Gebäck, vielleicht ein Toast, eventuell *churros* (frittierte Teigkringel), damit begnügt er sich zumeist.

Ab 11 Uhr kommen schon die Vor-Mittags-Gäste – die, die zwischen Frühstück und Mittag noch einen Happen brauchen, und das sind beinahe alle. Man isst ein *bocadillo*, ein Stückchen *tortilla* oder eine *empanada* (Pastete). Ein erstes Bierchen darf auch schon sein, alternativ ein *vino*. Selbst wer einen Brandy ordert, wird nicht stirnrunzelnd abgestraft.

Gegen 12 Uhr tauchen die ersten Hausfrauen auf, mischen sich unter die Rentner, die bei einem Glas Wasser schon seit Stunden herumhocken und das Treiben beäugen. Die Einkaufstaschen werden unten am Tresen abgestellt und bei einem Kaffee, Wein oder auch Wasser verschnauft Frau erstmal. Das war früher undenkbar, aber die Zeiten ändern sich. Der Tresen ist längst keine Bastion der Männer mehr.

Gegen 14 Uhr verlagert sich das Geschehen in den *comedor*, den Speiseraum. Es beginnt die Mittagszeit. Hat die Bar keinen *comedor*, wird es erstmal ruhiger. Aber irgendwer kommt immer auf ein Gläschen, ein Schwätzchen oder auch, um den größten Hunger zu stillen, denn ein Tagesgericht bietet eigentlich jede Bar an.

Wenn dann am späten Nachmittag die Zeit der *siesta* sich ihrem Ende neigt, setzt der Besucherstrom wieder ein. Es ist die Stunde der *aperitivos* – ein Glas Wein, garniert mit ein paar Oliven oder auch ein Bierchen, zusammen mit in Essig eingelegten Sardinen. Das schmeckt köstlich und macht munter!

Gegen 18 Uhr trudeln die Söhne ein, zum gegenseitigen Angeben. Die Mütter sind auf dem Rückweg von der zweiten Einkaufstour – diesmal fürs Abendessen –, stets in Begleitung einer ihrer Töchter. Dann kommen die Krawattenträger, genießen ihren Feierabend-Brandy. Auslieferungsfahrer stärken sich für die letzte Tour und die Söhne streiten sich um die Spielautomaten.

Eine Stunde lang bleibt es nun ruhig, Zeit fürs Abendessen gegen 21 Uhr. Aber danach kommen alle noch einmal wieder auf eine *copa* („Gläschen"). Sie bleiben nicht allzu lange, trinken etwas und ziehen dann weiter. Um Mitternacht fängt einer der Kellner an die Herdplatte zu schrubben. Ein anderer beginnt wieder aus Tellerchen Pyramiden zu bauen. Der Moment des vorletzten Glases naht. Denn eins ist klar: Zur *última copa*, dazu kommt es nie!

Eine Cafetería ist ein **schlichtes Lokal,** das sich meist nur durch andere Öffnungszeiten von einer Bar unterscheidet. Auch die Cafetería ist mit einem langen Tresen, grellem Neonlicht, einigen wenigen Tischen und einem meist ununterbrochen laufenden Fernseher ausgestattet. Als entscheidender Unterschied kann hier ein kleines Mittagessen eingenommen werden, was nicht in jeder Bar möglich ist.

Chiringuito *Chiringuitos* waren früher kleine, **einfache Kioske** am Strand oder auf dem Lande. Dort wurde eine begrenzte Anzahl an Gerichten für die Urlauber oder Wochenendgäste zubereitet. Das Angebot war bescheiden, Ambiente und Preise ebenfalls. Mit der Zeit entwickelten sich beliebte und gefragte Chiringuitos zu kleineren Bars, vor allem an Stränden, die von vielen Menschen aufgesucht wurden.

Restaurant-Knigge

In einem typischen Restaurant geht es oft recht laut her, auch wenn niemand zuschaut, läuft der **Fernseher** mit voller Lautstärke. Man sollte sich jedoch davon nicht abschrecken lassen, denn dies sagt nichts über die Küche des Hauses aus. Abendessen wird in einem spanischen Restaurant nirgends vor 21.00 Uhr angeboten. Ausnahmen werden natürlich in den Touristenorten gemacht. Da es aber an der ganzen Costa de la Luz keinen Ort gibt, in dem nicht spanische Touristen dominieren, wird man auch nur in Ausnahmefällen um 18.00 Uhr ein warmes Gericht bekommen.

Platzsuche Wer ein **Restaurant** betritt, setzt sich niemals direkt an einen freien Tisch. Ein Kellner wird unverzüglich kommen, nach der Personenzahl fragen und dann Tischvorschläge unterbreiten. Sollten alle Tische besetzt sein, wird man gebeten einen Moment an der Bar zu warten. Niemals selbst zu einem Tisch gehen und fragen: „Ist hier noch frei?", auch dann nicht, wenn nur eine Person einen Riesentisch okkupiert!

In spanischen **Bars** stellt man sich an den Tresen. Der Kellner nimmt die Neuankömmlinge garantiert wahr und fragt nach den Wünschen. Sodann wird das Plätzchen am Tresen geputzt und ein neuer Aschenbecher platziert, dann kommen auch schon Speis und Trank. Wer an einem Tisch Platz nimmt, wartet zwar auch nicht länger, zahlt aber mehr. Und noch ein wenig teurer wird es für den, der draußen auf einer Terrasse sitzt.

Bezahlen Die **Preisliste** muss in allen Gastronomiebetrieben aushängen. Zwar findet man die Liste häufig erst nach intensivster Suche, aber es gibt sie immer. In Bars und Cafés, aber auch in manchen Restaurants, findet man auf der Preisliste unter den Worten **barra** und **mesa** zwei verschiedene Preise. Das Getränk am Tresen, an der *barra,* zu bestellen und zu verzehren ist immer billiger als am Tisch *(mesa),* da der Laufweg des Kellners entfällt. Einige Lokale haben noch einen dritten Preis, den man auf der Terrasse *(terraza)* zahlt. Der Terrassenpreis ist immer der teuerste, da der Kellner den weitesten Weg zurückzulegen hat.

Beim Bezahlen in einer Bar muss man kein **Trinkgeld** geben; wer es möchte, lässt nach dem Herausgeben des Wechselgeldes einen kleinen Betrag auf dem Tellerchen, auf dem die Rechnung gebracht wurde, liegen. Ein „stimmt so!" kennt man nicht. Das Trinkgeld landet in einer Extra-Kasse, dem *bote.* Nicht selten ist dies ein Eimerchen, das in einer Ecke steht und dorthinein schleudert der Kellner die Münzen in unnachahmlicher Lässigkeit. Die Hälfte segelt vorbei, egal, Hauptsache der Stil bleibt gewahrt und der besagt: „Danke, aber ich hab's eigentlich nicht nötig."

Wer in einem **Restaurant** speist, zahlt in der Regel inklusive Bedienung. Trinkgeld wird zwar immer gegeben, aber nie besonders viel. Beim Bezahlen wird immer die **Gesamtrechnung** auf einem kleinen Tellerchen präsentiert, auseinander dividiert wird nicht. Es sollte möglichst einer für alle zahlen oder jeder gibt einen Teil, der ungefähr seiner Verzehrmenge entspricht, dazu. Die spanischen Kellner sind getrennte Rechnungen nicht gewöhnt und mögen sie auch nicht besonders. Einzelne Posten bezahlen zu wollen ist völlig unüblich!

●**Literaturtipp:** In der Reihe „Kauderwelsch" ist im REISE KNOW-HOW VERLAG der Sprechführer **Spanisch kulinarisch** (Band 151) erschienen, mit dem Wortschatz fürs Restaurant und die Tapa-Bar.

Feste und Feiertage

Jeder Ort feiert seine eigenen Feste, nicht nur das des jeweiligen Ortspatrons, sondern auch weitere, die meistens uralten Traditionen entspringen. Unter den jeweiligen Ortsbeschreibungen sind die Termine zu den wichtigsten lokalen Festivitäten aufgeführt.

Semana Santa

Obwohl die Spanier die **Osterwoche** mittlerweile auch gerne zum mehrtägigen Kurzurlaub nutzen, wird das Fest noch immer weihevoll-feierlich begangen. Es beginnt mit der **Prozession** am Palmsonntag, also am Sonntag vor Karfreitag. Auch an den folgenden Tagen finden Messen und prunkvolle Umzüge statt, vor allem in Sevilla, wo über 50 Bruderschafen aktiv sind. Im Mittelpunkt steht die Lei-

densgeschichte Jesu. Gewaltige Figuren werden von stolzen Trägern gemessenen Schrittes durch die Straßen getragen, die Bevölkerung folgt würdevoll.

Fiestas Jeder Ort, sei er noch so klein, feiert einmal im Jahr das **Fest zu Ehren des Ortspatrons.** Im Grundsatz verlaufen diese *fiestas* immer ähnlich. Nach einer Messe wird das Bildnis des Ortspatrons bzw. der Ortspatronin in einer Prozession durch die Straßen getragen, die Bewohner laufen hinterher. Je nach Ausrichtung werden diese Umzüge mal feierlich, mal feucht-fröhlich gehalten. Aber immer findet abends eine richtige *fiesta* statt, die die ganze Nacht dauert, und das kann man wörtlich nehmen. Ich selbst durfte einmal in einem kleinen andalusischen Dorf mitmachen – als ich um 3.00 Uhr morgens die Segel strich, galt ich als *debilucho*, als Schwächling …

Reisetipps A–Z

Romerías

Ähnlich verlaufen die *romerías*. Im ursprünglichen Wortsinn sind das **Wallfahrten** zu Ehren von bestimmten Heiligen. Am berühmtesten dürfte die *romería* über Pfingsten nach El Rocío sein, einem kleinen Dorf im Südwesten Andalusiens. Von Sevilla aus wandert eine Gruppe von Pilgern in tagelangen Märschen dorthin, manches Jahr 100.000 Menschen. Besonders spektakulär fallen die *romerías* zu Ehren der *Virgen del Carmen* aus, wenn Prozessionen in offenen Booten über das Meer fahren.

Ferias

Eine *feria* wird in den Sommermonaten in vielen Orten gefeiert. Ursprünglich ein Viehmarkt, hat sich das Fest heutzutage zu einer Mischung aus **Jahrmarkt, Sommerfest** und **Dauerfete** gewandelt. Als die wohl bekannteste *feria* an der Costa de la Luz gilt die einwöchige Party in Sevilla, die jedes Jahr kurz nach Ostern stattfindet. In jener Woche spazieren feierfreudige Sevillanos tagsüber im traditionellen Outfit durch die Straßen, Männer als stolze Herren, Frauen in rüschenbesetzten Flamenco-Kleidern. Aus den Kneipen dröhnt **Flamenco,** jede Bar versucht die nächste zu übertreffen und geschlossen wird höchstens mal zum Durchfegen. Es wird getrunken, getanzt, gescherzt. Und nachts geht's erst richtig los, insbesondere in einer eigens aufgebauten Zeltstadt, zu der aber nicht jeder Zutritt hat.

Gesetzliche landesweite Feiertage

- 1. Januar: **Año Nuevo,** Neujahr
- 6. Januar: **Día de Reyes,** Heilige Drei Könige
- Gründonnerstag: **Jueves Santo**
- Karfreitag: **Viernes Santo**
- 1. Mai: **Día del Trabajo,** Tag der Arbeit
- 25. Juli: **Santiago Apóstol,** Sankt Jakobus
- 15. August: **Fiesta de la Asunción,** Mariä Himmelfahrt
- 12. Oktober: **Día de la Hispanidad,** auch:
  Día de la Raza, Jahrestag der Entdeckung Amerikas
- 1. November: **Todos los Santos,** Allerheiligen
- 6. Dezember: **Día de la Constitución,**
  Tag der Verfassung
- 8. Dezember: **Purísima Concepción,**
  Tag der Unbefleckten Empfängnis
- 25. Dezember: **Navidad,** Weihnachten

Regionaler Feiertag

- 28. Februar: **Día de Andalucía,** Feiertag der Autonomen Region Andalusien

Formalitäten

Kontrollen
Spanien hat das Schengen-Abkommen unterschrieben, wonach das Territorium vieler europäischer Staaten als so genanntes grenzloses Gebiet gilt. Bürger der Mitgliedsländer, und dazu zählen auch Deutschland und Österreich, dürfen sich dort **ohne Grenzkontrollen** bewegen. Staatsangehörige der Schweiz dürfen ohne Visum für drei Monate nach Spanien einreisen.

Papiere
Das bedeutet aber nicht, dass auf den **Personalausweis oder Reisepass** verzichtet werden kann, im Gegenteil, die meisten Hotels und alle Campingplätze verlangen ein Personaldokument. Die meisten Betreiber eines Campingplatzes nehmen den Ausweis sogar als Pfand in Verwahrung und geben ihn erst nach Bezahlen der Rechnung wieder zurück, Kinder müssen ihren Kinderausweis mitführen.

Wer mit einem Pkw einreist, benötigt nur den nationalen Führerschein und das Nationalitätenkennzeichen am Fahrzeug. Die **Grüne Versicherungskarte** muss nicht mehr an der Grenze vorgezeigt werden, aber bei einem Unfall wird danach gefragt.

Geldfragen

Der Euro
Adiós a la peseta hieß es am 1.1.2002. Auch in Spanien gilt nun der Euro. Etwas schleppend lief der Umgang mit dem neuen Geld an. Kein Wunder, mussten die Spanier doch mit einem Verhältnis von 166 Pesetas zu 1 Euro rechnen. Was früher in einer Bar 250 Pesetas für ein Bier waren, sind nun 1,51 Euro. So etwas kannten die Spanier schon lange nicht mehr, dass die kleinen Zahlen hinter dem Komma größere Werte darstellen.

Der Euro wird übrigens wie *„ejuro"* ausgesprochen, während Cent als *„centavos"* oder *„centimos"* durchgehen. Das kennen die Spanier noch aus der Vergangenheit. Die oben genannten 1,51 Euro werden zumeist folgendermaßen ausgesprochen: *„un juro con cincuenta y un centavos"*, (ein Euro mit einundfünfzig Cent). Alles eine Frage der Gewöhnung.

Die Münzen zieren der spanische König, außerdem *Miguel de Cervantes* (der Autor des „Don Quichote") und die Kathedrale von Santiago de Compostela.

Geldautomat
In jeder Stadt findet sich heute ein Geldautomat, hier kann jedermann mit seiner Euroscheckkarte oder Kreditkarte Geld ziehen. Die Geheimnummer eintippen und als nächs-

ten Schritt „seine" Sprache wählen. Dann folgen alle weiteren Anweisungen auf Deutsch. Früher fielen für das Abheben Extra-Gebühren an. Seit dem 1. Juli 2002 greift aber eine neue EU-Verordnung, nach der die Banken diese nicht mehr berechnen dürfen. Ähnliches gilt für den Einsatz von Kreditkarten. In beiden Fällen sollen höchstens die gleichen Gebühren anfallen wie im Inland.

Kreditkarte Größere Beträge bezahlt man vielleicht lieber per Kreditkarte. Hotels und etliche Campingplätze bieten diesen Service genauso an wie die meisten Geschäfte, die touristische Artikel im Sortiment führen. Sogar an Tankstellen wird das Plastikgeld akzeptiert.

Karte sperren Bei **Verlust** einer Geldkarte muss diese sofort gesperrt werden:
- **Eurocard:** Tel. (0049/69) 793 319 10
- **Visa:** Tel. 001 410 581 3836 (als R-Gespräch anmelden)
- **American Express:** Tel. (0049/69) 97 97 10 00
- **EC-Karte:** Tel. (0049/1805) 021 021

Geld-wechsel **Schweizer** müssen ihre Franken weiterhin umtauschen, wenn sie nach Spanien Reisen. Wechselkurs zum Euro (Stand: Juni 2003): 1 € = 1,52 SFr., 1 SFr. = 0,66 €. Geld wechseln kann man buchstäblich überall, wobei neben den **Banken** vereinzelt **Wechselstuben** existieren. Banken haben einen deutlichen Nachteil, sie sind nur von 9.00 bis 14.00 Uhr geöffnet.

Kaufkraft Ein Billig-Reiseland ist Spanien schon lange nicht mehr. Sicher, immer noch werden vereinzelte Produkte billiger als bei uns angeboten, aber bei der Kalkulation des Urlaubsbudgets sollte man dennoch von heimatlichen Preisen ausgehen.

Gesundheit

Ein nicht unerhebliches Hindernis beim Artztbesuch ist sicherlich das Sprachproblem. Über das deutsche Konsulat in Sevilla können Adressen von **deutschsprachigen Ärzten** erfragt werden.

Gesetzliche Krankenver-sicherung Im Urlaub krank zu werden ist immer eine unangenehme Sache. Wen es erwischt, dem steht auch in Spanien ärztliche Behandlung als Krankenversicherter zu. Theoretisch jedenfalls, in der Praxis wird es dann nicht ganz so einfach. Mitglieder einer gesetzlichen Krankenkasse sollten sich vor der Reise einen **Auslandskrankenschein** (E111) besorgen.

Die Nationalstraße 340 – Spaniens Süd-Nord-Arterie

Die N-340 beginnt im südspanischen Cádiz, verläuft entlang der gesamten spanischen Mittelmeerküste, passiert dabei etliche Industriezentren und endet nach gut 1300 Kilometern hoch im Norden mitten in Barcelona beim Hafen. Die Straße verbindet die größte Hafenstadt am Atlantik (Cádiz) mit der noch größeren Hafenstadt am Mittelmeer (Barcelona). Sie lässt Warenströme hauptsächlich von Süd nach Nord fließen und folgt dabei weitestgehend dem Küstenverlauf, liegen hier doch etliche Wirtschaftszonen, wo die Trucker Waren abholen.

Von **Cádiz** geht es zunächst noch recht beschaulich nach Südosten Richtung **Algeciras.** Sowohl in Cádiz als auch bei Algeciras gibt es große Industriegebiete und Häfen; dort wartet transportfähiges Gut.

Gleich um die Ecke dann **Gibraltar,** mittlerweile mehr Touristenattraktion und Finanzplatz. Uninteressant für Trucker.

Ähnlich die sich anschließende **Costa del Sol** mit ihren illustren Ferienzentren Torremolinos und Marbella und jeder Menge zubetonierter Küste. Hier herrscht König Urlauber und will versorgt werden. Das übernehmen die lokalen Transporteure.

Die Fernfahrer finden erst wieder bei **Almería** Frachtgut. Dort in einer der trockensten und heißesten Ecken ganz Spaniens reift in riesigen Gewächshäusern all das Gemüse, das Mittel- und Nordeuropäer außerhalb der Saison verzehren wollen. Viele Quadratkilometer Land sind unter Plastikplanen verschwunden, was armen Bauern mit den schlechtesten Böden überhaupt plötzlich zu nie erwarteten Einkommen verhalf. All das Gemüse muss schnell nach Norden gebracht werden. Deshalb sieht man so oft Kühlwagen über die Straßen donnern.

Die N-340 verabschiedet sich nun für 200 Kilometer von der Küste und verläuft durch staubtrockenes Land bis zur Industriestadt **Murcia.**

Dann geht's zurück ans Meer nach **Alicante,** wo ebenfalls viel zu verladen ist: Eine regionale Schuh- und Möbelindustrie hat sich hier entwickelt. In Alicante beginnt auch die Autobahn, aber da sie gebührenpflichtig ist, rollen die meisten LKWs lieber weiter auf der N-340. Die schlängelt sich ein paar Kilometer als schmales Sträßchen durchs Hinterland. Bei Játiva erreicht sie wieder ihre alte Breite.

001smk Foto: jf

Nächstes Ziel: **Valencia.** In einer der wirtschaftlich wohlhabendsten Städte Spaniens ist viel zu holen: neben Industriegütern vor allem Orangen. Die Küstenzone heißt nicht umsonst „Orangenblütenküste". Es geht weiter nach Norden, von nun an teilweise in Sichtweite der Autobahn. Während diese großzügige Bögen um Touristenorte schlägt, führt die N-340 meist mitten hindurch. Was erhebliche Staus und Zeitverluste für die Trucker bedeutet. Trotzdem wechseln die wenigsten auf die Autobahn.

Schließlich wird beim Ebro-Delta die Region **Katalonien** erreicht. Das Delta liefert Reis, der transportiert werden soll, und bei **Tarragona** wartet die chemopetrische Industrie auf die Fernfahrer. Die schleichen mit ihren Lastzügen durch ein Dutzend Ferienorte an der sich nun anschließenden **Costa Daurada** (Costa Dorada), stehen kollektiv im Stau. Dann wird zum Endspurt angesetzt. Die N-340 knickt gnädigerweise kurz vor Barcelona ins Hinterland ab. Aber nicht zufällig – geht es doch durch das Weinanbaugebiet Penedès. Auch hier wartet viel Ladung.

Und dann der Schlussakkord: Mit Schmackes nach **Barcelona,** wo die N-340 relativ unprätentiös an einem großen Kreisverkehr ihren Sonderstatus verliert. Zwar verläuft sie noch unter ihrem alten Namen ein paar Kilometer schnurgerade weiter, aber ohne viel Trara heißt sie irgendwann nur noch „Avinguda Parallel" und endet am Hafen bei der Kolumbussäule – was irgendwie passend ist. Brach der Entdecker doch einst von Cádiz zu dreien seiner vier Reisen gen Amerika auf.

Dieser Vordruck, so die amtliche Vorgehensweise, soll in Spanien dann gegen einen Berechtigungsschein eingetauscht werden, mit dem jeder Arzt die Behandlung abrechnen kann.

Das staatliche Gesundheitsamt hat in Andalusien **Gesundheitszentren** eingerichtet, *Servicio Andaluz de Salud (SAS)*. Diese befinden sich in allen Bezirken. Im Krankheitsfall muss der Vordruck E111 in zweifacher Ausfertigung dort vorgelegt werden. Die Behandlung durch einen Arzt des medizinischen Zentrums erfolgt kostenfrei. Ein **Facharzt** kann nur mit einer Überweisung aufgesucht werden.

In vielen Fällen wird aber ein Arzt oder eine Privatklinik diesen Schein nicht akzeptieren und sofortige **Barzahlung** verlangen. Deshalb sollte man sich jeder vor einer Behandlung informieren, ob der E111 angenommen wird. Wer sich behandeln lässt und seine Rechnung bar zahlt, erhält keine Rückzahlung von seiner Krankenkasse.

Auslands-krankenver-sicherung

Dem kann nur durch den Abschluss einer privaten Auslandskrankenversicherung entgangen werden. Dieser Versicherungsschutz greift nach der Reise, das heißt, dass die Arztkosten in jedem Fall an Ort und Stelle bezahlt werden müssen. Die detaillierte Rechnung wird aber später bei der privaten Auslandskrankenversicherung eingereicht und der **verauslagte Betrag erstattet.**

Im **Reisebüro** können Krankenversicherungen kurzfristig vor Reiseantritt unkompliziert für unterschiedliche Zeitdauer abgeschlossen werden, meist günstiger sind jedoch die Angebote von **Privatversicherern.** Universa beispielsweise bietet eine Krankenversicherung für beliebig viele Reisen von jeweils maximal zwei Monaten Dauer innerhalb eines Jahres für ca. 8 € pro Person an.

Bei Versicherungsabschluss sollte auf **Vollschutz ohne Summenbegrenzung** geachtet werden. Außerdem ist zu überprüfen, ob ein **Rücktransport** im Falle eines Unfalls oder einer schweren Krankheit übernommen wird, bzw. an welche Bedingungen (z.B. Krankenhausaufenthalt) dieser geknüpft ist. **Automatische Verlängerung** der Versicherung im Krankheitsfall ist ein weiterer wichtiger Punkt. Die Leistungspflicht sollte bei verhinderter Rückreise weiter gelten, andernfalls gehen die enormen Behandlungskosten sofort nach Ablauf zu Lasten des Patienten.

Bei Eintreten eines Notfalles sollte die Versicherungsgesellschaft telefonisch verständigt werden. Ausführliche **Quittungen** (mit Datum, Namen, Bericht über Art und Umfang der Behandlung, Betrag) sind Voraussetzung, damit die Auslagen von der Versicherungsgesellschaft erstattet werden.

Autobahnzahlstelle

Hin- und Rückreise

Per Auto

Von Hamburg bis nach Cádiz, dem Zentrum der Costa de la Luz, sind es stolze **3200 Kilometer!** Da lohnt sich die Fahrt mit dem Auto eigentlich erst, wenn man etwa drei Wochen Urlaub zur Verfügung hat.

Um nach Cádiz zu fahren, bieten sich zwei Hauptrouten an: entlang der Mittelmeerküste oder quer durchs Inland über Madrid. Die Küstenstrecke ist ca. 200 km länger, geht dafür aber fast durchgängig über (im Vergleich zu deutschen) schwach befahrene Autobahnen. Bei der Inlandsvariante spart man zwar durch geringere AB-Gebühren etwas Geld, muss aber mit dichterem Verkehr in der Hauptstadt und auf den Nationalstraßen (Lkws) rechnen.

Am Meer entlang

Endlich glücklich an der französisch-spanischen Grenze angekommen, bleiben immer noch schlappe 1400 Kilometer. Die Grenze selbst nimmt man heute kaum noch wahr. Auf spanischer Seite rollt zunächst recht viel Verkehr Richtung **Barcelona.** Im Großraum dieser Millionenstadt, der nach etwas mehr als 100 km erreicht wird, verdichtet sich das Verkehrsaufkommen. Der Urlauber, den es nach Süden zieht, wird großzügig um Barcelona herumgeleitet.

Ausgeschildert sind **Tarragona** und die **A7.** Zwischen beiden Städten verläuft die *autopista* dreispurig, wenn auch nicht durchgehend. Mehrfach müssen übrigens kleinere Summen an Mautgebühr bezahlt werden, Kleingeld also bereithalten.

Wenn Tarragona erreicht ist, wird es auch etwas ruhiger auf der Autobahn. Die A7 verläuft weiterhin parallel zur Küstenlinie nach Süden, ausgeschildert werden nun **Valencia** und **Alicante.** Schließlich endet die Autobahn in **Murcia** und geht dort nahtlos in die zweispurige Nationalstraße N-340 über.

Die autobahnähnliche Zweispurigkeit endet bei **Adra,** und von dort an wird es dann ziemlich kurvig. Die N-340 führt in jenem Abschnitt durch etliche, nicht immer beleuchtete Tunnel. Erst bei **Nerja** hat man wieder die Möglichkeit auf die Autobahn zu wechseln. In **Estepona** ist dann endgültig Schluss, von dort geht es über die N-340 bis nach **Cádiz.** Ab Algeciras wird das Verkehrsaufkommen deutlich ruhiger.

Alternative: Um der Kurverei auf der engen Nationalstraße im Abschnitt zwischen Adra und Nerja zu entgehen, nutzen viele Fahrer ab Lorca (80 km hinter Murcia) die **A-92 über Granada.** Diese Straße ist besser ausgebaut, verläuft weit im Hinterland und erreicht bei Málaga wieder die Küstenautobahn. Man kann aber auch von Granada weiter über die A-92 nach Sevilla fahren oder ab Antequera auf der A-382 nach Jerez und Cádiz.

Durchs Inland

Wer die Inlandsvariante wählt, reist sinnvollerweise bereits durch Frankreich über **Paris** und **Bordeaux** an.

Ab der spanischen Grenze geht es dann auf der Autobahn zunächst über die **A8** nach **Bilbao** und dann über die **A68** und die **A1** nach **Burgos.** Von dort führt die bestens ausgebaute Nationalstraße **N-I** schnurgerade nach **Madrid.**

Die Metropole kann leider nicht weiträumig umfahren werden, aber die Ausschilderung zum Anschluss an die N-IV ist hervorragend. Im Zuge der 1992 gefeierten Weltausstellung in **Sevilla** wurde auch die **N-IV,** die über 600 km von Madrid in die andalusische Hauptstadt führt, sehr gut ausgebaut.

Von Sevilla führt schließlich eine 100 km lange Autobahn direkt nach **Cádiz.**

Per DB AutoZug

Nach Narbonne

Im Hochsommer quält sich halb Europa über die französischen Autobahnen Richtung Spanien und steht kollektiv im Stau. Bequemer und vor allem entspannter geht es mit dem DB AutoZug, wenn auch zunächst der Preis manchen Reisenden zögern lässt.

Die DB AutoZug GmbH bietet von verschiedenen Terminals (Berlin, Düsseldorf, Frankfurt, Hamburg, Hildesheim, Köln, München, Stuttgart) eine Verbindung bis zum südfranzösischen Narbonne an. Von dort fährt man dann nur noch 140 km bis zur spanischen Grenze. Die Fahrt dauert zwischen 14 (ab Stuttgart) und 22 Stunden (ab Berlin), der angehende Urlauber erreicht jeweils gegen 10.00 Uhr ausgeschlafen Narbonne. Gewählt werden kann zwischen Schlafwagenabteilen (für maximal drei Personen), Einzelplätzen im Liegewagen und einem ganzen Liegewagenabteil für maximal fünf Personen.

Der **Preis** richtet sich nach Saisonzeiten. Für die 1660 km lange Strecke von Hamburg nach Narbonne zahlen zwei Erwachsene im Liegewagen inklusive Autotransport ab ca. 400 € (ca. 690 € im Hochsommer). Bei gleichzeitiger Buchung einer Rückfahrkarte gibt es eine Ermäßigung.

Gefahren wird von Mai bis Oktober zwischen ein- und dreimal wöchentlich, aber auch von November bis April kann man mindestens einmal pro Woche nach Narbonne reisen, und zwar an allen Staus vorbei. Damit ist die Reise im DB AutoZug allemal ihren Preis wert.

● **Infos:** Service-Tel. (0180) 524 1224, tägl. 8.00–22.00 Uhr, Internet: www.dbautozug.de

Per Bahn

In zehneinhalb Stunden von Hamburg nach Barcelona, dann in weiteren zweieinhalb Stunden nach Madrid und abermaligen zwei Stunden nach Sevilla. Von dort wäre es dann nur noch ein Katzensprung bis Cádiz. Summa summarum also in etwas mehr als 15 Stunden von Hamburg an die Costa de la Luz? **Im Jahr 2006** soll es möglich sein, denn bis dahin sollen alle wichtigen europäischen Metropolen über Hochgeschwindigkeitsstrecken verbunden sein. Das klingt toll, allein es fehlt der Glaube.

Wer heute ernsthaft mit dem Gedanken spielt nach Südspanien mit der Bahn zu reisen, begibt sich auf eine Odyssee. Je nach Verbindung müsste der Reisende drei- oder gar fünfmal umsteigen und würde nach 20 bis 24 Stunden zunächst Barcelona erreichen. Von dort fahren beinahe stündlich Züge nach Madrid und von Spaniens Hauptstadt geht es dann in drei Stunden nach Sevilla. Hier rauscht tatsächlich schon ein Hochgeschwindigkeitszug runter, der AVE. Und schließlich zuckelt ein Nahverkehrsbähnchen gemütlich weiter Richtung Küste. Eine Reise von Hamburg nach Cádiz dauert also rund **48 Stunden** und kostet um die **350 €.** Man muss schon ein ausgewiesener Bahnfan sein, um unter diesen Bedingungen nicht zu fliegen.

Per Bus

Im Bereich der Costa de la Luz werden von internationalen Buslinien folgende Orte angefahren: **Cádiz, Chiclana, Conil, Huelva, Jerez de la Frontera** und **Sevilla.** Die Fahrt dauert je nach Abfahrtsort zwischen 30 und 40 Stunden (dies nur zur groben Orientierung). Die Ankunftszeiten liegen nicht eben günstig, die Busse erreichen die Orte spät nachts. Der Preis richtet sich nach dem Abfahrtsort, als Faustregel gilt: einfache Fahrt etwa 140 €, Rückfahrticket ca. 220 €.

● **Deutsche Touring GmbH,** Postfach 900244, 60442 Frankfurt, Tel. (069) 790 350, Fax 790 32 19, Internet: www.deutsche-touring.com

Per Flugzeug

Wer per Charterflug an die Costa de la Luz reist, fliegt entweder nach **Jerez de la Frontera** oder nach **Faro** im benachbarten Portugal. Nach gut drei Stunden landet man dort auf einem relativ kleinen Regionalflughafen. Mit dem Bus des Reiseveranstalters geht es dann direkt weiter zum Urlaubsort. Sein gebuchtes Quartier erreicht man nach einer weiteren Stunde Busfahrt; von Faro nach Isla Canela braucht man ebenfalls knapp eine Stunde. Wer ohne feste Buchung nach Jerez fliegt, hat dort am Flugplatz alle gängigen Mietwagenfirmen zur Auswahl.

Linienflüge haben **Sevilla** als Ziel. Der dortige Flugplatz wurde zur Expo 1992 gewaltig ausgebaut, heute leidet er erkennbar an Überkapazitäten. Etliche Abfertigungshallen bleiben dauerhaft geschlossen. Der Flughafen liegt nur knapp zehn Kilometer vom Stadtkern entfernt, eine Taxifahrt reißt also kein zu großes Loch in die Börse. Auch mit dem Flughafenbus (Aufschrift: *„aeropuerto"*) kann man ins Zentrum gelangen, aber leider nur einmal pro Stunde.

Preise: Zwischen 200 und 400 € ist alles möglich. Das gilt sowohl für Charter- als auch für Linienflüge.

Infostellen

Ortsbüros Jeder hier vorgestellte Ort hat ein eigenes Touristenbüro, die Adresse ist jeweils in einem kleinen Infokasten vor der Ortsbeschreibung angegeben. Wer **allgemeine Infos** zu diesem Ort möchte, vielleicht auch eine **Liste der Unterkünfte,** der wird hier gut bedient. Die Büros antworten auch auf Anfragen aus dem Ausland, und dem Paket wird niemals eine Zahlungsaufforderung beigelegt. Wer eine ganz spezielle Frage stellt, wird dagegen nicht selten ent-

Reisetipps A–Z

täuscht. Der Prospektversand klappt ausgezeichnet, individuelle Fragen fallen jedoch häufig durch.

Fremden-verkehrs-ämter

Mit ganz allgemeinen Auskünften kann man sich auch an eines der spanischen Fremdenverkehrsämter wenden. Auch hier klappt der Prospektversand tadellos, Infos über spezielle, kleinere Orte können aber nicht immer gegeben werden.

- Myliusstr. 14, 60323 **Frankfurt/M.,**
  Tel. (069) 72 50 33, Fax 72 53 13,
  frankfurt@tourspain.es
- Schubertstr. 10, 80336 **München,**
  Tel. (089) 530 74 611, Fax 530 74 620,
  munich@tourspain.es
- Grafenberger Allee 100 (Kutscherhaus),
  40237 **Düsseldorf,** Tel. (0211) 680 39 80, Fax 680 39 85,
  dusseldorf@tourspain.es
- Kurfürstendamm 63, 10707 **Berlin,**
  Tel. (030) 882 65 43, Fax 882 66 61,
  berlin@tourspain.es
- Walfischgasse 8, Tür 14 Mezzanin, 1010 **Wien,**
  Tel. (01) 512 95 80, Fax 512 95 81,
  viena@tourspain.es
- Seefeldstr. 19, 8008 **Zürich,**
  Tel. (01) 252 79 30, Fax 252 62 04,
  zurich@tourspain.es
- Office national espagnol du tourisme, Ami Lévrier 15,
  1201 **Genève,** Tel. (022) 731 11 33 Fax 731 13 66,
  ginebra@tourspain.es

Internet

- **www.tourspain.es,** offizielle Seite des spanischen Fremdenverkehrsamtes, Informationen zu ganz Spanien.
- **www.andalucia.org,** offizielle Homepage der Regionalbehörde von Andalusien. Über eine Suchfunktion kann jeder Ort angesteuert werden (auf Spanisch).
- **www.andalucia.com,** viele praktische Tipps, u.a. ein recht breites Unterkunftsverzeichnis und eine breite Übersicht zu Cybercafés, einfach zu bedienen und logisch aufgebaut (auch auf Englisch).
- **www.cadizturismo.com,** die Provinz Cádiz stellt sich touristisch vor, u.a. mit einer ausführlichen Beschreibung der wichtigsten Monumente, inklusive Fotos (auch auf Deutsch).
- **www.playasdehuelva.com,** touristische Infos zur Provinz Huelva mit einer ausführlichen Vorstellung der Orte. Die praktischen Tipps fallen etwas mager aus (auf Spanisch).
- **www.playasdehuelva.net,** sehr ausführliche Beschreibung der Küstenorte und gute praktische Tipps, vor allem zur Gastronomie und zu Unterkünften (auf Spanisch).
- **www.parquenacionaldonana.com,** ausführliche Infos über diesen Nationalpark.

●Aktuellste Infos und Tipps zur Ergänzung dieser Auflage sowie weiterführende Links finden sich auf der Verlags-Homepage unter den Stichwörtern „Latest News" und „Travellinks". Diesen Service bietet der Verlag zu allen Reiseführern von Reise Know-How: **www.reise-know-how.de**

Mit Kindern unterwegs

Auch die größten „Wasserratten" wollen irgendwann mal etwas anderes sehen als Meer und Strand. Gerade viele Angebote speziell für Kids gibt's zwar nicht, aber die folgenden Unternehmungen werden sicherlich auch den Kleinen Spaß machen.

Crocodile Park
Den „wilden Bestien" mal aufs Maul schauen kann man in einem **Reptilienpark** unweit von Isla Cristina.

Kolumbusschiff
Nur ein paar Kilometer von Palos de la Frontera entfernt, dümpeln drei **originalgetreue Nachbildungen** der Schiffe, mit denen Kolumbus die „Neue Welt" entdeckte. Hier kann man an Bord gehen, alles anfassen und sogar menschengroße Matrosenpuppen bei der Maloche über die Schulter gucken.

Kutschfahrt durch Sevilla
Viel besser als immer nur laufen – sich gemütlich in einer offenen Kutsche durch die riesige Stadt „kutschieren" lassen und den **Zuckeltrab** genießen.

Torre Tavira in Cádiz
In einer Dunkelkammer zaubern ein paar Spiegel und andere Hilfsmittel ein Live-Bild der Straße auf eine halbrunde Leinwand. Wenn der Vorführer winzige Menschen auf einer Postkarte durch die Luft schweben lässt, sperren nicht nur die Kleinen den Mund auf. Eine ähnliche **Cámera Oscura** gibt es auch im Alcázar in Jerez.

Schiffstour
Familienausflug auf dem Meer: Von Puerto Santa María nach Cádiz quer über die Bucht tuckern und sich den **Seewind um die Nase wehen lassen.**

Affenfelsen
Warum, wieso, weshalb **Gibraltar** britisch und nicht spanisch ist, dürfte den lieben Kleinen piepegal sein. Die niedlichen Affen dagegen wohl kaum, mit denen spielen alle Kinder gerne.

Badepark
Mit „Juchhee" kurvige Rutschen runtersausen, stundenlang mit warmen Becken planschen und zwischendurch Pommes verdrücken: möglich nur im **Divertimundo** in El Rompido, unweit von Huelva.

Öffentliche Verkehrsmittel

Bus
Die Gesellschaft **DAMAS** dominiert weite Strecken entlang der Costa de la Luz, vor allem in der Provinz Huelva. Mittlerweile existiert sogar eine grenzüberschreitende Verbindung von Sevilla ins portugiesische Sagres. Im Bereich der

Provinz Cádiz verkehren vor allem die Gesellschaften **Comes** und **Amarillos,** nebst einiger kleinerer. In die nächstgrößere Stadt oder gar Provinzhauptstadt zu fahren, klappt problemlos, dank häufiger Verbindungen.

Bahn

Eine Bahnverbindung entlang der Costa de la Luz gibt es leider nicht. Man kann lediglich von Cádiz nach Jerez oder Sevilla fahren und von Sevilla über Huelva nach Ayamonte.

Öffnungszeiten

Geschäfte

Generell sind Geschäfte 9.00-14.00 und 17.00-20.00 Uhr geöffnet. Dies wird aber nicht als unumstößliches Dogma verstanden, besonders nach hinten bleibt **oft Spielraum.** Größere Geschäfte und Supermärkte schließen nicht über Mittag, manche haben sogar bis 21.00 oder 22.00 Uhr auf.

Aufgrund der sommerlichen Hitze wird die **siesta** ansonsten besonders genau eingehalten. Um 13.30 Uhr, spätestens 14.00 Uhr schließen die Geschäfte, lassen die Metallrollos herunter, sperren die Sonne aus. Dann leeren sich spürbar die Straßen, bestenfalls ein paar unbelehrbare, rotgesichtige Touristen stolpern schwitzend herum. Vor 17.00 Uhr läuft zumeist gar nichts. Dann rattern die Rollladen wieder quietschend nach oben, öffnen sich die Türen, schleppen sich siesta-müde Verkäufer wieder hinter die Tresen. Im August kann es sogar passieren, dass kleinere Läden am Nachmittag gar nicht mehr aufsperren.

Wohlgemerkt: In den Orten, wo der Tourist dominiert, gilt das Gesagte nur eingeschränkt. Natürlich öffnen dort alle Geschäfte am Abend – vor allem am Abend sogar. Aber etwas außerhalb, dort wo Andalusier leben, ändert sich der **jahrhundertealte Rhythmus** eben nicht. Dort öffnen die Besitzer abends ihre Läden so lange, wie sie sich ein Geschäft versprechen. Kein hektischer Blick auf die Uhr, keine Genervtheit. Die Mini-Shops sind auch mehr örtliches Kommunikationszentrum als Verkaufsstellen. Dort treffen sich die Hausfrauen, klatschen, tratschen, kaufen nebenbei ein. Die Männer hocken derweil in der Bar und machen nichts anderes. Deshalb kann es durchaus passieren, dass ein Verkäufer sich direkt an einen eben eingetretenen Kunden wendet, obwohl der halbe Laden voll ist. Diese Kundschaft hat eben Zeit.

Andere Einrichtungen

- **Post:** ähnliche Öffnungszeiten wie Geschäfte
- **Telefónica:** meist 10.00-14.00 und 16.30-22.00 Uhr
- **Banken:** 8.30/9.00-14.00 Uhr
- **Touristenbüros:** wie Geschäfte, einige im Juli/August durchgehend geöffnet
- **Museen:** mit wenigen Ausnahmen montags geschlossen

Post

Briefe und Karten

Früher gab es eine Art Monopol, **Briefmarken** verkauften die Post und der Tabakladen *(estanco)*, sonst niemand. Das war lästig, kaufte man eben noch gutgelaunt ein Ansichtskarten, wollte bei einem Glas Wein die lieben Kollegen daheim neidisch machen („Sitze an der Strandpromenade bei 30 Grad – hoffe, es geht euch gut im Regen ...“), und dann fehlen die Briefmarken! Das ist vorbei, die meisten Kioske verkaufen sie heute gleich mit. Sowohl Postkarte als auch Brief kosten **0,50 €.**

Die Karten wird man in den öffentlichen **Briefkästen** los, große, unscheinbare gelbe Kästen mit dem verschnörkelten Wappen der spanischen Post *(correos)*. Manchmal finden sich unterschiedliche Einwurfschlitze, beispielsweise *provincia* („Provinz“) und *extranjero* („Ausland“). Die Karten und Briefe in die Heimat wandern in den *extranjero*-Kasten. Etwa nach fünf bis acht Tagen sollte der Gruß die Daheimgebliebenen erreicht haben.

Und noch ein Hinweis: Ein beliebter Fehler der Abteilung *falsos amigos* („falsche Freunde“) ist es, nach einer **carta** zu fragen und eine Postkarte zu meinen. Das spanische Wort *la carta* wäre tatsächlich „der Brief“, während „Postkarte“ **tarjeta postal** heißt.

Faxe

Manchmal muss es schneller gehen, da bietet sich ein Fax an. Wer nicht über das Hotel zu erhöhten Gebühren ein Fax verschicken möchte, muss die **Telefónica** aufsuchen, nicht das Postgebäude. Diese kleinen mobilen Telefonzentralen stehen an allen touristisch wichtigen Orten, zumeist an der Strandpromenade. Dort wird man sein Fax gegen normale Gebühren verschicken können (siehe auch: „Telefonieren“).

Rad fahren

Radeln entlang der Costa de la Luz, das scheint gar nicht so wenige Leute anzulocken. Versprechen doch schier endlose Strände genügend erholsame Unterbrechungen, bei denen man die überhitzten Waden im Atlantikwasser kühlen kann. Nach der Tour geht's dann zur Erfrischung in die nächste Bar und schließlich zur verdienten *siesta* in den kühlen Schatten der Pinien. Tatsächlich suchen nicht wenige Radler dieses Ideal auf dem Weg an die Algarve oder bei einer Rundreise durch Andalusien.

Touren

Grundsätzlich kann man entlang der Küste auch halbwegs vernünftig radeln. Die Strecken sind **weitestgehend flach.** Fiese Steigungen gibt nur im Bereich von Algeciras. Die

Hauptstraße von Algeciras nach **Cádiz** ist bis Conil auch nicht so stark befahren. Je mehr man sich Cádiz nähert, desto dichter wird der Verkehr allerdings.

In der Provinz **Huelva** kann man überall gut Rad fahren, außer im Großraum der Provinzhauptstadt und entlang der Nationalstraße nach Portugal.

Ein Riesenproblem bleibt natürlich auch für die Radler, dass man nicht entlang der Küste von Cádiz nach Huelva fahren kann, sondern den Umweg über Sevilla nehmen muss. Zu empfehlen ist, an dieser Stelle den **Zug** zu nehmen, beispielsweise ab Jerez.

Wind

Größtes Handicap ist in jedem Fall der Wind, denn der pfeift heftig kräftig und um einige Oktaven stärker als an heimischen deutschen Küsten! Wenn er wenigstens immer aus einer **Richtung** blasen würde, könnte man seine Route ja entsprechend planen. Aber so einfach ist es auch nicht. Die Statistik verrät folgendes: Im Sommer dominieren Westwinde, bzw. Südwestwinde, im Herbst und Winter dagegen Ostwinde. Im Frühjahr hält es sich die Waage. Wer die sommerliche Hitze nicht scheut, sollte also eher an der portugiesischen Grenze starten. Im Herbst und Winter hingegen ist es ratsam, Tarifa als Ausgangspunkt zu wählen. Aber bitte: Dies ist ausdrücklich ohne Gewähr, *claro?*

Gesetze

1999 verabschiedete das spanische Parlament neue Gesetze, die die Radler kräftig benachteiligten. Nach heftigsten Protesten wurde nachgebessert, aber dennoch bleiben unschöne **Einschränkungen.** So besteht jetzt eine Helmpflicht außerhalb von Ortschaften sowie die Pflicht zum Tragen von reflektierender Kleidung. Verboten sind außerdem Kinderwagenanhänger. Doch auch in Spanien wird die Suppe nicht so heiß gegessen wie gekocht. Man denke nur an die vielen Motorradfahrer ohne Helm. Das zunächst abgeschaffte Vorfahrtsrecht für Radler wurde glücklicherweise wieder eingeführt. Aber Vorsicht: Als Radler würde ich mich niemals auf irgendwelche Vorfahrtsrechte in Spanien verlassen, denn die Autofahrer haben da so ihre eigenen Sichtweisen!

Reisezeit

Das Wetter

Zuerst das Positive: Die Costa de la Luz hat bis zu 320 Sonnentage im Jahr. Dann das Negative: Es bläst IMMER ein **heftiger Wind!** Sonnenbaden ist daher nur an geschützten Stellen möglich. Speziell im Frühjahr scheint zwar schon sehr schön die Sonne, aber der Wind kühlt einen doch recht bald aus. Grundsätzlich kann man bereits im Februar/März angenehme 15-20°C erwarten. Nachts fällt das

Thermometer dann aber doch spürbar ab. Auch ohne Regen wird es im Frühjahr nicht abgehen, zwischen Januar und April muss sich der Urlauber auf durchschnittlich sechs bis elf Regentage im Monat einstellen. Im Herbst ziehen an etwa sieben bis acht Tagen Regenwolken auf. Grundsätzlich kann man also Sonnenschein erwarten, allerdings immer gepaart mit heftigem Wind. Regen bleibt dagegen zumeist eine Randerscheinung.

Vom klimatischen Gesichtspunkt her ist die Costa de la Luz also **zu jeder Zeit eine Reise wert** ist. Schöne Vorstellung: bei einem *vino* am Strand hocken, während im Norden das Schmuddelwetter regiert. Trotzdem muss ein Besucher in den Wintermonaten immer mit bedecktem Himmel, Regenschauern und vor allem starkem Wind rechnen. Ein anderes Problem ist, dass etliche Hotels und Restaurants außerhalb der Sommermonate in eine Art Winterschlaf verfallen. Da wird so manche quirlig-lebhafte Ortschaft im Februar zur Geisterstadt – auch keine schöne Urlaubsatmosphäre.

Frühjahr und Herbst sind die besten Reisezeiten. Das Klima ist angenehm, die sommerliche Hitze lähmt noch nicht bzw. hat sich schon verabschiedet. Viele Nord- und Mitteleuropäer ziehen diese Zeit dem Sommer vor, die Spanier weniger. Sie strömen zwar gern übers Wochenen-

Im Sommer heißt's oft: Schlange stehen

de *a la playa,* verbringen ihren Jahresurlaub aber generell im Juli und vor allem im August. Genau das ist der ungünstigste Zeitpunkt für eine Reise nach Südspanien. **Die sommerliche Hitze** erreicht ihren Höhepunkt mit Temperaturen um die 40°C im Schatten. Da kann man dann nicht mal mehr barfuß zum Wasser gehen, weil der Sand sich so stark aufheizt.

●**Literaturtipp:** Wissenswertes rund um das Thema Urlaubswetter findet sich in dem Praxis-Titel **Sonne, Wind und Reisewetter** von *F. Vogel,* erschienen im REISE KNOW-HOW VERLAG.

Spanien im August

Während der Zeit der größten Hitze bekommen die Spanier frei, müssen oder wollen Ferien machen. „Bis September dann!", so verabschiedet man sich am 31. Juli voneinander. Dann wird kollektiv am folgenden Wochenende das Auto vollgepackt und aufgebrochen. Die Folge: Alle Straßen sind verstopft, die wenigen Überlandstraßen kollabieren. Jedes Jahr berichtet die Presse ausführlich über diese sogenannte **operación salida** („Operation Aufbruch"), gibt Tipps und listet zwei Tage später die Unfallzahlen auf. Vier Wochen später geht's dann wieder zurück, und die Medien haben ein neues Thema: die *operación regreso*.

Im August funktioniert Spanien auf Sparflamme, sogar der König macht Urlaub, auch darüber wird ausführlich in der Klatschpresse berichtet. Die Radiosender dudeln noch flockig-lockerer ihre Programme runter, beglückwünschen jeden zu seinem Urlaub und heizen die Stimmung ständig an: *„por fin vaacaacioonnnesssss"* oder so ähnlich schallt es dann aus dem Äther („endlich Feeheerieeeen"). Niemand stört sich ernsthaft an überlaufenen Stränden, Bars und Straßen, ein echtes Phänomen. Nichts ist wichtiger als Ferien im August. Zudem verbringen in diesen Wochen viele Franzosen und Italiener ihren Urlaub in Spanien. Es wird also **schlichtweg voll.** Und am Wochenende, wenn die armen Seelen, die tatsächlich noch arbeiten müssen, sich wenigstens einen Kurzurlaub gönnen, geht gar nichts mehr.

Sicherheit

Autobahn-piraten

So sicher, wie im Sommerloch immer wieder die Geschichte von Nessi auftaucht, dem nie gesehenen Ungeheuer von Loch Ness, finden alljährlich Horrorstories von „Autobahnpiraten" den Weg in die Gazetten. Zumeist sollen es schlitzohrige Südamerikaner sein, die ahnungslose Urlauber mit gemeinen Tricks zum Anhalten auf der Autobahn bewegen. Da sollen angeblich brennende Lappen auf Wohnwagen geworfen werden, damit der Fahrer, der nur

Rauch und Flammen sieht, sofort anhält und nachsieht, während die Piraten den Wagen leer räumen. So oder ähnlich soll es sich immer wieder abspielen, und es gab ja auch entsprechende Fälle. Falls das passiert, gibt's nur eins: **weiterfahren!** Erst bei der nächsten Tankstelle oder einem Rastplatz anhalten, und zwar nicht in der hintersten Ecke, sondern schön zentral, wo viele Menschen sind.

**Taschen-
diebstahl**

Überängstlich sollte nun trotzdem niemand durch Spanien fahren. Wer Touristen erleichtern will, hat dazu viel „bequemere" Möglichkeiten, beispielsweise per Taschendiebstahl im Gewühl. Davor sollte jeder wirklich auf der Hut sein. Taschendiebstahl kann überall vorkommen, wo Massen sich durch die Gassen schieben. Signalisieren Sie einem potentiellen Dieb, dass es nichts zu holen gibt, also Geld, Papiere, Kamera, Handtaschen nicht lässig tragen, sondern immer **versteckt** oder **gut befestigt.**

**Blumen-
verschen-
kerinnen**

Speziell in Sevilla vor der Kathedrale und dem Alcázar warten die „Blumenverschenkerinnen". Vor denen warnt selbst das Touristenbüro, leider muss dies weitergegeben werden. Die Frauen haben nichts zu verschenken, sie beschwatzen einen und wollen natürlich eine kleine Münze als Gegenleistung. Gewährt man die, wissen sie, **wo die**

„Eine Blume? Nein, Danke!"

Börse steckt. Also, nicht auf ein Gespräch einlassen, sondern sofort überzeugend ablehnen und weitergehen.

In Málaga passierte mir beinahe etwas ähnliches. Während der *feria* zog ich fotografierend durchs Gewimmel. Plötzlich Auftritt Blumenverschenkerin: Nelke vors Gesicht, ablenken, beschwatzen, dabei ein schneller Griff zur Kamera. Erfolglos, die war mehrfach mit dem Trageriemen ums Handgelenk geschlungen.

Jedes Hotel und immer mehr Campingplätze haben kleine **Mietsafes,** die Gebühren sind gering, und die Wertsachen sind dort gut aufgehoben.

Auto abstellen

Mit dem Pkw entlang der Küste gondeln, kleine Fischerdörfer besuchen oder ins Hinterland fahren, dagegen ist nichts einzuwenden. Gewarnt werden muss aber vor einer Spritztour nach **Sevilla** und vor dem unbeaufsichtigten Abstellen des Wagens. Suchen Sie dort unbedingt eine Tiefgarage oder einen **bewachten Parkplatz** auf oder noch besser: gleich aufs Auto verzichten! In praktisch allen touristisch stark frequentierten Orten besteht die Gefahr, dass das Auto geknackt wird. Die Täter gucken sich viel versprechende Wagen aus, und das sind nun mal Pkws mit ausländischen Kennzeichen. Deshalb **nichts im Auto liegen lassen,** was einen Dieb zur Tat reizen könnte. Bei einer meiner letzten Rechercherreisen wurde mein Golf auf dem Parkplatz eines abgelegenen Paradors geknackt! Gestohlen wurde eine – leere – Fototasche.

Sport und Erholung

Hier eine knappe Übersicht über sportliche und andere Aktivitäten, genaue Adressen sind unter den jeweiligen Ortsbeschreibungen zu finden.

Windsurfen

In Tarifa steigen nur Könner aufs Brett, obwohl auch Kurse für nicht ganz sichere Surfer angeboten werden. Für absolute Einsteiger ist dieses Revier jedoch überhaupt nicht geeignet.

Tauchen

In Conil gibt es einen Tauchclub.

Reiten

Im Hotel Dos Mares und im Hurricane Hotel in Tarifa kann man sich nach Möglichkeiten zum Ausritt erkundigen.

Golfen

Den Schläger schwingen kann der Gast auf hoteleigenen Greens in Novo Sancti Petri, in La Ballena und in Islantilla.

Vögel beobachten

Zur richtigen Jahreszeit sind Vogelbeobachtungen im Nationalpark Doñana nicht nur für den Ornithologen lohnend.

Spanisch lernen	In Conil bieten zwei Sprachschulen Spanischkurse an.
Bodegas besichtigen	Wohl weniger sportiv, aber sicherlich unterhaltsam: Bodegas können im Städtedreieck Jerez de la Frontera, El Puerto de Santa María und Sanlúcar besichtigt werden.
Whale Watching	In Tarifa bieten zwei Unternehmen Ausflüge an, bei denen man die Meeresriesen zu Gesicht bekommen soll.
Abstecher nach Tanger	Einmal nach Marokko und in die Medina von Tanger stöbern? Sowohl auf eigene Faust als auch bei einer organisierten Tour ist dies möglich. Von Tarifa pendelt eine Fährlinie nach Tanger. Außerdem bietet Maruecotours einen geführten Trip an.
Abstecher nach Portugal	Bei Ayamonte pendelt eine kleine Fähre hin und her. Wer es aber etwas flotter wünscht, fährt über die gewaltige Autobrücke ins Nachbarland.
Rundflüge	Flüge mit Ultraleichtflugzeugen bzw. einer viersitzigen Cessna sowohl kreuz und quer durch Andalusien als auch nach Marokko bietet Fly-in-Spain von Vejer aus an. Infos: Tel. 699 775 501, Fax in Deutschland (089) 742 817 45, www.fly-in-spain.de oder www.nature-adventure.de

Sprache

Andalusisch Auf der Iberischen Halbinsel wird größtenteils Spanisch, genauer gesagt Kastilisch, gesprochen. Aber natürlich haben sich in den verschiedenen Regionen unterschiedliche Varianten entwickelt. Man kann grob zwischen den Dialekten des Nordens und des Zentrums sowie denen des Südens unterscheiden. Zum südlichen Sprachgebiet gehört auch Andalusien mit der Costa de la Luz. Man spricht hier **andaluz,** ein Dialekt, der sich durch folgende Besonderheiten auszeichnet:

Zunächst wird nicht zwischen den Konsonanten -c-, -z- und -s- unterschieden, sie werden alle als stimmloses -s- gesprochen. Diese Form der Aussprache nennt man *seseo*. Ungeübten Hörern fällt es da nicht leicht, beispielsweise zwischen *coser* („nähen") und *cocer* („kochen") zu unterscheiden.

Weiterhin wird der Auslaut -s- entweder ganz verschluckt oder bestenfalls gehaucht. So kann man auf einem Markt vielleicht hören: *„Dame do' kilo' de patata'"* statt *„Dame dos kilos de patatas"* („Gib mir zwei Kilo Kartoffeln").

Außerdem wird ein zwischen zwei Vokalen stehendes -d- gerne verschluckt. Fast schon klassische Beispiele dafür sind *tablao* statt *tablado* („Bühne") oder *pescaito* statt *pescadito* („Fischchen").

Literatur   Wer weniger oder gar kein Spanisch spricht, sollte in den großen Urlaubsorten trotzdem klarkommen; mehr oder weniger jedenfalls, denn die Hoteliers, Kellner und Taxifahrer haben die Grundzüge der Sprachen ihrer Kunden verinnerlicht. Aber es macht doch viel mehr Spaß, mal ein paar tapsige Schritte in der Sprache des Gastlandes zu wagen, oder? Eine gute Hilfe dabei bieten, neben der kleinen Sprachhilfe im Anhang, Bücher aus diesem Verlag.

● **Spanisch Wort für Wort,** Band 16 der Reihe Kauderwelsch, bietet eine fundierte Einführung in die Grammatik und gibt viele Kommunikationsbeispiele. Zu dem Bändchen ist eine Begleitkassette erhältlich.
● **Spanisch Slang,** Band 57 der Reihe Kauderwelsch, vom Autor dieses Buches, eher für Fortgeschrittene. Etwa 1000 Beispiele aus der Alltags- und Umgangssprache werden anschaulich dargestellt und erklärt.
● **ReiseWortSchatz Spanisch,** das Wörterbuch zum Kauderwelsch, mit dem Vokabular, das man auf Reisen braucht, um jede Situation sprachlich zu meistern.

Telefonieren

„¡Llámame!" („Ruf mich an!"), beinahe hat diese Floskel das gute alte *„adiós", „hasta luego"* oder *„nos vemos"* abgelöst. Telefonzellen stehen überall, öffentliche Fernsprecher gibt es auch in Bars und Restaurants. Dort sind die Geräte leuchtend rot, während die Telefonzellen generell eine hellblaue Farbe aufweisen.

Telefonkarten

Einen Anruf kann man durch den Kauf einer Telefonkarte (für mindestens 10 €) **günstiger** gestalten. Man wählt zunächst eine auf der Karte vermerkte Ziffernfolge, danach eine Geheimnummer, die man freirubbeln muss, und anschließend die Anschlussnummer. Ist das Guthaben verbraucht, muss eine neue Karte im Kiosk oder an einer Tankstelle erworben werden.

Vorwahlen

Von Spanien ins Ausland:
- Deutschland: 0049
- Österreich: 0043
- Schweiz: 0041

Nach der Landesvorwahl wird jeweils die lokale Vorwahl ohne Null gewählt und dann die Anschlussnummer.

Nach Spanien: 0034 + Anschlussnummer

In Spanien wurde die ehemalige Vorwahl in die Nummer integriert. Jetzt muss sie immer mitgewählt werden, auch bei Ortsgesprächen. Alle Telefonnummern lauten daher einheitlich neunstellig.

Telefónica

Wer ein Ferngespräch führen oder ins Ausland telefonieren möchte, sollte eine *Telefónica* aufsuchen. Das sind kleine **Telefonzentralen,** die in allen touristisch wichtigen Orten zu finden sind, zumeist an zentralen Punkten wie Strandpromenade oder Hauptplatz. Dort gibt es etwa zehn Kabinen. Eine Aufsicht weist dem Kunden eine Kabine zu und dann kann er ohne Münzen und Telefonkarte telefonieren, bezahlt wird hinterher. Noch ein Vorteil: Die *Telefónicas* sind in der Regel bis 22.00 Uhr geöffnet, und man kann auch ein Fax verschicken. Nur mittags von etwa 14.00 bis 17.00 Uhr sind sie geschlossen.

Handy

Mit seinem Handy *(móvil)* kann man auch von Spanien aus nach Hause telefonieren. Je nach Gesellschaft fallen **Gebühren** von ca. 1-1,50 € pro Minute an. Sie werden bei der heimatlichen Gesellschaft abgerechnet. Wer Anrufe aus Deutschland auf seinem Handy entgegennimmt, zahlt ebenfalls, nämlich für die ausländische Strecke. Der Anrufer zahlt nur den innerdeutschen Gebührenanteil bis zur Grenze.

Die **Verfügbarkeit** der einzelnen Netze beurteilt der ADAC folgendermaßen: „Die D-Netze sind flächendeckend, die E-Netze nur in Ballungszentren. Wer allerdings ein Dual-Band-Handy nutzt, sollte ebenfalls überall erreichbar sein."

Deutschland direkt

Wer völlig abgebrannt sein sollte, kann einen „Notruf" nach Hause schicken, auf Kosten der Angerufenen. „Deutschland direkt" nennt sich dieser Service, den die Telekom anbietet. Im Prinzip handelt es sich dabei um die Wiederbelebung des guten alten **R-Gesprächs.** Man ruft über eine spezielle Nummer die Zentrale in Deutschland an. Der Operator in der Vermittlung fragt den Anrufer, welchen Teilnehmer er sprechen möchte. Dann versucht er diesen zu erreichen. Wenn der gewünschte Gesprächsteilnehmer sich einverstanden erklärt, die Gebühren zu übernehmen, wird das Gespräch vermittelt.

● Die Telefonnummer der Zentrale in Deutschland lautet: 900 99 00 49, der Minutenpreis liegt bei 0,51 €, die Vermittlung kostet einmalig 2,50 €, Informationen unter: www.detecardservice.de

---

Notfall-Telefonnummern

- **Notruf allgemein:** Tel. 112
- **Medizinischer Notruf:** Tel. 061
- **Polizei:**
  Tel. 092 *(Policía Municipal)*
  Tel. 091 *(Guardia Civil)*
- **Feuerwehr:** Tel. 080
- **Telefonauskunft,** Inland: Tel. 1003, Europa: Tel. 1005, außereuropäisches Ausland: Tel. 025
- **GRUA** (Infos über abgeschleppte Autos): Tel. 092
- **ADAC-Notdienst** in Madrid: Tel. 91 593 0041
- **ADAC 24-Std-Service,** München: Tel. (0049) 89222222
- **Deutsches Konsulat,** Sevilla: Tel. 954 230 204
- **Dt. Konsulat,** Jerez de la Frontera: Tel. 956 306 917
- **Konsulat Österreichs,** Sevilla: Tel. 954 222 162
- **Konsulat der Schweiz,** Algeciras: Tel. 956 571 513
- **Geldkarten-Sperrung:**
  EC-Karte: Tel. (0049) 1805 021 021
  Eurocard: Tel. (0049) 69 793 319 10
  American Express: Tel. (0049) 69 757 610 00
  VISA: Tel. 001 410 581 3836 (als R-Gespräch anmelden)

Unterkunft

Pauschal-reise

Das Angebot an Pauschalreisen ist noch bescheiden. Vor allem werden Hotels in **Matalascañas** und in **Novo Sancti Petri** angeboten. Beides sind weitläufige künstliche Urlaubsorte, in denen es nie etwas ursprünglich Spanisches gab.

Weitere Pauschalziele sind **Islantilla, Conil** oder **Rota.** Speziell in der Umgebung von Islantilla wird kräftig gebaut, so manches der neu entstehenden Hotels wird wohl zukünftige Prospekte schmücken.

Die bekannte spanische Riu-Hotelkette hat zwei schicke Häuser auf der **Isla Canela,** unweit der portugiesischen Grenze im Angebot. Auch dort wird expandiert, weitere Häuser dürften bald hinzukommen.

Ferien-wohnung

Wer im Bereich der Costa de la Luz eine Ferienwohnung mietet, landet zumeist in recht netten und vor allem **überschaubaren Anlagen.** Nicht selten werden sogar einzelne, kleine Häuschen vermietet. Obwohl in manchen Orten auch schon kräftig gebaut wird, existiert ein vergleichbarer Beton-Wahnsinn wie an der Costa del Sol noch nirgends. *Urbanizaciones,* also künstlich geschaffene Orte, die nur aus Apartments und Reihenhäusern bestehen, sind selten anzutreffen.

Bei der **Anmietung** einer Ferienwohnung erfolgt die Anreise individuell. Den Schlüssel erhält man von der örtlichen Agentur, die auch für die Betreuung und Abrechnung von Nebenkosten zuständig ist. Preisangaben zu machen ist praktisch unmöglich, denn der Mietpreis richtet sich nach Größe, Lage, Anbieter und Saison. Grundsätzlich können die Preise in den Sommerferien aber leicht das Doppelte der Nebensaison erreichen. Anbieter:

● **Interhome,** Hoeschplatz 5, 52349 Düren, Tel. (02421) 1220, Fax 122 54, www.interhome.com, mit einem über 200 Seiten umfassenden Spanienkatalog.
● **Interchalet,** Postfach 5420, 79021 Freiburg, Tel. (0761) 21 00 77, Fax 210 01 54, www.interchalet.com, bietet einen dicken Katalog mit breitem Spanien-Angebot.
● **Terraviva,** Scheffelstr. 4 A, 76275 Ettlingen, Tel. (07243) 306 50, Fax 537 676, www.terraviva.com.
● **Conil Reisen,** Schanzenstr. 75, 20357 Hamburg, Tel. (040) 433772, Fax 438345. www.conil.de. Der Hamburger Veranstalter hat sich speziell auf die Vermittlung von Ferienhäusern in der Umgebung von Conil konzentriert.

Campingplatz mit Meerblick

●Zwei Anbieter sind so bekannt und entsprechend gut in den Reisebüros vertreten, dass die Adresse hier nicht genannt werden muss: **Wolters Reisen** mit einem breitem Angebot zu Spanien und die **TUI,** die ebenfalls in ihrem Spanien-Katalog einige FeWos anbietet.

Camping Campingurlaub ist an der Costa de la Luz durchaus üblich, jedoch vornehmlich unter **spanischen Campern.** Viele Städter haben einen Dauerplatz gemietet und kommen jedes Wochenende. Unter der Woche bleiben die Plätze aber eher leer, zumindest außerhalb der Sommermonate. Nordeuropäer, speziell Senioren mit viel Zeit, kommen eher im Winter und Frühjahr. Im Juli und noch schlimmer im August sieht es völlig anders aus. Nicht wenige reisen dann aus Madrid oder anderen fernen Städten an und richten sich im wahrsten Sinne des Wortes häuslich ein – ein Zelt mit Fernseher und ein eigenes Kochzelt mit Kühlschrank zählen zum Standard. Ruhe und Beschaulichkeit darf niemand erwarten, auch keine Zimmerlautstärke. Die nächsten drei Nachbarn können immer verfolgen, welches Fernsehprogramm gerade läuft. Und wenn am Wochenende dann noch das Jungvolk einfällt, die letzten freien Parzellen belegt und die Autoradios dröhnen lässt, ergibt das einen Klangsalat, der vielleicht nicht jedermanns Sache ist. Man muss es aushalten können oder auf Camping verzichten. Um Mitternacht werden die Geräte dann aber doch ausgeschaltet.

Das **Unterkunftsverzeichnis** der Provinz Cádiz listet 34 Plätze auf, mit örtlichen Schwerpunkten bei Tarifa und Co-

07.1d Foto: jf

nil. In der Provinz Huelva gibt es 18 Campingplätze, darunter zwei der größten Plätze Spaniens. Soweit nicht anders vermerkt, sind die unter den „Ortsbeschreibungen" vorgestellten Plätze alle ganzjährig geöffnet.

Spanische Campingplätze sind in vier **Kategorien** eingeteilt: Die einfachste Ausführung erhält die Einstufung 3. Kategorie, etwas bessere Plätze sind in der 2. oder gar in der 1. Kategorie zu finden. Absolute Spitzenplätze tragen das Etikett *lujo,* die Luxus-Kategorie. Die Einteilung erfolgt nach klaren Kriterien. So muss ein Platz der Luxus-Klasse immerhin Parzellen von 90 m² anbieten, bei den Plätzen der 1. Kategorie sind es Parzellen von wenigstens 70 m², und die Stellplätze der 3. Kategorie bringen es auf 55 m². Wei-

Das maurisch inspirierte Hotel Riu Canela
auf Isla Canela

terhin wird z.B. für die Einstufung in die 1. Kategorie gefordert, dass für je 14 Parzellen eine Dusche von 1,30 m² zur Verfügung steht und dass mindestens die Hälfte der Duschen und Wasserhähne warmes Wasser aufweist. Und so gibt es noch eine ganze Reihe weiterer Gradmesser, nach denen die Bewertung erfolgt.

Die Plätze der Costa de la Luz zählen allesamt entweder zur 1. oder zur 2. Kategorie, obwohl eine Einstufung in die unterste Klasse bei einigen Plätzen sicher angebracht wäre. Vom Ambiente und den Serviceangeboten her sticht kaum einer heraus. Mit den vielen hervorragend ausgestatteten Plätzen an der Costa Brava sind diese Campingeinrichtungen gar nicht zu vergleichen. Die **notwendigen Serviceleistungen** werden aber immer geboten, sehr häufig z.B. ein schattenspendendes Dach aus Matten – ohne würde man es auch nicht aushalten!

Beim **Preis** muss man mit etwa 15-25 € rechnen, je nach Platz und Berechnungsmodalität (also inkl. oder zzgl. Auto, Strom, Steuern usw.). Berechnet werden zumeist ganze Parzellen und die Anzahl der Personen. Das wird für Familien, die mehrere Zelte aufbauen, dann günstiger. Richtig billig ist ein Campingurlaub aber auch nicht.

Hotels

Im August ohne eine fest bestätigte **Buchung** an die Costa de la Luz zu fahren ist absolut sinnlos. Während meiner letzten Recherche-Tour fragte ich bei mehreren Hotels nur mal nach dem Preis, als Antwort kam immer dieser leicht genervte, kopfschüttelnde Blick, Marke: „wie-kann-man-nur-so-blöde-sein?" und das Wörtchen *„completo"*. Dabei wollte ich doch nur den Preis wissen. Im Frühjahr und im Winter schließen übrigens einige Häuser. Sofern dies über einen längeren Zeitraum geschieht, wird es in den Ortsbeschreibungen unter „Praktische Tipps/Unterkunft" vermerkt.

Jedes Touristenbüro hat eine **Hotelliste** für die jeweilige Provinz. Diese Hefte sind zwar niemals vollständig, bieten aber eine gute Übersicht, obendrein werden auch Campingplätze und Apartments genannt.

Der deutsche Reiseveranstalter Olimar Reisen Ibero Tours bietet einen eigenen Spanien-Katalog an, in dem ausschließlich besondere Hotels gebucht werden können.
●**Olimar Reisen,** Unter Goldschmied 6, 50667 Köln, Tel. (0221) 205900, Fax 251591, www.olimar.de.

Sterne-kategorien

Hotels werden in **fünf Kategorien** eingeteilt. Ein Stern bedeutet einfaches Hotel, während die fünfte Kategorie für ein 5-Sterne-Luxushotel steht. Ausschlaggebend für die Beurteilung sind in erster Linie die Lage und Einrichtung, weshalb manch kritischer Reiseveranstalter in seinen Prospekten eigene (niedrigere) Sterne vergibt.

Das Geheimnis der Adressen

- **Pl., Plz. oder Pza.** = *plaza* („Platz")
- **c/** = *calle* („Straße")
- **P°** = *Paseo* („Promenade")
- **Av. oder Avda.** = *Avenida* („Allee, Chaussee")
- **Ctra.** = *Carretera* („Fernstraße")
- **s/n** = *sin número* („ohne Hausnummer"), bei markanten Gebäuden
- In diesem Buch werden einige Hotels und Campingplätze vorgestellt, die an der Nationalstraße 340 liegen: an der Carretera N-340. Die genaue **Kilometerangabe** gilt dann als Adresse, also z.B.: **Ctra. N-340 Km 88,350**
- Bei Wohnungen gibt es so gut wie nie Namensschildchen, stattdessen wird auf das **Stockwerk** und die **Lage** im Flur (links, rechts oder zentral) hingewiesen.
- **i oder iz. bzw. izqu.** = *izquierda* („links")
- **c** = *centro* („Mitte")
- **d oder derr.** = *derrecha*, („rechts")

Als ich noch in Madrid wohnte, lautete meine Adresse: „c/ Ave María 50, 1° i", das bedeutet „calle Ave María Hausnummer 50, erster Stock links", alles klar?

Parador   Paradores sind **staatlich geführte Hotels,** die entweder in einer landschaftlich ungemein reizvollen Umgebung oder in historischen Gemäuern zu finden sind. Das erste Haus wurde 1928 in der Sierra de Gredos eröffnet, heute existieren in ganz Spanien 85. Da in jeder Provinz wenigstens ein Parador eröffnet wurde, liegen sie maximal 150 km auseinander. Viele Häuser wurden in alten Schlössern oder Burgen untergebracht, so in Carmona und Cardona, oder in malerischen alten Städtchen, wie in Santillana del Mar. Sogar im nationalen Kunstschatz, der Alhambra in Granada, wurde ein Parador eingerichtet. Der vielleicht ungewöhnlichste Ort befindet sich auf Teneriffa in 3000 Meter Höhe, unweit der Seilbahnstation, die zum höchsten Berg Spaniens führt. Einsamer geht's nicht!

Im Bereich der Costa de la Luz liegen vier Paradores: Der schönste befindet sich in traumhafter Lage am Strand von Mazagón. In Ayamonte liegt ein ganz so reizvolles Gebäude hoch oberhalb des Ortes mit toller Weitsicht. In Cádiz steht ein Haus mitten im Stadtzentrum, aber auch nicht weit vom Strand entfernt. Und schließlich soll noch ein vierter Parador genannt werden, obwohl dieser schon nicht mehr direkt an der Küste, sondern im Hinterland liegt, dafür aber in außergewöhnlich schöner Lage in Arcos de la Frontera. Infos unter:

● **Paradores, Reservation Center,** c/Requena 3, E-28013 Madrid, Tel. 915 166 666, Fax 915 166 6-57, -58, Internet: www.parador.es.
● Ein zweisprachiges Verzeichnis hält **Ibero Tours** bereit: Immermannstr. 23, 40212 Düsseldorf, Tel. (0211) 864 15 20, Fax 864 15 29, www.iberotours.de

Reisetipps A–Z

Hostal

Die kleinere Version eines Hotels, zumeist etwas **familiärer** gehalten. Eine Einteilung von ein bis drei Sternen wird vorgenommen.

Hotel Residencia

An einem Schild mit dem Kürzel „HR" auf hellblauem Untergrund erkennbar; es sind Unterkünfte **ohne Restaurant,** also reine Garni-Betriebe, die nur Frühstück bieten.

Fonda

Eine *Fonda* ist eine sehr kleine, familiäre Bleibe, gekennzeichnet durch ein weißes „F" auf hellblauem Untergrund. Oft handelt es sich um eine **einfache Pension** mit Gemeinschaftsbad, manchmal vermietet auch eine Witwe ein oder zwei Zimmer ihrer Wohnung. Tendenziell findet sich in den Städten ein schlechterer Standard als auf dem Land.

Casa de Huespedes

Ähnlich verhält es sich mit einer *Casa de Huespedes* („CH" auf hellem Untergrund). Bei diesem „Gästehaus" darf nicht viel mehr als ein **günstiger Preis** erwartet werden. Fonda und Casa de Huespedes verschwinden nach und nach. Beide Begriffe werden seit etlichen Jahren von der internationalen Bezeichnung *Pension* abgelöst.

Weitere Kategorien

● **HA = Hotel Apartamentos:** ein Aparthotel, also ein Haus, das Apartments vermietet, auch für längere Zeiträume, aber nicht für die Ewigkeit.
● **RA = Residencia Apartamentos:** ein Aparthotel ohne Restaurant
● **M = Motel:** wie international üblich

Preise

Die Preise müssen an der Rezeption aushängen sowie in den Zimmern an der Tür oder am Schrank, eine Gesetzesvorschrift. Sie gelten grundsätzlich für ein Doppelzimmer. Einzelzimmer sind selten und kosten meistens 60-70% des Doppelzimmers. Nur in seltenen Fällen ist die **Preisliste** gezielt unterteilt. Natürlich schwanken die Preise je nach **Saison,** und bei der Festlegung der Saisonzeiten entwickeln die Hoteliers ein gehöriges Maß an Kreativität. Nichts ist klar, alles möglich. Der eine bietet einen einzigen Preis vom 1.1.-31.12., der nächste führt alle möglichen Gründe ins Feld, die Tarife schwanken zu lassen, als da wären: „N" *(Navidad)* also Weihnachten, aber wann beginnt „Weihnachten"? SS *(Semana Santa),* das wäre Ostern und, ganz besonders schick, FL *(Fiestas locales),* also örtliche Festivitäten.

Die **Hotelpreise in diesem Buch** sind in Kategorien angegeben. Diese sagen nichts über die Qualität aus, sondern geben nur den Preisrahmen für ein DZ in der Hochsaison an.

€ = bis 25 €
€€ = 25-40 €
€€€ = 40-70 €
€€€€ = über 70 €

Nur bei absoluten Ausreißern ist der tatsächliche Preis angegeben, damit niemand eine Überraschung erlebt. In den Sommermonaten liegen auch die Hotelpreise am oberen Limit, sie können jedoch sehr schnell fallen, schon im Juni bzw. September (Betonung liegt auf „können").

Wer nach einem Doppelzimmer fragt, sollte bedenken, dass *cama matrimonial* **„Ehebett"** heißt, zumeist ist damit ein etwas kleineres französisches gemeint. Ansonsten stehen zwei Betten hübsch getrennt im Raum.

Beschwerdeblätter

Hojas de reclamación („Beschwerdeblätter") müssen überall vorrätig liegen. Wer einen Mangel anzeigen will, füllt das Formular aus. Die rosa Kopie erhält der Wirt, das weiße Original geht nach Madrid an die Touristikbehörde (Adresse steht drauf) und der grüne Teil verbleibt beim Gast.

Versicherungen

Die wichtigste Versicherung dürfte eine **Auslandskrankenversicherung** sein (siehe Kap. „Gesundheit").

Autofahrer benötigen immer noch die **Grüne Versicherungskarte**, auch wenn dies heute kein Mensch mehr an der Grenze kontrolliert. Sollte es aber zu einem Unfall kommen, wird die Polizei danach fragen.

Eine **Reisegepäckversicherung** abzuschließen ist Geschmackssache. Immerhin gilt es etliche Klauseln zu beachten, so dass die Frage nach dem Sinn doch gestellt werden darf. Oft heißt es nämlich: Auto nicht sorgfältig geparkt, Apartment nicht richtig verschlossen usw. Die teure Foto- oder Videoausrüstung erfordert sowieso eine gesonderte Versicherung, die nicht unerheblich teuer ist. Bei Verlust oder Beschädigung von versichertem Gepäck müssen, abgesehen von einer Bestätigung des entsprechenden Beförderungs- oder Beherbergungsunternehmens, eine genaue Auflistung der fehlenden/beschädigten Gegenstände sowie schlimmstenfalls Kaufquittungen vorgelegt werden.

Bei Pauschalreisen lohnt es sich oft, gleich mit der Reisebuchung eines der von den Reiseveranstaltern angebotenen **Versicherungspakete** abzuschließen. Ein solches umfasst Kranken-, Unfall-, Gepäck- und Haftpflicht-Versicherungen. Für Leute, die viel reisen, lohnen sich **Jahresversicherungen.** Notieren sollte man sich die auf den Versicherungsscheinen oder -karten angegebenen Notfall-Rufnummern.

Inwieweit Versicherungen im Einzelfall tatsächlich sinnvoll sind, muss aber jeder selbst entscheiden. **Unfall und Haftpflicht** können beispielsweise bereits durch bestehende Versicherungen abgedeckt sein; die Deckungssummen sind jedoch zu überprüfen. Als Schadensnachweis ist der Versicherung ggf. ein Polizeiprotokoll vorzulegen.

Zollbestimmungen

In einem Europa ohne Grenzen haben sich auch die Zollgrenzen verschoben, jedenfalls für EU-Mitgliedsstaaten. Das bedeutet, dass für Zigaretten und Alkohol die Mengenbegrenzungen aufgehoben sind. Trotzdem kann an der Grenze der Zoll kontrollieren, ob die mitgebrachten Produkte **zum persönlichen Gebrauch** bestimmt sind und nicht zum Verkauf. Folgende Mengen gelten noch als Privatkonsum:

- 800 Zigaretten
- 400 Zigarillos
- 200 Zigarren
- 1 kg Tabak
- 10 l Spirituosen
- 20 l Aperitif
- 90 l Wein, davon 60 l Schaumwein
- 110 l Bier

Selbst wenn größere Mengen transportiert werden, sieht der Zoll davon ab Steuern zu verlangen, wenn man beweisen kann, dass man die Menge für eine Feier benötigt. Reisenden unter 17 Jahren wird hierfür jedoch keine Steuerbefreiung gewährt.

Für die Schweiz gilt: 200 Zigaretten oder 50 Zigarren oder 250 Gramm Pfeifentabak, 1 Liter Spirituosen über 15% oder 2 Liter bis 15%, andere Waren bis zu einem Gesamtwert von 200 SFr. Aber Tabak sowie Alkoholika dürfen nur Personen einführen, die älter als 17 Jahre sind. Jüngere dürfen andere Waren nur bis zu einem Gesamtwert von 100 SFr. transportieren.

Land und Leute

Geografie

Die Costa de la Luz erstreckt sich über knapp 200 km von Tarifa bis zur portugiesischen Grenze. Geografisch fällt das Gebiet in die Provinzen Cádiz und Huelva. Die Grenze zwischen beiden bildet der Río Guadalquivir, der ziemlich genau in der Mitte der Küste ins Meer mündet.

Gebirge

Bis auf eine Ausnahme liegt der Küstenstreifen in einer **flachen Ebene.** Nur im äußersten Südosten ragt ein Gebirgszug bis ans Meer heran, zwischen den Orten Tarifa und Zahara de los Atunes. Ein weiterer Gebirgsstreifen erhebt sich erst weit im Hinterland. Die Ausläufer der Sierra del Algibe können gerade noch von Vejer de la Frontera aus erspäht werden. Das gesamte restliche Gebiet ist flaches, allenfalls leicht hügeliges Land.

Flüsse

Die Küstenlinie wird von **mehreren Flüssen** unterbrochen. Der breiteste ist der Río Guadalquivir, er fließt direkt am bekanntesten Feuchtgebiet Spaniens, dem Nationalpark Doñana, entlang. Auch der Río Guadalete mündet bei Cádiz in ein Feuchtgebiet. Weiter im Nordwesten fließen der Río Tinto und der Río Odiel bei Huelva ins Meer, noch weiter westlich der Río Piedras. Schließlich bildet der Río Guadiana die Grenze zu Portugal. All diese Flussläufe haben bislang den Bau einer durchgehenden Küstenstraße verhindert, so dass teilweise weite Umwege gefahren werden müssen.

Strände

Typisch für die gesamte Küste sind die streckenweise **kilometerlangen hellen Sandstrände.** An einigen Orten (Matalascañas, Caños de Meca) türmen sie sich zu mehreren Meter hohen Wanderdünen auf – ein äußerst malerisches Bild. In anderen Ecken Spaniens haben schon wesentlich bescheidenere *playas* eine unglaubliche Bauwut ausgelöst. Das mag hier der ständig wehende Wind verhindert haben, zum Glück.

Klima

Küste des Lichts

Im Juli und August macht die „Küste des Lichts" ihrem Namen alle Ehre. Gegen 7.00 Uhr geht die **Sonne** auf, zieht gnadenlos brennend ihre Bahn und versinkt glutrot gegen 22.00 Uhr. Keine Wolke trübt den Blick, kein Regentröpfchen sorgt für Linderung. Temperaturen bis 40°C muss man dann aushalten, nur der beständige Wind sorgt für etwas Abkühlung. Da macht selbst das Brutzeln am Strand keinen rechten Spaß mehr und ein Stadtbesuch schon lange nicht.

Außerhalb der heißen Sommermonate wird es spürbar angenehmer an der Küste. Selbst im Winter fällt die Quecksilbersäule aber selten unter 10°C. Auch ein paar Regentage mit bedecktem Himmel sind möglich, aber bei 320 Sonnentagen im Jahr ist das alles kein Vergleich zum deutschen Schmuddelwetter.

Winde

Jahreszeit	Windrichtung	
Frühjahr	wechselnd aus West oder Ost	
Sommer	51% aus West bzw. Südwest 20% Ostwinde	
Herbst	Provinz Cádiz: 29% Südwest 43% Nordost	Huelva: 29% aus West 43% aus Ost
Winter	Provinz Cádiz: 33% Südwest 56% aus Ost	Huelva: 55% aus Ost 33% aus West bzw. Südwest

Wetterdaten

Die **Luftfeuchtigkeit** liegt generell niedrig, was zu trockenen, heißen Sommertagen, aber auch zu milden, angenehmen Wintertemperaturen führt.

Der kühlende **Wind** sorgt für ein relativ angenehmes Klima, selbst während der heißen Sommermonate.

Land und Leute

Mittlere tägliche Maximum- und Minimumtemperaturen in ˚C

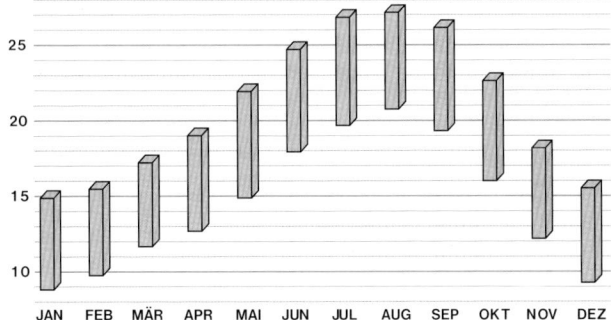

Mittlere Niederschlagsmenge pro Monat in mm

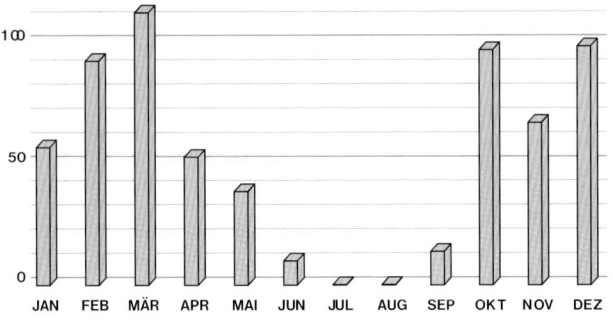

☐ *Sonnenstunden pro Tag*   ◼ *Regentage pro Monat*

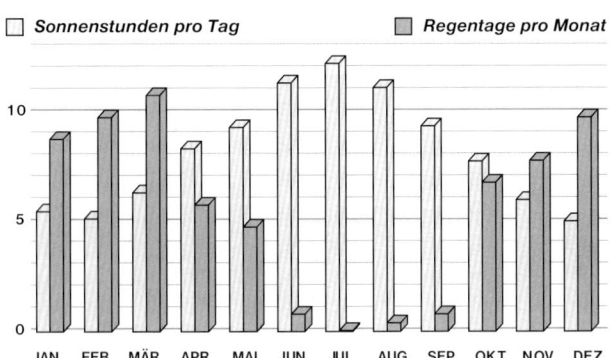

Die jährliche **Durchschnittstemperatur** liegt bei 18°C, während das Meer 17°C erreicht; zum Herumplanschen in den Wellen also nicht gerade warm.

Mit **Regen** muss man zwar ab Herbst und vor allem in den ersten Monaten des Jahres rechnen, aber statistisch nur an maximal elf Tagen.

Die Andalusier

„Die hervorstechenden Eigenschaften des andalusischen Charakters sind sorgloser Leichtsinn, übermütige Fröhlichkeit, Redseligkeit ... Zu diesen teilweise nicht sehr empfehlenswerten Eigenschaften gesellt sich jedoch ein gutmütiges, leicht versöhnliches Wesen, höfliche Zuvorkommenheit ... und eine überschwengliche orientalische Phantasie." So steht es in einem hundert Jahre alten Spanien-Lexikon. Ein Klischee? Sicherlich! Aber wo endet ein Klischee? Wann beginnen Vorurteile? Wieviel Körnchen Wahrheit lassen sich in diesem Satz finden?

Eine gewisse **Fröhlichkeit** und eine gehörige Portion **Leichtigkeit** im Leben der Andalusier sind tatsächlich augenscheinlich. Gerade im alltäglichen Miteinander bleibt für gedankenschwere Problembewältigung wenig Raum. Dabei geht es den Andalusiern, zumindest wirtschaftlich betrachtet, alles andere als blendend.

Die Region ist seit langem eine der **rückständigsten und ärmsten Gegenden** Spaniens. Die Arbeitslosigkeit erreichte ständig erschreckende Spitzenwerte, zeitweise war jeder Dritte ohne Arbeit. Dabei ist die Grenze zwischen Erwerbslosigkeit und teilweise beschäftigt fließend. Andalusien war schon immer das Land der Tagelöhner, die auf den großen **Latifundien** der wenigen Reichen nur zeitweise Arbeit fanden (siehe auch Kap. „Staat und Gesellschaft/Andalusien heute").

Emigration Mit Beginn der Industrialisierung verbesserten sich die Bedingungen etwas, viele Andalusier emigrierten nach **Nordspanien,** nach Bilbao oder Barcelona. Von 1940 bis 1970 sollen mindestens 1,6 Mio. Menschen nach Nordspanien gezogen sein. So leben beispielsweise in Katalonien mehr Zuwanderer aus Almería, als in der Stadt selbst, die knapp 160.000 Einwohner zählt. Gern gesehen waren sie im Norden aber nicht, mussten so manche katalanische Überheblichkeit ertragen, bis hin zu rassistischen Tönen. In der Provinz Barcelona leben heute gut 1 Mio. Andalusier. Dort sind sie auch heute noch nicht völlig integriert, und zwar allein schon durch die Sprache, denn die Katalanen pflegen seit Jahren immer stärker ihr Katalanisch.

Stellenwert Dieser sozio-ökonomische Hintergrund prägte
der Familie ganze Generationen von Andalusiern. Ihre Welt bestand aus fest umrissenen sozialen Strukturen, die zumindest in den Dörfern unumstößlich waren. Heute hat sich die Situation sicherlich entspannt, sowohl in den Städten als auch im ländlichen Raum. Den Menschen stehen mehr Möglichkeiten zur Verfügung als noch zwei, drei Generationen vor ihnen. Aber die Arbeitslosigkeit ist nach wie vor groß, insbesondere unter den Jugendlichen. Da kommt der Familie ein hoher Stellenwert zu, als **monetäre Unterstützung** ebenso wie als **sozialer Halt.** Wer keinen Job hat, muss fast zwangsläufig zu Hause wohnen bleiben. Viele Studenten leben angesichts hoher Studiengebühren bis zum Examen bei ihren Eltern. Studentenjobs gibt es so gut wie nicht, das typische Kellnern oder Taxifahren sind in Andalusien „normale" Vollzeitberufe. Aber auch bereits beschäftigte junge Leute bleiben heute lange im „Hotel Mama" wohnen, und nicht immer ist es nur eine Frage des niedrigen Einkommens. Die Familie gibt Halt und wird gepflegt.

Mentalität Soweit die äußeren Bedingungen. Sie werden hingenommen, manchmal auch verdrängt. „Man kann ja doch nichts machen", ein schulterzuckendes Bekenntnis, dass es ist wie es ist. **Warum sich groß Gedanken machen?** Die ökonomischen Verhältnisse sind nicht rosig, sie dominieren aber auch nicht das Bewusstsein; etwa wenn ein Andalusier in einer Bar großzügig eine Runde schmeißt, obwohl es sein letztes Geld war. Ist das dann der eingangs zitierte „sorglose Leichtsinn" oder eine Lebenshaltung, von der wir uns eine Scheibe abschneiden könnten?

„Was willst Du machen? Das Leben ist ungerecht!"

La siesta oder warum die Spanier nicht aussterben

Preisfrage: Wann ist die beste Zeit, um in eine spanische Großstadt zu fahren, in der man sich überhaupt nicht auskennt? Antwort: Gegen 16 Uhr. Dann sind alle Straßen leer, ganz Spanien hält Siesta.

Die *siesta* – ein kleines Nickerchen nach dem Essen, ein Kräftesammeln vor den Pflichten der zweiten Hälfte des Tages, ein Überbrücken der größten Hitze. Nordeuropäische Touristen staunen immer wieder über diesen stark verschobenen Tagesablauf. Man arbeitet von

9 bis 14 Uhr, dann folgen drei Stunden Pause. Alle Geschäfte schließen, die Büros leeren sich ebenso wie die Fabrikhallen. Spanien geht zu Mittagstisch, und zwar ausgiebig. Vor 15 Uhr steht niemand auf. Dann wird ein Nickerchen gehalten, *dormir la siesta* („die Siesta schlafen") oder *echarse la siesta* („zur Siesta hinlegen") und nach dem Aufwachen schaut man noch auf einen After-Siesta-Drink in der nächsten Bar vorbei, bevor es wieder an die Arbeit geht.

Während in Nordeuropa um 17 Uhr der Hammer fällt und generell Feierabend ist, legen die Spanier noch eine dreistündige Arbeitsschicht ein. Zu keiner Zeit des Tages ist eine spanische Stadt öder, verlassener, einsamer als um 16 Uhr. Aber schon 60 Minuten später kommt wieder Leben in die Bude. Das muss man wissen. Als ich einmal ein Auto am Vormittag in die Werkstatt brachte, hieß es, am Nachmittag sei es fertig. Ich wusste Bescheid, fragte zurück, ob 18 Uhr gemeint sei. – Nein, eher 19 Uhr.

Ursprünglich wohl eingeführt um die Zeit der größten Nachmittagshitze zu überbrücken, verliert die Siesta heutzutage allmählich diese Bedeutung. Internationale Firmen fassen Fuß in Spanien und führen andere Arbeitszeiten ein. Auch grenzüberschreitende Verflechtungen lassen immer häufiger keine langen Pausen zu, orientieren sich zwangsläufig am europäischen oder amerikanischen Rhythmus. Und die Klimaanlage sperrt sommerliche Hitzewellen sowieso aus den Büros aus.

In Mexiko ging man schon einen Schritt weiter. Um die Wirtschaft des Landes stärker an den US-Nachbarn zu binden, wurde den 1,5 Millionen Staatsbeamten per präsidialem Dekret verboten, weiterhin eine dreistündige Mittagspause einzulegen! Das war zwar nicht der Untergang des Abendlandes, aber das Ende eines geliebten Lebensstils. Soweit ist es in Spanien noch nicht. Und dass es zu einem königlichen Verbot kommen könnte, ist eher unwahrscheinlich. Dann würden die Spanier nämlich aussterben, denn angeblich sei jeder zweite während der Siesta gezeugt worden ...

Staat und Gesellschaft

Symbole Andalusiens

Flagge

An manchen Stränden flattern drei Fahnen im Wind, zwei davon kennt wohl jeder: die blaue EU-Fahne und die rot-gelbe spanische Flagge. Bei der dritten, der **grün-weiß-grünen,** handelt es sich um die andalusische Flagge, schlicht gehalten, aber doch mit Stolz neben den anderen am Mast hochgezogen. Kein Wunder, ist Andalusien doch die zweitgrößte Autonome Region Spaniens; nach der Bevölkerungszahl ist sie sogar die Nummer Eins.

Lange hat es allerdings an diesem Bewußtsein gemangelt. Erst 1915 veröffentlichte ein ausgeprägter andalusischer Regionalist namens *Blas Infante* ein wegweisendes Buch: *El ideal Andaluz* („Das andalusische Ideal"). Seine Vorschläge wurden später von den Provinz-Deputierten angenommen. 1918 legte man die Symbole für eine eigene Fahne und ein Wappen fest. Es dauerte aber noch bis 1982, bis ein andalusisches Regionalparlament erstmals gewählt wurde.

Hymne

Die andalusische Hymne thematisiert ebenfalls die grün-weiße Fahne:

La bandera blanca y verde
vuelve, tras siglos de guerra
a pedir paz y esperanza,
bajo el sol de nuestra tierra

„Die grün-weiße Fahne
kehrt heim nach Jahrhunderten des Krieges,
um Frieden und Hoffnung zu erbitten
unter der Sonne unserer Erde"

Geschichte

Spanische Geschichte, das war jahrhundertelang andalusische Geschichte. Hier spielte das Konzert der Macht, wurden Schlachten geschlagen, Gebiete erobert und zurückerobert, von hier wurde die Iberische Halbinsel beherrscht. Einen einheitlichen Staat „Spanien" gab es überhaupt noch nicht. Madrid war damals tatsächlich nichts weiter als ein winziges Dörflein. *„Una población manchega"*, wie einst Nobelpreisträger *Camilo José Cela* scherzte, ein rückständiges Dörfchen aus der Mancha, der Gegend, wo Don Quichote die Windmühlen bekämpfte. Jahrhundertelang prägten die Araber von Andalusien aus das Geschehen auf der ganzen Iberischen Halbinsel. Erst nach deren Vertreibung 1492 verlagerte sich das Zentrum der Macht nach Madrid. Von da ab spielte Andalusien historisch gesehen in Spanien nur die zweite Geige, von gelegentlichen Ausnahmen einmal abgesehen.

Erste Besiedlung

Man nimmt an, dass die ersten Siedler um 2000 v. Chr. die **Iberer** waren. Historische Zeugnisse verraten, dass um 1100 v. Chr. die **Phönizier** auf der Iberischen Halbinsel eine erste Siedlung gründeten, Gadir, das heutige Cádiz. Um 800 v. Chr. verschlug es **Kelten** nach Nordspanien. Keltische Stämme gelangten dann um 600 v. Chr. bis ins Zentrum des Landes, wo sie auf die Iberer trafen und sich mit ihnen zu den **Keltiberern** vermischten. Um 300 v. Chr. wurde die keltiberische Stadt Numancia gegründet. Sie lag am Río Duero in der Provinz Soria, etwa zwischen Valladolid und Zaragoza.

Die Römer

Um 250 v. Chr. betraten von Afrika aus **Karthager** spanischen Boden. **Hannibal,** ihr Anführer, begnügte sich aber nicht mit der Inbesitznahme dieses Landstriches, er wollte sogar das mächtige Rom angreifen. Die Geschichte ist bekannt: Mit einem riesigen Heer zog er über die Alpen, inklu-

Staat und Gesellschaft

sive 37 Elefanten. Rom einzunehmen schaffte er trotz einiger Siege im Vorfeld nicht. Die Römer waren aber so sehr verärgert, dass sie selbst auf der Iberischen Halbinsel einrückten. Man einigte sich zunächst auf eine Art Nichtangriffspakt, indem man den Río Ebro als Trennlinie festlegte, die von keiner Partei überschritten werden durfte. 219 v. Chr. brach Hannibal diesen Pakt, als er die Stadt Sagunto eroberte. Das war der Auslöser für den **Zweiten Punischen Krieg,** der von 218 bis 201 v. Chr. dauerte. 203 v. Chr. musste Hannibal spanischen Boden verlassen und nach Afrika zurückkehren. 197 v. Chr. wurde Cádiz eingenommen, die letzte Bastion der Karthager. Hispania war unter römischer Kontrolle, beinahe jedenfalls.

Aber die Römer wollten natürlich das ganze Land beherrschen. Eine kleine Siedlung namens **Numancia** leistete jedoch anhaltend Widerstand. Der römische Feldherr ließ einen Wallring um die Stadt ziehen und belagerte sie neun Monate lang, bis sie sich im Jahr 133 v. Chr. ausgehungert ergab. Die Römer machten Numancia dem Erdboden gleich, eine Ruine der einstigen Siedlung kann aber noch heute 8 km nördlich von Soria besucht werden.

Viele Bauwerke aus römischer Epoche sind ebenfalls bis zum heutigen Tage erhalten geblieben. So wurde z.B. 25 v. Chr. die römische Kolonie Emérita Augusta gegründet, das heutige **Mérida.**

Dann kam die Zeitenwende, das römische Reich welkte so langsam dahin. 258 n. Chr. kamen erstmals Stämme aus Gallien und Germanien nach Hispania: die **Sweben, Alanen** und **Vandalen.** Noch hielten die Römer Stand, aber als nach vielen Kämpfen – jeder gegen jeden – auch noch 411 n. Chr. die **Westgoten** einfielen, war's aus. Die Römer verschwanden, die Goten blieben – etwa drei Jahrhunderte lang. Die ursprünglich besiegten **Vandalen** nisteten sich 425 n. Chr. kurzfristig in Nordafrika ein.

Arabische Herrschaft

Die Eroberung (711-756)

Dann folgte die **700-jährige Phase** der arabischen Herrschaft. 711 n. Chr. sah die Situation so aus, dass ein gotischer Herrscher namens *Roderich* sich mit dem Clan der Witzia um die Macht stritt. Letztere, in Nordafrika schon fest verwurzelt, fragten bei einem **Berberstamm** um Unterstützung an. Die kam prompt. Im Maghreb residierte *Musa Ibn Nusayr,* ein Repräsentant des Kalifen von Damaskus. Er trug sich schon lange mit der Idee, den Islam über die Meerenge zu tragen, als ihn der Hilferuf erreichte. Sein Heerführer *Tarik Ibn Ziyab* wurde mit 7000 Männern losgeschickt. Sie setzten an einer schmalen Stelle über und landeten an einem steil aufragenden Felsen. Den nannten sie zu Ehren ihres Anführers „Berg von Tarik" *(Yabal Tariq),* woraus später **Gibraltar** werden sollte.

Im andalusischen Barbate gab's den ersten Kampf mit den Goten, die schnell besiegt wurden. Das war das **Ende des gotischen Reiches** auf der Iberischen Halbinsel. Die Sieger marschierten gleich weiter nach Norden. Zuerst wurde Toledo eingenommen, der Hauptsitz der Goten. Da alles gut verlief, kam *Musa Ibn Nusayr* 712 selbst nach Hispania und brachte noch 18.000 Mann Verstärkung mit. So ging es dann Schlag auf Schlag: Bis 716 eroberten sie Zaragoza, Pamplona, Barcelona, Gerona und Narbonne, 719 sogar Toulouse.

Innerhalb von sieben Jahren war fast die gesamte Iberische Halbinsel erobert, nur das gebirgige Galicien und Asturien nicht. Der Vormarsch der Berber endete 732 vor Portier, wo sie die erste große Niederlage kassierten. 722 hatten sie bereits eine Schlacht in den asturischen Bergen bei **Covadonga** verloren. In den spanischen Geschichtsbüchern wird diese Schlacht bis heute als der Beginn der *Reconquista,* der Rückeroberung, gefeiert. Der lokale Häuptling *Pelayo* gilt seitdem als Held; in einer asturischen Höhle wurde ihm ein Denkmal gesetzt.

Emirat von Córdoba (756-929) Nicht nur die Berber, die das Land erobert hatten, sondern auch eine arabische Kultur- und Oberschicht aus weiter östlich gelegenen Ländern setzte sich in Hispania fest. Während der Anfangszeit der maurischen Herrschaft wurden Münzen mit dem Aufdruck **al-Andalus** in Umlauf gebracht. Dieser Begriff stand für die unter maurischer Hoheit stehenden Gebiete, die zunächst von Córdoba aus regiert wurden. Aus *al-Andalus* wurde dann viel später der Name Andalusien. Die Grenzen von al-Andalus veränderten sich ständig, immer wieder kam es zu Kriegen. Aber alles in allem waren die Bewohner gar nicht so abgeneigt gegen die neuen Herren. So manche gotische Stadt soll sogar die Pforten freiwillig geöffnet haben. Die Mauren zwangen die Bevölkerung zu nichts, niemand musste konvertieren, Christen und Juden konnten ihre Religionen weiter ausüben.

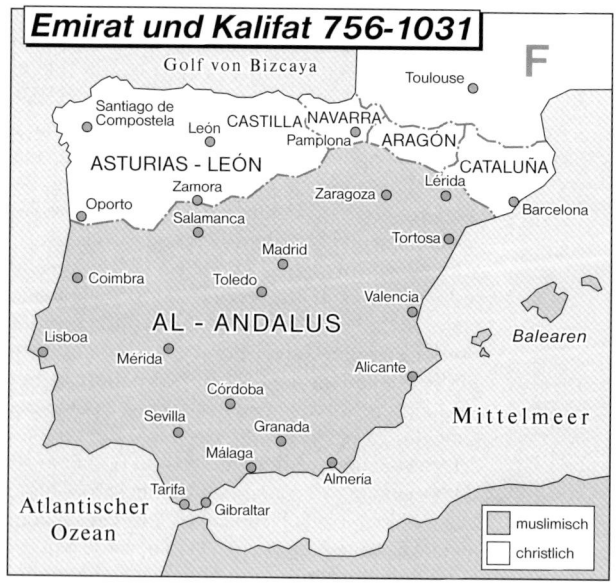

Währenddessen geschahen im islamischen Mutterland weitreichende Ereignisse. In Damaskus wurde 750 der Kalif blutig abgesetzt. Eine schiitisch ausgerichtete Dynastie betrat die Bühne und brachte die Herrschaftsfamilie kurzerhand um. Nur ein junger Prinz konnte entkommen, *Abderraman Ibn Mu'awiya*. 755 erreichte er spanischen Boden in Almuñécar. Er erhielt dort von allen Getreuen sofort Unterstützung und ernannte sich ein Jahr später zum Emir von al-Andalus mit Namen *Abderramán I*. Als Symbol seiner Herrschaft wurde die **Moschee von Córdoba** gebaut.

Kalifat von Córdoba (929-1031) Die Sippe festigte ihre Position in den nächsten Jahrzehnten. Zwei Generationen später regierte *Abderramán III,* der 912 an die Macht kam und sich 929 zum von Bagdad unabhängigen Kalifen ernannte. Das bedeutete, dass er nun geistiger

Staat und Gesellschaft

Herrschaft der Taifas 1031-1086 F

Golf von Bizcaya

Santiago de Compostela
León
NAVARRA
ARAGÓN
CATALUÑA
Toulouse
GALICIA
LEÓN
Zamora
CASTILLA
Zaragoza
Lérida
ZARAGOZA
Barcelona
Oporto
Salamanca
Tortosa
Coimbra
Madrid
Toledo
Valencia
BADAJOZ
TOLEDO
Balearen
Lisboa
Mérida
DENIA
Alicante
Córdoba
GRANADA
MURCIA
SEVILLA
CÓRDOBA
Granada
Sevilla
Mittelmeer
Cádiz
Málaga
Almería
Atlantischer Ozean
Gibraltar

muslimisch
christlich

Führer der hispanischen Araber war. Unter seiner Zeit blühte Córdoba als **geistig-kulturelles Zentrum des Islams** auf und behielt diese Position auch eine ganze Weile. So ließ sein Nachfolger *Hakam II.* eine gewaltige Bibliothek in Córdoba anlegen.

Reinos de Taifas (1031-1086)

Mit Hakams Tod begann allerdings der schleichende Niedergang. Hakams Sohn *Hisam III.* war zu schwach den Intrigen und Kämpfen standzuhalten. Es gab Unruhen und interne Kämpfe, obendrein ständige Kriege im Norden gegen attackierende christliche Heere. Nach und nach bildeten sich eine Menge **lokaler Herrschaftsgebiete** heraus, die sogenannten *Reinos de Taifas* (etwa: „Herrschaft der Kleingruppen"). Diese innere Zerstrittenheit half indirekt den Christen. 1085 eroberte *Alfonso VI.* die Stadt Toledo, was

Almoraviden u. Almohaden bis 1212

Golf von Bizcaya

Toulouse · **F**

Santiago de Compostela ·
León ·
LEÓN
NAVARRA
ARAGÓN
Zamora · **CASTILLA**
Zaragoza ·
Oporto ·
Salamanca ·
Lérida ·
Barcelona ·
PORTUGAL
Tortosa ·
Coimbra ·
Madrid ·
Toledo ·
Lisboa ·
Valencia ·
Balearen
Mérida ·
Alicante ·
Córdoba ·
Granada ·
Sevilla ·
Mittelmeer
Cádiz ·
Málaga · Almeria ·
Atlantischer Ozean
Gibraltar ·

muslimisch
christlich

ein schwerer Schlag für die Mauren war. In ihrer Not wandten sich die lokalen Fürsten an einen neuen starken Mann in Nordafrika, den Sultan der Sippe der Almoraviden, *Yusuf I.*

Die Almoraviden (1086-1148) Er kam und sein Einstand war nicht von schlechten Eltern. Bei Badajoz wurden die **Christen vernichtend geschlagen.** Da *Yusuf I.* nun schon einmal da war, entschied er sich auch gleich zu bleiben. Die lokalen Heeresgrößen der Reinos de Taifas waren ihm unterlegen und schon bald wurde aus dem Retter in der Not der neue starke Mann in al-Andalus. Die Sippe der Almoraviden regierte bis 1148, dann kamen die Almohaden.

Die Almohaden (1148-1232) Dieser Berberstamm besetzte 1143 große Teile Nordafrikas, sogar Marrakesch, den Hauptsitz der Almoraviden. 1149/1150 waren dann Sevilla, Córdoba und Badajoz an der Reihe und 1195 besiegten die Almohaden unter Führung von *al-Mansur* sogar *Alfonso VIII.,* immerhin König von Kastilien. Das war aber nur von kurzer Dauer. Denn Alfonso verbündete sich mit *Pedro II. von Aragón* und *Sancho von Navarra* und gemeinsam schlugen sie 1212 zurück, diesmal derart massiv, dass die Herrschaft der Almohaden ins Wanken geriet. *Fernando III.,* dem neuen König von Kastilien, blieb es dann vorbehalten 1236 Córdoba und 1248 sogar Sevilla zu eroberte. Zur gleichen Zeit nahm *Jaime I.* Mallorca (1229) und Valencia (1238) ein.

Die Nasriden (1232-1492) Nach diesen Verlusten blieb von al-Andalus nur noch das **Königreich Granada** übrig. Dort regierte die Sippe der Nasriden. Noch beherrschten sie einen Landstrich, der Málaga, Jaén und Almería einschloss, aber die christlichen Heere drängten nach. Dann kam der entscheidende Schlag: 1469 heirateten *Isabel de Castilla* und *Fernando de Aragón,* zwei mächtige Herrschaftshäuser mit großen Heeren vereinigten sich. Später sollte man dies auch die **Geburtsstunde Spaniens** nennen.

Staat und Gesellschaft

Sie fühlten sich nun endgültig im göttlichen Auftrag die letzten maurischen Bastionen zu erobern. *Los Reyes Católicos* („die katholischen Könige") ließen sie sich nennen, trugen das Banner des einzig rechten – katholischen – Glaubens mit Schwert und Bibel vor sich her. Granada musste fallen! 1492 war es soweit, zerstört und isoliert verblieb nur noch die Stadt selbst. In der dortigen Burg, der **Alhambra,** herrschte *Boabdil,* der es weise vorzog aufzugeben, bevor dieser Prachtbau durch Kämpfe zerstört würde. Weinend zog er sich zurück nach Nordafrika, heftigst beschimpft von seiner Mutter. An der Straße, die von Granada an die Küste führt, liegt ein Ort namens *Suspiro del Moro* („Seufzer des Mauren"). Dort soll er einen letzten Blick auf Granada geworfen haben.

Im März desselben Jahres wurde den **Juden** befohlen das Land zu verlassen, wenn sie nicht zum

Nasridenreich 1232-1492

Golf von Bizcaya

Toulouse

F

Santiago de Compostela

León

NAVARRA

ARAGÓN

Zamora

Zaragoza

Oporto

Salamanca

Lérida

Barcelona

Coimbra

Madrid

Tortosa

PORTUGAL

Toledo

Valencia

Lisboa

LEÓN - CASTILLA

Balearen

Mérida

Córdoba

Alicante

Mittelmeer

Sevilla

Granada

GRANADA

Cádiz

Almería

Málaga

Gibraltar

Atlantischer Ozean

muslimisch

christlich

Almeria.

Conquista de Almeria

Christentum übertreten wollten. An die 100.000 gingen daraufhin. 1502 wurde die Anordnung auch auf die verbliebenen muslimischen **Araber** ausgedehnt, etwa 200.000 lebten zu der Zeit noch im Großraum Granada. 1609 der Schlusspunkt: König *Felipe III.* **verjagte** sogar 300.000 **Morisken,** so wurden Muslime genannt, die zum Christentum konvertiert hatten.

Historie auf Kacheln erzählt:
die Eroberung von Almería

Übergabe der Alhambra

Am 2. Januar 1492 übergab *Boabdil* die Alhambra gegen das **Versprechen,** Religion, Gesetze und Steuern der verbliebenen Mauren zu achten. Aber das hielt nicht lange vor. 1512 kam es ob der ständig gebrochenen Versprechen sogar zu einer Rebellion, die blutig niedergeschlagen wurde. Gegenüber „Heiden" müsse man keine Versprechen einhalten, so die damalige Devise.

Die **Reconquista** („Rückeroberung") war mit der Übergabe der Alhambra 1492 abgeschlossen, genau 770 Jahre nach *Pelayos* erstem erfolgreichen Aufstand bei Covadonga.

Begriffe aus al-Andalus

Während der arabischen Epoche wurden einige Begriffe geprägt, die auch heute noch in der spanischen Sprache zu finden sind. In erster Linie sind hier natürlich solche zu nennen, die im direkten Zusammenhang mit der Herrschaft der Mauren stehen:

● **Alcázar:** In den Städten von al-Andalus war dies der Sitz des Sultans, ein Palast oder eine Festung. In den Provinzen lebte dort auch der lokale Herrscher.

● **Almohades:** „Almohaden", ein Berberstamm aus dem Süden des heutigen Marokkos. Sie besiegten den Stamm der Almoraviden und übernahmen etwa Mitte des 12. Jh. die Macht in al-Andalus.

● **Almorávides:** „Almoraviden", eine muselmanische Sekte, die den Islam in Nordafrika verbreitete. Ende des 11. Jh. dehnten sie ihr Machtgebiet nach al-Andalus aus, bis sie von den Almohaden besiegt wurden.

● **Cadí:** Ein Zivilrichter, der bei Streitigkeiten Entscheidungen fällte, aber auch in zivilen Angelegenheiten (Heirat, Erbschaft, Scheidung) Recht sprach.

● **Mezquita:** Die Moschee, zumeist aus einem geschlossenem Raum bestehend, ohne Schmuck und Abbildungen. Dort versammeln sich die Gläubigen, um Richtung Mekka zu beten.

● **Moriscos:** „Morisken" sind Araber, die nach der Reconquista in Spanien blieben. Sie behielten trotz Taufe oft ihre Sitten und Gebräuche bei und wurden 1614 schließlich auch aus dem Land gejagt.

Spanien als Weltreich

Kolumbus entdeckt Amerika (1492)

Glückliche Umstände bescherten den *Reyes Católicos* ein neues Feld. Am 12.10.1492, im gleichen Jahr also, als Granada fiel, entdeckte Kolumbus Amerika. *Cristóbal Colón* hatte Königin *Isabel* nach einigem Hin und Her von seiner Mission überzeugen können. Damit füllte sich auch die Lücke, die sich mit dem Ende der Kämpfe gegen die Mauren auftat. Spanien war befreit, aber weiter vordringen, nach Afrika gar, das traute man sich dann doch nicht. So blieben nur die fern im

- **Mozárabe:** „Mozaraber" sind gewissermaßen „arabisierte" Christen, also Christen, die in al-Andalus lebten und ihrem Glauben nachgingen.
- **Nasríes:** Die „Nasriden" regierten al-Andalus, oder was noch übrig geblieben war, von Granada aus zwischen 1231 und 1492. *Boabdil,* der letzte Herrscher von Granada, gehörte zu dieser Dynstie.
- **Omeyas:** Omajiaden, eine arabische Dynastie, die im 7. Jh. die islamische Welt von Damaskus aus regierte. Sie wurde im 8. Jh. gestürzt, die Herrscherfamilie getötet. Nur ein Prinz, *Abderramán I.,* konnte nach al-Andalus fliehen. Er gründete das Emirat von Córdoba.
- **Taifas, Reinos de:** „Herrschaft kleiner Gruppen" wird die Zeitspanne ab 1031 genannt, als kein starker Alleinherrscher al-Andalus regierte. Die Sippe der Nasríes überlebte in Granada am längsten.

Aber auch im Spanischen des **alltäglichen Lebens** finden sich viele Begriffe, die, wenn auch z.T. verändert, ursprünglich aus dem Arabischen übernommen worden sind, so etwa in den Bereichen:
- Wissenschaft: **cifra** („Ziffer"), **cenit** („Zenit")
- Landwirtschaft, Gärtnerei: **zanahoria** („Möhre"), **azúcar** („Zucker"), **azucena** („Lilie"), **acequia** („Bewässerungsgraben")
- Handwerk: **albañil** („Maurer"), **alfarero** („Töpfer")
- Handel: **almacén** („Lager, Laden"), **alquiler** („Miete")
- Haus: **azulejo** („Kachel"), **alfombra** („Teppich")
- Speisen: **albóndigas** (spez. Hackbällchen)
- Musikinstrument: **tambor** („Trommel")
- Spiele: **ajedrez** („Schach")

Atlantik liegenden **Kanarischen Inseln.** Aber das war ja nur ein Häppchen, verglichen mit Kolumbus' Neuentdeckungen.

Es dauerte noch ein paar Jahre, bis man überhaupt begriff, welche Reichtümer sich auftaten. 1519 eroberte der spanische Abenteurer *Hernán Cortés* das legendäre Aztekenreich in **Mexiko,** schier unglaubliche Goldschätze fielen ihm in die Hände. 1535 unterwarf ein anderer Spanier, *Pizarro,* das Inkareich in **Peru,** Silberschätze in gigantischen Mengen sind die Beute. Beide Ereignisse führten dazu, dass Spaniens Politik mit einem Mal eine ganz neue Richtung erfuhr. Jenseits des Atlantiks sollten immer neue, immer reichere Länder erobert werden, „nur" einige **Kulturen wurden dabei vernichtet.** Die Gier zog Abenteurer und „arbeitslose Ritter" auf den neuen Kontinent.

Die Karavellen von Kolumbus in La Rábida

Andalusien im Zentrum der Macht

In **Sevilla** wurde 1503 eine Art Monopolbehörde installiert, die *Casa de Contratación*. Sevilla profitierte davon, dass alle Schiffe hier oder im benachbarten Cádiz ihre Schätze abliefern mussten.

Immer größer wurde auch die Anzahl derer, die ihr Glück in den neuen Ländern, *„en las Indias"* wie es hieß, versuchen wollten. Die Reyes Católicos legten so den **Grundstein für Spaniens Weltreich.** 1504 starb Königin Isabel, 1516 ihr Gatte Fernando.

Nach einem kurzen Zwischenspiel Isabels Tochter *Juana* auf dem Königsthron regierte schließlich ab 1516 *Carlos I.* Er war von Geburt sowohl spanischer Herrscher, dort genannt *Carlos V.,* als auch **Habsburger.** 1519 wurde er dann als Karl V. gleichzeitig zum deutschen König gekrönt. Als römisch-deutscher Kaiser sorgte er sich um Germanien und nebenbei um Spanien. „Nebenbei" ist dabei wörtlich zu nehmen, er war nämlich ziemlich selten dort. In jenen Tagen ging in seinem Reich die Sonne nicht mehr unter, so formulierte es der Doppel-Herrscher selbst.

Die Historie berichtet, dass *Jakob Fugger,* ein schwerreicher Augsburger Kaufmann, Carlos V. seinerzeit massiv mit Geld unterstützt habe. Dieser regierte damit eines der größten europäischen Reiche inklusive der spanischen Überseekolonien in Amerika und den Philippinen. In seine Regentschaft fielen auch die Eroberungen von Pizarro und Cortés, **unglaubliche Reichtümer** flossen in die spanische Truhe. Aber nicht nur dorthin, genügend Gelder wurden an Jakob Fugger und andere Kaufleute weitergereicht. Carlos V. musste **Schulden** begleichen, wie *Eduardo Galeano* in seinem Buch „Die offenen Adern Lateinamerikas" anschaulich schildert. Galeano schreibt, dass 1543 insgesamt 65% der königlichen Einnahmen zur Schuldenbegleichung genutzt wurden.

Zwischen 1503 und 1660 gelangten 185.000 Kilogramm Gold und 16 Millionen Kilogramm Silber in den Hafen von San Lúcar de Barrameda, ein

Staat und Gesellschaft

schierer Wahnsinn. Die Gelder wurden verpulvert in **Kriegen,** in **Eroberungszügen** durch Amerika und in der **Inquisition,** der Verfolgung Andersgläubiger. Und nicht zuletzt musste ein Heer von **Müßiggängern** unterhalten werden – spanische Edelmänner, *caballeros,* arbeiteten schließlich nicht. Wenig fiel dabei für Andalusien ab.

Carlos V. war es auch, der sich Denkmäler schuf. Er ließ in die **Moschee von Córdoba** hinein eine **Kathedrale** bauen und direkt neben den maurischen Palästen in der **Alhambra** einen eigenen **Palast.** Beides kann aus heutiger Sicht nur als störend betrachtet werden. Carlos trat 1556 zurück und verbrachte seine letzten Lebensjahre in einem Kloster.

In Spanien regierte nun sein Sohn *Felipe II.* Dieser setzte sich selbst ebenfalls ein Denkmal, nämlich das riesige Kloster El Escorial bei Madrid. Felipe zog es auch vor von **Madrid** aus zu regieren. Andalusiens Zeit als Machtzentrum war nun zu Ende. Sieben Jahrhunderte lang war spanische Politik von andalusischem Boden aus betrieben worden, mit Felipe II. endete diese Epoche. Deshalb seien im folgenden die wichtigsten Ereignisse der spanischen Geschichte im Zeitraffer dargestellt. Andalusien spielte darin bis auf wenige Ausnahmen nur noch eine Nebenrolle.

Spanische Geschichte im Zeitraffer

1556	*Felipe II.* wird König.
1559	Die ersten Ketzergerichte in Valladolid und Sevilla, die Inquisition setzt ein.
1561	*Felipe II.* verlegt seinen Thron nach Madrid.
1568	Aufstand der Morisken in Granada.
1581	In Andalusien herrscht die Pest.
1588	Die „unsinkbare" Armada geht vor Schottland unter.
1598	*Felipe III.* wird König.
1605	Der erste Teil vom „Don Quichote" erscheint.
1609	Ausweisungsbeschluss der Morisken.
1621	*Felipe IV.* wird König.
1640	Vergeblicher Aufstand der Katalanen gegen die kastilische Herrschaft.

1665	*Carlos II.* wird König.
1700	*Carlos II.* stirbt in Madrid kinderlos, er ist der letzte Habsburger. In seinem Testament verfügt er, dass *Felipe de Anjou* ihn beerben soll, die Familie der Habsburger akzeptiert dies nicht.
1702	Der Erbfolgekrieg bricht aus.
1704	England besetzt Gibraltar.
1713	Friedensvertrag von Utrecht, *Felipe V.* wird König und bestraft die Katalanen wegen ihrer „falschen" Parteinahme.
1746	*Fernando VI.* wird König.
1759	*Carlos III.* wird König.
1765	Fünf Häfen wird der Handel mit Amerika erlaubt, ein fast dreihundertjähriges Monopol fällt.
1788	*Carlos IV.* wird König.
1805	Vor Trafalgar in Südspanien zerschlägt eine britische Flotte unter *Lord Nelson* die französisch-spanische Armada. Zur Erinnerung an diesen Sieg wird noch heute auf allen Schiffen und Landeinrichtungen der Royal Navy das sogenannte Travalgar Night Dinner am 21.10. veranstaltet.
1808	Französische Truppen marschieren in Spanien ein, *Carlos IV.* tritt zurück, *Joseph Bonaparte* regiert. In Madrid kommt es am 2. Mai zum Aufstand, zahlreiche Straßen sind danach benannt *(Calle dos del mayo)*, und *Goya* malt ein anklagendes Bildnis.
1810	Die Cortes, das Parlament, konstituiert sich erstmals in Cádiz.
1811	Venezuela und Paraguay erklären sich unabhängig.
1812	Die erste Verfassung wird formuliert.
1813	Die Cortes schaffen die Inquisition ab.
1822	Ecuador wird befreit.
1824	Peru erklärt sich unabhängig.
1833	*Fernando VII.* stirbt, der Karlistenkrieg beginnt, sie wollen einen Bourbonen zum König, *Isabel II.* regiert.
1839	Ende des Karlistenkrieges, eine Militärherrschaft mit insgesamt dreißig ständig wechselnden Regierungen beginnt.
1844	Die Guardia Civil wird gegründet.
1859	Krieg mit Marokko.
1868	Provisorische Regierung unter *Francisco Serrano*.
1871	*Amadao I.* aus dem Hause Savoyen regiert.
1872	Der Zweite Karlistenkrieg beginnt.
1873	Die Erste Republik wird ausgerufen.
1874	*Alfonso XII.* wird König.
1876	Ende des Zweiten Karlistenkrieges.
1876	Die sozialistische Arbeiterpartei PSOE wird gegründet.
1885	*Alfonso XII.* stirbt.
1886	*Alfonso XIII.* wird König.
1898	Die USA erklären Spanien den Krieg und besiegen Truppen in Santiago de Cuba. Verlust der letzten Kolonien: Kuba, Puerto Rico und Philippinen.
1904	Erste Autofabrik in Spanien „Hispano-Suiza".
1910	Frauen wird erlaubt, eine Universität zu besuchen.

Staat und Gesellschaft

1914	Im Ersten Weltkrieg bleibt Spanien neutral.
1923	Staatsstreich von General *Primo de Rivera,* die Militärs regieren bis 1925.
1931	Die Zweite Republik wird ausgerufen.
1933	Rechte Parteien gewinnen die Wahlen, Frauen dürfen erstmals wählen.
1936	Wahlsieg der linken Volksfront, das Militär erhebt sich in Melilla, der Bürgerkrieg bricht aus.
1939	Ende des Bürgerkrieges, Beginn von *Francos* fast 40-jähriger diktatorischer Regierungszeit.
nach 1945	Spanien steht jahrelang sehr isoliert da, verbündete Diktatoren (*Hitler, Mussolini*) leben nicht mehr, nach 1940 brechen „Hungerjahre" aus.
1953	Militärabkommen mit den USA, vorsichtige Öffnung des Landes.
1959	Die baskische Untergrundorganisation ETA erscheint auf der Bildfläche. *Franco* läßt sich mit dem Valle de los Caídos („Tal der Gefallenen") ein gigantisches Ehrenmal bauen, errichtet vor allem durch Zwangsarbeiter.
1968	Erste Attentatsopfer der ETA.
1973	Der von *Franco* als Ministerpräsident eingesetzte *Carrero Blanco* wird durch die ETA ermordet.
1975	Hinrichtung von fünf Antifrankisten, im selben Jahr stirbt *Franco* friedlich. *Juan Carlos I.* wird zum König ernannt, er regiert noch heute.
1977	Die ersten freien Wahlen gewinnt die UCD (*Unión de Centro Democrático),* eine Zentrumsunion.
1978	Die Verfassung wird verabschiedet.
1979	Bei den zweiten Wahlen gewinnt die UCD erneut.
1981	Ministerpräsident *Adolfo Suárez* tritt zurück, *Calvo-Sotelo* wird neuer Regierungschef. Am 23. Februar versucht die Guardia Civil das Rad der Geschichte zurückzudrehen, besetzt das Parlament und will, dass die Panzer rollen. Der Putschversuch scheitert aber am festen Eintreten König *Juan Carlos I.* für die verfassungsmäßige Ordnung, was die Spanier ihm nie vergessen werden. Frankisten haben keine Chance mehr in Spanien. Im gleichen Jahr wird das Scheidungsrecht eingeführt.
1982	Spanien tritt der NATO bei, die sozialistische Partei PSOE gewinnt die Wahlen, *Felipe González* wird Ministerpräsident.
1983	Die UCD wird aufgelöst.
1986	Spanien wird Mitglied der EG, die Mehrwertsteuer wird eingeführt.
1988	Generalstreik gegen die Politik der Regierung. Das Privatfernsehen wird eingeführt.
1989	Dritter Wahlerfolg für die PSOE, *Camilo José Cela* erhält den Nobelpreis für Literatur. Frauen dürfen in die Armee eintreten.
1991	Vizepräsident *Alfonso Guerra* tritt zurück.
1992	Olympische Spiele in Barcelona, Madrid ist Kulturhaupt-

	stadt Europas, in Sevilla findet die Weltausstellung statt, 500-Jahr-Feier der Entdeckung Amerikas.
1993	Vorgezogene Wahlen, die Sozialisten gewinnen noch einmal.
1994	Generalstreik, nachdem die Regierung soziale Einschnitte verkündet.
1995	*Solana* wird NATO-Generalsekretär, erste Skandale erschüttern das Land. *Roldán*, Ex-Chef der Guardia Civil, wird wegen Unterschlagung verhaftet. Geheimdienst CESID hat Politiker und sogar den König abgehört.
1996	Neuer Skandal: Die GAL, eine Antiterroreinheit, hat ETA-Leute umgebracht. Einige Polizisten wandern hinter Gitter, das Land fragt sich: Wie groß ist die Mitwisserschaft? Bei vorgezogenen Neuwahlen gewinnt der konservative *José María Aznar* von der PP *(Partido Popular)*, der „Volkspartei", die zum konservativen Spektrum zählt.
1998	Der ehemalige Innenminister *Barrionuevo* wird verurteilt, geht tatsächlich ins Gefängnis – wenn auch nur kurz.
1999	*Aznar* sitzt fest im Sattel, seinem Motto „*España va bien*" („Spanien geht's gut") wird nicht widersprochen.
2000	Das sehen auch die Wähler so, die PP gewinnt die absolute Mehrheit bei den Parlamentswahlen.
2001	Die ETA meldet sich mit verstärktem Terror zurück, u.a. gehen Bomben an den Mittelmeerstränden hoch. *Aznar* beginnt einen strammen Deregulierungskurs: Unternehmenssteuern sinken, Entlassungen werden erleichtert, Zeitverträge ermöglicht.
2002	Nach weiteren Bomben an der Mittelmeerküste wird die Partei *Batasuna* verboten, sie gilt als der politische Arm der ETA. *Aznars* harte Maßnahmen schaffen viele Jobs, aber es kommt auch zum ersten landesweiten Generalstreik seit vielen Jahren.
2003	Ein Gericht bestätigt das Verbot der Partei *Batasuna*. *Aznar* steht US-Präsident *Bush* bei dessen Irak-Feldzug treu zur Seite, gegen die überwältigende Mehrheit der spanischen Bevölkerung, die diesen Krieg ablehnt.

Staat und Gesellschaft

Andalusien heute

EXPO 1992 1992 war das **große spanische Jahr** mit Olympiade, Kulturhauptstadt, 500-Jahrfeier der Entdeckung Amerikas. Auch Andalusien hatte seinen Anteil, die Weltausstellung EXPO fand in **Sevilla** statt. Da freute man sich und spuckte gleich kräftig in die Hände. Eine Milliarde Euro sollen investiert worden sein, die Infrastruktur wurde verbessert, im Großen (Autobahnbau und Hochgeschwindigkeitsstrasse nach Madrid) wie auch im Kleinen (neue Brücken über den Guadalquivir).

Riesige Erwartungen, aber wurden sie auch erfüllt? Die EXPO lief unter dem Motte *era de los descubrimientos* („Zeitalter der Entdeckungen"). **Spanien feierte sich selbst,** die „entdeckten" Völker weniger. Selbst der König fand da mahnende Worte vor der „Versuchung einer historisch illuminierten Übertreibung". Das Jubeljahr ging jedenfalls rauschend über die Bühne, und was blieb? **Ernüchterung!** Jedenfalls in Andalusien, denn die EXPO lockte zwar Zehntausende an, aber die wenigsten blieben. Von großer Industrieansiedlung konnte überhaupt keine Rede sein. Internationale Firmen gehen nach wie vor nach Madrid oder noch lieber nach Katalonien.

Immerhin errichteten die Stadtväter ein Opernhaus und der Hochgeschwindigkeitszug AVE rauscht nun in knapp drei Stunden aus dem fernen Madrid heran. Auf dem ehemaligen EXPO-Gelände entstanden zwei neue Bereiche: der Freizeitpark **La Isla Mágica** und ein Technologiepark namens **Cartuja 93,** beide allerdings von mäßigem Erfolg. Isla Mágica steht jedes Jahr aufs Neue kurz vor der Schließung und Cartuja 93 konnte zwar 200 Firmen anlocken, aber ein europäisches Silicon Valley ist nun doch nicht entstanden, wie es mancher Planer erhofft hatte. Die Fiesta ist vorüber, Andalusien wieder sich selbst überlassen.

Großgrundbesitz

So war es bereits viele Jahrhunderte. In grauer Vorzeit wurden die Weichen gestellt für eine Situation, die noch heute dominiert. Wenige sehr Reiche besitzen sehr viel Land, die **Latifundien** (Höfe mit mehr als 500 Hektar Land), der große Rest der Landbevölkerung schuftet zumeist als Tagelöhner. Etliche politische Versuche, dies zu ändern, scheiterten regelmäßig. In Zahlen: 2,96% der Höfe mit mehr als 100 ha besitzen 63,2% der Nutzfläche, das sind knapp 8 Mio. Hektar.

Das **System ist uralt.** Nach Abschluss der *Reconquista,* der Vertreibung der Araber im Jahr 1492, erhielten Adel, Ritter und Kirche das Grundeigentum der verjagten Mauren gewissermaßen als Dankeschön für die geleistete militärische Hilfe. Die neuen Herren dachten aber überhaupt nicht daran jetzt als Bauern aktiv diese Güter zu bewirtschaften. Nein, ein Edelmann setzt seinen Fuß nicht in den Staub oder „arbeitet" gar! Sie holten sich Verwalter, die wiederum im Bedarfsfall Arbeiter aus dem nächsten Dorf beschäftigten, gerade solange es nötig war. So entstand ein System, das sich trotz aller Reformversuche bis heute nicht entscheidend geändert hat. Die Besitzer ließen es sich in Madrid gutgehen, die andalusischen Tagelöhner verblieben in Armut.

Auch wenn sich diese Situation mittlerweile etwas geändert hat, Hunderttausende fanden in vergangenen Jahrhunderten und teilweise noch heute bestenfalls **zeitweise Arbeit** – beispielsweise bei der nur wenige Monate dauernden Olivenernte auf den großen Gütern. Eine minimale soziale Sicherung vom Staat gab es zumindest früher nicht. Die wenigen Großgrundbesitzer leben hervorragend in dieser Situation, warum also ändern? So konnte schon mehr als einmal die Ansiedlung eines internationalen Großbetriebes verhindert werden, Einflüsterungen in den richtigen politischen Gremien helfen immer. Die Menschen suchen ihr Glück seit langem in der **Emigration.**

Der Agrarsektor

Noch heute wird die wirtschaftliche Situation in weiten Teilen Andalusiens vom landwirtschaftlichen Sektor bestimmt, weniger stark auch vom Fischfang. Auf riesigen Feldern wachsen **Oliven** und **Erdbeeren** (vor allem bei Huelva), des weiteren wird **Viehzucht** betrieben und man baut **Wein, Sonnenblumen** und **Gemüse** an. An der Küste sind ganze Landstriche mit Treibhäusern zugestellt. Dort wächst all das Gemüse, das in Nord- und Mitteleuropa auch außerhalb der natürlichen

Staat und Gesellschaft

Der Kampf mit den Stieren

Auch in Spanien wird um die *corrida de toros* heftigst gestritten. Fanatische Befürworter zanken sich mit ebensolchen Gegnern. Tatsache ist, dass der Stierkampf weiterhin seinen Platz im **Alltagsleben** hat. Die wichtigsten Corridas werden live im Fernsehen übertragen. Aber damit nicht genug: Die beste und angesehenste spanische Zeitung El País schreibt am Montag mit dem gleichen Ernst über die Stierkämpfe aus Madrid und Sevilla wie ein paar Seiten weiter über Fußball und Basketball.

Der Stierkampf entwickelte sich aus einer **früheren Jugendtradition,** wobei Stiere mit Lanzen bekämpft wurden. Erst im 16. Jh. wurde daraus ein Sport für junge Adlige. Nachdem denen dann verboten worden war, auf diese Weise ihr Leben aufs Spiel zu setzen, wurde es zur Mutprobe für das „niedere Volk". Die *muleta,* das rote Tuch, entwickelte sich aus dem großen Mantel, mit dem Mutige dem Stier entgegentraten. Den offiziellen Charakter erhielt die Corrida aber erst durch *Romero.* Sein Heimatort Ronda in Andalusien gilt als die Wiege des Stierkampfes. Hier wurde 1775 die erste Arena Spaniens gebaut.

Früher bestand die Corrida de Toros nicht nur aus würdigen Ritualen, die nach strengen Regeln vom Torero in ebenso würdiger Haltung aufgeführt wurden. Sie war vielmehr eine Art Gaudi für jedermann. Die (männlichen) Zuschauer nahmen nicht selten aktiv am Geschehen teil, stürmten in die Arena, um den Stier zu ärgern oder dem Torero beizustehen. Ebenso begnügten sich die Toreros nicht damit den Kampf nach den allgemein gültigen Regeln abzuhalten, sondern man sprang schon mal über den angreifenden Stier hinweg oder „bekämpfte" ihn mit einem Stuhl. Erst im Laufe der Zeit bildete sich die heutige Form des Kampfes heraus, wobei das Buch des legendären *Pepe Illó* über den Modernen Stierkampf eine wichtige Rolle spielte.

Einzug der Matadore

Suerte de capa –
ein erstes Kennenlernen

Ob Gegner oder Fan, dem Spektakel können und wollen sich nur wenige entziehen. Viele Urlauber schauen sich in den Sommermonaten wenigstens einmal eine Corrida an. Dabei gilt **Andalusien** als guter Ort – gewissermaßen als die erste Liga – um gute Toreros zu erleben, insbesondere in Sevilla.

In den Sommermonaten finden jeden Sonntag in vielen Städten Corridas statt, meist zur klassischen Uhrzeit um **17.00 Uhr.** Dies ist übrigens schon sprichwörtlich geworden, gilt doch eine Verabredung *a la hora de los toros* („zur Uhrzeit der Stiere") als klar umrissener Zeitpunkt – um 17.00 Uhr eben. In allen touristischen Orten werden Sonderfahrten angeboten, die Plakate hängen unübersehbar überall aus.

Wer sich das Spektakel einmal gönnen möchte, sollte jedoch wenigstens die **Grundregeln** kennen. Ein unbedarfter Zuschauer kann nämlich nur eine unaufhörliche Folge von Versuchen, dem Stier irgendwelche Speere, Degen oder Messer in den Nacken zu rammen, erkennen. Zwischendurch wird noch ein wenig mit dem roten Tuch gewedelt, das scheint dann alles zu sein. Tatsächlich ist es wesentlich komplizierter. Der Ablauf ist genau festgelegt und jede Handlung, jede Körperdrehung hat ihren Namen.

Am Beginn jeder Corrida steht der Umzug aller Teilnehmer, der **paseo,** bei dem die Musikkapelle den berühmten *paso doble* spielt. Angeführt wird der Zug von Männern in der Tracht des *siglo de oro* („goldenes Jahrhundert" = 16./17. Jh.). Dann folgen die drei *matadore,* die je zwei Kämpfe bestreiten werden. Rechts geht der Älteste, links der Zweitälteste und in der Mitte der Jüngste. Ihnen folgen die *picadores* zu Pferd und die *banderilleros.* Den Schluss bilden die Helfer in roten Hemden und blauen Hosen, die nach dem Kampf den getöteten Stier durch Maultiere aus der Arena schleifen lassen. Der Präsident (jede Corrida steht unter der Leitung eines Präsidenten) wirft einen Schlüssel in die Arena, mit dem das Tor aufgeschlossen wird, hinter dem die Stiere warten.

Staat und Gesellschaft

Suerte de varas –
der Picador tritt auf

Tercio de Banderillas –
ein gefährlicher Moment

Wenn der Stier in die Arena stürmt, beginnt die erste der drei Phasen: **tercio de varas** („Drittel der Lanzen"). Im Nacken des Stieres steckt ein kleines Fähnchen mit den Farben seiner Zucht. Der Matador und seine Helfer vollbringen zum Kennenlernen des Stieres einige Manöver mit der *capa*, einem gelb-weinroten Tuch. Dieser Teil wird *suerte de capa* („Mantelparade") genannt. Der Matador überprüft auch, ob der Stier gesund ist, die Sehkraft ungetrübt ist usw. Falls er nicht einwandfrei ist, wird der Stier auf Zeichen des Präsidenten wieder aus der Arena gelockt.

Im zweiten Abschnitt des ersten Drittels, dem eigentlichen *suerte de varas,* findet der Auftritt des Picadors statt. Dies ist gewöhnlich ein schwerer Mann, der auf einem muskulösen Pferd reitet. Die Augen des Pferdes sind verbunden. Die Aufgabe des Picadors besteht darin, den Stier mit der *pica*, einer 2,60 m langen Lanze, zwischen den Schulterblättern zu treffen und ihn somit zu schwächen. Er muss dafür sorgen, dass der Stier nur von rechts angreift, da nur diese Seite besonders gut gepanzert ist. Den Schwung des angreifenden Stieres nutzt der Picador aus, um die Lanze zwischen die Schulterblätter zu stoßen, da es ihm aus eigener Kraft niemals gelingen würde. Dabei darf er den Stier nur zwischen der Holzwand und dem inneren Kreis bekämpfen, besser jedoch zwischen Wand und äußerem Kreis. Über die Anzahl der *picas* entscheidet der Präsident. Tatsächlich wirkt dieser Akt recht brutal, verglichen mit den eleganten Bewegungen der Kämpfer in den beiden folgenden Dritteln. Da der Picador oft genug mit dem ängstlichen Pferd beschäftigt ist, kann der Stier schon mal Ross und Reiter zu Fall bringen und verletzen.

Im zweiten Drittel, **tercio de banderillas** („Drittel der Spieße"), treten die Banderilleros auf. Ihre Aufgabe ist es, dem anstürmenden Stier zwei oder drei *banderillas,* kleine Holzstäbe mit einer Stahlspitze, in den Nacken zu stoßen. Stier und Mensch stürmen aufeinander zu, der Banderillero sticht mit Schwung in den Nacken und schwingt sich förmlich mit einem eleganten Seitenschwung vorbei. Bleiben die Stäbe stecken, ist der Applaus gewiss.

Tercio de la muerte –
der Matador tritt auf

Geschafft! Ehrenrunde
für die stolze Equipe

Der dritte Teil, **tercio de la muerte** („Drittel des Todes"), ist dann der eigentliche Auftritt des Matadors. Zu Beginn vollführt er die bekannten Manöver mit der *muleta*, versucht sie möglichst mutig, geschickt und genau durchzuführen. Ob der Stier links vom Matador steht oder rechts, mit gesenktem Kopf oder erhobenem, jede Bewegung hat ihren Namen und ist genau festgelegt. Diese *faena de la muleta* („Arbeit des roten Tuches") soll nicht zu lange andauern, um den Stier nicht übermäßig zu quälen.

Aufgabe des Matadors ist es, den Stier schließlich in die richtige Stellung zu manövrieren, um ihm den tödlichen Stoß mit dem Degen zu versetzen. Der Kopf des Stieres muss weit gesenkt sein, was durch die Ablenkung mit der *muleta* gelingt. Der Degen muss an der Wirbelsäule vorbei, genau zwischen die Schulterblätter gestoßen werden. Dieser Stoß, der *toque de la verdad* („Augenblick der Wahrheit") genannt wird, tötet bei richtiger Ausführung den Stier augenblicklich. Da das aber nur einem guten Matador auf Anhieb gelingt, muss er leider häufig mehrmals wiederholt werden.

Wenn es geklappt hat, gibt es tosenden Applaus, die ganze Equipe schreitet stolz eine **Ehrenrunde** und Maulesel schleifen den toten Stier aus der Arena. Für den erfolgreichen Kämpfer gibt es Geschenke und Blumen. Als Anerkennung erhält er das Ohr des Stieres, bei einem besonders gutem Auftritt sogar beide Ohren und den Schwanz.

Da gerade *suerte de varas* und *tercio de la muerte* in kleinen Arenen von Anfängern oder sogar von Stümpern ausgeführt werden und sie damit tatsächlich zum blutigen Spektakel eskalieren können, lohnt es in jedem Fall, etwas mehr Geld für eine gute Corrida in einer großen Stadt auszugeben. Eine *corrida de novillos* ist übrigens ein Anfängerkampf mit Leuten, die noch nicht die *alternativa*, die Matadorenweihe, erhalten haben. Die hier Auftretenden kämpfen mit Jungstieren.

Zu den **Eintrittspreisen:** Grundsätzlich unterteilt man die Plätze in billige *sol* („Sonnenplätze") und teure *sombra* („Schattenplätze"). Manchmal gibt's auch noch die Zwischenstufe *sol y sombra*. Das sind die Plätze, die zunächst in der Sonne, später aber im Schatten liegen.

Staat und Gesellschaft

018c Foto: jf

Der tragische Schlussakt

023d Foto: jf

Reifezeit erhältlich ist. Optisch alles andere als eine Bereicherung, sind diese Plastikdach-Zonen an der Costa de la Luz aber kaum zu finden.

Tourismus In den Küstenbereichen Andalusiens hat der Tourismus viele neue Arbeitsplätze geschaffen. **Längerfristige Beschäftigungen** im Hotel- und Gaststättenbereich sind insbesondere an der Costa del Sol zu finden, denn die Saison im Süden dauert fast das ganze Jahr. Eine ähnliche Entwicklung kann im Bereich der Costa de la Luz aber noch nicht beobachtet werden. Dort entstanden nur einige wenige *urbanizaciones,* eine Zersiedelung wie sie die Costa del Sol erlebte, fand bislang nicht statt.

Arbeitslosigkeit trifft Jugendliche in besonderem Maße

Industrie

Industrielle Ansiedlungen gibt es nur im Bereich der wenigen Großstädte, in Huelva und Cádiz sowie an der weiter östlich gelegenen Küste bei Algeciras und La Línea, dem Grenzort zu Gibraltar. Unübersehbar ragen dort im Hafen die Türme der **petrochemischen Industrie** in den Himmel. Ein paar Kilometer weiter außerhalb verdorrt der Boden wie seit Jahrhunderten.

**Arbeits-
losigkeit**

Die Beschäftigung verteilt sich grob auf 20% in der Landwirtschaft, 25% in Industrie und Baugewerbe und 55% im Dienstleistungsbereich, hier vor allem im touristischen Sektor. Trotzdem: Die **Arbeitslosenquote** lag in Andalusien zuletzt bei 25%, unter Jugendlichen sogar noch deutlich darüber. Das ist die höchste Quote aller spanischen Provinzen. (In Gesamtspanien hat sich die Situation entscheidend verbessert, die Arbeitslosenquote konnte auf 13,1% gesenkt werden. Allerdings wird wenigstens jeder dritte Arbeitsvertrag nur befristet angeboten.)

Kein Wunder, dass sich manche zur **Kleinkriminalität** verführen lassen, der Drogenschmuggel vom nahen Marokko floriert und will verteilt werden. Viel Hoffnung auf Besserung besteht nicht, die Strukturen stehen fest. Als ein Mann aus Sevilla Ministerpräsident wurde *(Felipe González)*, dachten viele, dass es jetzt mit Andalusien aufwärts ginge. Aber so kam es dann doch nicht. „Immerhin bescherte er uns neue Brücken", halb sarkastisches, halb scherzhaftes Fazit über die bleibenden Gewinne der EXPO.

Staat und Gesellschaft

Die Costa de la Luz im Überblick

Kurzcharakteristik aller Orte

Für die schnelle Orientierung folgt eine Übersicht aller beschriebenen Orte an der Costa de la Luz in alphabetischer Reihenfolge.

A

Arcos de la Frontera: das vielleicht hübscheste Weiße Dorf überhaupt!

Ayamonte: Grenzstadt zu Portugal

B

Barbate: Kleinstadt, die von einem großem Hafen dominiert wird und außer einem weiten Strand touristisch nicht viel bietet

Bolonia: ein winziges Dorf mit tollem Strand und einer römischen Ausgrabungsstätte

C

Cádiz: Großstadt mit einem gemütlichen Altstadtkern und viel Industrie in den Randbezirken

Caños de Meca: kleines Dorf mit tollem Strand, vom Ambiente irgendwo zwischen Geheimtipp, Freaktreff und spanischem Zweitwohnsitz

Chiclana de la Frontera: relativ geschäftiges Kleinstädtchen

Chipiona: ein netter, kleiner Ort mit einigen sehr gemütlichen Hotels

Conil de la Frontera: hübsches Weißes Dorf mit internationalem Flair (viele Sprachschüler) und einem langen Strand sowie einem halben Dutzend kleiner Strandbuchten in der Nähe

E

El Puerto de Santa María: eine größere Stadt, die bekannt ist für ihre Kneipenmeile mit vielen guten Tapabars

El Portil: ein kleiner Ort, der speziell von spanischen Urlaubern lebt

El Rompido: ehemals ein Fischerort, dominieren heute Ferienwohnungen, die vorzugsweise von Spaniern gemietet werden

El Terrón: winziger Hafenort mit guten Lokalen

H

Huelva: große Industriestadt von beschränktem Reiz

I

Isla Canela: kleine Insel (Landzunge) mit schönem Strand und bislang nur wenigen Hotels – das wird sich aber ändern.

Isla Cristina: kleiner Ort, der noch vom Fischfang lebt, sich aber auch schon kräftig dem nationalen Tourismus geöffnet hat

Islantilla: reine *urbanización* mit Golfplatz, hier wird noch kräftig gebaut.

J   **Jerez de la Frontera:** größere Stadt, die zum Besuch einer Bodega und der Königlich Andalusischen Reitschule lockt

L   **La Antilla:** eigentlich ein kleiner Ort am Strand, der aber immer stärker vom spanischen Tourismus entdeckt wird

M   **Matalascañas:** reine *urbanización* von beachtlicher Größe, an einem kilometerlangen Strand gelegen

Mazagón: kleiner Ort an einem schönen, langen Strand, der im Sommer stark vom spanischen Tourismus geprägt ist

Moguer: kleiner Ort, aus dem der Literaturnobelpreisträger *Juan Ramón Jiménez* stammt

N   **Novo Sancti Petri:** eine weitläufige, reine *urbanización,* die optisch gar nicht so übel ausfällt und an einem tollen Strand liegt

P   **Palos de la Frontera:** der Heimatort etlicher Seeleute, die mit Kolumbus auf Entdeckungsfahrt gingen, diese Tatsache wird gebührend gewürdigt.

Playa Santa Catalina: ein Synonym für eine weitläufige *urbanización* und einen großen Sportboothafen

Punta Umbría: kleines Städtchen mit noch intakter Fischerei, aber auch mit nennenswertem nationalen Tourismus und schönen Stränden

R   **Rota:** kleiner Ort, an einem netten Strand gelegen, mit starker US-Präsenz durch eine nahe Militärbase

S   **San Fernando:** eine mittelgroße, geschäftige Stadt vor den Toren von Cádiz

Sanlúcar de Barrameda: Kleinstadt mit zwei Kneipenzonen, die weithin bekannt sind für die besten Tapas und Gerichte

T   **Tarifa:** schönes Weißes Dorf mit legerem Ambiente, wo sich die internationale Surfer-Szene versammelt

Costa de la Luz, Überblick

V   **Vejer de la Frontera:** malerischer Ort, auf 190 m Höhe gelegen

Z   **Zahara de los Atunes:** ein Nebeneinander von altem Fischerort und moderner Touristensiedlung, aber noch bleibt Letztere relativ bescheiden.

Die Highlights

Im Folgenden in aller Kürze ein paar Vorschläge für lohnende Ausflüge, außerdem eine Auswahl sehenswerter Museen und ähnlicher Attraktionen, empfehlenswerter Restaurants und Hotels sowie eine Übersicht über die Wochenmärkte. Detaillierte Beschreibungen sind unter den jeweiligen Ortsbeschreibungen zu finden.

Orte und historische Bauten

Arcos de la Frontera: Das schönste Weiße Dorf in dieser Region liegt hoch oben auf einem Hügel.

Bolonia: Hier befindet sich die archäologische Fundstätte Baelo Claudia aus der Römerzeit.

Conil de la Frontera: In dem hübschen Weißen Dorf gibt es eine nette Strandpromenade und einige gemütliche Lokale.

El Rocío: Die *ermita,* die Wallfahrtskapelle, zu der sich an Pfingsten Tausende von Pilgern auf den Weg machen, ist gar nicht so spektakulär; das kleine, überdimensionierte Dorf hingegen schon.

Sevilla: Die Kathedrale und der Alcázar sind für jeden Besucher ein Muss. Plaza de España sollte aber auch nicht ausgelassen werden.

Tarifa: Der nette, kleine Ort hat eine angenehme Altstadt und ein wehrhaftes Kastell.

Vejer de la Frontera: Dieses schöne Weiße Dorf liegt auf 190 m Höhe.

Museen, Sehenswertes

Cádiz: Der Torre Tavira bietet nicht nur aus 34 m Höhe einen tollen Rundblick über die Stadt, sondern auch Spezialeffekte in einer Dunkelkammer mit der so genannten *cámera oscura.* Dabei werden „Livebilder" von der Straße mittels spezieller

Linsen und Spiegel auf eine halbrunde Scheibe gezaubert.

El Puerto de Santa María: Eine Bodega kann zwar nicht gerade als klassisches Museum bezeichnet werden, aber ein Besuch dort ist doch außerordentlich lohnenswert. Man muss ja nicht immer nach Jerez fahren.

Gibraltar: Die Stadt ist irgendwie ein lebendiges „Gesamt-Museum".

Jerez de la Frontera: Wiederum keine klassischen Museen, aber dennoch überaus sehenswert sind die Bodegas und die Reitschule.

La Rábida: In der Nähe von Palos de la Frontera können originalgetreue Nachbauten der drei Schiffe, mit denen Kolumbus Amerika entdeckte, besichtigt werden.

Sanlúcar de Barrameda: In der *Fábrica de Hielos* kann man sich über den Nationalpark Doñana informieren. Gleich nebenan liegt eine gute Tapabar-Meile.

Restaurants

Arcos de la Frontera: Restaurante El Convento wurde im März 1999 als bestes Restaurant der Provinz Cádiz ausgezeichnet.

Cádiz: Restaurante Achuri verbindet baskische mit andalusischer Küche, also eher schwere mit leichter Kost.

Conil: Restaurante La Fontanilla liegt nicht nur sehr schön am Strand, es liefert auch eine gute Qualität und hohen Unterhaltungswert durch ein Gerücht. Restaurante El Roqueo bietet gute Speisen und einen superben Blick aufs Meer.

El Puerto de Santa María: An der Straße Ribera del Marisco reiht sich eine Tapabar an die andere.

El Terrón: Direkt am Hafen liegen eine Hand voll Lokale, wo es wunderbar frischen Fisch gibt.

Islantilla: Im Restaurante Escuela de Hostelería servieren Gastronomieschüler einer Fachschule Speis und Trank mit viel Engagement und Können.

Jerez de la Frontera: Bar Juanito ist eine der ältesten und beliebtesten Tapabars der Stadt.

Costa de la Luz, Überblick

Sanlúcar de Barrameda: Direkt am Strand verläuft die Straße Bajos de Guía mit etwa einem halben Dutzend hervorragender Lokale. Ähnlich gut sieht es in der Altstadt rund um die Plaza del Cabildo aus.

Sevilla: In vielen Straßen liegen etliche gute Tapabars, so in der c/General Polavieja, c/Albareda oder c/Mateos Gago.

Tarifa: Das Restaurante An Cá Curro ist auf das Iberische Schwein spezialisiert.

Hotels

Arcos de la Frontera: Der Parador liegt mitten in der Altstadt an einem Hang. Von einigen Zimmern genießt der Gast schier atemberaubende Blicke tief hinunter ins Tal. Gleich nebenan steht das Hotel El Convento in ähnlich guter Lage.

Chipiona: Hier sind mehrere kleine, gemütliche Hotels zu finden.

Conil: Hotel Fuerte Conil hat eine tolle Lage hoch über dem Strand an einer Steilküste. Apartamentos El Roqueo ist eine kleine Anlage in toller Umgebung über den Klippen oberhalb des Strandes gelegen.

El Puerto de Santa María: Hotel Santa María ist in einem ehemaligen Kastell untergebracht, es liegt mitten im Ort.

Isla Canela: Riu-Hotel, in der Bauweise maurisch inspiriert, mit bekannt guter Qualität in ruhiger Lage an einem tollem Strand.

Mazagón: Die Lage vom Parador Cristóbal Colón ist kaum noch zu toppen: sehr einsam an einem schönen Strand gelegen, mit Meerblick von den meisten Zimmern.

Rota: Hotel Duque de Nájera liegt unweit vom Strand, vom Hafen und von der Altstadt – also richtig ideal. Obendrein ist es geschmackvoll eingerichtet.

Vejer de la Frontera: Das Convento de San Francisco war früher ein Franziskanerkloster, heute ist es ein stilvolles Hotel.

Zahara de los Atunes: Hotel Gran Sol liegt direkt am Strand, von etlichen Zimmern hat man tadellosen Meerblick. Hotel Meliá Sol Atlantera gehört zur guten Meliá Sol-Kette. Es befindet sich ebenfalls am Strand, nur knapp vier Kilometer außerhalb des Ortes.

Costa de la Luz, Überblick

Wochen-märkte	
Mittwoch:	Sanlúcar de Barrameda
Donnerstag:	Vejer de la Frontera, Sevilla, Isla Cristina
Freitag:	Conil, Huelva
Samstag:	Ayamonte
Sonntag:	Flohmarkt in Jerez (Briefmarken und Münzen), Flohmarkt in Sevilla

Markttreiben

Die Küste
der Provinz Cádiz

Überblick

Ausgerollt wie ein nicht enden wollender Teppich liegen die **schönen, hellen Strände** an der Küste von Cádiz, einer länger als der andere, dünn besiedelt und häufig genug schwach besucht. Obendrein gibt es hier auch einige malerische **Weiße Dörfer** (Tarifa, Conil, Vejer), die alle einen Besuch lohnen. In Tarifa versammeln sich die Surf-Cracks, in Conil die Spanisch-Anfänger und alle genießen auf ihre Art das ruhige Ambiente und den frischen **Wind.** Der bläst heftig und ständig, verwandelt Sonnenanbeter in panierte Schnitzel. Wie gut, dass es einiges zu sehen gibt und man seine Zeit nicht nur am Strand verbringen muss.

Nur eine Straße führt an dieser Küste entlang, nicht immer in unmittelbarer Meeresnähe. Allzu viel Verkehr herrscht nicht, nur im Großraum Cádiz ist es etwas voller. Dort endet auch die besagte Straße. In **Cádiz** herrscht keine Ferienromantik, zumindest in den Außenbezirken nicht. Dort entstanden reichlich industrielle Großanlagen. Aber die kann man als Urlauber ja ignorieren.

Die Gegend nördlich von Cádiz zählt zu den weniger bekannten Ecken Spaniens, ohne gleich vom „Geheimtipp" reden zu wollen. **El Puerto de Santa María, Sanlúcar** oder **Rota** sind unter spanischen Urlaubern sehr beliebt. Beste Strände und gute Lokale locken wohl gleichermaßen. Die Ausländer tasten sich erst zögerlich hierher, die meisten ziehen die Gegend zwischen **Novo Sancti-Petri** und **Conil** vor – auch ein reizvoller Landstrich.

Als Ausflugsziele mit „Muss-Charakter" gelten **Jerez** (Bodegas und Reitschule), **Arcos** (malerisch gelegen), **Gibraltar** (british life in Spain) und natürlich **Sevilla.**

Vorhergehende Seite: Strand bei Novo Sancti-Petri

Tarifa – Treff der Surfer

Küste der Provinz Cádiz

Tarifa

- **Einwohner:** 15.400
- **PLZ:** 11380
- **Entfernung nach Cádiz:** 101 km
- **Touristeninformation:** Paseo de la Alameda s/n, Tel. 956 680 913, Fax 956 680 993, www.tarifa.net

Überblick   Tarifa ist der **südlichste Ort** auf spanischem Festlandsterritorium. Gerade 14 Kilometer trennen an dieser Stelle den europäischen vom afrikanischen Kontinent. Wagemutige (oder leichtsinnige?) Surfer rauschen auch schon mal rüber nach Marokko, immer auf der Suche nach dem besonderen Kick. Tarifa gilt unter **Windsurfern** als erste Adresse, denn hier pustet beständig ein wirklich starker Wind. Das freut die Surfer und ärgert die Sonnenanbeter. Beide treffen sich tagsüber am kilometerlangen Sandstrand und abends einträchtig am Tresen. Etliche Hotels und Campingplätze liegen in Strandnähe, aber etwas außerhalb des Ortes. Dort hat man sich ganz auf die Bedürfnisse der *surfistas* eingestellt.

**Strand-
profil**

Nur der Vollständigkeit halber sei der nur etwa 100 m lange Strand **Playa Chica** erwähnt. Er liegt an der östlichen Verbindungsstraße vom Hafen zur kleinen Insel Isla de las Palomas. Allzu viel darf man nicht erwarten, aber immerhin schmückt sich dieser Strand mit einer Besonderheit: Es ist der letzte (bzw. erste) Strand des Mittelmeeres, alle folgenden *playas* liegen am Atlantik.

Über stolze 7000 m verläuft der schöne, helle und feinsandige Strand **Playa de los Lances.** Seine durchschnittliche Breite beträgt 45 m, aber zum Teil ist er noch viel weitläufiger. Der Strand beginnt praktisch im Ortskern, verläuft nach Nordwesten und wird dann von einem Pinienhain begleitet. Die N-340 verschwindet dort für ein paar hundert Meter im Hinterland. Hier liegen die Surferhotels und Campingplätze. Die Zone gilt als schützenswerte *paraje natural,* also als Naturschutzgebiet, das man nur auf bestimmten Wegen durchqueren darf.

Playa de Valdevaqueros schließt sich nahtlos an. Dieser Strand beginnt bei der Puerta de la Peña, wo ein Campingplatz liegt. Dort zeigt er sich noch recht schmal, im Verlauf seiner 5500 m verbreitert er sich aber gewaltig, um schließlich zu einer eindrucksvollen Dünenlandschaft anzuwachsen, und zwar genau an der Stelle, wo der Strand eine kleine Bucht bildet. Der beständige Wind hat hier im Laufe der Zeit diese Düne angehäuft und sie wird noch weiter wachsen. Begrenzt wird auch dieser Strand durch einen weitläufigen Pinienwald. Die N-340 biegt weiter hinten nach Norden ab. Daher ist dieser sehr schöne, helle Sandstrand stets relativ leer, zumeist treffen sich hier nur die Surfer. In unmittelbarer Nähe liegen zwei Campingplätze.

**Sehens-
wertes**

Tarifa ist ein relativ überschaubarer Ort. Lohnenswert ist ein Besuch der schönen, nicht allzu großen **Altstadt** mit ihrer Vielzahl von engen, verwinkelten Gassen. Man betritt dieses Viertel durch das aus maurischen Tagen stammende Stadttor

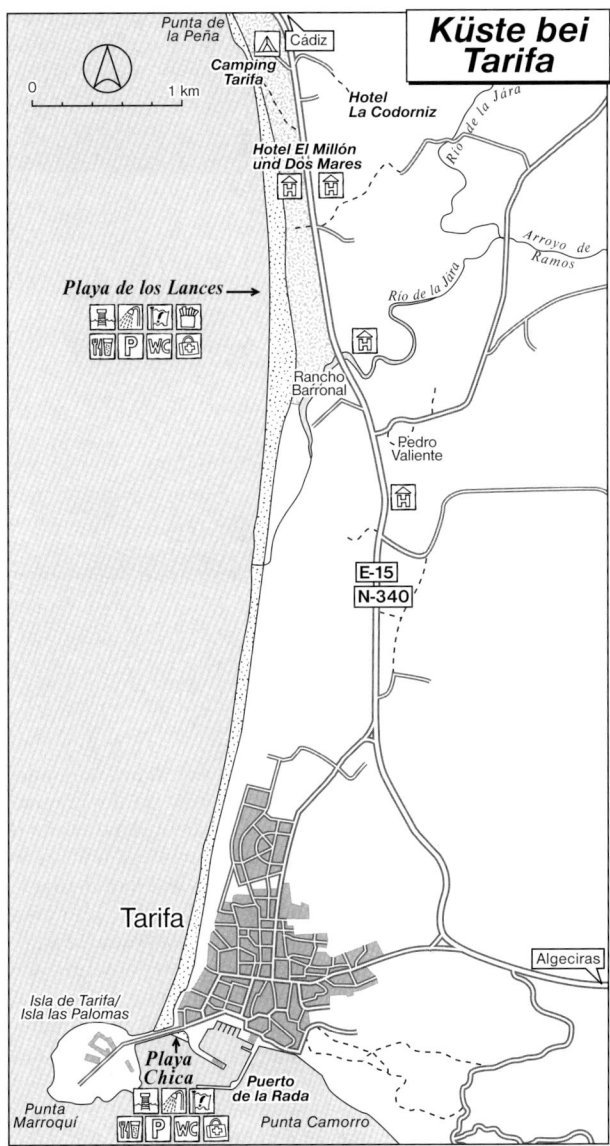

Küste bei Tarifa

Punta de la Peña
Cádiz
Camping Tarifa
Hotel La Codorniz
Hotel El Millón und Dos Mares
Río de la Jára
Arroyo de Ramos
Playa de los Lances
Río de la Jára
Rancho Barronal
Pedro Valiente
E-15
N-340
Tarifa
Algeciras
Isla de Tarifa/ Isla las Palomas
Playa Chica
Puerto de la Rada
Punta Marroquí
Punta Camorro

082.d Foto: sm

Puerta de Jerez. *„Muy noble y muy leal y muy heróica ciudad de Tarifa ganada a los moros, reinado Sancho IV. el bravo, 21.9.1292"* („Sehr edle und sehr treue und sehr heroische Stadt Tarifa, von den Mauren erobert zur Zeit der Herrschaft von Sancho IV. dem Mutigen am 21.9.1292"), so steht es an dem Stadttor mit seinen hübschen Rundbögen. Die Hauptstraße führt direkt darauf zu. Am besten stellt man sein Auto an dieser Straße, spätestens aber beim Tor ab und taucht zu Fuß in das kunterbunte Gassengewirr der Altstadt ein. Dort

Playa de Valdevaqueros

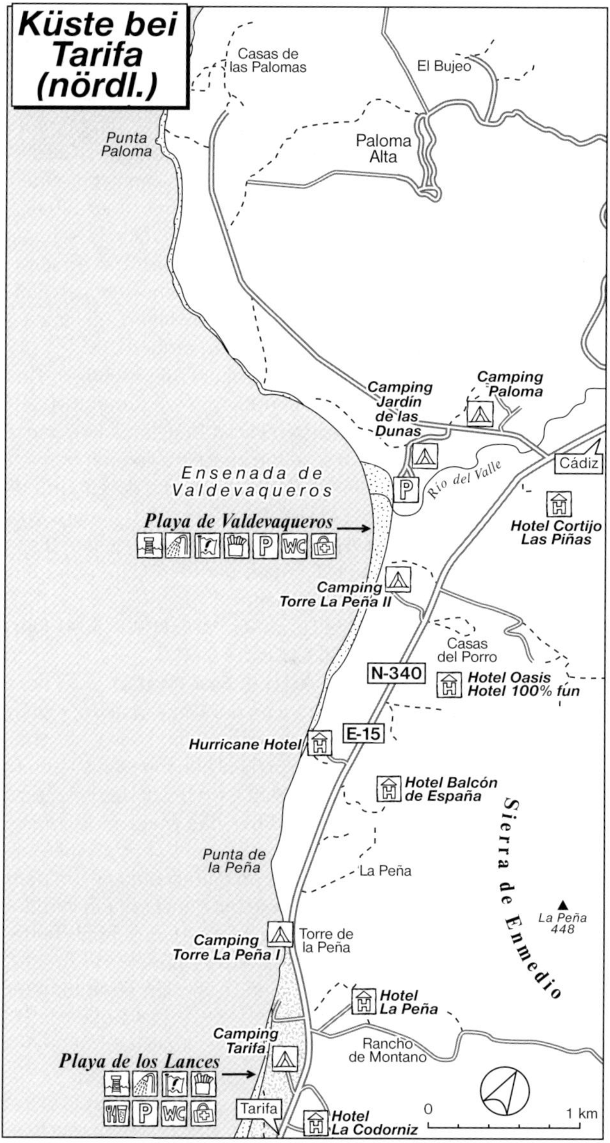

Küste bei Tarifa (nördl.)

Casas de las Palomas

El Bujeo

Punta Paloma

Paloma Alta

Camping Jardín de las Dunas

Camping Paloma

Cádiz

Río del Valle

Ensenada de Valdevaqueros

Hotel Cortijo Las Piñas

Playa de Valdevaqueros →

Camping Torre La Peña II

Casas del Porro

N-340

Hotel Oasis Hotel 100% fun

E-15

Hurricane Hotel

Hotel Balcón de España

Punta de la Peña

La Peña

Sierra de Enmedio

La Peña 448

Camping Torre La Peña I

Torre de la Peña

Hotel La Peña

Camping Tarifa

Rancho de Montano

Playa de los Lances →

Tarifa

Hotel La Codorniz

0　　　　1 km

Küste der Provinz Cádiz

erwarten den Neugierigen neben spanischen auch einige internationale Lokale (der Einfluss der Surferszene).

Lokale Sehenswürdigkeiten sind die Burg **Castillo de Guzmán** aus dem 10. Jahrhundert und die Kirche Iglesia de San Mateo. Das Castillo liegt am Rande der Altstadt. Man kann von seinen gewaltigen Mauern aus weit aufs Meer hinausschauen. Angreifer müssen es damals schwer gehabt haben, der Kalif von Córdoba, *Abderramán III.,* ließ es an einer strategisch wichtigen Stelle errichten. Den christlichen Heere gelang es aber dennoch die Festung zu erobern. Das Castillo ist noch relativ gut erhalten. Alle wichtigen Türme, Wehrmauern und Räume werden mit spanischen und englischen Hinweistafeln erklärt. Sogar eine kleine gotische Kirche ist im hinteren Bereich zu finden, die Iglesia Santa María, deren Grundsteinlegung aus dem 14. Jahrhundert datiert. Von den oberen Wehrgängen genießt man einen schönen Blick über die Stadt und den Hafen bis zum marokkanischen Festland.

●Geöffnet: täglich außer Mo. 11.00-19.00 Uhr, Eintritt: Erw. 1,80 €, Kinder 0,60 €.

Die gotische **Kirche San Mateo** aus dem 16. Jahrhundert steht an der Plaza Oviedo, mitten in der Altstadt. Nicht ohne Reiz, aber wohl eher für ausgesprochene Kirchenliebhaber von Interesse.

Eine Sehenswürdigkeit ganz besonderer Art sind auch die **Ausblicke über das Meer** in Richtung marokkanischer Küste. Sowohl vom Castillo als auch vom Hafen aus und natürlich auch von dem kleinen durch eine Mole mit dem Festland verbundenen Inselchen Las Palomas ist dies möglich. Besonders gut kann man vom Mirador El Estrecho „nach drüben" schauen, zu finden am Kilometer 91 an der N-340.

Unterkunft Die Surfer versammeln sich mehrheitlich in den Hotels, die etwas außerhalb, entlang der Nationalstraße N-340 liegen. Direkt im Ortskern gibt es aber auch einige Unterkünfte.

●**Pensión Facundo II,** €€, c/ Batalla del Salado 40, Tel. 956 684 536. Ein kleines 22-Zimmer-Haus mit zwei Etagen.

●**Hostal Alborada,** €€-€€€, c/ San José 52, Tel. 956 681 140, Fax 956 681 935. Das kleine Haus liegt 50 m von der Hauptstraße entfernt und hat ein paar winzige Balkone.

●**Hotel La Mirada,** €€€, c/ San Sebastián 41, Tel. 956 684 427, Fax 956 681 162, hotel-lamirada@cherrytel.com. Ein rötlich-braunes Haus mittlerer Größe in Strandnähe. Schräg gegenüber liegt ein Parkhaus.

●**Hostal Tarik,** €€, c/ San Sebastián 34, Tel. 956 680 648. Ein kleines, weißes Haus (zehn Zimmer) mit Gemein-schaftsbalkon zur Straße. Unten befindet sich eine Bar.

●**Hostal Alameda,** €€, Paseo de la Alameda 4, Tel. 956 681 181. Ein kleines (elf Zimmer), recht nett gestaltetes Haus mit angeschlossenem Restaurant. Direkt davor ver-läuft ein sehr breiter Fußgängerbereich mit Palmen.

Die folgenden Häuser liegen außerhalb, entlang der Na-tionalstraße N-340.

●**Hotel Dos Mares,** €€€€, N-340 km 79,5, Tel. 956 684 035, Fax 956 681 078, www.dosmares.com. Ein gelblich gehaltenes 40-Zimmer-Haus an der strandnahen Seite der Nationalstraße. Neben Zimmern werden auch Bungalows von Surfern gemietet. Weitere Angebote: Pool, Fitness-raum, Tennisplätze.

●**Hotel La Codorniz,** €€€, N-340 km 79, Tel. 956 684 744, Fax 956 684 101, www.lacodorniz.com. Ein hübsches Haus mit 35 Zimmern auf der strandabgelegenen Seite der Na-tionalstraße, aber mit angeschlossenem Restaurant.

●**Hotel La Peña,** €€€, N-340 km 78, Tel./Fax 956 681 070. Ein kleines rot-weißes Haus mit 18 Räumen, etwas abseits der Straße gelegen.

●**Hurricane Hotel,** €€€€, N-340 km 77, Tel. 956 684 919, Fax 956 680 329. 28 Zimmer, drei Suiten und drei Apart-ments werden in diesem englisch inspirierten Haus ver-mietet. Es liegt in einem hübschen Grünbereich nahe am Strand, hat zwei Pools und einen Wellnessbereich.

●**Hotel Balcón de España,** €€€-€€€€, N-340 km 77, Tel. 956 684 326, Fax 956 680 472. Ein mittleres Haus mit 44 Zim-mern und angeschlossenem Restaurant an der meerabge-wandten Straßenseite, ein Pool ist vorhanden.

●**Hostal Oasis,** €€€, N-340 km 76, Tel./Fax 9956 685 065, www.hostaoasis.com. An den maurischen Stil angelehnt, liegt dieses Haus mit seinen 20 Zimmern gut 100 m von der Straße entfernt.

●**Hotel 100% fun,** €€€, N-340 km 76, Tel./Fax 956 680 013, www.tarifa.net/100fun. Das farblich zum Namen pas-sende Haus hat 12 DZ und vier Viererzimmer. Es ist einer *der* Surfertreffs und zeichnet sich durch seine ungezwun-gene Atmosphäre aus. Die Räume sind im polynesischen Stil dekoriert. Eine Hand voll Bars liegt gleich um die Ecke. Von Nov. bis Feb. geschlossen.

Küste der Provinz Cádiz

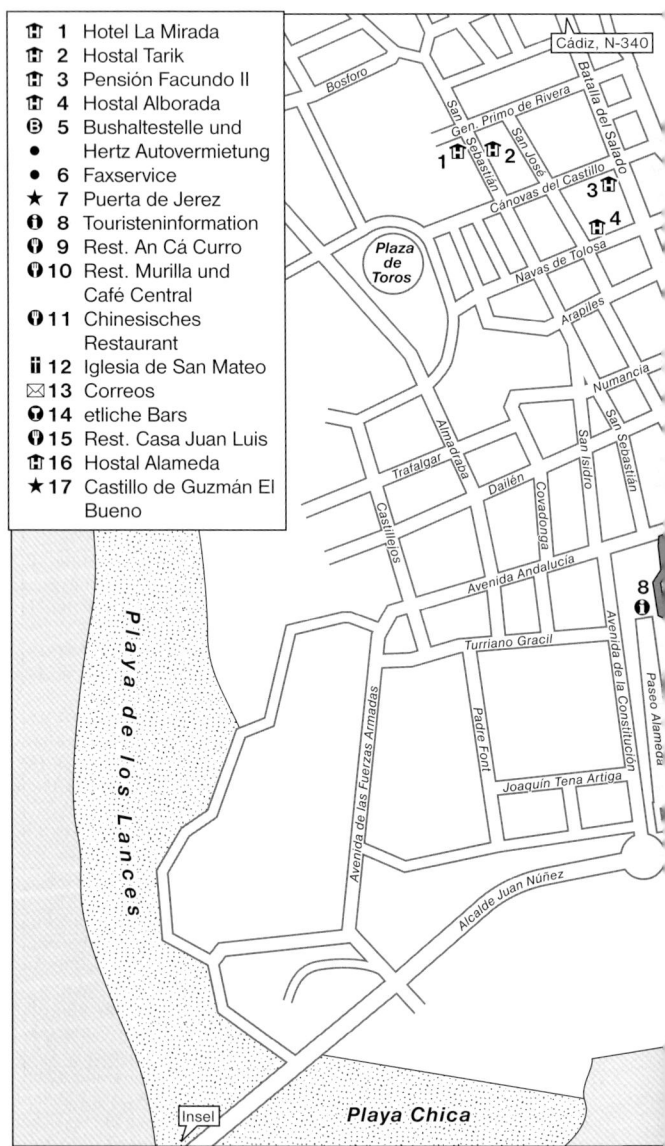

🏨	1	Hotel La Mirada
🏨	2	Hostal Tarik
🏨	3	Pensión Facundo II
🏨	4	Hostal Alborada
Ⓑ	5	Bushaltestelle und
●		Hertz Autovermietung
●	6	Faxservice
★	7	Puerta de Jerez
❶	8	Touristeninformation
❾	9	Rest. An Cá Curro
❿	10	Rest. Murilla und
		Café Central
❶	11	Chinesisches
		Restaurant
ⅱ	12	Iglesia de San Mateo
✉	13	Correos
❶	14	etliche Bars
❶	15	Rest. Casa Juan Luis
🏨	16	Hostal Alameda
★	17	Castillo de Guzmán El
		Bueno

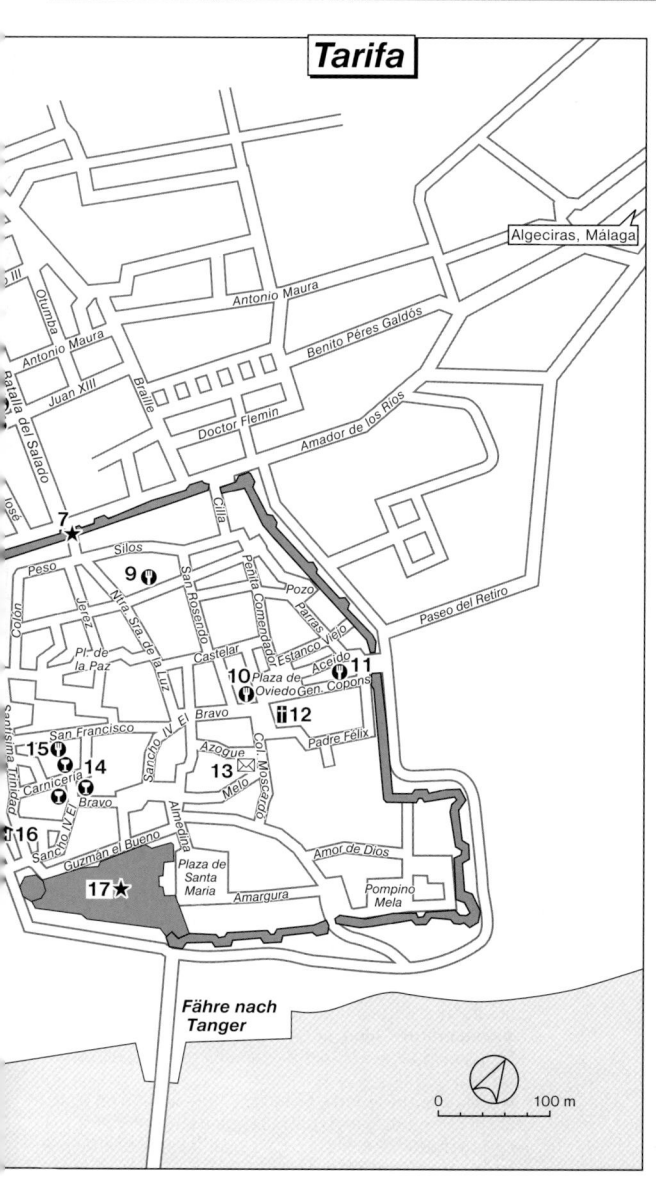

Tarifa

Algeciras, Málaga

Fähre nach Tanger

0   100 m

●**Hotel Cortijo Las Piñas,** €€€, N-340 km 74, Tel. 956 685 136, Fax 956 236 331. Liegt etwas abseits, aber dafür bietet das kleine Haus mit 16 Zimmern ein herrlich ländliches Ambiente auf einem ehemaligen Bauernhof. Der Strand ist nicht weit entfernt, einen Pool gibt's trotzdem.

Camping

●**Río Jara,** 2. Kategorie, N-340 km 80, Tel./Fax 956 680 570. Ein mittelgroßer Platz für 782 Personen, der unter Pinien am Strand liegt. Einer der Surfertreffs.

●**Tarifa,** 2. Kategorie, N-340 km 78,8, Tel./Fax 956 684 778. Ebenfalls ein mittelgroßer Platz unter Pinien am Strand gelegen, allerdings auch teilweise in Hörweite der Straße.

●**Torre de la Peña I,** 2. Kategorie, N-340 km 76, Tel. 956 684 903, Fax 956 681 473. Ein etwas kleinerer, aber lang gezogener Platz, der links und rechts der Straße liegt.

●**Torre de la Peña II,** 2. Kategorie, N-340 km 75,5, Tel. 956 684 174, Fax 956 681 898. Etwas größer als sein Namensvetter, an der meerabgewandten Seite gelegen. Eigenwerbung: „Südlichster Campingplatz Spaniens".

●**Paloma,** 2. Kategorie, N-340 km 73,5, Tel. 956 684 203, Fax 956 681 880. Der mittelgroße Platz hat Kapazitäten für ca. 1000 Camper und liegt unweit der gewaltigen Düne.

●**Jardín de las Dunas,** 2. Kategorie, Los Algarbes, Tel. 956 689 101, Fax 959 236 706. Kein großer Platz, der aber sehr ruhig nur 30 Meter vor der großen Düne an der Playa Valdevaqueros liegt. Dort auch ein Parkplatz, wo sich die Surfer treffen. Von der N-340 den Abzweiger Punta Paloma beim km 73,5 nehmen und dann nach ca. 500 m nochmal links ab zur Playa Valdevaqueros.

Essen & Trinken

●**Restaurante An Cá Curro,** c/ Moreno de Mora 5. Ein kleines Lokal mit Stierkampfambiente. Als Spezialität wird hier rund ums Iberische Schwein serviert.

●**Casa Juan Luis,** c/ San Francisco 15, Tel. 956 684 803. Das viel gepriesene Lokal liegt mitten in der Altstadt in einer engen Gasse. Auch hier steht das Iberische Schwein im Mittelpunkt des kulinarischen Angebots.

●Einmal „ums Eck" liegt eine Art Bermuda-Dreieck mit etlichen **Musikbars** wie Arde Tarifa, Jerónimo oder Vaca loca.

●**Café Central,** c/ Sancho IV., in der Altstadt. Schwer angesagter, zentraler Treff für alle – ein „Muss"!

●**Restaurante Murilla,** c/ Sancho IV. s/n. Eine Mischung aus Bar und Restaurant.

●**Restaurante Chino,** c/ General Copons. Das Restaurant liegt knapp 50 m von der Kirche entfernt und heißt wirklich so.

●**Restaurant Arte Vida,** N-340 km 79,3, Tel. 956 685 246. Ein hübsch gestaltetes Lokal mit Garten und Meerblick, ein Leser schrieb schmunzelnd: „Vorsicht, Kunst!" Die Betreiber vermieten auch Zimmer.

●Die **nächtliche Runde** beginnt im Cocktails direkt am Stadttor, dann geht's weiter ins Mesina, ins Soul Café oder ins Moskito – alle in der Altstadt.

Adressen

●**Autovermieter:** Hertz, c/ Batalla del Salado 57 (Maruecotour)
●**Busterminal:** c/ Batalla del Salado s/n (zwei Blocks vom Stadttor entfernt)
●**Telefon- und Faxservice:** Avda. Andalucía 6
●**Post:** c/ Coronel Moscardó s/n
●**Surfen:** Club Mistral, Hotel Hurricane, N-340 km 78, Tel. 956 689 098; Spin Out Surf Base, Casa de Porro, an der N-340, Tel. 956 236 352; Surfcenter Dos Mares, Hotel Dos Mares, N-340 km 79,5, Tel. 956 684 035; Escuela Patanegra, Hotel El Millón, N-340 km 79,3, Tel. 639 113 867

Feste

●**Mai:** Romería de San Isidro a Tahivilla
●**12.-14. Juli:** Virgen del Carmen
●**8. September:** Feria und Fiesta zu Ehren Nuestra Señora de la Luz

Ausflüge

Tanger

Die Flensburger Reederei FRS bietet eine **Schnellfähre** nach Tanger an. Sie verkehrt täglich um 11.30 und 18.00 Uhr (Fr. 19.00 Uhr). Zurück von Tanger um 18.15 und 17.30 Uhr (Fr. 18.00 Uhr). Achtung: Zeitunterschied! Im Sommer hat Tanger minus zwei Stunden. Preis: 22,50 €, Kinder 11 €. Dauer der Überfahrt: 35 Minuten. Wer möchte, kann auch gleich eine geführte Tour buchen.

Whale Watching

Whale Watching wird von zwei Gesellschaften angeboten. Infos über: **firmm,** c/ Pedro Cortés 3 (unweit des Café Central) Tel. 956 627 008 oder **Whale Watch España,** Avda. de la Constitución 6, Tel. 956 627 013, www.whalewatchtarifa.com

Bolonia

Baelo Claudia

Dieser winzige Ort liegt an einem schönen Sandstrand, sieben Kilometer von der N-340 entfernt. Wahrscheinlich wäre er einer der Flüstertipps geblieben, gäbe es die **archäologische Fundstätte**

Küste der Provinz Cádiz

Baelo Claudia nicht. Baelo Claudia war eine kleine römische Stadt mit einem Forum, Theater, Thermalquellen und Aquädukt. Forscher gehen davon aus, dass sie im 2. Jahrhundert v. Chr. entstand, weil hier die Handelsschiffe nach Tanger ablegten. Ihre Blütezeit lag kurz nach der Zeitenwende unter der Regentschaft von Kaiser *Claudius* (41-54 n. Chr.), nicht sehr viel später begann der langsame Verfall. Ein guter Teil der Stadt ist von Archäologen freigelegt worden und kann auf einem Rundgang besichtigt werden, sowohl auf eigene Faust als auch im Rahmen einer begleiteten Führung. Am Info-Stand liegt eine Broschüre mit vertiefenden Angaben aus.

●Geöffnet: Di.-Sa. 10.00-18.00 (im Sommer bis 20.00 Uhr), So. und feiertags 10.00-14.00 Uhr. Der Eintritt ist für EU-Bürger frei.

Der Ort

Nur wenige hundert Meter von der Fundstätte entfernt stehen ein paar Häuser, drängeln sich fast schützend hintereinander, um vor dem ewigen Wind wegzutauchen. Hier haben pfiffige Leute kleine Pensionen für Urlauber eröffnet, die eine **ruhige und abgeschiedene Lage** zu schätzen wissen. Wer hierher kommt, muss etwas mit sich und seiner Zeit anzufangen wissen. Außer Strand und Wind wird nicht viel geboten. Die meisten Häuser liegen an der parallel zum Strand verlaufenden staubigen Straße. Die Atmosphäre erinnert ein wenig an das Gomera der Anfänge. Nur zweimal im Monat schaukelt ein Bus hierher, und zwar (laut Touristenbüro) am 3. und 18. jeden Monats ...

Strand-profil

Der Strand **Playa de Bolonia** zählt zur ersten Güteklasse. Im Ortsbereich ziert er sich noch ein wenig, breitet sich dann aber, begrenzt von Pinien und der archäologischen Fundstelle, gewaltig aus. Nichts außer dem Wind kann hier das Sonnenbad stören. Am Ende des knapp 4000 m langen Strandes erhebt sich eine beachtliche Düne.

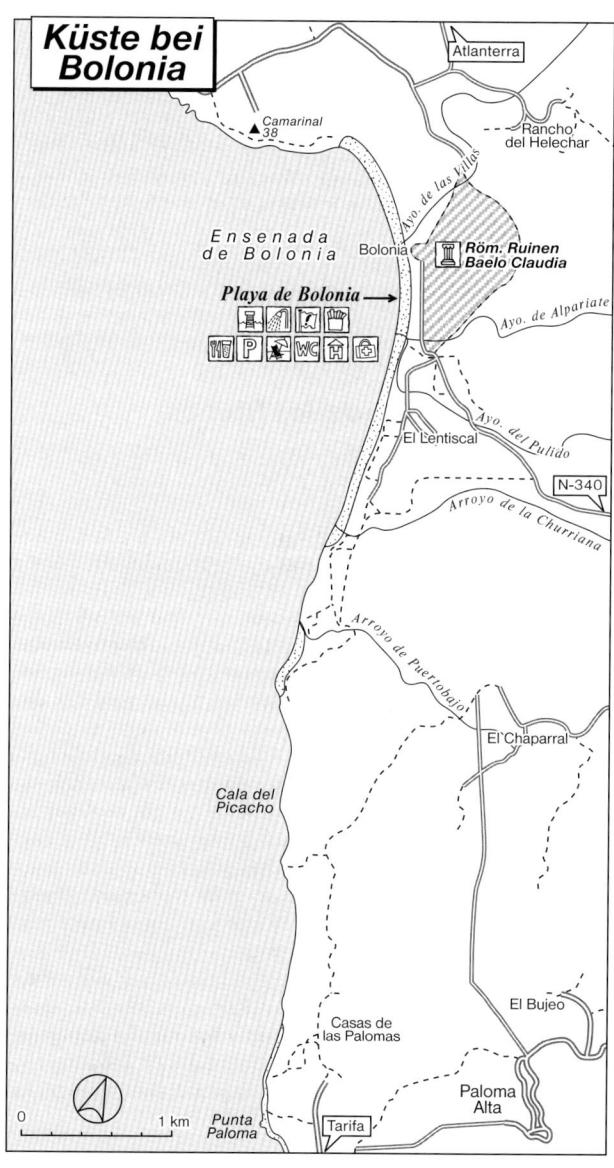

Küste bei Bolonia

Atlanterra

Rancho del Helechar

▲ Camarinal 38

Ayo. de las Villas

Ensenada de Bolonia

Bolonia

Röm. Ruinen Baelo Claudia

Playa de Bolonia →

Ayo. de Alpariate

El Lentiscal

Ayo. del Pulido

N-340

Arroyo de la Churriana

Arroyo de Puertobajo

El`Chaparral

Cala del Picacho

El Bujeo

Casas de las Palomas

Paloma Alta

0   1 km   Punta Paloma

Tarifa

| Unterkunft | ●**Hostal Lola,** €€, c/ El Lentiscal 26, Tel. 956 688 536, liegt etwas abseits und hat neun Zimmer. Ein bunt bemaltes Surfbrett weist den Weg. Fischlokal angeschlossen. |

Unterkunft

●**Hostal Lola,** €€, c/ El Lentiscal 26, Tel. 956 688 536, liegt etwas abseits und hat neun Zimmer. Ein bunt bemaltes Surfbrett weist den Weg. Fischlokal angeschlossen.

●**Hostal Ríos,** €€, Tel. 956 688 544, ein kleines, am Meer gelegenes Haus.

●**Hostal Los Jerezanos,** €€€, Tel. 956 688 592, noch ein kleines, nettes Haus mit 15 Räumen.

●**Hostal Bellavista,** €€-€€€, Tel. 956 684 718, direkt am Ortseingang, hat 14 Räume, unten befindet sich eine Bar.

Essen & Trinken

●**Restaurante Las Rejas,** ein gelblich gehaltenes Haus in Strandnähe, bietet gute Fischgerichte.

●**Chiringuito Los Troncos,** rustikales Holzhaus mit windgeschützter Terrasse, von wo man prima aufs Meer schauen kann. Beim Parkplatz, nach der Ortszufahrt leicht links.

Zahara de los Atunes

●**Einwohner:** 1700
●**PLZ:** 11393
●**Entfernung nach Cádiz:** 78 km
●**Touristeninformation:** -

Überblick

Der Name deutet schon an, dass der Ort einst vom Fischfang lebte, speziell vom **Thunfisch.** Riesige Schwärme passieren seit Menschengedenken immer zur gleichen Zeit die Straße von Gibraltar auf ihrem Weg in das wärmere Mittelmeer. Früher wurden sie mit einer Fangmethode im großen Stil (*almendraba* genannt) von den Fischern Zaharas gejagt. Dabei wurden die Netze gut drei Kilometer vor der Küste nach einem immer enger werdenden System etwa 30 m tief ins Wasser gelassen und die hilflos in der Falle zappelnden Thunfische allmählich gen Küste getrieben, bevor man sie dort schließlich erlegte.

Den Fischfang hat man heute zwar nicht völlig aufgegeben, aber die Zeiten haben sich doch geändert. Der **Tourismus** hat auch in Zahara einen Fuß in der Tür. Dabei zeigt sich der alte Ortskern noch weitestgehend intakt. Die meisten touristischen Gebäude wurden und werden etwas außerhalb errichtet.

Küste bei Zahara de los Atunes

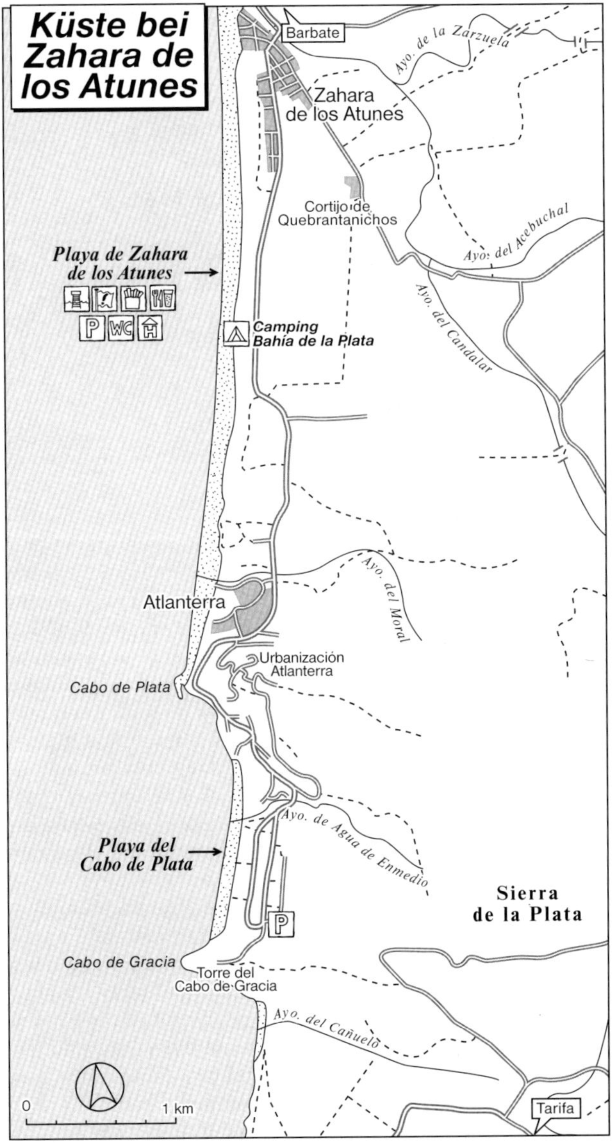

Barbate

Zahara de los Atunes

Ayo. de la Zarzuela

Cortijo de Quebrantanichos

Ayo. del Acebuchal

Ayo. del Candalar

Playa de Zahara de los Atunes →

P WC

Camping
Bahía de la Plata

Ayo. del Moral

Atlanterra

Urbanización
Atlanterra

Cabo de Plata

Playa del Cabo de Plata →

Ayo. de Agua de Enmedio

P

Sierra de la Plata

Cabo de Gracia

Torre del Cabo de-Gracia

Ayo. del Cañuelo

Tarifa

0   1 km

Küste der Provinz Cádiz

Strand-profil

Der Strand **Zahara de los Atunes** erstreckt sich weit nach Süden und endet erst nach 6,3 km am Cabo de Plata. Von dort kann man nach einem gut 500 m langen Fußmarsch über eine Piste den noch einsameren Strand gleichen Namens erreichen. Dazu besteht aber eigentlich kein Anlass, denn Platz genug ist auch an diesem hellen und feinsandigen Küstenstreifen, der sich auf gute 35 m Breite ausdehnt. Im Hintergrund verläuft eine Straße, die aber nur den alten Ortskern mit den Touristenanlagen verbindet. Es ist also relativ ruhig, eine Promenade fehlt ebenso wie störender Durchgangsverkehr.

Der Strand **Playa de Pajares,** der auch **Cañillos** genannt wird, schließt sich nach Norden an. Er verläuft über 9000 m bis zum Nachbarort Barbate, soll aber nur der Vollständigkeit halber erwähnt werden, denn diese Zone ist militärisches Sperrgebiet. Zwar kann man auf einer asphaltierten Straße parallel zum Strand von Zahara nach Barbate fahren, aber angesichts der Schilder *„zona militar"* ist ein Strandbesuch nicht ratsam.

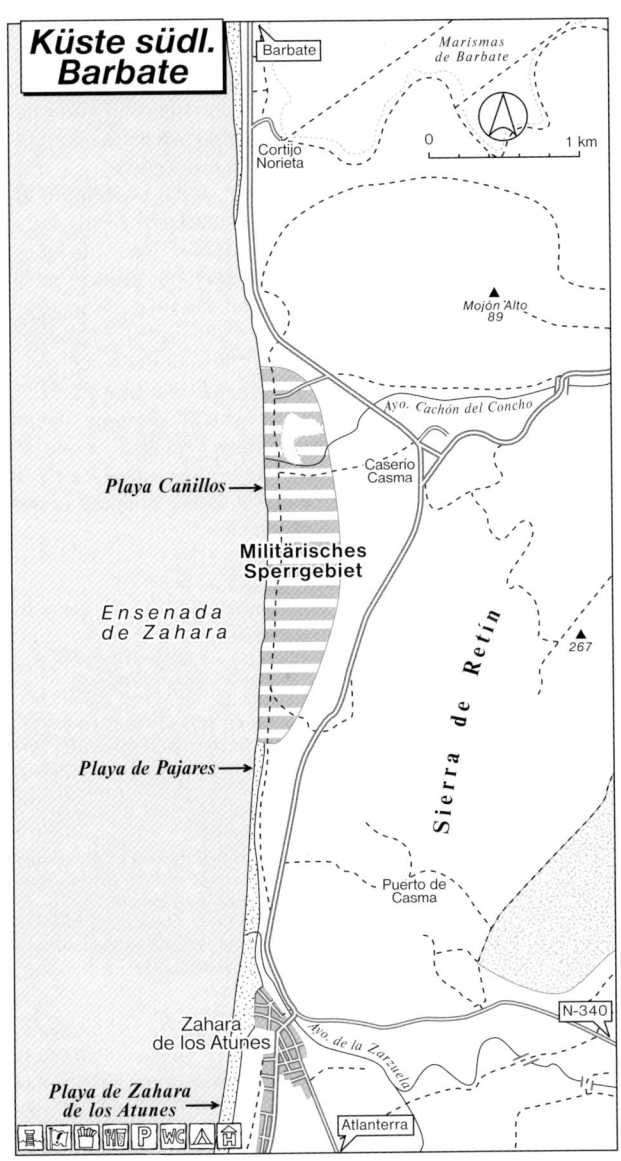

Küste südl. Barbate

Barbate

Marismas de Barbate

Cortijo Norieta

0   1 km

Mojón Alto 89

Ayo. Cachón del Concho

Caserío Casma

← Playa Cañillos

Militärisches Sperrgebiet

Ensenada de Zahara

Sierra de Retín

267

← Playa de Pajares

Puerto de Casma

N-340

Zahara de los Atunes

Ayo. de la Zarzuela

← Playa de Zahara de los Atunes

Atlanterra

Sehens-
wertes

Ein Bummel durch den **alten Ortskern,** der sofort nach dem Überqueren der Brücke erreicht wird, gibt Einblicke in den alten Fischerort. Es geht geruhsam zu. Alle Gebäude sind klein und relativ bescheiden, ein paar Bars und Geschäfte unterbrechen die gleichförmigen Häuserzeilen.

Lokale Sehenswürdigkeit ist das **Castillo de Almadrabas** aus dem 15. Jh. Die *Herzöge von Medina Sidonia* ließen es zum Schutz vor Piratenüberfällen am Strand errichten. Heute ist nicht mehr viel davon übrig geblieben, bis auf die wuchtigen Außenmauern wurde es regelrecht „entkernt". Früher war hier einmal alles untergebracht, was die kleine Gemeinde zum (Über-)Leben brauchte, auch die Fangnetze der almadraba. Heute ist man besonders stolz darauf, dass *Miguel de Cervantes,* Autor des „Don Quichote", hier einige Zeit verbrachte und eine Novelle verfasste, in der er das Leben der Thunfischjäger beschrieb.

Unterkunft

Drei Hotels liegen direkt im Ort, die restlichen an der neuen Straße, die über 4 km am Campingplatz vorbei zur Urbanización Atlantera verläuft.

●**Hotel Doña Lola,** €€€, Plaza Tompson 1, Tel. 956 439 009, Fax 956 439 008, d.lola@teleline.es. Das Haus mit 30 Zimmern liegt gleich rechts hinter der Brücke. Gutes Preis-Leistungsverhältnis: recht komfortable Zimmer, Pool.

●**Hotel Gran Sol,** €€€-€€€€, Avda. de la Playa 20, Tel. 956 439 301, Fax 956 439 197. Dieses 52-Zimmer-Haus liegt direkt am Strand, in einigen Räumen genießt man einen tadellosen Meerblick. Die Dekoration wirkt angenehm verschnörkelt, fast ein wenig verspielt.

Die folgenden Häuser liegen außerhalb des Ortes an der einzigen Straße, die parallel zum Strand zur *urbanización* führt. Speziell im hinteren Bereich wird gebaut.

●**Hotel Pozo del Duque,** €€€, Ctra. Atlantera 32, Tel. 956 439 097, Fax 956 439 400. Das Haus zählt 18 Zimmer, liegt direkt am Strand und macht einen gemütlichen Eindruck.

●**Hotel Porfirio,** €€€, Ctra. Atlantera 33, Tel. 956 449 515, Fax 956 439 080, www.hotelporfirio.com. Ein relativ neues Haus mit 25 Zimmern. Durch seinen Schieferstein fällt es angenehm auf.

●**Hotel Antonio,** €€€, Ctra. Atlantera km 1, Tel. 956 439 141, Fax 956 439 135, www.antoniohoteles.com. Das ältere Haus hat 22 DZ, drei EZ und fünf Suiten, außerdem eine Bar und ein hochgelobtes Restaurant. Die meisten Zimmer

bieten Meerblick. Seit 1999 gibt es nebenan ein Viersterne-Hotel mit 17 DZ sowie 16 Zimmern mit Salon und sogar zwei Suiten. Alles ist dort eine Spur edler und teurer.
●**Hotel Meliá Sol Atlantera,** €€€€, Bahía de la Plata, Tel. 956 439 000, Fax 956 439 051. Ein großes Haus mit 285 Räumen, das zur Meliá-Sol-Gruppe gehört und somit den bekannt guten Standart bietet. Das Hotel liegt in Strandnähe, etwa 4 km von Zahara entfernt.

Camping

●**Bahía de la Plata,** 1. Kategorie, Tel. 956 439 040, Fax 956 439 040. Ein recht lang gestreckter Platz, der direkt am Strand und etwa 2 km außerhalb des Ortes liegt. Einige Bäume spenden Schatten.

Essen & Trinken

Die außerhalb gelegenen Hotels haben zumeist gute Restaurants. Im Ortskern können folgende Lokalitäten getestet werden:
●**Restaurante Zahara,** c/ Cervantes, liegt nahe am ehemaligen Castillo und lockt mit einer hübsch begrünten Terrasse.
●**Restaurante Sergio,** c/ Atlantera 42, Tel. 956 439 455. Spezialisiert auf Fisch und Iberisches Schwein.
●In der Calle María Luisa (das ist die zweite nach links führende Straße nach dem Passieren der Brücke) liegen einige Lokale, wie das hübsch begrünte **Restaurant Almadraba** mit der Hausnummer 15.

Adressen

●**Post:** c/ Almendraba

Feste

●**August:** Feria de agosto – eine Fete mit allem Drum und Dran, als da wären: Flamenco, Festzelt und viel Alkohol.

Küste der Provinz Cádiz

Barbate

●**Einwohner:** 22.000
●**PLZ:** 11160
●**Entfernung nach Cádiz:** 60 km
●**Touristeninformation:** c/ Vázquez Mella 2, Tel./Fax 956 433 962, tourismo@aytobarbate.org

Überblick

Ein Ort, der alt und neu zugleich erscheint. Schon zu Zeiten der Römer existierte ein Hafen namens „Portus Baesippo". Als die Mauren ein paar Jahrhunderte später hier auftauchten, wurde er „Barbat" genannt, in Anlehnung an eine ebenso benannte Festung. Seit jenen fernen Tagen im 13. Jahrhundert war der Ort nichts weiter als ein kleiner Hafenflecken, der bis 1938 vom Nachbarort Vejer de la Frontera verwaltet wurde. Dann kam *Franco* ans Ruder und ab 1958 wurde der Hafen **im großen Stil ausgebaut.** Heute hat er annähernd die gleiche Größe wie die Stadt selbst. Dem Caudillo huldigte man entsprechend, der Ort nannte sich viele Jahre „Barbate del Franco" und noch heute heißt die Hauptstraße – man mag es gar nicht glauben – „Avenida del Generalísimo". Und wie sieht es aktuell aus? Barbate lebt noch immer vom Fischfang und verstärkt auch vom spanischen Tourismus.

Strand-profil

Der Stadtstrand heißt **Playa El Carmen,** hat eine Länge von 1800 m und eine Breite von etwa 40-50 m. Der helle, feine Sand lockt vor allem spanische Touristen an und so wird es im Sommer auch sehr voll. Eine recht breite Promenade verläuft zwischen dem Strand und der ersten Häuserzeile. Dort reiht sich ein Lokal an das nächste. Der Parkplatz wurde leider verkleinert.

Hinter dem Hafen liegt die **Playa Hierbabuena,** ein Strand von 900 m Länge und 30 m Breite ohne jegliche Serviceeinrichtungen. Wer die Straße nach Caños de Meca befährt, wird sicherlich eine Parkmöglichkeit finden und kann dann durch den Pinienwald zu diesem schönen, einsamen Strand laufen. Der Pinienwald zählt übrigens schon zum Naturpark La Breña.

Sehens-wertes

Barbate hat ehrlich gesagt nichts sonderlich Sehenswertes. Es ist eben eine relativ geschäftige Stadt, deren Lebensnerv der **Hafen** ist. Um die dort Beschäftigten unterbringen zu können, wurden etliche unschöne Wohnblocks hochgezogen. Nicht weit davon entfernt gibt es so etwas wie einen alten Ortskern mit schmalen Gassen und schummerigen Bars. Aber allzu idyllisch kann das alles nicht genannt werden und wer das Pech hat

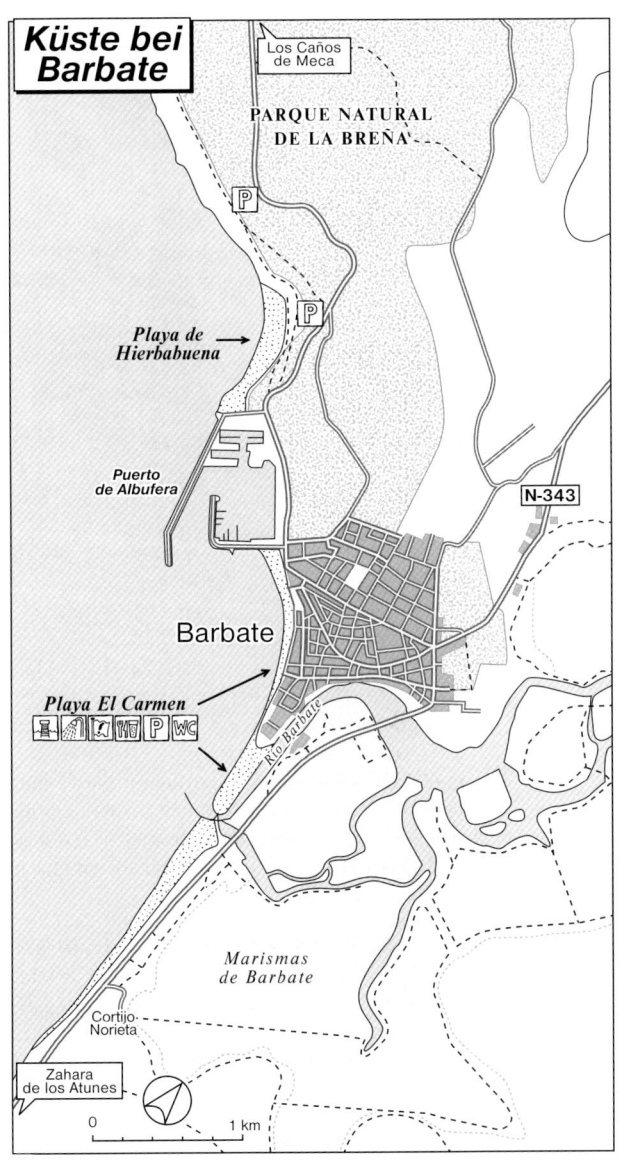

Küste bei Barbate

Los Caños de Meca

PARQUE NATURAL DE LA BREÑA

Ⓟ

Ⓟ

Playa de Hierbabuena

Puerto de Albufera

N-343

Barbate

Playa El Carmen

Río Barbate

Marismas de Barbate

Cortijo Norieta

Zahara de los Atunes

0   1 km

von Zahara nach Barbate zu fahren wird beim Überqueren des Flusses vielleicht erstmal kräftig schlucken müssen, denn dort sammelt sich derart viel Dreck und Müll, dass man am liebsten gleich weiterfahren möchte.

Unterkunft   ●**Hotel Atlántico,** €€€, Avda. Generalísimo 15, Tel. 956 431 388, Fax 956 433 561. Die fünf Zimmer verteilen sich auf drei Etagen in einem grün-weißen Haus, welches vom Ortseingang kommend am Anfang der langen Straße liegt.

In der Altstadt von Barbate

●**Hotel Galia,** €€€, c/ Dr. Valencia 5, Ecke Generalísimo, Tel. 956 433 376, Fax 956 433 042. Liegt gegenüber vom Atlántico, hat zehn Zimmer und ähnliche Merkmale.

Essen & Trinken

●**Restaurante Torres,** c/ Ruiz de Alda 1, Tel. 956 430 985. Seit Jahren der Tipp des Ortes. Das Haus liegt sehr zentral unweit des Strandes. Frischer Fisch in eigener Soßenkreation ist die Hausspezialität.
●**Restaurante El Campero,** Avda. Constitución s/n, Tel. 956 432 300. Das Lokal hat sich in relativ kurzer Zeit einen ähnlich guten Ruf erkocht wie das Torres. Es liegt etwas versteckt, aber die Suche lohnt. Fisch steht ganz oben auf der Speisekarte.
●**Café Revuelta,** Avda. José Antonio 62. Das Haus wurde 1934 gegründet und das Ambiente dieser Zeit hat sich bis heute hier gehalten. Irgendwie passt da sogar noch der frankistische Straßenname.

Adressen

●**Busterminal:** Avda. Generalísimo, unweit vom Hotel Atlántico
●**Shopping:** La Barbateña, Avda. Generalísimo 10. Hier werden die Produkte der Region verkauft, hauptsächlich Fisch in Dosen.

Feste

●**13. Mai:** Virgen de Fatima – ein religiöses Volksfest
●**11.-17. Juli:** Patronatsfest Nuestra Señora del Carmen – u.a. mit einer prachtvollen Meeresprozession
●**15. August:** Gran Sardinera – dem Sardinenfang wird u.a. mit einem großen Sardinenmahl am Hafen gehuldigt.

Ausflug

Parque Natural de la Breña

Dieser weitläufige Naturpark erstreckt sich hauptsächlich als **Pinienwald** zwischen Barbate und Caños de Meca. Aber auch die nördlich von Barbate gelegene **Marschregion** gehört noch zum 1989 gegründeten Schutzgebiet. Eine Verbindungsstraße zwischen Barbate und Caños de Meca, die C-2143, führt mitten durch den Pinienwald, der sich bis zur Küste hinunterzieht. Dort zeigt sich die Uferlinie überwiegend als Steilküste, die an bestimmten Stellen bis zu 100 m abfällt.

Diese Zone kann auf einem etwa vierstündigen **Fußmarsch** erkundet werden. Direkt an der Verbindungsstraße liegt etwa in der Mitte eine Art Picknickplatz namens „Area Recreativa El Jarillo".

Küste der Provinz Cádiz

Von dort kann man auf einem Pfad durch den Pinienwald bis zur Küste wandern, beispielsweise zum Aussichtspunkt **Mirador Torre del Tajo.** Dieser Turm wurde im 16. Jahrhundert an exponierter Stelle errichtet um von dort aus Feinde auf dem Meer erspähen zu können. Er befindet sich in einem halbzerstörten Zustand, aber der Blick vom Aussichtspunkt bleibt einzigartig.

Ein Weg führt hier auch **an der Küste entlang.** Wer möchte, kann die gesamte Strecke zwischen Barbate und Caños de Meca erkunden.

Caños de Meca

- ●**Einwohner:** 1000
- ●**PLZ:** 11160
- ●**Entfernung nach Cádiz:** 69 km
- ●**Touristeninformation:** -

Überblick   Der kuriose Name **„Flussbett von Mekka"** stammt noch aus der maurischen Epoche, denn die Araber waren von der vorgefundenen Menge an Süßwasserquellen derart überrascht, dass sie den Platz nach ihrer heiligen Stadt Mekka benannten (spanisch: *Meca*). So erzählt es jedenfalls die Legende.

Es gibt sie überall auf der Welt, diese Flüstertipps, die von einem zum anderen weitergegeben werden, bis sich dann schließlich alle einvernehmlich dort versammeln. Caños de Meca zählt auch ein wenig dazu, aber das touristische Aufkommen fällt selbst unter **Freaks** und **Aussteigern** noch relativ bescheiden aus. Was lockt, wird sofort augenfällig: ein hübsches Dorf und ein sehr schöner Strand, der im oberen Bereich zu einer beachtlichen Düne ausläuft.

Zunächst verschlug es Leute hierher, die sich in den Ausläufern des Pinienwaldes ein Ferienhäuschen bauten. Später folgten weitere Neugierige

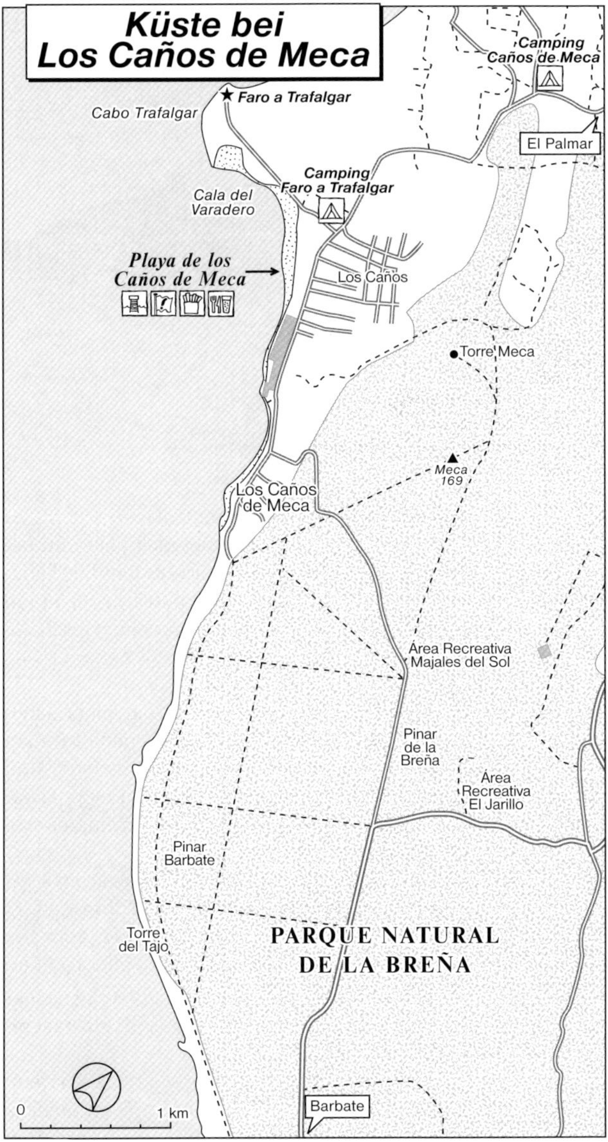

Küste bei Los Caños de Meca

Camping Caños de Meca

★ Faro a Trafalgar

Cabo Trafalgar

El Palmar

Camping Faro a Trafalgar

Cala del Varadero

Playa de los Caños de Meca →

Los Caños

● Torre Meca

▲ Meca 169

Los Caños de Meca

Área Recreativa Majales del Sol

Pinar de la Breña

Área Recreativa El Jarillo

Pinar Barbate

Torre del Tajo

PARQUE NATURAL DE LA BREÑA

0   1 km

Barbate

Küste der Provinz Cádiz

und es entstanden Apartmentanlagen von bis zu drei Etagen. Aber noch immer bleibt alles **im bescheidenen Rahmen.** Der Ort besteht aus kaum mehr als einer Straße, die sich parallel zum Strand erstreckt. Dort liegen alle Unterkünfte, Geschäfte und Kneipen.

Strand-profil

Playa de los Caños de Meca ist ein feiner Sandstrand, der sich von einer bescheidenen Breite am Ortsende nach 2800 m mächtig ausdehnt und beim Leuchtturm Faro a Trafalgar zu einer schönen Dünenlandschaft auftürmt. Ein kurzer Abschnitt wird als FKK-Zone genutzt.

Direkt hinter dem Cabo de Trafalgar schließt sich der Strand **Playa del Palmar-Zahora** an. Er verläuft über 7800 m, eine Trennlinie zum benachbarten Dorf El Palmar lässt sich aber nicht erkennen.

Der Leuchtturm von Trafalgar

**Sehens-
wertes**

Das kleine Dorf bietet sich an um einmal einige Tage richtig schön zu faulenzen, Spaziergänge am weiten Strand zu unternehmen oder die ein oder andere Bar zu testen. Wer noch etwas mehr Energie hat, kann auch eine kleine Wanderung zum **Torre Meca** machen. Dieser im 17. Jahrhundert erbaute Turm erhebt sich in etwa zwei Kilometern Entfernung auf einem Hügel im Hinterland etwas versteckt im Pinienwald. Da er einst als Wachturm diente, hat man von oben einen netten Ausblick. Aber es gilt vor allem die alte Weisheit „der Weg ist das Ziel".

Ein anderer Fußmarsch führt zum **Cabo de Trafalgar.** Sowohl am Strand entlang als auch auf asphaltierter Straße gelangt man zu diesem geschichtsträchtigen Punkt. Der schlanke, helle Leuchtturm erhebt sich auf eine Höhe von 34 m. Er wurde 1860 erbaut und 1929 gründlich restauriert.

Die Schlacht von Trafalgar

1805 kam es vor Trafalgar zu einer Seeschlacht zwischen der **britischen Flotte** und der verbündeten spanisch-französischen **Armada.** Die britische Flotte wurde vom hoch dekorierten und geschätzten Admiral *Nelson* zum Sieg geführt. Die ehemalige Vorherrschaft der spanischen Armada war damit gebrochen, Großbritanniens alleinige Herrschaft auf den Weltmeeren gesichert. Englands Seeheld *Horatio Nelson* überlebte den Kampf allerdings nicht. Ihm zu Ehen wurde die Nelson-Statue in London errichtet und die entscheidende Schlachtszene täuschend echt in Madame Tussaud's Wachsfigurenkabinett nachgestellt, mit Pulverdampf, Schlachtenlärm und Kanonenschüssen. Ebenfalls *very british:* Noch heute wird zur Erinnerung an diesen Sieg auf allen Schiffen und Landeinrichtungen der Royal Navy das so genannte *Travalgar Night Dinner* alljährlich am 21.10. zelebriert.

Küste der Provinz Cádiz

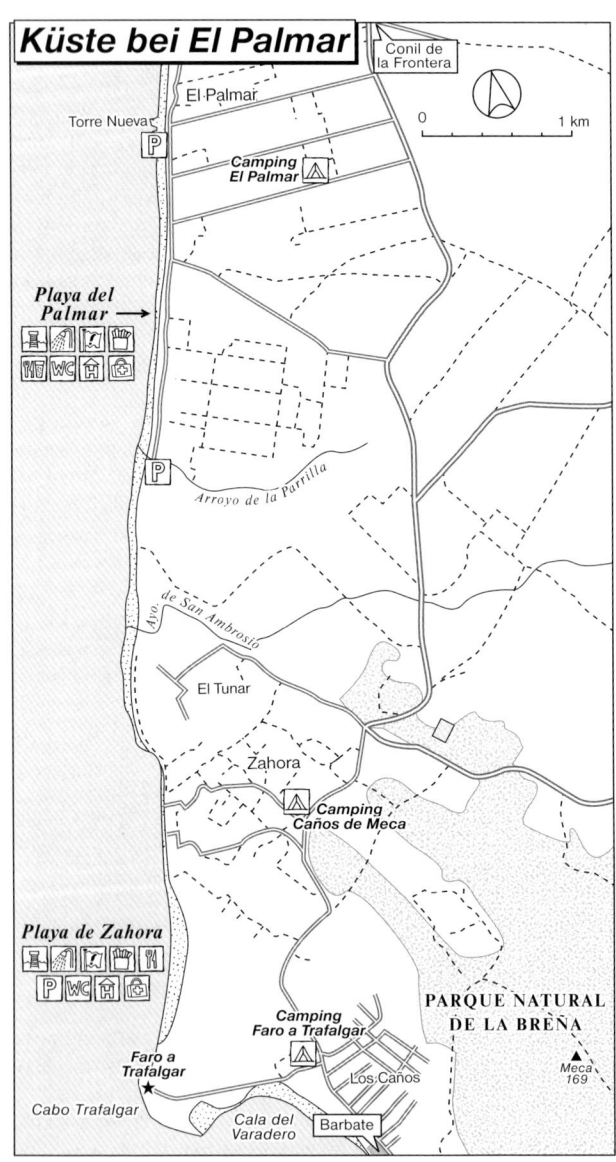

Küste bei El Palmar

Conil de
la Frontera

0   1 km

Torre Nueva
El Palmar

Camping
El Palmar

Playa del
Palmar →

Arroyo de la Partilla

Ayo. de San Ambrosio

El Tunar

Zahora

Camping
Caños de Meca

Playa de Zahora

Camping
Faro a Trafalgar

PARQUE NATURAL
DE LA BREÑA

Faro a
Trafalgar

Los Caños

Meca
169

Cabo Trafalgar

Cala del
Varadero

Barbate

Unterkunft	●**Hostal Miramar,** €€, Avda. Trafalgar 112, Tel. 956 437 024. Dieses blau gestrichene Haus bietet 23 Zimmer, hat einen Pool und ist von Ostern bis Ende Sept. geöffnet.

●**Hostal Miramar,** €€, Avda. Trafalgar 112, Tel. 956 437 024. Dieses blau gestrichene Haus bietet 23 Zimmer, hat einen Pool und ist von Ostern bis Ende Sept. geöffnet.

●**Casa Meca,** Tel. 956 431 450, www.casameca.com, neben Hotel Minigolf, unweit der Abzweigung zum Leuchtturm. Haus mit drei nett gestalteten Apartments inmitten eines 3000 m² großen Grundstücks. Auch für Winterflüchtlinge geeignet, Zentralheizung, deutsche Vermieter.

●**Hostal Minigolf,** €€, Avda. Trafalgar 251, Tel. 956 437 083. Das 10-Zimmer-Haus liegt in Höhe der Abzweigung zum Leuchtturm und wirkt angenehm verspielt. Außerdem hat es einen kleinen Garten.

●**Hostal Los Pinos,** €€€, Ctra. Caños de Meca 16, Tel. 956 437 161. 25 Zimmer sowie ein Restaurant.

●**Hostal Fortuna,** €€€, Avda. Trafalgar 34, Tel. 956 437 075. Acht Zimmer um einen Innenhof gruppiert. 50 m zum Strand, noch hinter der Abzweigung nach Barbate.

●**Hostal Alhambra,** €€, Crta. Caños de Meca km 9,3, Tel. 956 437 216. Das hübsche 10-Zimmer-Haus liegt am Ortsausgang und damit schon etwas abseits vom Geschehen. Auch zum Strand muss man ein paar Meter gehen.

Camping

●**Faro a Trafalgar,** 2. Kategorie, geöffnet Anfang April bis Mitte Sept., Tel. 956 437 017. Nur 100 m vom Strand entfernt liegt dieser nicht übermäßig große Platz in Höhe der Abzweigung zum Leuchtturm.

●**Caños de Meca,** 1. Kategorie, geöffnet 1.4.-15.10., Tel. 956 437 120, Fax 956 437 137. Dieser Camping hat Platz für 640 Personen. Er liegt an der Hauptstraße schon etwas im Hinterland, gut 1-2 Kilometer vom Ortskern und ca. 600 m vom Meer entfernt.

Essen & Trinken

●**Restaurante El Faro,** im oberen Ortsteil direkt am Strand gelegen, urigste Stimmung bei Sonnenuntergang.

●**Bar La Pequeña Lulu,** am Ende der Straße, ab 17.00 Uhr, nicht viel mehr als ein Tresen, manchmal Programm mit DJs.

●**Bar El Caña,** Avda. Trafalgar 53, Tel. 956 437 398, April-Sept. geöffnet. Gute Fischgerichte bei tollem Meerblick.

●**El Pirata,** Avda. Trafalgar 67, Tel. 956 437 396. Schön erhöht über dem Strand, eine Bar für die nächtliche *marcha*.

Küste der Provinz Cádiz

El Palmar

Überblick

Um in dieses winzige Dörflein zu gelangen, muss man bei Vejer die Nationalstraße verlassen und auf einer relativ schmalen Stichstraße in Richtung Meer fahren. Noch bevor man El Palmar erreicht, wird man erkennen, was es mit dem Namen auf sich hat: Kleine **Palmen** und **Feigenbäume** wachsen hier auf dem trockenen Boden. Deshalb wird diese Gegend auch als „afrikanische Fortsetzung" des nördlichen Marokkos bezeichnet – Vegetation und Klima sind schon sehr ähnlich.

Die meisten Besucher kommen aber wohl aus anderen Gründen. Sie wollen **windsurfen.** Hier weht ständig ein flottes Lüftchen und die Brandung hat es manchmal in sich. Nichts für Sonnenanbeter also, aber beste Bedingungen für *surfistas.*

El Palmar besteht aus kaum mehr als einer Straße, die sich am Meer entlangwindet. Allzu viel los ist hier wahrlich nicht. Für Urlauber gibt es **keine speziellen Angebote** und die Küste ist noch nicht verbaut. Es scheint eher so, als hätten die ehemaligen Fischer und Bauern ein paar Zimmer freigeräumt für diese jungen Menschen, die so komische Sachen mit Brett und Segel machen. Einige wenige offizielle *hostales* und ein paar Lokale findet man dann aber doch noch – vor allem aber viel Platz am Strand und viel Wind.

Strand-profil

Der Doppelstrand **Playa del Palmar – Playa de Zahora** verläuft über 7800 m und endet erst am Cabo Trafalgar. In El Palmar zeigt er sich mit 50-100 m deutlich breiter. Hier tritt man sich wahrlich nicht auf die Füße. Parallel verläuft eine Straße, an der geparkt werden kann und dort stehen auch ein paar Häuser. Aber man hat hier tatsächlich die Möglichkeit einen wirklich tollen Strand weitestgehend für sich zu haben – wenn der Wind nicht wäre.

Wem es hier aber immer noch zu voll sein sollte, der kann noch ein Stück weitergehen. Etwa ab Höhe des alten Wehrturmes Torrenueva beginnt der sich direkt anschließende **Strand Castilnovo.** Einen Unterschied wird man kaum wahrnehmen. Er ist von ebensolcher Güteklasse und verläuft über 2700 m bis zum Hafen von Conil. Im Hinterland schließen sich Felder und Äcker an, weshalb sich höchst selten jemand hierher verirrt.

Unterkunft
- **Hostal La Ilusión,** €€, Tel. 956 232 398. Nur sechs Räume hat dieses auffällig grüne Haus. Unten werden Mahlzeiten im angeschlossenen Lokal serviert.
- **Hostal Francisco,** €€€, Tel. 965 232 786. Sozusagen das erste Haus am Platz mit immerhin zwölf Zimmern, direkt am Strand.
- **Hostal La Gallega,** €€, Tel. 956 232 111. Ein einfaches Haus mit elf Zimmern, etwas versteckt: beim Kreisverkehr nach links, ca. 300 m, dann auf das Schild achten, nochmals ca. 200 m ins Hinterland. Ein Restaurant gibt es auch.
- **Hostal El Pájaro Verde,** €€€, Tel. 956 232 118, oben an der Strandstraße Richtung Conil. Der „grüne Vogel" bietet acht Zimmer sowie Speis und Trank im eigenen Lokal.

Camping
- **El Palmar,** 2. Kategorie, geöffnet 15.6.-15.9., Tel. 956 232 161, Fax 956 232 884, palmar@clientes.unicaja.es. Relativ kleiner Platz (396 Personen), der gut ausgeschildert ist, aber etliche hundert Meter vom Strand entfernt liegt.

Essen & Trinken
- **Restaurante Francisco Alferes,** liegt an der Strandstraße und bietet *tapas, raciones* und v.a. Fischgerichte, die man auf einer Meerblick-Terrasse genießt.

Vejer de la Frontera

- **Einwohner:** 13.000
- **PLZ:** 11150
- **Entfernung nach Cádiz:** 54 km
- **Touristeninformation:** c/ Marqués de Tamarón 10, Tel. 956 450 191, Fax 956 451 620, www.aytovejer.org/prov

Überblick Auf etwa 190 m Höhe liegt dieser strahlend schöne Ort. Wer sich Vejer über die Nationalstraße nähert, dem fallen schon von weitem die einmalige Lage und die **blitzblanken, hell getünchten Häuser** auf. Um hinzukommen muss man von der Nationalstraße in eine mittelsteile Straße abbiegen, die dann in einigen Schlenkern hochführt. Direkt vor dem Ortseingang befindet sich ein großer Parkplatz, der genutzt werden sollte, denn in den engen, steilen Gassen macht das Auto fahren wahrlich keine Freude.

Küste der Provinz Cádiz

Sehens-
wertes

Der Ort ist ein **Gesamtkunstwerk,** einzelne Teile herauszuheben wäre fast ein wenig ungerecht. In den schmalen Gassen läuft man stets entweder nach oben oder nach unten und kann sich auf diese Weise halbwegs gut orientieren. Beim Hauptplatz, **La Plazuela,** verläuft noch ein Teil der alten Stadtmauer. Von hier kann der Besucher weit ins Tal schauen. Es ist der Ort, an dem sich immer einige Rentner versammeln und plaudern.

Einmal um die Ecke liegt ein viel gepriesenes Hotel, das **Convento de San Francisco.** Es wurde so hervorragend in die umliegende Bausubstanz integriert, dass man leicht daran vorbeiläuft.

Spätestens an dieser Stelle taucht der Besucher in die steilen, engen Gassen ein. Man sollte sich einfach **treiben lassen** und über diese reine andalusisch-arabische Stilmischung der Häuser staunen, sollte seinen neugierigen Blick in Innenhöfe versenken, dem Plätschern der Brunnen lauschen, die Hauseingänge mit den hübschen Blumentöpfen und die weiß getünchten Häuser mit ihren kunstvollen Gittern vor den Fenstern bewundern.

Kein Wunder, dass etliche **Innenhöfe** so hübsch gestaltet sind, wird doch regelmäßig ein Wettbewerb um die schönsten Straßen, Innenhöfe und Fassaden abgehalten. Wer prämiert wurde, heftet die kleinen Schildchen dann voller Stolz neben seine Eingangstür.

Drei der ehemals vier Stadttore sind noch erhalten. Es sind **La Puerta de Segur** und die Rundbögen **Arco de Sancho IV.** sowie **Arco de la Villa.** Alle sind ausgeschildert.

Schließlich wird man auch auf die **Iglesia del Divino Salvador** stoßen. Die Kirche wurde auf den Mauern einer alten Moschee errichtet und vereint ein buntes Stilgemisch: Romanik, Gotik, Mudejar und Renaissance.

Das viel besuchte **Castillo Árabe** könnte ein wenig enttäuschen. Allzu viel ist nämlich nicht mehr zu sehen. Auffällig sind vor allem der maurische Torbogen und ein alter Schöpfbrunnen.

Ansonsten bestaunt der Besucher einen relativ großen Innenhof und kann in einer *artesanía*, einem Kunstgeschäft, vorbeischauen. Dort stellt auch ein deutscher Künstler seine Werke aus.

Die **Plaza España** ist vielleicht der schönste Platz im Dorf. Ein kleiner hübsch gekachelter Springbrunnen ist von strahlend weißen Häusern (u.a. dem Rathaus) umgeben. Wegen der Fischlein, die auf den Kacheln abgebildet sind, wird der Platz auch *Plaza de los Pescaítos* genannt. Das gemütliche Restaurant Trafalgar und das stimmungsvolle Hotel Casa del Califa warten hier auf Gäste.

Etwa 100 m entfernt steht an der Plaza del Padre Caro die **Iglesia Merced.** Der aufmerksame Besucher findet an der Kirche ein in Stein gemeißeltes Bildnis einer **Schleier tragenden Frau.** In Andalusien war dieses arabische Kulturgut zu Beginn des 20. Jahrhunderts noch selbstverständlich. *El cobijado* wurde das dunkle Tuch genannt, das die Frauen in der Art eines langen, schwarzen Tschador trugen.

Unterkunft ●**Pensión La Posada,** €€, c/ Los Remedios 21, Tel. 956 450 258. Die sechs Zimmer verteilen sich auf drei Etagen. Das Haus liegt an der Zufahrtsstraße zur Plazuela, vom Busterminal sind es etwa 400 m.
●**Convento de San Francisco,** €€€-€€€€, Plazuela s/n, Tel. 956 451 001, Fax 956 451 004. Wenn je ein Hotel keine Hausnummer benötigte, dann dieses. Ein in einem ehemaligen Franziskanerkloster mitten im Ortskern gelegenes Haus, das vom gesamten Ambiente an den alten Stil angepasst ist. Ein Restaurant mit viel gelobter Speisekarte ist im ehemaligen Refektorium untergebracht.
●**Hostal Buenavista,** €€, c/ Manuel Machado 20, Tel. 956 450 969. Liegt am Ortsrand von Vejer, am ersten Kreisverkehr rechts halten und die steile Straße hochfahren. Von dort oben genießt man wirklich einen grandiosen Blick über die Dächer von Vejer. Insgesamt zwölf Zimmer.
●**La Casa del Califa** ab €€€, Plaza España 16, Tel. 956 447 730, Fax 956 447 577, www.vejer.com. Kleines, aber sehr schickes Haus mit drei Patios. Etwas verwinkelt, mit individuellem Charme. Die Zimmer sind im arabischen Stil dekoriert, u.a. mit Teppichen aus Marokko. Schöne Dachterrasse.

Küste der Provinz Cádiz

Camping

- **Vejer,** 1. Kategorie, Ostern bis Okt. geöffnet, Ctra. N-340 km 39,5, Tel. 956 450 098. Der kleine Platz (135 Personen) liegt etwa 5 km vom Ort entfernt und wird über eine holprige Zufahrt erreicht.
- **Los Molinos,** 2. Kategorie, Ctra. N-340 km 34,5, Tel. 956 450 988. Liegt etwas näher am Ort und hat Platz für 288 Personen. Achtung: schwierige Anfahrt für Gespanne und Wohnmobile! Außerdem ist das Abbiegen nur Richtung Tarifa möglich.

Essen & Trinken

- **La Bodeguita,** c/ Marqués de Tamarón 9, kleine, urige Pinte in der Altstadt, schräg gegenüber vom ausgeschilderten Touristenbüro.
- **Bar Centro Cultural de Flamenco,** unweit vom Castillo, nur ein Tresen und ein kleiner *tablao* (Flamencobühne).
- **Mesón del Palenque,** c/ San Francisco 1. Hier wird *comida casera* serviert, also Hausmannskost. Das Lokal liegt in einem offenen Innenhof, am Convento-Hotel zweimal um die Ecke biegen.
- **Mesón Pepe Julán,** c/ Juan Relinque 7, Tel. 956 451 098. Das Lokal ist auf Fisch spezialisiert. Zu erreichen über die Straße, die rechts am Convento-Hotel vorbeiführt.
- **Restaurant Trafalgar,** Plaza España 31, Tel. 956 447 638. Kleines Lokal an der schönen Plaza España, einige Tische stehen draußen, gute andalusische Küche.

Adressen
- **Bushaltestelle:** beim Park Los Remedios, aber auch im unteren, 2 km entfernten Ortsteil gibt es eine Haltestelle.
- **Fliegen:** Rundflüge mit Ultralight-Flugzeugen entlang der Küste oder mehrtägige Touren durch Andalusien bietet Fly-in-Tours. Info: Aero Club Fly-in-Spain, Apartado Postal 46, Vejer, Tel. 699 775 501, www.fly-in-spain.com

Feste
- **Ostersonntag:** Toro embolao – zwei Stiere werden unter viel Juchee und Juchei durch die engen Gassen getrieben.
- **Zweiter Sonntag nach Ostern:** Frühlingsfest
- **7. Mai:** Romería del Santuario de la Oliva
- **24. Juni:** Candelas de San Juan – Johannisnacht, u.a. werden Puppen verbrannt.
- **15. August:** Nuestra Señora de la Oliva
- **Mitte August:** Flamenco-Festival

Markt
- **Donnerstag**

Conil de la Frontera

- **Einwohner:** 17.100
- **PLZ:** 11140
- **Entfernung nach Cádiz:** 43 km
- **Touristeninformation:** c/ Carretera 1, Tel. 956 440 501, Fax 956 440 500, www.conil.org

Überblick
Conil ist ein kleines **Weißes Dorf** mit einem Hauch **internationaler Atmosphäre.** Was zunächst nach Widerspruch klingt, lässt sich erklären. Nach Conil reisen viele Sprachschüler. Deshalb hat sich im Altstadtkern eine kleine, aber prägende Kneipenkultur internationaler Ausrichtung gebildet. Dennoch hat Conil seinen andalusischen Charme nicht verloren. Die strahlend weißen Häuser bilden ein äußerst schönes Ensemble mit einem offenen Abschluss zum Meer. Dort erstreckt sich ein sehr breiter Strand. An der Promenade liegen ein paar weitere Lokalitäten, ideal um sich nach einem Bummel durch die schmalen Gassen die Sonne bei einem *vino* auf den Bauch scheinen zu lassen.

Küste der Provinz Cádiz

Strandlokal bei Conil

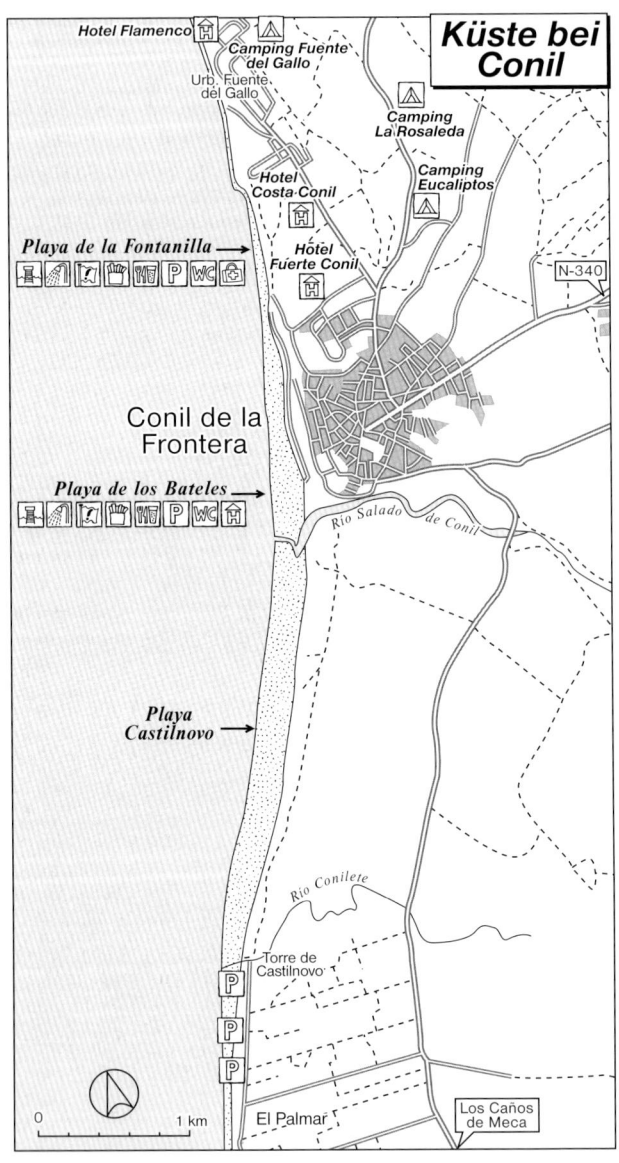

**Strand-
profil**

Playa de los Bateles heißt der Stadtstrand. Sobald der Wind einmal nicht so heftig weht, kommen sofort die Sprachschüler und sonnen sich in ihren freien Minuten. Dazu gibt es reichlich Platz, denn der Strand misst an die 100 m in der Breite und 900 m in der Länge. Eine breite Promenade verläuft parallel dazu und endet als Sackgasse an einem Flüsschen, dem Río Salado. Zwischen Strand und Promenade zieht sich ein breiter Streifen geschützter Vegetation entlang. Um zum Strand zu gelangen, muss man daher über (nachts beleuchtete) Bohlenwege gehen. Wer genug vom Sonnenbaden hat, flüchtet sich in eines der Lokale, die alle eine offene Terrasse mit Windschutz haben.

Playa de la Fontanilla schließt sich nahtlos an. Er verläuft über 1700 m und wird dabei kontinuierlich schmaler. Wie sein Nachbar Los Bateles besteht er aus feinem, hellen Sand. In seinen Ausläufern baut sich allmählich eine Steilküste auf. Genau dort liegen ein paar Lokale direkt am Strand und oberhalb vier größere Hotels.

Im weiteren Verlauf folgen bis zum unübersehbaren Fischereihafen **fünf Buchten,** die teilweise nur über Pisten erreichbar sind oder aber zu Fuß. Ihre Lage zeichnet sich durch Einsamkeit und relativ windgeschützte Ecken aus.

Cala del Aceite bietet den besten Zugang, man kann mit dem Wagen bis zum Klippenrand fahren. Oben steht ein Kiosk und eine Treppe führt in diese gut 270 m lange und 25 m breite Bucht. Da sie beinahe klassisch halbrund geschnitten ist, kann der Sonnenanbeter sich immer in den Windschatten retten, egal aus welcher Richtung es bläst.

Man kann von Conil aus **zu Fuß an der Küste entlang** bis zur letzten Bucht laufen. Der Weg führt mehr oder weniger direkt oberhalb der Steilküste entlang, vereinzelt muss ein kleiner Bogen ins Hinterland gemacht werden. Zurück geht es auf dem gleichen Wege oder entlang einer asphaltierten Straße, auf der man nach 6 km wieder Conil erreicht.

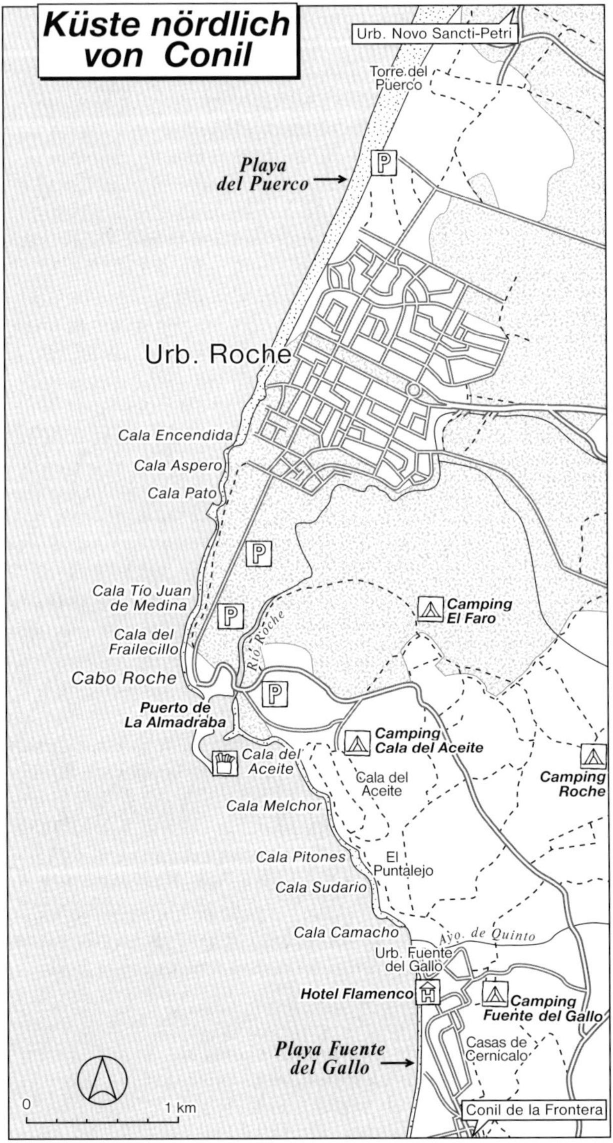

Küste nördlich von Conil

Urb. Novo Sancti-Petri

Torre del Puerco

Playa del Puerco →

Urb. Roche

Cala Encendida

Cala Aspero

Cala Pato

Cala Tío Juan de Medina

Cala del Frailecillo

Cabo Roche

Río Roche

△ Camping El Faro

Puerto de La Almadraba

Cala del Aceite

△ Camping Cala del Aceite

Cala del Aceite

Camping Roche △

Cala Melchor

Cala Pitones

El Puntalejo

Cala Sudario

Cala Camacho

Ayo. de Quinto

Urb. Fuente del Gallo

Hotel Flamenco 🏨

△ Camping Fuente del Gallo

Casas de Cernícalo

Playa Fuente del Gallo →

Conil de la Frontera

0   1 km

**Sehens-
wertes**

Wie in vielen Weißen Dörfern zählt auch in Conil das Gesamtbild als attraktivste Sehenswürdigkeit. Der Altstadtkern wird durch das zentrale Tor **Puerta de la Villa** erreicht. Dahinter liegt die **Plaza de España,** der Platz von dem die Gassen in die **Altstadt** abzweigen. Diese zeigt sich nett verwinkelt, hier und da lockt eine Lokalität oder ein Geschäftchen. Nach einigen Schlenkern landet der Besucher unweigerlich vor den örtlichen Monumenten,die nur eine Parallelstraße von der Strandpromenade entfernt und in direkter Nachbarschaft zueinander liegen.

Die Kirche **Iglesia de Santa Catalina** ist ein sandfarbenes Gotteshaus aus dem 16. Jahrhundert. Nur einen Steinwurf entfernt erhebt sich der ehemalige Aussichtsturm eines ummauerten Wehrbereiches **Torre de Guzmán.** Von den Mauern ist aber so gut wie nichts mehr erhalten. Zwischen diesen beiden Gebäuden öffnet sich ein netter **Platz mit einigen Bars.** Und wie zur Abrundung des friedlichen Bildes nistete zuletzt ein Storchenpaar auf dem Dach der ebenfalls dort ansässigen Polizeistation.

Unterkunft

●**Hotel Fuerte Conil,** €€€€, Hijuela de lojo s/n, Tel. 956 443 444, Fax 956 442 300, www.fuertehoteles.com. Ein großes Haus mit 240 Zimmern, das oberhalb des Strandes, aber auch nicht zu weit vom Ortskern entfernt liegt. Es wurde nach ökologischen Grundsätzen gebaut und liegt in u-Form so zum Meer, dass man von den Zimmern zumindest einen seitlichen Meerblick genießt und abends beim Meeresrauschen einschlummert.
●**Hotel Flamenco,** €€€€, Fuente del Gallo s/n, Tel. 956 440 711, Fax 956 440 542, www.partner_hoteles.com. Das Haus mit seinen 114 Zimmern liegt etwa 3 km außerhalb in einer ruhigen *urbanización* nahe des Strandes. Prachtvolle Ausblicke aufs Meer genießt man insbesondere zum Sonnenuntergang von einer kleinen Außenbar, die hoch oben über den Klippen lockt.
●**Hotel Tres Jotas,** €€€, c/ Carretera 27, Tel./Fax 956 440 450. Insgesamt 39 Zimmer verteilen sich auf drei Etagen. Das Haus liegt an der Zufahrtsstraße.
●**Hotel Costa Conil,** €€€€, Playa de la Fontanilla, Tel. 956 456 033, Fax 954 170 128, costaconil@terra.es. 2002 eröffnetes weißes Haus in Dreiecksform. Die modernen 59

Küste der Provinz Cádiz

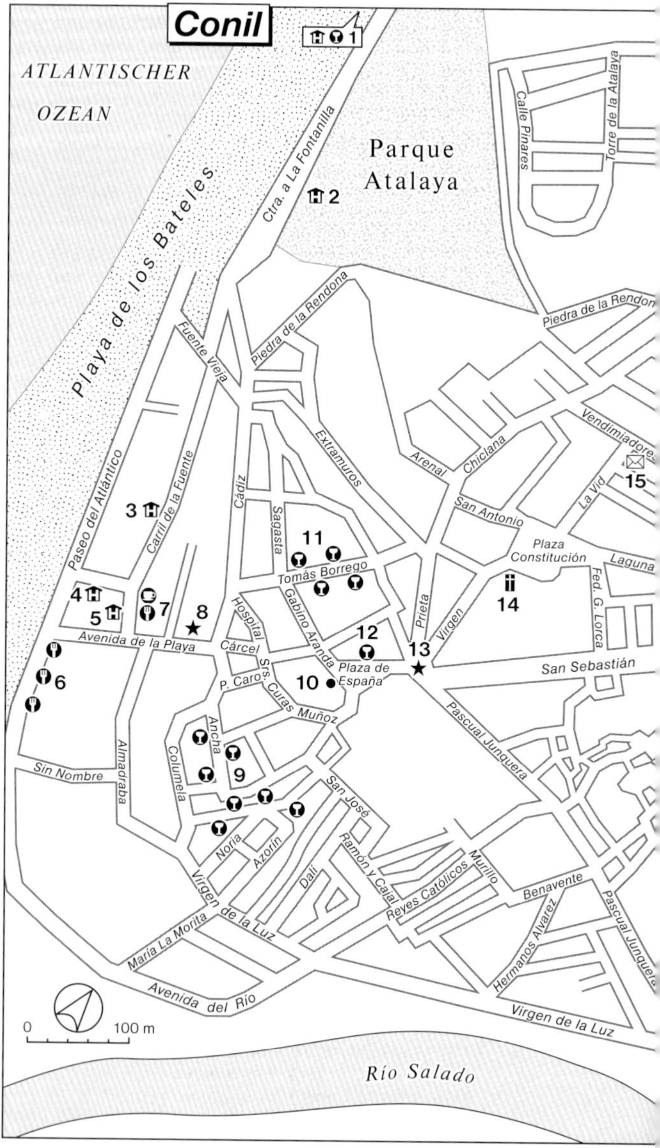

Conil

ATLANTISCHER
OZEAN

Parque
Atalaya

Playa de los Bateles

Calle Pinares

Torre de la Atalaya

Crta. a La Fontanilla

Piedra de la Rendona

Fuente Vieja

Extramuros

Arenal

Chiclana

Vendimiadore.

La Vid

San Antonio

Paseo del Atlántico

Carril de la Fuente

Cádiz

Sagasta

Hospital

Cárcel

Srs. Curas Muñoz

P. Caro

Tomás Borrego

Gabino Aranda

Plaza
Constitución

Laguna

Fed. G. Lorca

Avenida de la Playa

Plaza de
España

Prieta

Virgen

San Sebastián

Sin Nombre

Almadraba

Ancha

Columela

Noria

Azotín

Dalí

San José

Ramón y Cajal

Reyes Católicos

Virgen de la Luz

Pascual Junquera

Murillo

Benavente

Hermanos Álvarez

Pascual Junquera

María La Morita

Virgen de la Luz

Avenida del Río

Río Salado

0   100 m

1 2 3 4 5 6 7 8 9 10 11 12 13 14 15

Küste der Provinz Cádiz

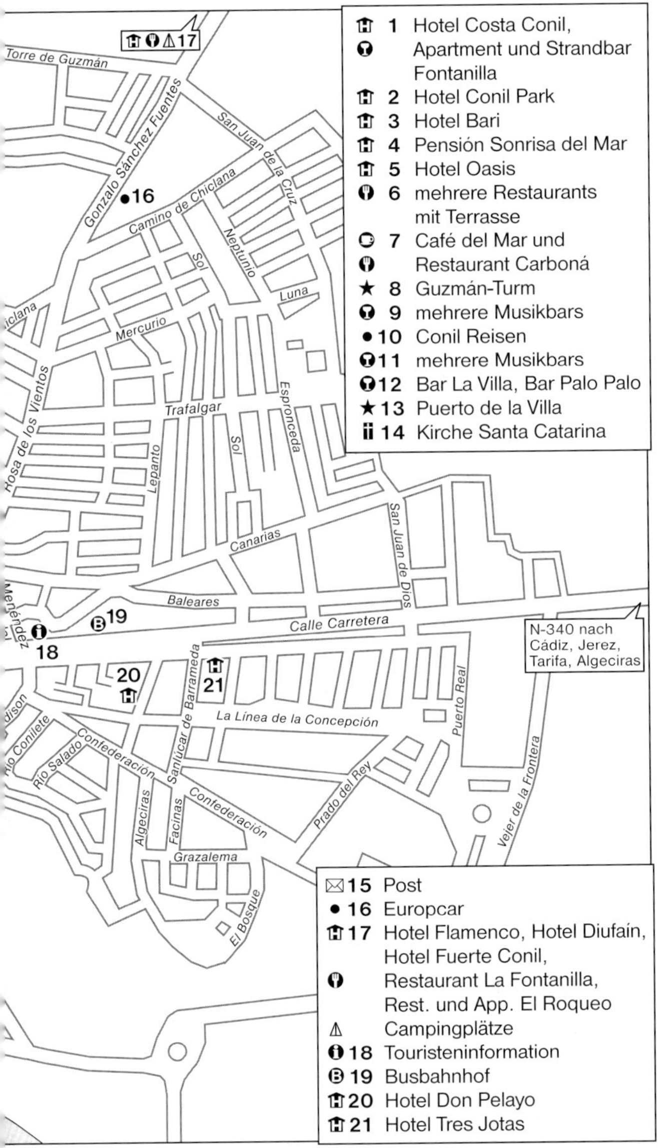

Map labels:

Torre de Guzmán · 🏠🕈⚠17

Gonzalo Sánchez Fuentes · San Juan de la Cruz

●16 · Camino de Chiclana · Neptuno

Sol · Luna

Mercurio

Trafalgar · Lepanto · Sol · Espronceda

Hoza de los Vientos · ...clana

Canarias · San Juan de Dios

Baleares · Calle Carretera

Menéndez · ❶18 · Ⓑ19

N-340 nach Cádiz, Jerez, Tarifa, Algeciras

20 · 🏠21

La Línea de la Concepción

...dison · Río Conillete · Confederación · Santlúcar de Barrameda

Río Salado · Confederación · Algeciras · Fácinas · Confederación

Prado del Rey · Puerto Real

Vejer de la Frontera

Grazalema · El Bosque

Legend (top box):

🏠 1 Hotel Costa Conil,
🕈 Apartment und Strandbar Fontanilla
🏠 2 Hotel Conil Park
🏠 3 Hotel Bari
🏠 4 Pensión Sonrisa del Mar
🏠 5 Hotel Oasis
❶ 6 mehrere Restaurants mit Terrasse
☕ 7 Café del Mar und
❶ Restaurant Carboná
★ 8 Guzmán-Turm
❶ 9 mehrere Musikbars
● 10 Conil Reisen
❶11 mehrere Musikbars
❶12 Bar La Villa, Bar Palo Palo
★13 Puerto de la Villa
ⅱ 14 Kirche Santa Catarina

Legend (bottom box):

✉15 Post
● 16 Europcar
🏠17 Hotel Flamenco, Hotel Diufaín, Hotel Fuerte Conil,
❶ Restaurant La Fontanilla, Rest. und App. El Roqueo
⚠ Campingplätze
❶18 Touristeninformation
Ⓑ19 Busbahnhof
🏠20 Hotel Don Pelayo
🏠21 Hotel Tres Jotas

Zimmer liegen um einen großen überdachten Patio und haben alle Balkone.

●**Conil Park Hotel,** €€€-€€€€, Camino de la Fontanilla, Tel. 956 043 000, Fax 956 043 043, info@conilparkhotel.com. Das neue Haus liegt beim Parque Atalaya nahe der City und des Strandes. Der andalusische Baustil ist den umliegenden Häusern angepasst. 66 DZ verteilen sich auf mehrere kleinere Einheiten und haben überwiegend Meerblick. Außerdem gibt es Bungalows für vier bis sechs Personen.

●**Hotel Don Pelayo,** €€€, c/ Carretera 19, Tel. 956 443 472. Ein kleines Haus mit 30 Zimmern, das in einer Seitenstraße etwa 50 m von der Hauptstraße entfernt liegt.

●**Hotel Oasis,** €€€, Carril de la Fuente 3, Tel. 956 442 159. Dieses kleine Haus mit 22 Zimmern liegt nur eine Parallelstraße vom Strand entfernt. Erkennungsmerkmal sind die vielen aufgemalten Flaggen.

●**Pensión Sonrisa del Mar,** €-€€, Avda. de la Playa 3, Tel. 956 440 197. Diese 12-Zimmer-Pension kann als direkter Anbau zum eben beschriebenen Hotel bezeichnet werden.

●**Hotel Bari,** €€-€€€, Carril de la Fuente 31, Tel. 956 440 856. Auf drei Etagen verteilen sich 19 Zimmer, die meisten mit Meerblick. Man muss aber über eine Straße hinweg schauen.

●**Hotel Diufaín,** €€-€€€, Cañada del Rosal s/n, Tel. 956 442 551, Fax 956 443 030. Ein auffälliges Haus mit elf Zimmern, das etwas verspielt verschnörkelt wirkt. Es liegt etwa 2 km vom Zentrum und schon etliche hundert Meter vom Meer entfernt. Hat auch 12 Apartments.

●**Apartamentos El Roqueo,** €€€-€€€€, Urb. Las Palmeras, Tel./Fax 956 443 280. Eine kleine Anlage in toller Lage: etwa 2 km außerhalb des Ortes in ruhiger Umgebung an den Klippen oberhalb des Strandes! Ein gutes Restaurant ist angeschlossen.

●**Apartments Patio Andaluz La Fontanilla,** €€-€€€€, Tel. 956 440 578. Direkt am Strand gelegene Ferienwohnung beim gleichnamigen Strandlokal.

●**Conil Reisen,** vermittelt Ferienhäuser in Conil und Umgebung, hat dazu einen eigenen deutschsprachigen Katalog mit einem breiten Angebot herausgegeben, Schanzenstr. 75, 20357 Hamburg, Tel. (040) 433 772, Fax 438 345, in Conil: Plaza de España 7, Tel. 956 441 299, www.conil.de

Camping

Insgesamt **fünf Plätze** gibt es in und um Conil. Um dorthin zu gelangen muss man von der N-340 abbiegen und nach Conil hineinfahren. Mitten im Ort ist die Ausschilderung dann exzellent.

●**Fuente del Gallo,** 2. Kategorie, in gleichnamiger *urbanización* gelegen, Tel. 956 440 137, Fax 956 442 036, geöffnet 15.3.-1.10. Ein Platz für knapp 600 Personen, nur 200 m vom Strand und 3 km vom Ort entfernt.

●**Cala del Aceite,** 2. Kategorie, an der gleichnamigen Bucht gelegen, Tel./Fax 956 440 972. Der von Conil am weitesten entfernte Platz (5 km) befindet sich in unmittelbarer Strandnähe (250 m). Er liegt ruhig in einem Pinienwald und steht unter deutscher Leitung.

●**Eucaliptos,** 2. Kategorie, Ctra. 2131 km 0,2, geöffnet 1.4.-31.10., Tel. 956 441 272, Fax 956 440 445. Dieser Platz liegt am nächsten zum Ort und man kann ihn auch noch zu mitternächtlicher Stunde zu Fuß erreichen. Viel Schatten durch Bäume.

●**Camping La Rosaleda,** 1. Kategorie, Carretera Pradillo km 1,3, Tel./Fax 956 443 327, www.campinglarosaleda.com. Nach „Eucaliptos" der nächste Platz zur Stadt (1,3 km), zieht sie leicht eine Wiese hoch. Die 250 Parzellen liegen teilweise unter kleinen Bäumen. Außerdem: vier Sanitärblocks, ein großer Pool.

Essen & Trinken

●**Restaurante La Fontanilla,** Playa de Fontanilla s/n, Tel. 956 440 779. In toller Lage bietet dieses Lokal den Fisch der Region – vor allem *urta* („Zahnbrasse") – in unnachahmlicher Qualität. Eine gemütliche Strandterrasse lockt die Hungrigen. Gleich nebenan liegt das nicht minder gute **Francisco.** Nur wenige Meter weiter steht die **Strandbar La Ola** mit etwas legerem Ambiente.

●**Restaurante El Roqueo,** Urbanización Las Palmeras, Tel. 956 440 205, liegt oberhalb des Strandes an den Klippen. Der Gast genießt durch eine schützende Fensterfront einen superben Blick aufs Meer.

●**Café del Mar,** Carril de la Fuente 1, großzügiger Frühstückstreff mit viel Holzdekor, gegenüber des Hotel Oasis.

●**Restaurant Carboná,** liegt gleich nebenan und hat ebenfalls eine einladende Fensterfront. Geboten werden vor allem Fleischgerichte.

●**An der Strandpromenade** liegen einige Lokale, die alle eine offene Terrasse zum Meer haben. Egal, ob man das La Bahía, das Casa Manolo oder das El Pasaje wählt, alle bieten eine fundierte Küche und den Meerblick gibt es gratis.

In wenigstens drei kleinen Gassen (c/ Ancha, Plaza Goya, c/ Tomás Borrego) hat sich eine Art Bermuda-Dreieck etabliert, wo am Abend **etliche Musikbars** ihre Pforten öffnen. Hier ein paar Tipps für die nächtliche *marcha:*

●Direkt hinter dem Stadttor liegen an der Plaza España die Bars **La Villa** und **Palo Palo.** Abends stellen die Wirte ein Paar Tische und Stühle vor die Tür und ab geht's.

●Von der Plaza España zweigt die c/ Gabino Aranda ab und stößt auf die c/ Tomás Borrego. In beiden Straßen findet man etliche Musikbars, aber auch ruhigere Läden wie beispielsweise **La Tertulia.**

●Die **Heladería Medina** ist nicht nur eine Eisdiele, sondern hat auch eine Terrasse mit Außentresen, wo man nett sitzen und speisen kann.

Küste der Provinz Cádiz

- In der Fußgängerzone c/ Cádiz liegt das **Sala Agua,** schick aufgemacht mit einem Innenhof.
- Direkt vor der Kirche liegen die kleine urige Pinte **El Castillito** und die sehr beliebte **Terrazza La Gamba.**

Adressen
- **Autovermieter:** Autos Gonzalo, c/ Rosa de los Vientos, Tel. 956 440 031; Europcar, c/ Gonzalo Sánchez Fuentes s/n, Tel. 956 441 682
- **Busterminal:** Calle Carretera s/n. Es gibt eine regelmäßige Verbindungen nach Cádiz, etwa stündlich zwischen 8.00 und 20.00 Uhr. Auch zu den Nachbarorten fahren Busse, jedoch deutlich seltener.
- **Fahrrad- und Motorrollerverleih:** c/ Gonzalo Sánchez Fuentes 14, Tel. 956 441 484
- **Sprachschulen:** Academia Andaluza, c/ Confederación s/n, www.academia.andaluza.net, Tel. 956 440 552, Fax 956 456 041; Atlantika, c/ Bodegueros 5, Tel. 956 441 296, Fax 956 443 172, www atlantika.net

Feste
- **Anfang Juni** wird eine klassische andalusische *feria* gefeiert, „El Colorado" genannt.
- **6.-9. September:** Velada de Nuestra Señora de las Virtudes

Markt
- **Freitag** an der Strandpromenade

Novo Sancti-Petri

Überblick
Novo Sancti-Petri ist nichts weiter als eine sehr **weitläufige Feriensiedlung,** die aber zum Glück nicht so hässlich gebaut ist wie, man es befürchten könnte. Die Siedlung besteht aus drei Sektoren. Der gesamte Komplex misst gute zehn Kilometer von der ersten Zufahrtsstraße nach Novo Sancti-Petri bis hin zum alten Fischereihafen.

Novo Sancti-Petri
Von Conil kommend erreicht man zunächst den namensgebenden Teil. Dort befindet sich ein knappes Dutzend Hotels, die alle glücklicherweise in die Breite gebaut wurden, nicht in die Höhe. Besagte Hotels liegen in der ersten Reihe, also am Strand. In der zweiten finden sich dann Unterkünfte für Golfer: Aparthotels der Extraklasse mit ange-

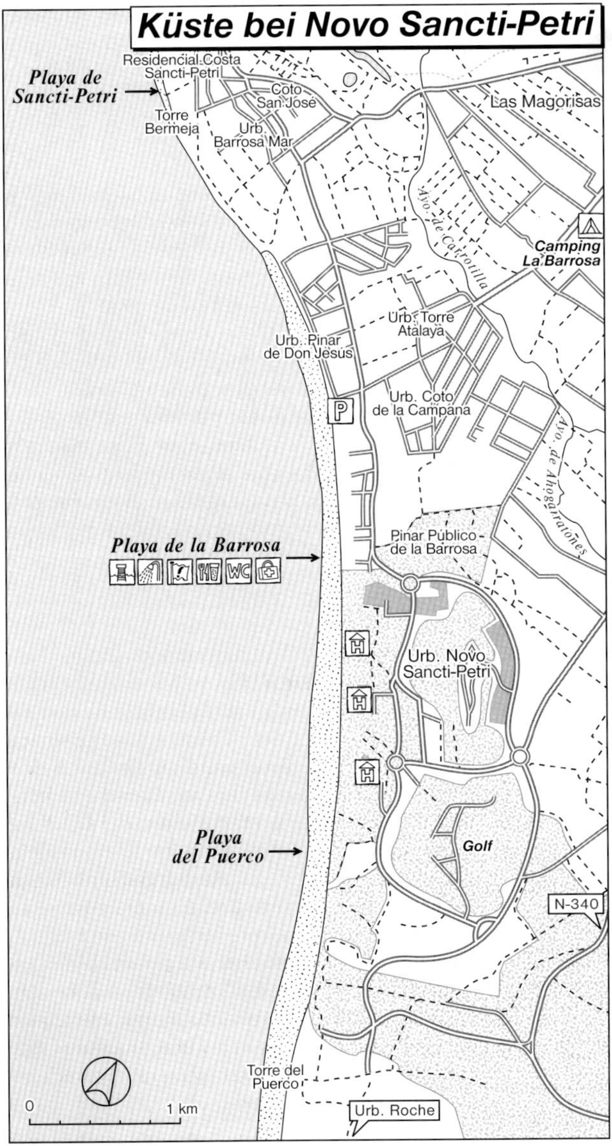

Küste bei Novo Sancti-Petri

Playa de
Sancti-Petri

Residencial Costa
Sancti-Petri

Coto
San José

Torre
Bermeja

Urb.
Barrosa Mar

Las Magorisas

Camping
La Barrosa

Urb. Torre
Atalaya

Urb. Pinar
de Don Jesús

Urb. Coto
de la Campana

Playa de la Barrosa

Pinar Público
de la Barrosa

Urb. Novo
Sancti-Petri

Playa
del Puerco

Golf

N-340

Torre del
Puerco

Urb. Roche

0   1 km

Arroyo de Cartorilla

Ayo. de Ahogarratones

schlossenem Green. Somit bleiben **Sonnenanbeter und Golfer** jeweils unter sich und die einen
hauen den anderen nicht die Bälle um die Ohren.
Am südlichen Ortsrand entstehen weitere Anlagen und vor allem Grünflächen.

**Playa
Barrosa**

Etwas weiter nördlich schließt sich ein deutlich
dichter besiedelter Ortsteil an. Er wird genauso
genannt wie der alles verbindende Strand Playa
Barrosa. Während es in Novo Sancti-Petri nur zwei
Straßen gibt, sieht es hier eher wie in einer
kleinen Stadt aus. Etliche allein stehende Villen
mit Gärten und hohen Mauern wechseln sich ab
mit Reihenhaussiedlungen. In den Randbezirken
wurden wegen der großen Nachfrage auch einige
Apartmentblocks errichtet, aber keine riesigen
Hochhäuser. Etwa in der Mitte dieser Gemeinde
gibt es eine Reihe von Geschäften, Bars und Restaurants. Die Strandpromenade wirkt mit ihren
Palmen und dekorativ platzierten Lampen recht
gefällig.

**Hafen von
Sancti-Petri**

Ganz am Ende der Ortschaft erreicht man nach einer kurzen Fahrt durch eine Art Niemandsland auf
einer kleinen Halbinsel schließlich den alten **Fischereihafen** Sancti-Petri. Der liegt heute ziemlich
verlassen da, die Häuser verfallen allmählich und
das Morbide steht in einem merkwürdigen Kon-
trast zu dem modernen **Yachthafen,** der sich trotz
allem etabliert hat. So liegen Alt und Neu direkt
nebeneinander. Und da die Freizeitkapitäne ja
schließlich ihr Seemannsgarn spinnen müssen, ist
auch der eine oder andere Tresen hier zu finden.

Vom Hafen aus kann man auf einem kleinen Inselchen die Reste einer Burg erkennen, das
Castillo de Sancti-Petri. Die Jungs, die früher
dort Wache geschoben haben, müssen sich
mächtig gelangweilt haben, wenn nicht gerade eine Piratenattacke anstand.

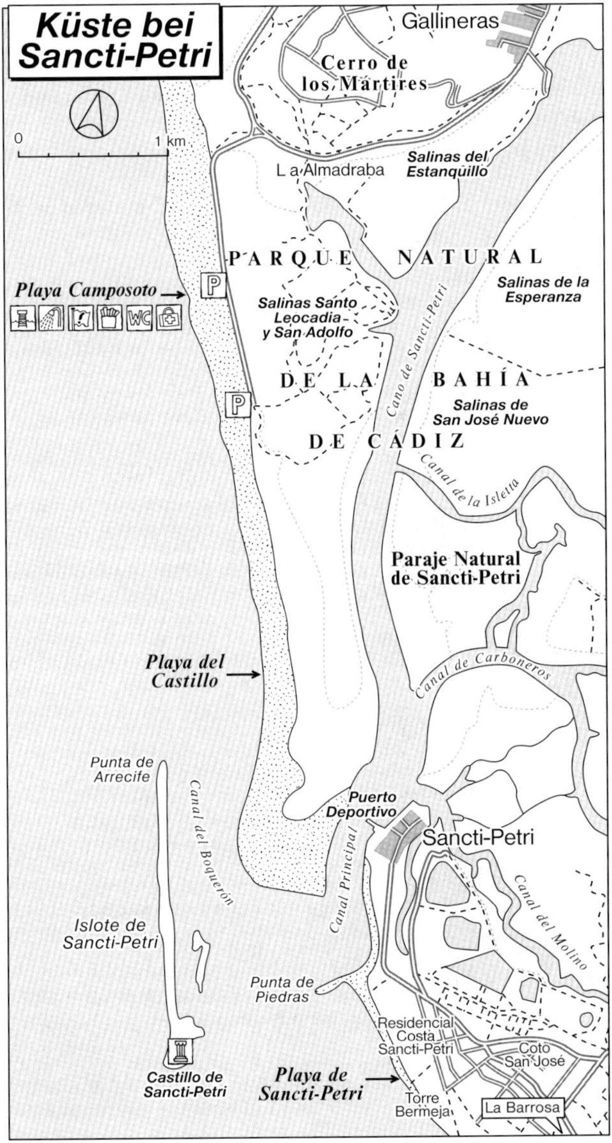

Küste bei Sancti-Petri

0   1 km

Gallineras

Cerro de los Mártires

La Almadraba

Salinas del Estanquillo

P A R Q U E   N A T U R A L

Playa Camposoto →

Salinas Santo Leocadia y San Adolfo

Salinas de la Esperanza

D E   L A   B A H Í A

Salinas de San José Nuevo

D E   C Á D I Z

Cano de Sancti-Petri

Canal de la Isleta

Paraje Natural de Sancti-Petri

Playa del Castillo →

Canal de Carboneros

Punta de Arrecife

Canal del Boquerón

Puerto Deportivo

Sancti-Petri

Canal del Molino

Islote de Sancti-Petri

Canal Principal

Punta de Piedras

Residencial Costa Sancti-Petri

Coto San José

Castillo de Sancti-Petri

Playa de Sancti-Petri →

Torre Bermeja

La Barrosa

Küste der Provinz Cádiz

Strand-profil

Playa Barrosa verläuft schnurstracks über 7500 m und erinnert stark an Sylt. Die Breite schwankt zwischen 30 und 60 m und der Boden besteht durchgängig aus feinem, hellen Sand. Strandläufer können hier Kilometer machen, Sonnenanbeter eine gute Figur. Durch die Weitläufigkeit findet, wer möchte, immer ein stilles Plätzchen oder aber man tummelt sich im Bereich der Strandpromenade, wo einige Theken locken.

Unterkunft

Zehn große Hotelanlagen bieten etwa 2600 Zimmer an. Da möchte man Monsterbauten erwarten, die sich dem Himmel entgegenstrecken. Keine Bange, dem ist nicht so. Alle Hotelanlagen wurden nur zwei- bis vierstöckig erbaut, entsprechend ging man in die Breite. Alle Häuser liegen nur wenige Schritte vom Meer entfernt und zählen zur Vier- bzw. Fünf-Sterne-Kategorie. Damit liegen sie im Bereich von 200 € für ein DZ oder gar deutlich darüber. Aber so viel zahlt kein Mensch, denn diese Häuser lassen sich über die heimischen Reiseveranstalter viel günstiger buchen. Müßig sie hier alle im Einzelnen vorzustellen. Häuser der Hotelketten Meliá (Meliá Sancti-Petri), Tryp (Tryp Sancti-Petri Playa, Tryp Costa Golf) oder Iberostar (Iberostar Royal Andalus, Iberostar Andalucía Playa) haben alle einen hohen Standard, genau wie die vier Hipotels-Barrosa oder Hotel Aldiana. Außerdem wird weiterhin gebaut, so dass neue Anbieter dazu kommen werden. Es sind lange Wege, die in Novo Sancti-Petri zurückgelegt werden müssen, ein Mietwagen wäre somit keine schlechte Idee.

Wer auf eigene Faust eine kleinere und preiswertere Unterkunft sucht, hat keine große Auswahl. Hier ein paar Vorschläge. Die Häuser liegen nicht in der Hotelzone, sondern im benachbarten Viertel La Barrosa.

● **Hostal El Jardín,** €€€-€€€€, Ctra. La Barrosa s/n (C.C. El Patio), Tel. 956 497 118. Ein kleineres, ockerfarbenes Haus in La Barrosa an der Durchgangsstraße gelegen.

● **Hostal El Campanario** €€€-€€€€, c/ Rompeolas s/n, Tel. 956 495 958, Fax 956 497 294. Im oberen Teil von La Barrosa im Villenviertel an der Durchgangsstraße beim Strand. Kleines, familiäres Haus von sieben Zimmern mit einem Restaurant und einer Meerblick-Terrasse.

● Die spanische Hotelkette RIU eröffnete im Mai 2003 ein neues Haus. Das **ClubHotel Riu Chiclana** gilt mit 823 Zimmern als das größte Haus der Kette.

Camping

● **La Barrosa,** 2. Kategorie, Ctra. La Barrosa, geöffnet: 1.4.-31.10., Tel. 956 494 605, Fax 956 494 989. Ein Platz für 900 Camper, der etwa 1000 m vom Strand entfernt auf einer Wiese mit hohem Baumbestand liegt.

Essen & Trinken

Lokale sind vor allem im Zentrum von La Barrosa zu finden. Meist wird touristisch abgestimmte Kost geboten, aber nicht nur.

- **Restaurante Mayte II,** Ctra. La Barrosa, km 1, Tel. 956 400 169. Spezialisiert auf Fisch. Das Lokal gehört zu einer Mini-Kette von weiteren Mayte-Läden ähnlicher Güte.
- **Restaurante El Patio** und **Bar Noli,** beide Lokale liegen an der Hauptstraße Carretera La Barrosa im zentralen Bereich. Sie bieten *cocina casera* ("Hausmannskost"), was recht viel versprechend klingt.
- **Popeye,** Ctra. La Barrosa, km 4,5. Nicht vom Namen und dem Äußeren abschrecken lassen. Das Lokal gilt seit langem als guter Tipp. Zu finden: außerhalb der *urbanización* bei der Marschlandschaft.
- **Bar Flotante,** eine urige Pinte, ganz oben an der Spitze vom Hafen Sancti-Petri zu finden.
- **Bar Terrazza,** liegt einmal ums Eck und hat eine Terrasse, von der man aufs Meer bzw. auf den Sportboothafen blickt.
- Am Strand zwischen La Barrosa und dem Hafen öffnen vor allem während der Sommermonate **Chiringuitos,** wie beispielsweise El Bongo. Außerhalb der Saison herrscht aber zumindest eingeschränkter Betrieb.

Adressen

- **Bodegas:** Bodega El Sanatorio, N-340 km 12 und Bodega San Blas, N-340 km 14. Beide Häuser liegen an der Hauptstraße, etwa in Höhe von Novo Sancti-Petri. Dort kann man Wein direkt vom Hersteller kaufen.
- **Autovermieter:** Wer einen Wagen mieten will, dem hilft bestimmt jede Hotelrezeption. Ansonsten Avis im Hotel Royal Andalus versuchen, Tel. 956 494 109, oder Europcar im Hotel Las Dunas bzw. im Centro Comercial, Tel. 956 496 208.

034cd Foto: jf

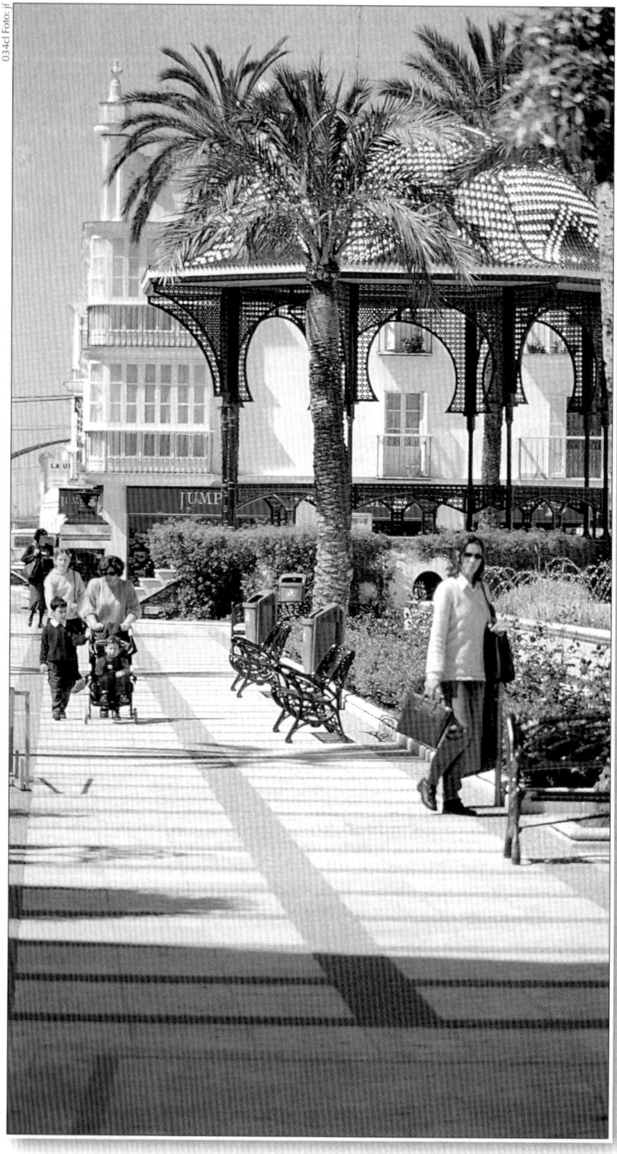

Chiclana de la Frontera

- **Einwohner:** 50.000
- **PLZ:** 11130
- **Entfernung nach Cádiz:** 24 km
- **Touristeninformation:** Alameda del Río s/n, Tel./Fax 956 535 969, www.ayto-chiclana.es

Überblick   Chiclana wirkt auf den ersten Blick wenig einladend. Die Nationalstraße 340 führt in weitem Bogen an der Kleinstadt vorbei. Schon in den Außenbezirken zeigt sich die **Geschäftigkeit.** Fährt man über die Hauptzufahrtsstraße in die Stadt hinein, verstärkt sich der Eindruck noch: dichter Verkehr, viel Kleinindustrie, Werkstätten, Supermärkte und überraschend viel Hektik. Über die Hauptstraße quält sich der Verkehr hinein und kanalisiert sich an der Brücke über den Fluss (man kann sie nicht verfehlen). Dort geht es nach links in die Stadt, nach rechts über die Brücke und letztendlich auch wieder heraus aus Chiclana.

Sehens-wertes   Der innerstädtische Kern ist zwar nicht atemberaubend schön, aber das Viertel macht einen netten, kompakten Eindruck. Ein paar Straßen wurden sogar zu **Fußgängerbereichen** erklärt. So kann man relativ sorglos herumschlendern und die **hübschen Fassaden** bewundern. Man wird nichts Pittoreskes entdecken können, aber ein ganz anschauliches städtisches Ensemble.

Besonders gelungen ist der kleine **Park** bei der Touristeninformation direkt am Fluss: hübsch angelegt, ein paar Palmen wiegen sich im Wind, auf Ruhebänken lassen sich ächzend die *pensionistas* („Rentner") nieder, milde plätschert ein Springbrunnen.

Auch die **Markthalle** lohnt einen Besuch. Sie liegt an der c/ de la Plaza, der Stichstraße, die von

Küste der Provinz Cádiz

Novo Sancti-Petri: Strandpromenade an der Playa Barrosa

der Touristeninformation in die Altstadt führt. Dort wird mit augenzwinkernder Derbheit die gesamte Bandbreite gehandelt: Fisch und Fleisch, Gemüse und Kräuter. Eine Mini-Bar versteckt sich in der hinteren Ecke, Händler und Einkäufer lassen hier gleichermaßen einen Schluck durch die Kehle rinnen. Eine prima Möglichkeit, urige Eindrücke zu sammeln!

Auch zwei Kirchen warten im Stadtzentrum auf Besucher. An der Plaza Jesús Nazareno befindet sich das **Convento de las Hermanas Agustinas** aus dem 17. Jahrhundert; das Außenportal wurde mit wertvollem Marmor aus Carrara verarbeitet. Als zweites Gotteshaus liegt die **Iglesia de San Juan Bautista** an der Plaza Mayor, im 17. Jahrhundert auf den Resten einer noch älteren Kirche errichtet.

Und dann wäre da noch ein kleines, ungewöhnliches Museum, das **Museo de Muñecas Marín,** c/ Arroyuelo 16. Hier werden künstlerisch gestaltete Puppen ausgestellt.
- Geöffnet: Mo.-Sa. 10.00-13.00 Uhr, Eintritt frei

Unterkunft   Zwei kleine Hotels liegen unweit der Brücke, die den Fluss überquert:
- **Hostal Villa,** €€-€€€, c/ Virgen del Carmen 14, Tel. 956 400 512, Fax 956 400 419. Ein einfaches Haus mit immerhin 30 Zimmern, verteilt auf vier Etagen. Zu finden: erste Straße nach Brücke und Kreisverkehr aus Richtung Conil kommend links.
- **Hotel Alborán,** €€€€, Plaza Andalucía 1, Tel./Fax 956 403 906, www.hotelesalboran.com. Sehr zentral an der Brücke und direkt bei der Busstation gelegenes Haus, das 2001 grundlegend renoviert wurde. 70 funktionale Zimmer hat das unübersehbare gelblich-ockerfarbene Hotel und sogar eine eigene Etage für Nichtraucher.

Camping   - **La Rana Verde,** 1. Kategorie, an der Straße nach Barrosa, Ortsteil Pago la Rana, geöffnet: 1.4.-30.9., Tel. 956 494 348. Ein mittelgroßer Platz für 770 Personen.

Hübsche Häuser in Chiclana

Küste der Provinz Cádiz

Essen & Trinken

●**El Santuario de las Carnes,** c/ San Antonio 6, Tel. 956 404 264, die Brücke überqueren, dann die dritte Straße links. Ein „Heiligtum des Fleisches" klingt viel versprechend. Fleischgerichte in allen Variationen werden in rustikalem Ambiente serviert.

●**Restaurant El Pájaro,** Plaza Andalucía, ein sehr beliebtes Lokal, unmittelbar am Kreisverkehr vor der Brücke. Morgens gibt's *churros con chocolate,* mittags Fisch und abends wenigstens einen Drink.

Bodegas

Im Zentrum von Chiclana sind einige Bodegas zu finden, die den Wein der Region anbieten. Hier eine Auswahl:

●**Barberá,** c/ Ayala 2, hinter der Markthalle

●**Primitivo Callantes,** c/ Ancha 51, über die Brücke*, dann die erste Straße rechts

●**El Sanatorio,** c/ Olivo 1, über die Brücke* und durch die zweite Straße nach rechts

●**Velez,** c/ San Antonio 3, über die Brücke*, dritte links (*aus Conil kommend)

Adressen

●**Bus:** Plaza Andalucía (direkt bei der Brücke)

Feste

●**11.-14. Juni:** Feria und Fiesta de San Antonio, mit viel Sherry, Tanz und Kostümen *a lo andaluz*

●**23. Juni:** San Juan Bautista – Patronatsfest mit Prozession

●**16. Juli:** Romería de la Virgen del Carmen Atunera

●**Ende Juli:** Romería de Santa Ana

●**8. Sept.:** Nuestra Señora de los Remedios – Patronatsfest

San Fernando

●**Einwohner:** 90.000
●**PLZ:** 11100
●**Entfernung nach Cádiz:** 13 km
●**Touristeninformation:** c/ Real 24, Tel. 956 944 226, Fax 956 944 055, www.ayto-sanfernando.org

Überblick

Die Stadt liegt mitten in der Bucht von Cádiz auf der Insel León. Die **Isla de León** ist von Schwemm- und Marschlandschaften umgeben, durch mehrspurige Straßen aber sowohl mit Cádiz als auch mit dem Festland verbunden. Die unmittelbare Nähe zur Provinzhauptstadt hat San Fernando prosperieren lassen. Heute gilt es als **Vorort von Cádiz.**

**Strand-
profil**

Etwa 4 km sind es vom Stadtkern bis **Playa Camposoto.** Dieser Strand schiebt sich wie ein Nehrungshaken über 9.000 m nach Süden und endet etwa in Höhe von Sancti-Petri. Der feine Sandstrand lockt natürlich die Bewohner von San Fernando und Cádiz an, so dass es, zumindest an den Wochenenden, immer ziemlich voll ist.

**Sehens-
wertes**

Die **Annäherung** an San Fernando fällt nicht gera-de freundlich aus. Zunächst fährt man über eine Art Stadtautobahn. Dann reiht man sich in eine nicht enden wollende Pkw-Schlange ein, die sich im Stop-and-Go-Tempo durch die Hauptstraße Calle Real quält. Die Stadt zeigt sich geschäftig. Hier findet man aber auch die wenigen Sehens-würdigkeiten.

Etwas überraschend findet sich alle paar hun-dert Meter ein kleiner, begrünter Platz. Dort hocken die unvermeidlichen *pensionistas,* Mütter schieben ihre Kinderwagen vorbei, begutachten gegenseitig ihre lieben Kleinen und der Losver-käufer preist den heutigen Hauptgewinn an. Der schönste Platz ist die **Plaza del Rey,** an der auch das auffällige **Rathaus** *(ayuntamiento)* von 1776 steht. Aber auch der Platz vor der Kirche **Iglesia San Francisco** soll nicht unerwähnt bleiben.

Am oberen Ende der Calle Real steht die älteste Kirche der Stadt, **Iglesia del Carmen** aus dem Jah-re 1733. Sie wirkt – mit allem Respekt – etwas ver-nachlässigt. Ein Hinweisschild erinnert daran, dass hier während der französischen Besetzung vom 24.9.1810 bis 10.2.1811 die *Cortes,* die spanische Abgeordnetenkammer, tagte. Der Ort hieß da-mals noch Villa de la Real Isla de León und galt als der einzige Flecken in ganz Spanien, der nicht von *Napoleons* Truppen besetzt war. Als Dank gab es später ein Geschenk von König *Fernando VII.:* die Stadtrechte und einen neuen Namen, den heuti-gen. Allerdings ist man sich in diesem Punkt mit den Bewohnern von Cádiz nicht ganz einig, die Ähnliches für ihre Stadt reklamieren.

Küste der Provinz Cádiz

Ein städtisches Museum gibt es auch, nämlich das **Museo Histórico Municipal,** c/ Real 63. Dort können historische Exponate aus der Gegend bewundert werden.

●Geöffnet: Mo.-Sa. 10.00-14.00, 18.00-21.00 Uhr, Sa. und So. geschlossen. Der Eintritt ist frei.

Ein Denkmal zu Ehren des 1992 verstorbenen Flamencosängers *José Monge Cruz* steht am Ende der c/ Real an der Plaza de Juan Vargas, am Ortsausgang Richtung Conil. Er sitzt konzentriert auf einem Stuhl, ein Kind schaut ihn andächtig bewundernd an. Die Erinnerung an den größten Bürger der Stadt, besser bekannt unter seinem Künstlernamen **Camerón de la Isla,** wird in San Fernando überaus hochgehalten. Die Touristeninformation bietet geführte Exkursionen an, auf denen die wichtigsten Stationen seines Lebens besucht werden, inklusive des Mausoleums auf dem Hauptfriedhof Cementerio Municipal am oberen Ortsrand.

Unterkunft   ●**Hotel Roma,** €€€, c/ Real 52, Tel. 956 881 372. Das Haus liegt an der zentralen Straße der Stadt und damit alles andere als ruhig. Insgesamt 28 Zimmer verteilen sich über zwei Etagen.
●**Hotel Sal y Mar,** €€€, Plaza del Ejército 32, Tel. 956 883 440. Dieses 46-Zimmer-Haus liegt ebenfalls an der Calle Real, wurde allerdings zuletzt renoviert, Wiedereröffnung unbekannt.

Essen &   ●**Venta los Tarantos,** c/ Luis Milena 63, Tel. 956 881 272.
Trinken   Ein sehr geschätztes Fischrestaurant, das in einem angenehm gestalteten, älteren Haus untergebracht ist. Ein spanischer Kritiker nannte die *almejas* („Muscheln") *fantásticas".* Zu finden: die Calle Real bis zur Kirche Iglesia del Carmen hochfahren, danach am nächsten Kreisverkehr links.
●**Restaurante la Mallorquina,** Plaza España (an der Calle Real). Netter Blick auf die *Plaza* mit dem kleinen Springbrunnen.
●**Café Müllenbach,** c/ Real 165. Lokal mit einladendem Ambiente.
●**Freiduría San Francisco,** c/ Real 145. Leckerste frittierte Fischlein!

Adressen   ●**Bahnhof:** Plaza de la Estación, etwas außerhalb gelegen
●**Post:** c/ Real 115

Küste an der Bucht von Cádiz

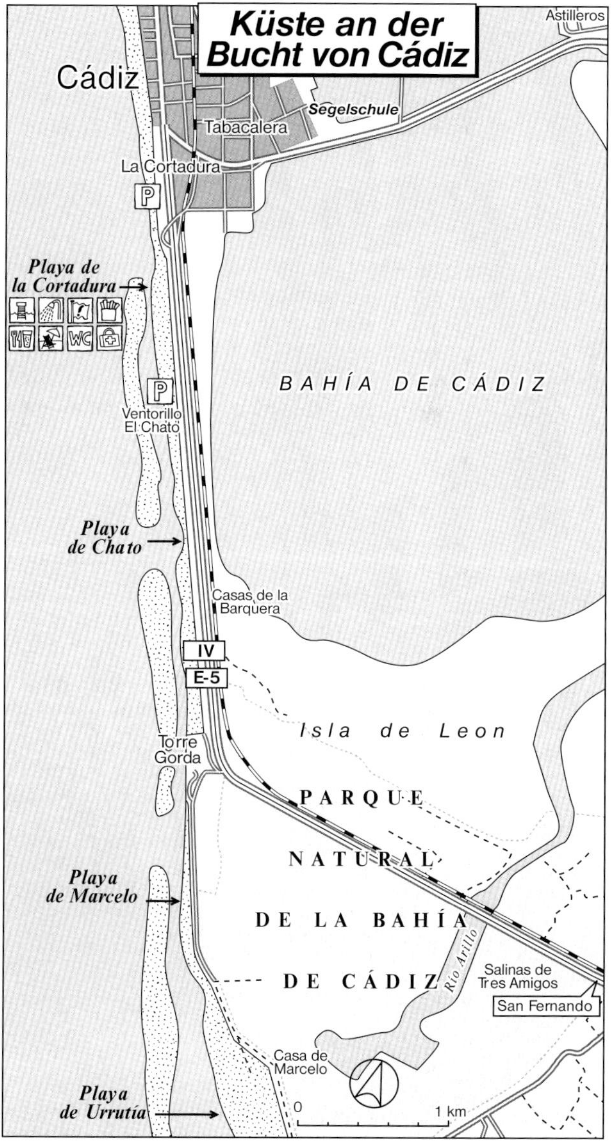

Cádiz

Astilleros

Segelschule

Tabacalera

La Cortadura

P

Playa de la Cortadura

P

Ventorillo El Chato

BAHÍA DE CÁDIZ

Playa de Chato

Casas de la Barquera

IV
E-5

Torre Gorda

Isla de Leon

Playa de Marcelo

PARQUE

NATURAL

DE LA BAHÍA

DE CÁDIZ

Río Arillo

Salinas de Tres Amigos

San Fernando

Casa de Marcelo

Playa de Urrutía

0   1 km

Feste	●**Mitte Juli:** Feria del Carmen y de la Sal – Patronatsfest, bei dem eine Festzeltstadt aufgebaut wird. ●**Mitte August:** Nationales Festival des *cante flamenco,* des Flamencogesangs ●**21. Oktober:** Romería del Cerro de los Mártires – eine Prozession mit anschließendem Picknick im Freien

Cádiz

●**Einwohner:** 143.000
●**PLZ:** 11001
●**Touristeninformation:** Avda. Ramón de Carranza s/n, Tel. 956 258 646, Fax 956 252 449, otcadiz@andalucia.org und Plaza San Juan de Dios 11, Edificio Amaya, Tel. 956 241 001, Fax 956 241 005, www.cadiz.org, www.infocadiz.com

Überblick	Einmalig gelegen, an drei Seiten vom **Meer** umgeben, auf 3000 Jahre **Geschichte** zurückblickend, mit einem schönen, von Mauern umgebenen **Altstadtkern** – das ist, in dürre Worte gekleidet, Cádiz. Die Stadt erstreckt sich über viele Kilometer auf einer schmalen Landzunge. Ihr alter Kern liegt an deren Spitze. Daher durchfährt der Besucher zunächst eine nicht enden wollende Allee von Hochhäusern, Ampeln und Fabrikanlagen und fragt sich alsbald, wohin er denn da geraten sei. Denn Cádiz ist gleichzeitig **industrielles Zentrum** mit Werften, Marineanlagen und einer Vielzahl von Fabriken. Die siedelten sich aber alle fern vom Zentrum an und dehnten sich über die Jahrzehnte immer weiter Richtung Festland aus. Da es kein Ausweichen auf hintere Räume gibt, muss der Besucher heute leider hindurchfahren. Aber der Weg bis zur Stadtmauer, hinter der sich der zentrale Kern verbirgt, lohnt sich wirklich. Dort heißt es, Parkplatz suchen und zu Fuß weiter.

Küste der Provinz Cádiz

Licht und Schatten in San Fernando

Tages-
besuch

Die Stadt Cádiz wird in diesem Urlaubshandbuch nur unter dem Gesichtspunkt eines Tagesausfluges vorgestellt werden. Die Darstellung beschränkt sich daher auf die wichtigsten Aspekte und Sehenswürdigkeiten. Wer vertiefende Informationen wünscht, dem sei der **Andalusien-Band** aus dem REISE KNOW-HOW VERLAG empfohlen.

Geschichte

Cádiz feiert sich selbst als älteste Stadt Europas. Die **Phönizier** gründeten hier eine erste Ansiedlung, die sie *Gadir* nannten. Über den genauen Zeitpunkt streiten sich die Gelehrten. Die meisten datieren das Ereignis um das Jahr 1100 oder gar 1200 v. Chr., einige Querdenker sprechen vom 9. Jh. v. Chr.

Um das Jahr 500 v. Chr. kamen die **Karthager,** 300 Jahre später die **Römer,** darüber besteht Einigkeit. Nachdem der zweite Punische Krieg geschlagen war (218-201), fiel die Stadt an den Abgesandten Roms, der sie in *Julia Augusta Gaditana* umtaufte.

Dann regierten die **Araber** ein paar Jahrhunderte bis 1262 König *Alfonso* sein Banner zwischen die Stadttore pflanzte, im Sprachgebrauch hieß es: die Stadt zurückeroberte und befreite.

Mit Kolumbus' **Entdeckung Amerikas** flossen die Schätze aus Übersee viele Jahre über den Hafen von Cádiz in die königlichen Schatztruhen.

Ende des 16. Jahrhunderts attackierten **Piraten** die Stadt. Vor allem die Briten unter *Francis Drake* traten hier unrühmlich in Erscheinung.

Dann passierte einige Zeit nichts Spektakuläres, bis 1808 die **Franzosen** kamen. Ein Bruder *Napoleon Bonapartes* regierte nun in Spanien. In ganz Spanien? Nein, eine kleine Festung setzte sich tapfer zur Wehr, zumindest eine Zeit lang. Genau, das war Cádiz.

1810 versammelten sich hier die **Cortes** (das spanische Parlament) und verkündeten zwei Jahre später eine **liberale Verfassung.** Aber nachdem die Franzosen vertrieben werden konnten,

Küste bei Cádiz

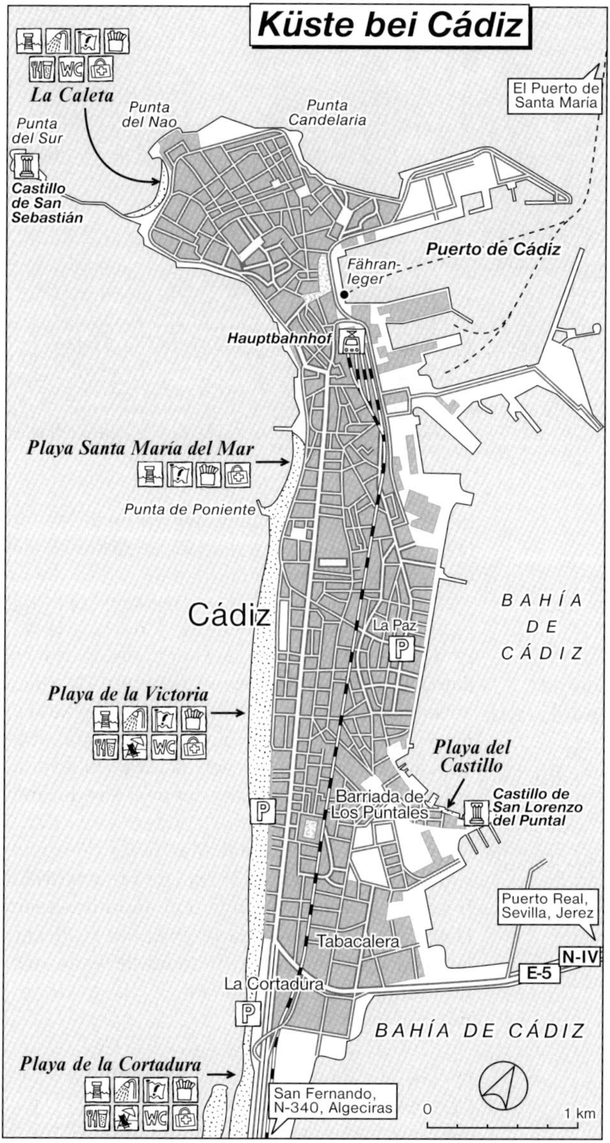

La Caleta

Punta del Nao

Punta Candelaria

El Puerto de Santa María

Punta del Sur

Castillo de San Sebastián

Puerto de Cádiz

Fähranleger

Hauptbahnhof

Playa Santa María del Mar

Punta de Poniente

Cádiz

B A H Í A D E C Á D I Z

La Paz
P

Playa de la Victoria

Playa del Castillo

P

Barriada de Los Púntales

Castillo de San Lorenzo del Puntal

Puerto Real, Sevilla, Jerez

N-IV

Tabacalera

E-5

La Cortadura
P

B A H Í A D E C Á D I Z

Playa de la Cortadura

San Fernando, N-340, Algeciras

0   1 km

Küste der Provinz Cádiz

bestieg wieder ein Spanier den Thron in Madrid und erklärte jene Verfassung für ungültig. Zu viel Freiheit sollte dann doch nicht sein.

So viel zu den historischen Highlights der dreitausendjährigen Stadt.

Strand-profil

Der Strand **Playa Victoria – Cortadura** zieht sich entlang der schmalen Zufahrtsstraße über 3300 m bis in den Innenstadtbereich – eine prima Möglichkeit für die Bewohner sich mal eben in der Mittagspause ein paar Minuten auf dem feinen Sandstrand auszuruhen.

Playa Santa María del Mar heißt der Sandstrand, der sich direkt an Playa Victoria anschließt. Er misst etwa 850 m Länge und 35 m Breite. Im Hintergrund erheben sich unzählige mehrstöckige Wohnblocks, von einer Strandidylle kann man deshalb nicht gerade sprechen.

Die Altstadt mit der Kathedrale

Der Strand **Playa la Caleta** liegt im historischen Altstadtviertel in einer kleinen halbkreisförmigen Bucht direkt neben dem Castillo Santa Catalina. Ein idealer Platz also, um nach einem Stadtbummel auf dem 400 m langen Sandstrand etwas zu verschnaufen.

Anfahrt

Anreise per Auto

Die Anreise nach Cádiz ist denkbar einfach! Man braucht nur der **Nationalstraße N-340** zu folgen. Sie führt bestens ausgeschildert über eine schmale Landzunge und später durch relativ unschöne Industriezonen ins Zentrum. An der Plaza de la Constitución wird eine alte Stadtmauer mit einem ehemaligen Stadttor erkennbar. Nun sollte man sich auf die Suche nach einem Parkplatz begeben. Aus Richtung Sevilla und Jerez führen sowohl die **N-IV** als auch die **A4** über Puerto Real ebenfalls ins Zentrum.

Wo parken?

Sobald die Stadtmauer passiert ist, tauchen die ersten Park-Schilder auf. Das Fahrzeug kann am **Bahnhof,** kaum 100 m hinter der Stadtmauer, abgestellt werden. Eine bessere Möglichkeit bietet jedoch das kühle **unterirdische Parkhaus** am Paseo de Canalejas, etwa 700 m hinter dem Bahnhof. Eine weitere Tiefgarage liegt bei der Kathedrale an der Uferstraße Campo del Sur.

Anreise per Bus

Die Busse der Linie **Comes** halten im Zentrum, etwa in Höhe der Mole, von der die gewaltigen Fährschiffe zu den Kanarischen Inseln ablegen. Von dort aus sind es nur ein paar Schritte zur Altstadt.

Die Gesellschaft **Los Amarillos** hat eine kleine Haltestelle am Paseo de Canalejas.

Wie herumkommen?

Den Stadtkern sollte der Besucher auf jeden Fall zu Fuß erkunden. Dabei macht es am meisten Spaß sich einfach **treiben** zu **lassen.** Orientieren

Küste der Provinz Cádiz

kann man sich an den größeren Kreuzungen. Damit sich aber niemand in Gewirr der Gassen verliert, wird an dieser Stelle ein Stadtrundgang beschrieben, der an den wichtigsten Sehenswürdigkeiten vorbeiführt.

Stadtrundgang

In Gängen und Gassen Ob man nun per Auto oder per Bus angereist ist, die hübsche Allee **Avenida Ramón de Carranza** mit ihren vielen Palmen muss in jedem Fall überquert werden. Am Ende dieser Straße liegen der **Paseo de Canalejas** (wo das unterirdische Parkhaus zu finden ist) und die **Plaza de España** mit dem Denkmal für die 1810-1812 hier residierenden Cortes.

Dann heißt es eintauchen in ein **stimmungsvolles Viertel** aus Gängen und Gassen. Immer enger wird es und auch ein wenig kühler, die Sonne erreicht kaum noch den Boden. Kleine Geschäfte mit quietschenden Türen sind hier zu finden, Bars mit Tresen, die schon Generationen von Zechern ertragen haben, und Wohnungen, die irgendwo zwischen urgemütlich und marode zu klassifizieren sind. Man kann sich nicht satt sehen an dieser ganz eigenen Welt und an einer Kultur, die es so in unseren Breiten nicht mehr gibt. Ein guter Einstieg ist die Plaza San Juan de Dios, wo obendrein etliche Lokale mit netter Terrasse locken.

Neue Kathedrale Mittendrin erhebt sich die neue Kathedrale, **Catedral Nueva** (eine sehr viel ältere aus dem 13. Jh. steht gleich um die Ecke). Sie wurde 1838 fertig gestellt, nachdem über ein Jahrhundert lang daran gebaut worden war. Das Ergebnis ist ein Stilgemisch aus Barock und Neoklassizismus. Alles wird von der weithin sichtbaren Kuppel überragt. Die Hauptfassade weist zur weiten Plaza Catedral.

Blumenmarkt

0394 Foto: jf

Küste der Provinz Cádiz

Wer hier durch die gut 5 m hohe Tür eintritt, kommt sich ganz klein vor. Der Eindruck wird im Inneren noch durch die gewaltigen Pfeiler verstärkt. Auffällig ist auch das hübsch gestaltete Chorgestühl. Der spanische Komponist *Manuel de Falla,* 1876 in Cádiz geboren, fand in dieser Kathedrale seine letzte Ruhestätte.

Hinter dem Gotteshaus befindet sich die **Schatzkammer,** sie ist als *Museo* ausgeschildert. Dort wird die Custodia del Millón aufbewahrt, eine Monstranz von 4 m Höhe, die mit einer Million Edelsteinen besetzt sein soll.

●Geöffnet: Kathedrale und Museum Di.-Fr. 10.00-14.00, 16.30-19.30 Uhr, Sa. 10.00-13.00 Uhr, Eintritt: Erw. 3 €, Kinder 2 €

Plaza de las Flores   Geht man von der Kathedrale über die Straße Calle Compañía, erreicht man bald die kleine Plaza de las Flores, wo an kleinen Kiosken **Blumen** verkauft werden und ringsherum etliche **Bars** zum Verschnaufen locken. Hier befindet sich auch die **Post** und das große Gebäude des Zentralmarktes **Mercado Central.** Hinter dem Markt zeigen sich

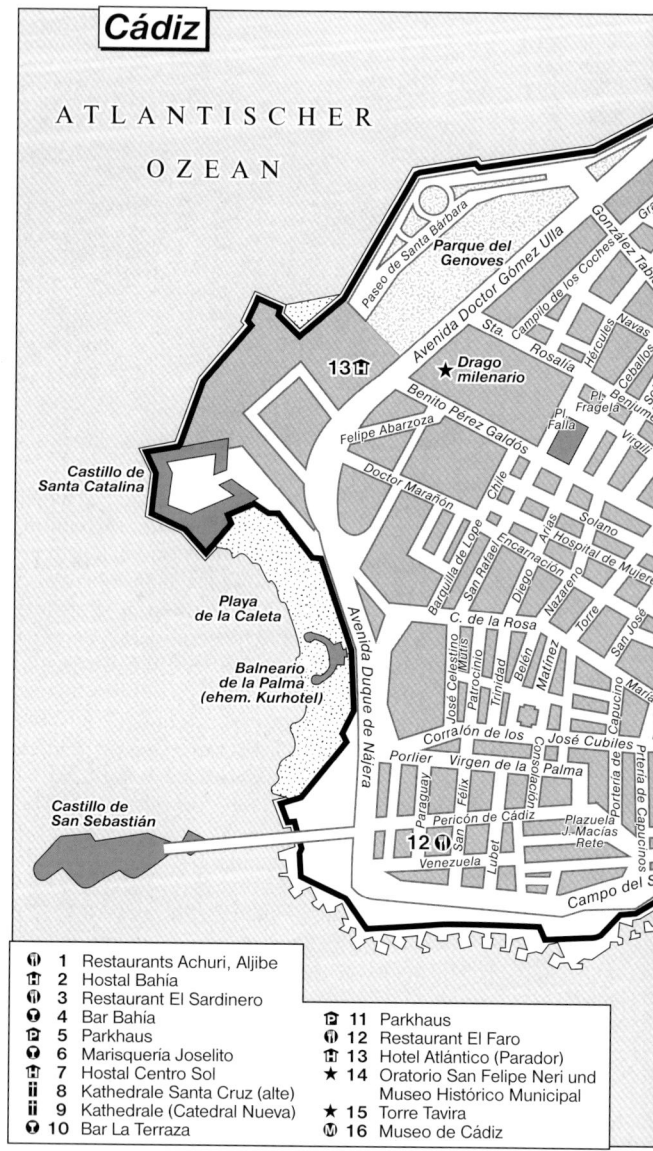

Cádiz

ATLANTISCHER

OZEAN

Paseo de Santa Bárbara

Parque del Genoves

Avenida Doctor Gómez Ulla

González Tablas

Gravi

Campilo de los Coches

Sta. Rosalía

Navas

Hércules

Ceballos

Soler

★ Drago milenario

13 ✿

Benito Pérez Galdós

Pl. Benjumea

Pl. Fragela

Pl. Falla

Virgili

Felipe Abarzoza

Doctor Marañón

Chile

Solano

Barquilla de Lope

San Rafael

Diego Arias

Encarnación

Hospital de Mujeres

Castillo de Santa Catalina

Playa de la Caleta

C. de la Rosa

Torre

San José

María o

Balneario de la Palma (ehem. Kurhotel)

José Celestino Mutis

Patrocinio

Trinidad

Belén

Matínez

Nazareno

Capucino

Avenida Duque de Nájera

Corralón de los

José Cubiles

Pitería de Capuchinos

Porlier

Virgen de la Palma

Consolación

Paraguay

San Félix

Plazuela J. Macías Rete

Pericón de Cádiz

Venezuela

Lubet

12 ✿

Castillo de San Sebastián

Campo del Su

✿	1	Restaurants Achuri, Aljibe
🏠	2	Hostal Bahía
✿	3	Restaurant El Sardinero
❂	4	Bar Bahía
🅿	5	Parkhaus
❂	6	Marisqueria Joselito
🏠	7	Hostal Centro Sol
⛪	8	Kathedrale Santa Cruz (alte)
⛪	9	Kathedrale (Catedral Nueva)
❂	10	Bar La Terraza

🅿	11	Parkhaus
✿	12	Restaurant El Faro
🏠	13	Hotel Atlántico (Parador)
★	14	Oratorio San Felipe Neri und Museo Histórico Municipal
★	15	Torre Tavira
Ⓜ	16	Museo de Cádiz

Baluarte de
Candelaria

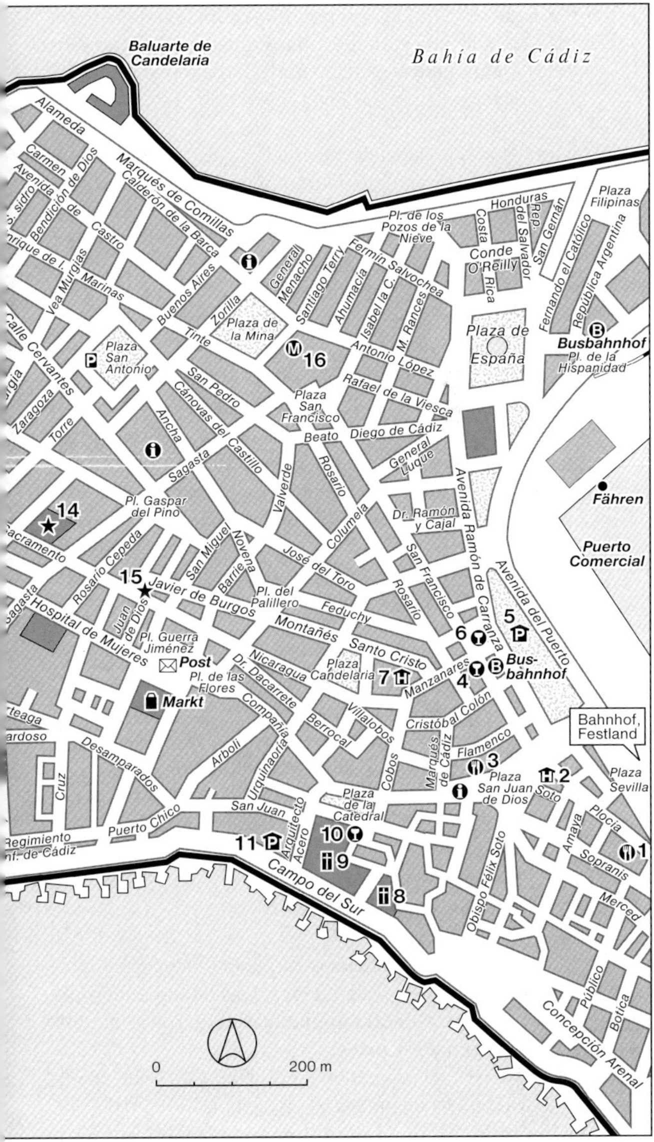

Bahia de Cádiz

Alameda

Carmen

Avenida de Dios

sidio

Bernardo de Dios

Enrique de I...

Calle Cervantes

Zaragoza

Vera Margas

Marinas

Castro

Buenos Aires

Marqués de Comillas

Calderón de la Barca

Tinte

Zorilla

Plaza de
la Mina

Santiago Terry

General Menacho

Fermín Salvochea

Ahumada

Isabel la C...

M. Rances

Antonio López

Rafael de la Viesca

Costa

Honduras REP.
del Salvador

San Germán

Conde
O'Reilly

Rica

Fernando el Católico

República Argentina

Plaza
Filipinas

Plaza de
España

Busbahnhof
Pl. de la
Hispanidad

Pl. de los
Pozos de la
Nieve

Torre

Plaza
San
Antonio

San Pedro

Cánovas del Castillo

Ancha

Sagasta

Plaza
San
Francisco

Beato

Diego de Cádiz

Valverde

Rosario

Columela

General
Luque

Dr. Ramón
y Cajal

14

Sacramento

Pl. Gaspar
del Pino

Rosario Cepeda

San Miguel

Novena

Barrie

José del Toro

San Francisco

Rosario

Avenida Ramón de Carranza

Avenida del Puerto

Fähren

**Puerto
Comercial**

15 Javier de Burgos

Sagasta

Juan
de Dios

Pl. del
Palillero

Feduchy

Montañés

Pl. Guerra
Jiménez

☒ **Post**

Pl. de las
Flores

🏛 **Markt**

Nicaragua

Dr. Dacarrete

Plaza
Candelaria

Santo Cristo

Manzanares

5 P

6

**Bus-
bähnhof**

4

Hospital de Mujeres

Teaga

ardoso

Cruz

Desamparados

Arbolí

Arquitecto Acero

Compañía

Villalobos

Berrocal

Cobos

Cristóbal Colón

Marqués de Cádiz

Flamenco

3

Plaza
San Juan
de Dios

**Bahnhof,
Festland**

🏛 **2**

Plaza
Sevilla

San Juan

Puerto Chico

Regimiento

nf.-de Cádiz

Plaza
de la
Catedral

11 P

10

9

Obispo Félix Soto

Campo del Sur

8

Concepción Arenal

Público

Bética

Amaya

Piocia

Sopranis

Merced

1

0   200 m

Küste der Provinz Cádiz

16 Ⓜ

die engen Gassen noch ursprünglicher, fast von einem etwas rauen Charme. Einfache Bars, sehr viele kleine Geschäfte und spürbar enge Nachbarschaft prägen das Bild.

Torre Tavira Nur eine Parallelstraße weiter gelangt man auf die Calle Sacramento. Dort erhebt sich der 34 m hohe Torre Tavira, der höchst Turm der Stadt. Von ganz oben genießt der Besucher einen **herrlichen Rundblick** über die Dächer von Cádiz bis zum Festland nach Rota.

Der Clou aber ist die so genannte **Cámera oscura,** die „Dunkelkammer". Hier wird mittels spezieller Linsen und reflektierender Spiegel ein seitenverkehrtes Bild von der Straße eingefangen und auf eine halbrunde Scheibe im Inneren eines abgedunkelten Raumes projiziert. Da biegen Autos um die Ecke, fliegen Möwen durchs Bild und schlendern Menschen durch die Straßen, alles live und direkt. Die Kamera schwenkt langsam um 360° über die gesamte Stadt. Dazu gibt es Erklärungen in Englisch und Spanisch.
●Geöffnet: täglich, 15.6.-15.9.: 10.00-20.00 Uhr, 16.9.-14.6.: 10.00-18.00 Uhr, Eintritt: 3,50 €, Adresse: c/ Marqués del Real Tesoro 10

Oratorio de San Felipe Neri Nur ein paar Straßenzüge weiter steht das Oratorio de San Felipe Neri in der Calle Santa Inés. Die Kapelle wurde bereits 1671 erbaut. 1812 tagten hier die **Cortes** und verfassten die erste liberale Verfassung Spaniens. Etliche Plaketten an den Wänden erinnern an dieses Ereignis.
●Geöffnet: Mo.-Sa. 10.00-13.00 Uhr

Museo Histórico Municipal Das Museo Histórico Municipal liegt gleich nebenan in der c/ Santa Inés 9. Es dokumentiert die Zeit des **Unabhändigkeitskrieges** sowie die **Sitzungen der Cortes.**
●Geöffnet: tägl. 9.00-13.00 Uhr, Okt.-Mai: 16.00-19.00 Uhr außer Sa./So., Juni-Sept. 17.30-20.00 Uhr, außer Sa./So., Eintritt: 1 €

Küste der Provinz Cádiz

Museo de Cádiz

Nicht weit entfernt liegt an der Plaza de Mina das Museo de Cádiz. Dort wird mit Fundstücken aus drei Jahrtausenden die **Stadtgeschichte** dokumentiert. Außerdem gibt es zwei Abteilungen mit einer einzigartigen **Gemäldesammlung** *(Rubens, Zurbarán, Murillo)* und einer bezaubernden **Marionettensammlung.**
● Geöffnet: Di. 14.30-20.00 Uhr, Mi.-Sa. 9.00-20.00 Uhr, So. 9.00-14.30 Uhr, Eintritt: EU-Bürger mit Pass frei

Castillo Santa Catalina

Zum Abschluss lohnt vielleicht noch ein Bummel in Richtung Meer zum Castillo Santa Catalina. Wehrbereit ragt es wie ein **Dreizack** in die See hinein. Potentielle Feinde ließen sich dennoch nicht immer abschrecken, wie der erfolgreiche Überfall von *Francis Drake* bezeugt. Heute locken den Besucher ein weiter Blick aufs Meer und der unmittelbar angrenzende Strand La Caleta.

Blick über die Dächer der Stadt

Praktische Tipps

Unterkunft

●**Hostal Bahía,** €€-€€€, c/ Plocia 5, Tel. 956 259 061, Fax 956 254 208. Dieses kleine, nette Haus hat 21 Zimmer und liegt sehr zentral am Rande der Altstadt.

●**Parador Atlántico,** €€€€, Avda. Duque de Nájera 9, Tel. 956 226 905, Fax 956 214 582, www.paradores.es. Das Hotel gehört zur Kette der Paradores. Es liegt wunderbar am Meer und doch nur einige Schritte von der Altstadt entfernt. Insgesamt hat es 149 Zimmer.

●**Hotel Playa Victoria,** €€€€, Glorieta Ingeniero la Cierva 4, Tel. 956 205 100, Fax 956 263 300, hpv@teleline.es. Ein größeres Haus mit 188 Zimmern, das etwas außerhalb der Altstadt am gleichnamigen Strand liegt. Hervorragender Ausblick von allen Zimmern.

●**Hostal Centro Sol,** €€-€€€, c/ Manzanares. Tel. 956 283 103. Ein mitten in der Altstadt, unweit der Kathedrale gelegenes kleines Haus mit 19 Zimmern.

Essen & Trinken

●**Bar la Terraza,** Plaza Catedral. Man sitzt sehr entspannt auf der Terrasse, während der Blick zur Kathedrale wandert.

●**Restaurant Achuri,** c/ Plocia 15, Tel. 956 253 613. Seit Jahren ein Klassiker, in dem weder an der Einrichtung noch an der Karte herumgewerkelt wird. Man kann zwischen andalusischer und baskischer Küche wählen, also zwischen leichter und eher deftiger Kost. Das Lokal hat jeweils am Abend des Mo., Di., Mi. und So. geschlossen.

●**Restaurant El Aljibe,** c/ Plocia 25, Tel. 956 266 656. Gemütliches älteres Lokal, das erstaunlicherweise sogar eine deutschsprachige Speisekarte hat.

●**Marisquería Joselito,** c/ San Francisco 38. Eines der ältesten Fischlokale überhaupt.

●**Restaurante El Faro,** c/ San Felix 15, Tel. 956 211 068. Ein weiterer Klassiker, der seit Jahren ein hohes Niveau hält. Die Küche basiert auf Fischgerichten, die ohne viel Firlefanz zubereitet werden. Das Lokal liegt im Stadtteil La Viña, ein gutes Stück hinter der Markthalle.

●**Restaurant El Sardinero,** Plaza de San Juan de Dios 4. Das Lokal zählt zu den ältesten der Stadt, es wurde Ende des 19. Jahrhunderts gegründet und 2002 renoviert. Heute wird baskisch-andalusische Küche serviert.

●**Bar Bahía,** Avda. Ramón de Carranza 29. Noch ein Klassiker, in dem hervorragende Tapas ohne Schnörkel serviert werden.

Adressen

●**Busterminal:** Gesellschaft Comes, Plaza de la Hispanidad 1; Gesellschaft Los Amarillos, Avda. Ramón de Carranza 31

●**Fährschiffchen Vaporcito** schnauft mehrmals täglich in 45 Minuten nach Puerto de Santa María, was manchmal eine arg schaukelige Angelegenheit sein kann. Urig ist's allemal! Abfahrt im Winter: 10, 12, 14, 18.30 Uhr, im Sommer: zusätzlich 20.30 Uhr, So. auch 16.30 Uhr, Mo. kein Verkehr, Preis: 2 €

- **Markthalle:** Plaza de las Flores
- **Post:** Plaza de las Flores
- **Shopping:** Charcutería Vista Hermosa, c/ Cayetano del Toro 1, beste und breiteste Auswahl an Wurstwaren, liegt außerhalb der Altstadt, unweit vom Hotel Playa Victoria.

Feste

- **Karneval:** Der Karneval von Cádiz ist, neben den farbenfrohen Umzügen auf Teneriffa, landesweit der berühmteste: sozusagen die Jecken-Hochburg von Spanien, aber ohne „Wolle-mer-se-rinlosse-Nerv", sondern mit phantasievollen Umzügen viel mehr auf die Straße fixiert.
- **7. Oktober:** Día de la Virgen del Rosario – Patronatsfest

El Puerto de Santa María

- **Einwohner:** 80.000
- **PLZ:** 11500
- **Entfernung nach Cádiz:** 17 km
- **Touristeninformation:** c/ Luna 22, Tel. 956 542 413, Fax 956 542 246, www.elpuertosm.es

Überblick

Die mittelgroße Stadt an der Mündung des Río Guadalete und hat einen großen **Hafen** sowie, etwas außerhalb gelegen, einen **Sportboothafen.** Der Hafen hat schon immer den Lebensnerv der Bewohner berührt. Das war bereits zu Kolumbus' Zeiten so, denn *Juan de la Cosa* war der Eigner des Flaggschiffes Santa María. Später legten hier eine Zeit lang die Schiffe aus *Las Nuevas Indias* an (wie der neue Kontinent ja zunächst hieß). Heutzutage nimmt der Hafen nicht mehr so eine dominierende Stellung ein. El Puerto de Santa María ist über die Grenzen des Ortes hinaus eher für seine **Fischlokale** bekannt. Dorthin zieht es vornehmlich spanische Besucher, der ausländische Tourist hat diese Ecke noch nicht recht entdeckt.

Küste der Provinz Cádiz

**Strand-
profil**

Playa de Valdelagrana geht nahtlos in **Playa de Levante** über und verläuft bei einer Breite von z.T. mehr als 90 m über satte 6100 m Länge. Ausgehend von der kleinen Ortschaft Valdelagrana grenzt der Strand weiter im Süden an den Naturpark Bahía de Cádiz. Im nördlichen Abschnitt ist er stets gut besucht, denn er ist sowohl für die Bewohner von El Puerto de Santa María als auch von Puerto Real aus gut zu erreichen.

Playa de la Puntilla ist der Stadtstrand von El Puerto de Santa María. Er liegt nicht gerade im Zentrum, aber auch nicht allzu weit außerhalb. Der Strand zieht sich halbkreisförmig zwischen dem Hafen und dem benachbarten Sportboothafen Puerto Sherry über 1500 m Länge hin. Seine Breite schwankt beträchtlich zwischen etwa 30 m und 200 m. Eine angenehm gestaltete Promenade mit Palmen, Kiosken und etlichen Schattenplätzen lockt zum Bummeln. Nur der Blick über die Bucht auf die Industrie- und Werftanlagen wirkt nicht gerade einladend.

**Sehens-
wertes**

Bei einer Stadt von dieser Größe mag man Hektik, Unruhe und Verkehrsgewühl erwarten. Ganz falsch ist das auch nicht, aber hier beschränkt sich der Lärm weitestgehend auf die Außenbezirke. Das Stadtbild im Bereich des Hafens, und somit im Zentrum, wird noch heute von **Häusern aus der Jahrhundertwende** geprägt. Viele Gebäude erinnern an karibische Straßenzüge: etwa zwei bis drei Etagen hoch, vergitterte Fenster an der Straßenseite, kleinere Gauben, die aus kaum mehr als einem Fensterchen bestehen, und oben flattert auf einer flachen Dachterrasse die Wäsche. Andererseits ist nicht zu übersehen, dass einige Häuser doch ein wenig vernachlässigt wurden.

Zentraler Kern ist die **Kneipenmeile** an der **Flanierpromenade** Ribera del Marisco. Die Straße selbst ist nichts Außergewöhnliches, aber parallel dazu verläuft ein kleiner Park mit Palmen und Bänken.

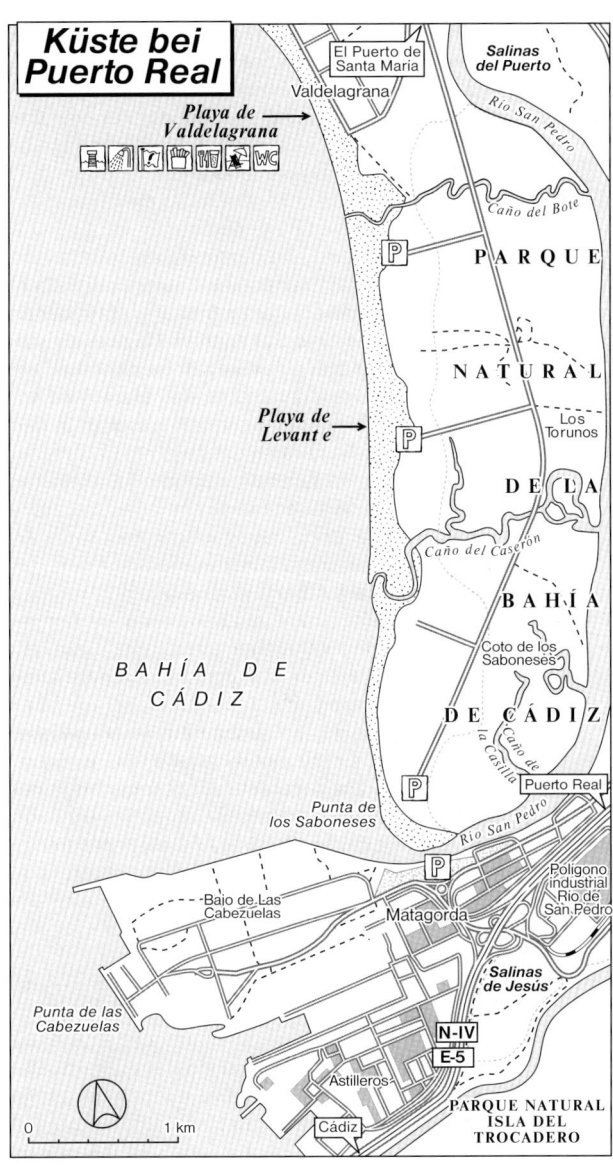

Küste bei Puerto Real

El Puerto de Santa Maria

Valdelagrana

Salinas del Puerto

Río San Pedro

Playa de Valdelagrana

Caño del Bote

PARQUE

NATURAL

Playa de Levante

Los Torunos

DE LA

Caño del Caserón

BAHÍA

Coto de los Saboneses

DE CÁDIZ

BAHÍA DE CÁDIZ

Caño de la Cañilla

Puerto Real

Punta de los Saboneses

Río San Pedro

Polígono industrial Río de San Pedro

Baio de Las Cabezuelas

Matagorda

Salinas de Jesús

Punta de las Cabezuelas

N-IV
E-5

Astilleros

Cádiz

PARQUE NATURAL ISLA DEL TROCADERO

0   1 km

Mitten im Zentrum liegt auch das **Castillo de San Marcos,** eine ehemalige Festung mit Ausguck, von dem die Hafeneinfahrt kontrolliert wurde. Die Außenmauern sind wie das gesamte Gebäude noch sehr gut erhalten. Man kann sich die Wehrhaftigkeit lebhaft vorstellen.

●Geöffnet: Di.-Sa. 10.00-13.30 Uhr, Eintritt: Di. gratis, sonst Erw. 1,80 €, Kinder 1,20 €

Direkt vor dem Castillo steht die alte Warenbörse **La Lonja.** Heute wird hier ein Restaurant betrieben.

Einmal um die Ecke liegt ein kleiner Platz, der an den Entdecker Amerikas erinnert: **Plaza de Cristóbal Colón.** Allzu grandios fällt er nicht aus. Ein Hinweis auf *Juan de la Cosa,* den Eigner des Kolumbus-Schiffes, darf nicht fehlen und zeigt den Stolz der Stadt auf einen der ihrigen.

Und noch ein berühmter Spanier lebte einst in El Puerto de Santa María. In der Calle Santo Domingo 25 war der große spanische Poet *Rafael Alberti* eine Zeit lang zu Hause. Heute ist dort das **Museo Rafael Alberti** untergebracht. Exponate rund um seine Arbeit und sein Leben werden gezeigt, u.a. seine 5000 Bände umfassende Bibliothek.

●Geöffnet: Bei Redaktionsschluss wegen Renovierung geschlossen

Das städtische Museum, **Museo Municipal,** liegt wiederum nur einmal um die Ecke in der c/ Pagador 1. Hier werden archäologische Fundstücke der Region ausgestellt.

●Geöffnet: Di.-So. 10.00-14.00 Uhr, Eintritt frei

Die **Plaza de Toros,** Plaza Elías Ahuján s/n, stammt aus dem Jahr 1880 und gilt als eine der größten Anlagen Spaniens.

Unterkunft ●**Hotel Santa María,** knapp €€€€, Avda. Bajamar s/n, Tel. 956 873 211, Fax 956 873 652, www.hotelsantamaria.es. Von außen sieht dieses Haus mit 99 Zimmern fast ein wenig unscheinbar aus, aber bereits der Eingangsbereich wurde toll gestaltet. Ursprünglich stand hier einmal ein Castillo, die Außenfassade des Hotels ist daran orientiert.

Historischer Stadtkern

Küste der Provinz Cádiz

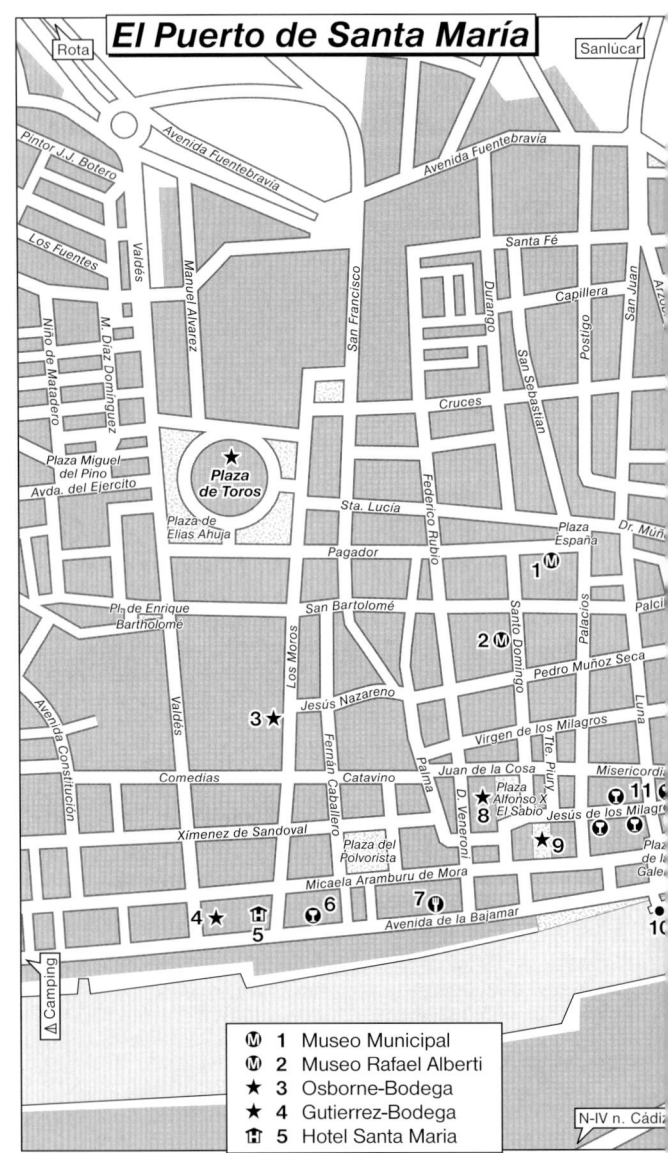

El Puerto de Santa María

Ⓜ 1 Museo Municipal
Ⓜ 2 Museo Rafael Alberti
★ 3 Osborne-Bodega
★ 4 Gutierrez-Bodega
🏠 5 Hotel Santa Maria

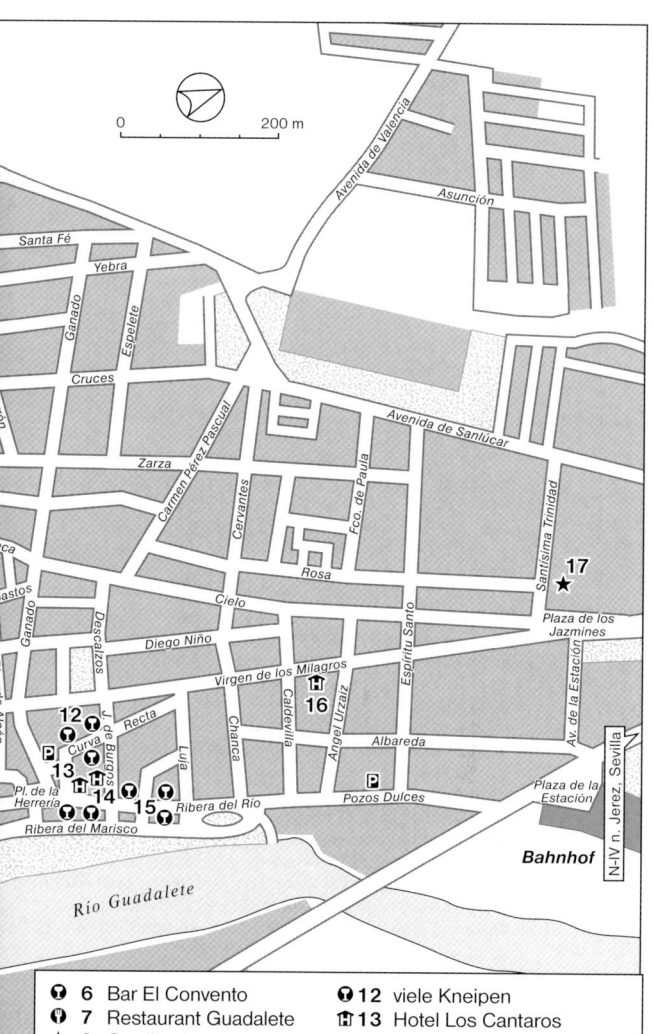

Küste der Provinz Cádiz

♥ 6	Bar El Convento	♥ 12	viele Kneipen
♥ 7	Restaurant Guadalete	🏠 13	Hotel Los Cantaros
★ 8	Castillo de San Marcos	🏠 14	Hostal Chaikana
★ 9	Plaza de Cristóbal Colón	♥ 15	viele Tapabars,
● 10	Anlegemole für Vaporcito		u.a. Freiduria Romerijo
	(Dampfschiff) nach Cádiz	🏠 16	Hotel Monasterio San Miguel
♥ 11	viele Kneipen	★ 17	Terry-Bodega

●**Hotel Monasterio de San Miguel,** €€€€, c/ Virgen de los Milagros 27, Tel. 956 540 440, Fax 956 542 604. Dieser wuchtige Bau nimmt eine ganze Blockseite ein; kein Wunder, müssen doch 150 Zimmer auf wenige Etagen verteilt werden. Das Gebäude wurde weitestgehend im historischen Stil belassen.

●**Hotel Los Cántaros,** €€€, c/ Curva 6, Tel. 956 540 240, Fax 956 541 121, www.hotelloscantaros.com. Das Haus liegt sehr zentral, bis zur Kneipenzone sind es nur wenige Schritte. Insgesamt 39 Zimmer zählt das zweistöckige Hotel, dessen Name übrigens von den allgegenwärtigen Tonkrügen aus dem 17. Jahrhundert herrührt.

●**Hostal Chaikana,** €€€, c/ Javier de Burgos 17, Tel. 956 542 901, Fax 956 542 922, chaikana@teleline.es. Das kleine Haus mit 25 hellen, zweckmäßig eingerichteten Räumen befindet sich ebenfalls in zentraler Lage.

Camping

●**Las Dunas,** 1. Kategorie, am Stadtstrand Puntilla gelegen, Tel./Fax 956 872 210. Ein großer Platz für 1200 Personen. Unter Pinien gibt es viel Schatten und Grillengezirpe. Die sanitären Anlagen sind gut, die Entfernung zur Stadt bleibt erträglich. Ab der Innenstadt ist der Campingplatz leidlich ausgeschildert. Man muss einmal durch die ganze Stadt fahren. Falls kein Schild kommt, immer geradeaus bis zum Strand, dort liegt der Platz.

Essen & Trinken

Die Auswahl könnte kaum größer sein. Speziell die Straße Ribera del Marisco ist eine einzige Kneipenmeile. Aber auch in den benachbarten Straßen lockt so mancher Tresen. Ein idealer Ort also, um zwanglos von einer Bar zur nächsten zu ziehen und überall einen Happen zu naschen. Hier nur ein paar Vorschläge:

●**Bar El Convento,** Avda. Bajamar 30. Ehemaliges Klostergebäude, das zu einer Musikbar umgebaut wurde.

●**Restaurant Guadalete,** Avda. Bajamar 14, Tel. 956 850 601. Das Lokal liegt unweit vom gleichnamigen Fluss und hält seit Jahren seinen guten Standard bei Fischgerichten.

●**Freiduría Romerijo,** Ribera del Marisco 1, Tel. 956 541 254. Einer der größten Läden an der Kneipenmeile mit einer unschlagbaren Auswahl. Angeschlossen ist ein Laden, in dem die Meeresfrüchte für den heimischen Herd verkauft werden.

●**Casa Paco Ceballos,** Ribera del Marisco s/n. Ein Lokal, das unweit vom Romerijo liegt, etwas kleiner ist, aber auch gute Qualität bietet.

●**Taberna la Resaca,** ein mittelgroßer Laden, genau im Schnittpunkt der beiden Riberas gelegen.

●**Bar Santa María,** direkt beim Parque Calderón in Sichtweite zum Vaporcito gelegen. Sehr beliebtes Freiluftlokal unter Palmen an einer netten Flaniermeile (die vorbeifahrenden Autos einfach überhören).

•**Restaurant Casa Flores,** Ribera del Marisco 9, Tel. 956 543 512. Ein Fischlokal, das neben einer guten Speisekarte hoch gelobte Tapas am Tresen im Angebot hat.

•Und dann sollen noch zwei Straßen global erwähnt werden, nämlich die c/ Curva und die c/ de los Milagros, wo sich buchstäblich **eine Pinte neben der anderen** befindet.

Adressen
•**Bahnhof:** Plaza de la Estación, etwas außerhalb des Zentrums

•**Busterminal:** Die wichtigsten beiden Stationen liegen beim Bahnhof und bei der Stierkampfarena, beides gerade noch zu Fuß vom Zentrum aus zu erreichen.

•**Mietwagen:** Hertz, c/ Misericordia 4, Tel. 956 541 270 Avis, c/ Sol 4, Tel. 956 856 110

•**Post:** Plaza de Polvorista s/n

Feste
•**Mai:** Frühlingsfest und Feria des Sherry, der hier *vino fino* genannt wird

•**16. Juli:** Virgen del Carmen, Schutzpatronin der Seeleute

•**Letzte Augustwoche:** Semana de la música internacional

•**8. Sept.:** Nuestra Señora de los Milagros – Patronatsfest

Bodegas
Wie in Jerez können auch in El Puerto de Santa María Bodegas besichtigt werden. Natürlich gibt es Erklärungen zur Herstellung, Kostproben sind selbstverständlich.

•**Osborne,** c/ Los Moros, Tel. 956 869 100, Besichtigung nach Voranmeldung Mo.-Fr. 9.00-14.00 Uhr, 3 €

•**Terry,** c/ Toneleros s/n, Tel. 956 857 700, Besichtigung nach Voranmeldung Mo., Di., Do. 10.00-13.30 Uhr, 3 €

Küste der Provinz Cádiz

●**Gutiérrez Colosía,** Avda. Bajamar s/n, Tel. 956 852 852, Besichtigung ohne Voranmeldung Sa. 13.30 Uhr, 3 €

Stadt-führung

●**Ruta Turística por la Ciudad:** Eine geführte Tour zu den schönsten Ecken der Stadt bietet die Touristeninformation Di. und Sa. um 11.00 Uhr an.

Schiffs-ausflüge

●Eine Schiffsverbindung mit dem historischen Dampfer **Vaporcito nach Cádiz** wird mehrmals täglich vom Hafen Muelle San Alejandro, unweit des Parque Calderón, angeboten: eine gemütliche 45-minütige Tour, um auf einem Tagesausflug die interessante Stadt kennen zu lernen. Abfahrt: Di.-So. 9.00, 11.00, 13.00, 15.00 und im Sommer auch 19.30 Uhr. Rückfahrt: 10.00, 12.00, 14.00, 18.30, im Sommer auch 20.30 Uhr. Preis: 2 €.

Im Sommer (20.7.-7.9.) werden zusätzlich zweistündige **nächtliche Ausflugsfahrten** mit dem Vaporcito durch die Bucht von Cádiz angeboten, Di., Do., Sa. 21.45 Uhr. Preis: 4 €.

Playa Santa Catalina

Überblick

Etwas außerhalb von El Puerto de Santa María liegen der große Sportboothafen **Puerto Sherry** und einige weitläufige **urbanizaciones.** Die Siedlungen tragen Namen wie *Fuentebravía, Vista Hermosa* und *El Buzo.* Hier wird noch viel gebaut, bei einigen Häusern stehen aber schon die Möbelwagen vor der Tür. Es entstehen sogar komplett private Viertel mit privaten Straßen, die nicht gerade einladend wirken. Unzählige Schilder weisen ungebetene Gäste darauf hin, dass hier ein Wachdienst scharf aufpasst. Sowohl luxuriöse Villen als auch Reihenhaussiedlungen (zum überwiegenden Teil Zweitwohnungen) bestimmen das Bild. In der Nähe der riesigen Militäranlage Rota sind auch etliche Wohnblocks zu finden, in denen vor allem die Bediensteten der Navy leben.

Strand-profil

Caleta del Agua, auch **La Calita** genannt, ist nur eine kleine, 300 m lange Sandbucht, die am Puerto Sherry beginnt. Außer einem Kiosk, der aber nur im Sommer öffnet, gibt es hier keine weiteren Serviceeinrichtungen.

Küste bei El Puerto de Santa María

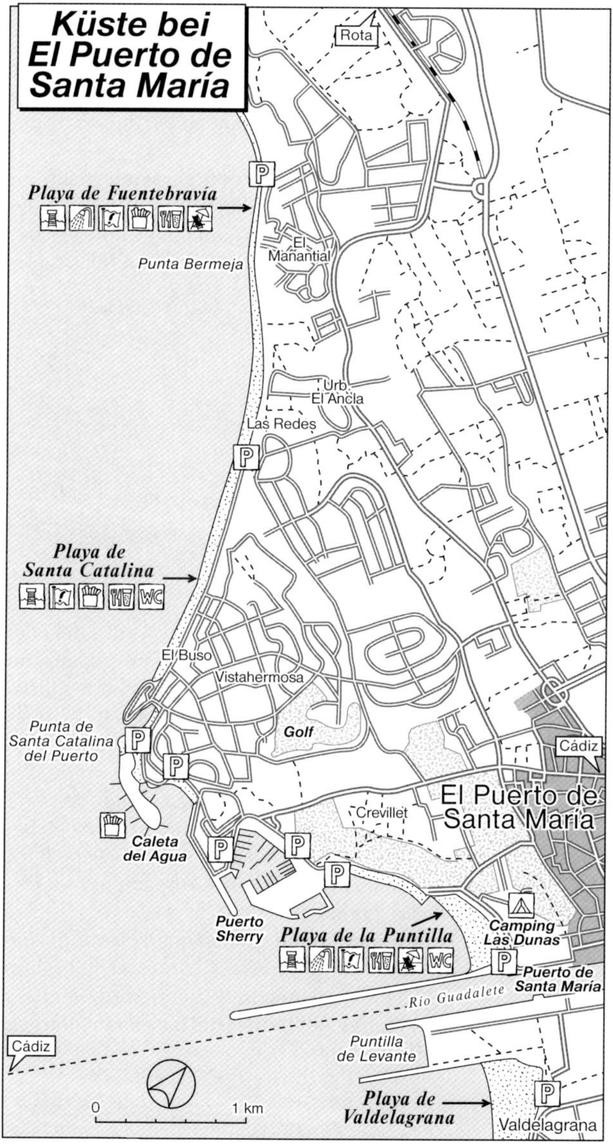

Rota

Playa de Fuentebravía

Punta Bermeja

El Manantial

Urb El Ancla

Las Redes

Playa de Santa Catalina

El Buso

Vistahermosa

Punta de Santa Catalina del Puerto

Golf

Cádiz

El Puerto de Santa María

Crevillet

Caleta del Agua

Puerto Sherry

Playa de la Puntilla

Camping Las Dunas

Puerto de Santa María

Río Guadalete

Cádiz

Puntilla de Levante

Playa de Valdelagrana

Valdelagrana

0   1 km

Küste der Provinz Cádiz

Playa Santa Catalina verläuft mit schönem hellen Sand über 2700 m. Zumeist tummeln sich hier die Ferienhausbesitzer. Aber da es auch ein paar öffentliche Parkplätze gibt, schaut der eine oder andere Bewohner des nahen El Puerto Santa María auch mal vorbei.

Der Strand **Playa de Fuentebravía** verläuft eigentlich über 1600 m. Aber nur ein Teil ist für die Öffentlichkeit zugänglich. Der übrige Bereich liegt schon auf dem Kasernengelände der Militäranlage Rota.

Rota

- **Einwohner:** 23.000
- **PLZ:** 11520
- **Entfernung nach Cádiz:** 55 km
- **Touristeninformation:** Castillo de luna, c/ Cuna 2, Tel. 956 846 345, Fax 956 846 346, www.turismorota.com

Überblick Am Ortsrand von Rota befindet sich auf einem riesigen, umzäunten Gelände eine **amerikanische Militärbase,** die sich bis zur benachbarten *urbanización* unweit von Puerto Santa María, also über gute zehn Kilometer, hinzieht. Aber Rota ist eine spanische Stadt geblieben. Sicherlich wurde wegen der amerikanischen Präsenz auch der eine oder andere Tresen installiert und die Soldaten bevölkern abends die Lokale, vor allem irische Bars. Aber dennoch ist der Armee-Apparat nicht an jeder Ecke spürbar.

Ein **schöner Strand** verläuft quasi einmal um die Stadt, über weite Strecken von einer hübschen Promenade begleitet. Im Hafenbereich liegt ein kleines, **nettes Altstadtviertel** mit einem robusten **Castillo** im Zentrum.

Strandpromenade in Rota

Strand-profil

Küste der Provinz Cádiz

Zwei Strände liegen im Ortsbereich, ein weiterer erstreckt sich gleich hinter dem Ortsausgang. **Playa del Chorrillo** wird auch **Rompidillo** genannt. Er verläuft vom Hafen bis zu den Militäreinrichtungen über 1500 m und liegt somit vor dem Altstadtkern. Der Strand ist durchschnittlich etwa 30 m breit, bei Flut jedoch deutlich schmaler.

Playa La Costilla beginnt auf der anderen Hafenseite und erstreckt sich bis in Höhe des Ortsrandes über 2200 m. Er ist von feinem, hellen Sand geprägt und weist eine durchschnittliche Breite von 40 m auf. Eine Promenade, hinter der sich einige mittelgroße Häuserblocks und Einzelhäuser erheben, begleitet den Strand.

Seine Verländerung wird **Playa Punta Candor** genannt. Die durchschnittliche Breite dieses feinen, hellen Sandstrandes beträgt 40 m. Er liegt ziemlich einsam und wird hauptsächlich von Feldern und kleinen Pinienwäldern begrenzt. Nach über 5000 m wird er schließlich ohne nennenswerte Unterbrechung von weiteren Stränden abgelöst. Eigentlich zieht sich also ein etwa 17 km langer Strand bis zum Nachbarort Chipiona, nur der Name wechselt gelegentlich.

**Sehens-
wertes**

Ein zielloser Bummel durch das Altstadtviertel führt unweigerlich zu den örtlichen Sehenswürdigkeiten. Man betritt die Altstadt durch ein Stadttor und befindet sich sogleich in einem Meer aus **engen Gassen und weißen Häusern.**

Das gut erhaltene **Castillo de la Luna** aus dem 14. Jahrhundert wird man schnell finden. Fünf Festungstürme erheben sich noch heute. Das Mauerwerk wurde aus grobem Stein errichtet und oben mit regelmäßigen Zinnen versehen. Auffällig sind auch die schönen Fenster mit den eingearbeiteten Wappen. Ein kleines Denkmal erinnert an *Bartolomé Perez,* der auf Kolumbus' zweiter Reise Steuermann war. Perez stammte aus Rota und eine kleine Karavelle aus Metall wurde zur 500. Jahresfeier am Castillo platziert.

Gegenüber liegt die Kirche **Iglesia de Nuestra Señora de O.** aus dem 16. Jahrhundert. Besonders auffällig sind die blauen Kacheln *(azulejos)* auf der Kuppel.

Vom einstigen Kloster **Convento de la Merced** ist nur noch ein Turm erhalten. 1722 wurde das Kloster von einem Sturm heimgesucht. Danach baute man diesen steinernen Turm. Er steht heute etwas verlassen am Rande der Altstadt in Strandnähe.

Unterkunft

●**Hotel Duque de Nájera,** €€€€, c/ Gravina 2, Tel. 956 846 020, Fax 956 812 472, www.hotelduquedenajera.com. Ein größeres Haus mit 91 Zimmern, das direkt am Hafen liegt und architektonisch an die Umgebung angepasst ist. Nicht nur der Eingangsbereich besticht, auch die Zimmer sind geschmackvoll dekoriert. Obendrein gibt es ein gutes Restaurant.

●**Hotel Playa de la Luz,** €€€€, Avda. Diputación s/n, www.hotelplayadelaluz.com, Tel. 956 810 500, Fax 956 810 606, Das Haus hat 265 Zimmer und liegt am Ortsrand in einer Seitenstraße, unweit vom Strand. In der Umgebung befinden sich hauptsächlich *urbanizaciones,* was außerhalb der Saison eine relativ ruhige Lage verspricht.

●**Hotel Caribe,** €€€€, Avda. de la Marina 60, Tel. 956, 810 700, Fax 956 810 136. Das 68-Zimmer-Haus liegt im Zentrum und ist ausgeschildert. Allzu groß fällt es nicht aus, hat nur drei Etagen und ist in einem nüchternen, zweckmäßigen Stil gebaut.

Küste bei Rota (östl.)

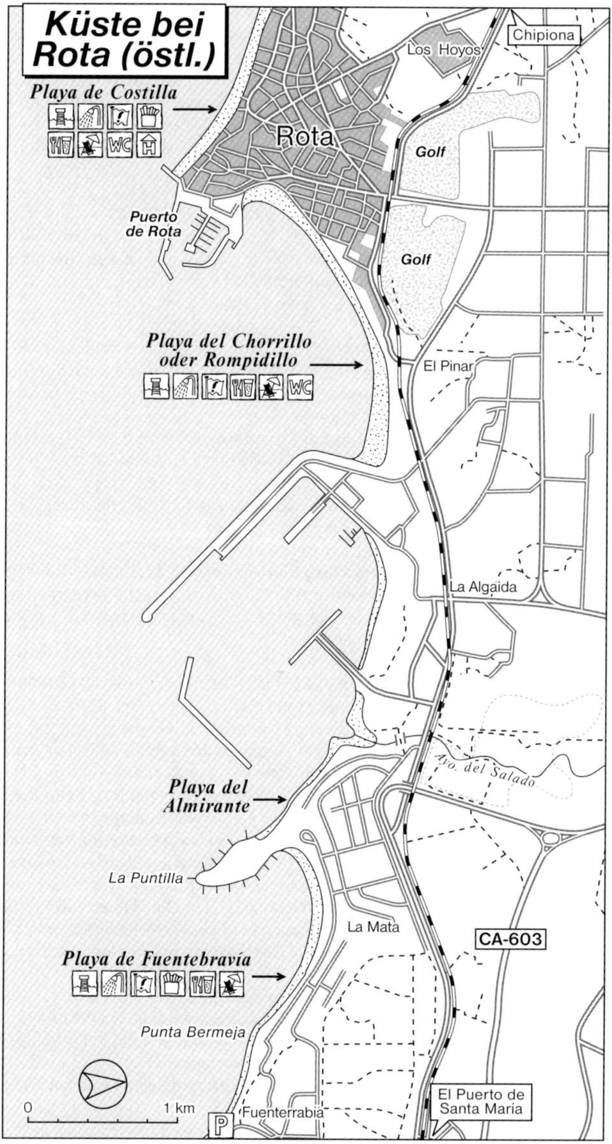

Playa de Costilla

Rota

Los Hoyos

Chipiona

Golf

Golf

Puerto de Rota

Playa del Chorrillo oder Rompidillo →

El Pinar

La Algaida

Ao. del Salado

Playa del Almirante →

La Puntilla

La Mata

CA-603

Playa de Fuentebravía →

Punta Bermeja

0   1 km

Fuentebravía

El Puerto de Santa Maria

Küste der Provinz Cádiz

●**Hostal Macavi,** €€, c/ Ecija 11, Tel. 956 813 336. Ein kleines, aber irgendwie feines Haus mit zehn Zimmern. Es liegt in einer Seitenstraße nur 100 m vom Meer entfernt und vermittelt einen leicht maurischen Eindruck.

●**Hotel Nuestra Señora del Rosario,** €€-€€€, c/ Higuereta 25-27, Tel./Fax 956 810 600. Ein kleiner, funktionaler Bau mit 39 Zimmern, der in einer Parallelstraße hinter dem Strand in Zentrumsnähe liegt.

Camping

●**Punta Candor,** 1. Kategorie, Carretera Rota-Chipiona, km 13, Tel. 956 813 303, Fax 956 813 211. Ein mittelgroßer Platz (549 Personen), der gut drei Kilometer außerhalb des Zentrums liegt. Zum Strand sind es dagegen nur 200 m – und dort gibt es auch ein Lokal.

Essen & Trinken

Wie schon eingangs erwähnt, haben sich im innerstädtischen Bereich eine Reihe von Irish Bars sowie auch Burger-Shops und Musikschuppen etabliert. Tipp: Avda. de la Marina oder c/ Higuereta.

●**Restaurante El Embarcadero,** Tel. 956 846 020, beim Hotel Duque de Nájera, ebenfalls auf Fisch spezialisiert, sehr gut aber nicht billig.

●**Kleine Weinbar,** c/ María Auxiladora 12, unauffällig, genau gegenüber der Plaza Cantera. Nur wenn die Tür geöffnet ist, nimmt man Tresen und Fässer wahr.

●**Café Museo,** Plaza Barroso, unweit der Kirche. Auffällig stehen dort lebensgroße Puppen (Boxer, Wildwesthelden, Basketballspieler) im großen Schaufenster. Das lockt ständig viele Neugierige.

Adressen

●**Autovermieter:** Hertz, Plaza del Triunfo 5-Bis, Tel./Fax 956 841 100; Niza Cars, Hotel Playa de la Luz, Tel. 956 812 462

●**Busterminal:** c/ Ruiz Mateos s/n, ziemlich weit außerhalb, gegenüber dem Eingang zum Militärcamp, ein Taxistand ist gleich in der Nähe.

●**Shopping:** Ceferino Gallego, c/ Blas Infante 2, beim Touristenbüro. Ein Tipp für Liebhaber von Zigarren!

Die zentrale c/ G. S. Charco ist Fußgängerzone, mit einigen Bars und noch viel mehr Geschäften. Wird es im Sommer zu heiß, zieht man Leinwandbahnen quer über die schmale Straße von Dach zu Dach. Die Flaniermeile setzt sich über die Plaza España in die engen Seitengassen fort.

●**Internetzugang:** c /García Sánchez 2

Feste

●**21. April:** Romería de Isidro Labrador – Wallfahrt

●**Anfang Mai:** Feria de la primavera – Frühlingsfest

●**16. Juli:** Virgen del Carmen – die Schutzheilige der Fischer, ein Fest mit Meeresprozession

●**Mitte August:** Fiesta de la Urta – diesem leckeren Fisch (Zahnbrasse) wird eine ganze Fiesta gewidmet!

●**7. Oktober:** Nuestra Señora del Rosario – Patronatsfest

Zwischen Rota und Chipiona

Die Landstraße 491, die beide Orte verbindet, verläuft ein paar Kilometer von der Küste entfernt. Zumeist werden weite Felder passiert, vereinzelt eine *urbanización*. Das einzig Störende sind die amerikanischen Soldaten, die von ihrem Luftwaffenstützpunkt aus das Starten und Landen mit Hubschraubern und manchmal auch mit Jumbos

Küste der Provinz Cádiz

In der Altstadt von Rota

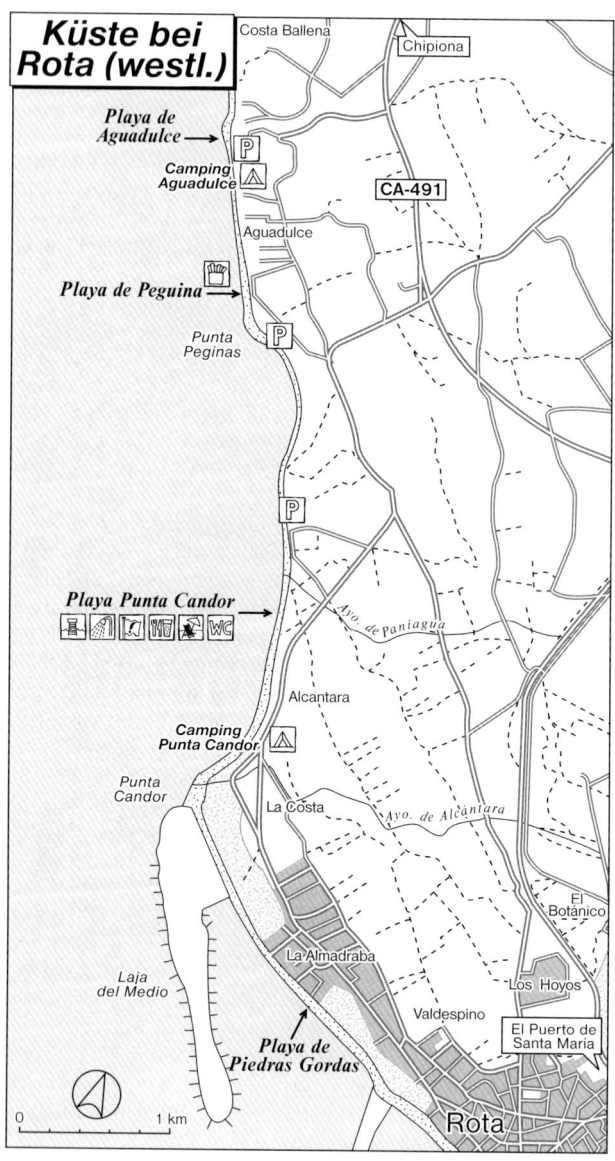

Küste bei Rota (westl.)

Costa Ballena

Chipiona

Playa de Aguadulce →

Camping Aguadulce

CA-491

Aguadulce

Playa de Peguina →

Punta Peginas

Playa Punta Candor →

Ayo. de Paniagua

Alcantara

Camping Punta Candor

Punta Candor

La Costa

Ayo. de Alcántara

El Botánico

Laja del Medio

La Almadraba

Los Hoyos

Valdespino

El Puerto de Santa Maria

Playa de Piedras Gordas

0   1 km

Rota

üben. Ansonsten zeigt sich diese Gegend ruhig und friedlich. Wer zum Meer will, kann eine der wenigen Stichstraßen wählen – man landet immer an einem Strand.

Strand-profil

Playa Peguina misst 2500 m in der Länge und etwa 35 m in der Breite. Er liegt ziemlich einsam, bis auf einen saisonalen Kiosk und einen Parkplatz gibt es keine Serviceeinrichtungen. Der feine Sand lockt zwar einige Strandsammler, die meisten halten sich aber unweit vom Parkplatz auf. Wer Einsamkeit sucht, hat also gute Chancen.

Playa de Aguadulce schließt unmittelbar an und kann nicht anders beschrieben werden. Hier liegt jedoch der **Campingplatz Aguadulce** am km 8, ca. 200 m vom Strand entfernt. Ein Platz der 2. Kategorie mit Kapazitäten für 450 Personen, Tel. 956 230 050.

Auch **Playa Ballena** misst 2500 m und besteht ebenfalls aus feinem, hellen Sand. Diese Pluspunkte in Kombination mit einer einsamen Lage haben Investoren keine Ruhe gelassen. Hier entsteht eine neue *urbanización,* deren Name *Costa Ballena* sein wird. Zuletzt waren die Bauarbeiten noch in vollem Gange, aber die ersten Komplexe stehen bereits. Fertig gestellt wurden zunächst ein großzügiger Golfplatz, das 324-Zimmer-Hotel Playaballena (Tel. 956 849 044, Fax 956 379 010, www.hotelesplaya.com) und das auch nicht gerade kleine Hotel Colón Costa Ballena (Tel. 956 865 000, www.coloncostaballena.com, Fax 956 847 109). Dabei wird es aber erkennbar nicht bleiben.

Die **Playa de las Tres Piedras** ist der letzte Strand vor Chipiona. Zumindest teilweise wird er nicht von „drei Steinen" *(tres piedras),* sondern recht hübsch von Pinien und Dünen begrenzt. Die Hauptzufahrt zweigt von der Landstraße 491 in Höhe des Campingplatzes ab, am Ende befindet sich ein großer Parkplatz. Der Strand besteht – wie könnte es anders sein – aus feinem, hellen Sand. Er verläuft über satte vier Kilometer.

Chipiona

- **Einwohner:** 14.000
- **PLZ:** 11550
- **Entfernung nach Cádiz:** 69 km
- **Touristeninformation:** c/ Larga 74, Tel. 956 377 150

Überblick

Das weite Umfeld von Chipiona ist nicht sonderlich einladend, aber wenn man den Ortskern erst einmal erreicht hat, darf man doch angenehm überrascht sein: Eine richtig nette Altstadt mit äußerst **hübschen Hausfassaden** eröffnet sich dem Besucher. Die schmiedeeisernen Gitter und Erker nebst kleinen Gauben sind alle mit viel Liebe zum Detail gemacht. Es scheint fast so, als wolle hier jeder seinen Nachbarn übertreffen. Kunstvolle Verschnörkelungen und erstaunlich feine Kachelarbeiten kann man da bewundern.

Obendrein ist Chipiona an zwei Seiten von **Stränden** umgeben und es locken eine Reihe von **Lokalitäten.** Gesamteindruck also: angenehm!

**Strand-
profil**

Playa de la Regla heißt der erste Stadtstrand. Er misst 800 m in der Länge und breitet sich ganz anständig bis auf etwa 50 m aus. Da er abgesehen von seiner zentralen Lage und erfreulichen Weite auch noch mit feinem, hellen Sand gesegnet ist, wird er zumindest im Sommer immer stark frequentiert. Eine Promenade mit dem wegweisenden Namen Paseo Costa de la Luz lädt zum Flanieren ein.

Playa de las Canteras ist nichts weiter als eine schmale Bucht vor der Altstadt unweit vom Leuchtturm gelegen.

Playa Cruz del Mar liegt zwischen Sportboothafen und *castillo.* Er ist insgesamt 1200 m lang und im Durchschnitt etwa 50 m breit. Eine Promenade ohne viel Schnickschnack begleitet diesen Strand. Ein recht großer Parkplatz wartet auf Kundschaft und die strömt im Sommer auch in Massen. Ach ja, der Sand ist – hell und fein!

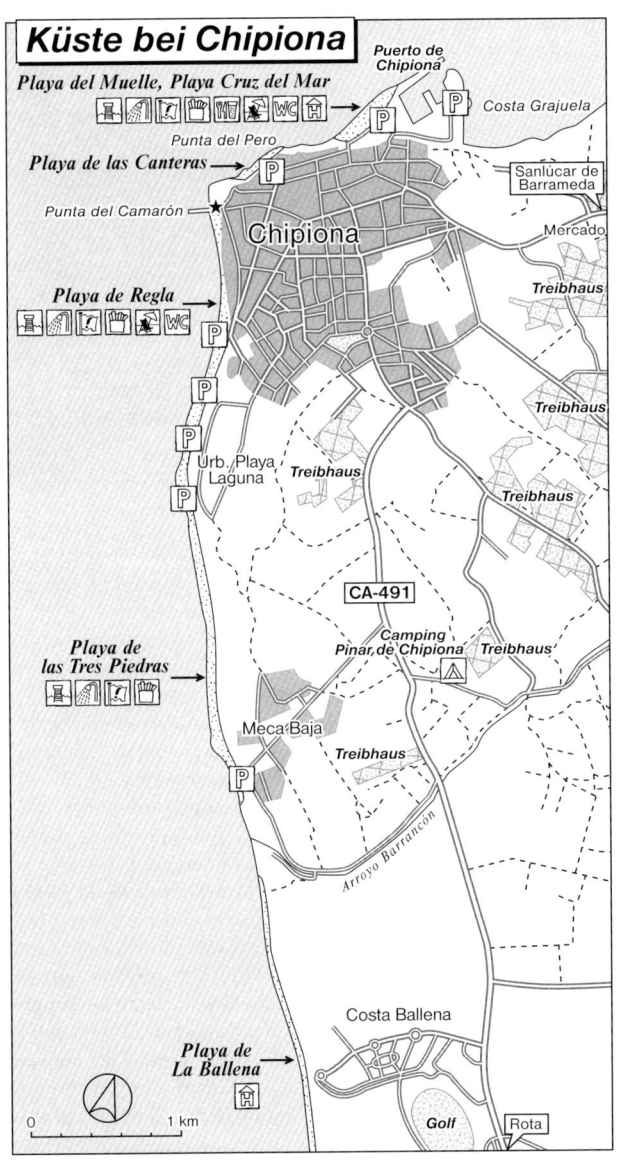

Küste der Provinz Cádiz

Sehens-
wertes

Im Innenstadtbereich wechselt ein **charmantes Bild** das nächste ab. Es lohnt sich auf Details zu achten – alte, leicht renovierungsbedürftige Häuser stehen neben schick herausgeputzten, ein paar Bars, einige Fußgängerbereiche und kaum touristischer Tingeltangel.

Aber davon abgesehen weist Chipiona eine Sehenswürdigkeit auf, die ihresgleichen sucht: den **höchsten Leuchtturm Spaniens!** Er ist 69 m hoch und um nach oben zu gelangen muss man 344 Stufen erklimmen. Schon seit 1867 weist dieser Turm den Schiffen den richtigen Weg.

El Santuario de Nuestra Señora de la Regla wurde um die Jahrhundertwende errichtet. Die Ursprünge gehen aber auf das Jahr 1399 zurück, als *Ponce de León* den Mönchen von San Agustín eine ehemalige Burg schenkte. Im letzten Jahrhundert übernahmen die Franziskaner das Heiligtum und sie verwalten es noch heute. Die Heilige Jungfrau de la Regla wird dort verehrt, die Ursprünge dieser Anbetung lassen sich bis auf das Jahr 300 zurückverfolgen. Die erste Prozession wurde aber erst 1588 abgehalten. Damals wollte die Ehefrau des *Herzogs von Medina Sidonia* Beistand für ihren Gatten erflehen. Der war nämlich Chef der „unsinkbaren" spanischen Armada. Wie man weiß, war ihr Bitten vergeblich. Die Armada ging in den schottischen Stürmen unter.

Von der Kirche führt eine **Promenade** am Strand entlang, vorbei am Leuchtturm bis zum Hafen – völlig unspektakulär gestaltet, dennoch nett und ganz vereinzelt mit Bars gesprenkelt.

La Parroquia de Nuestra Señora de la O. heißt auch in Chipiona eine Kirche aus dem 16. Jahrhundert. Herausragend sind die blauen Kacheln am Turm und am Dach. Der Kirchplatz Plaza Carlos I. weiß durch seine schöne Gestaltung zu gefallen.

Die Überreste des **Castillos** aus dem 14. Jahrhundert können in noch recht ordentlichem Zustand am Ende des Strandes Playa de la Cruz besichtigt werden.

Unterkunft ●**Hotel Cruz del Mar,** €€€€, Avda. de Sanlúcar 1, Tel. 956 371 100, Fax 956 371 364, www.hotelcruzdelmar.com. Ein mittelgroßes Haus mit 88 funktionalen Zimmern auf drei Etagen. Das Hotel besteht aus zwei Gebäuden: einem älteren mit vielen Zimmern zum Meer und einem Anbau, in dem die Zimmer zum Innenhof mit Pool ausgerichtet sind. Zum Zentrum und zum Strand ist es nicht weit.
●**Hostal Gran Capitán,** €€, c/ Fray Baldomero González 3, Tel. 956 370 929. Ein kleines, weißes Haus mit einem gewissen Stil. Es hat 14 Zimmer und liegt in einer Fußgängerzone. Allerdings gibt es ein paar Bars in der Nachbarschaft. Nov.-April geschlossen.
●**Hotel La Española,** €€€, c/ Isaac Peral 4-6, Tel. 956 373 771, Fax 956 372 144. Das 19-Zimmer-Haus macht schon von außen einen guten Eindruck. Innen weist es einen klassischen *patio* („Innenhof") auf und ist liebevoll andalusisch dekoriert. Noch ein Pluspunkt: Bis zum Strand sind es gerade mal 20 m.
●**Hotel Brasilia,** ganz knapp €€€€, Avda. del Faro 12, Tel./Fax 956 371 054. Das schicke Haus liegt in einer ruhigen Straße, die zum Leuchtturm führt. Es hat 42 Zimmer und zwei Etagen, einen Pool und eine angenehme Terrasse.

Strandpromenade

●**Hostal El Faro,** €€€, Avda. del Faro 25, Tel 956 374 154. 14 Zimmer auf zwei Etagen hat dieses kleine, schicke Haus. Zum Strand sind es nur wenige Schritte. *English spoken.*

●**Hostal Bahía,** noch knapp €€, c/ Larga 40, Tel. 956 371 011. Ein weiteres kleines, niedliches Haus mit 20 Zimmern, das ein wenig an ein *castillo* erinnert. Der Garten und der Eingangsbereich fallen positiv auf. Okt.-März geschlossen.

●**Hotel Playa de la Regla,** €€€, Paseo Costa de la Luz 29, Tel. 956 372 769, Fax 956 370 936, www.hotelplaya.com. Ein leicht verwinkelter Bau, direkt am Strand, auf halbem Weg zwischen Leuchtturm und Kirche. Hübsch im altspanischen Stil eingerichtet. Nov.-Mitte Febr. geschlossen.

●**Jugendherberge Puente Zuazo,** im Vorort Pinar de la Villa gelegen, etwa 2 km außerhalb Richtung Rota, Tel. 956 371 480, nur in der Hochsaison geöffnet.

Camping

●**Pinar de Chipiona,** 2. Kategorie, an der Straße nach Rota, km 3, Tel. 956 372 321. Ein etwas größerer Platz für 800 Personen, der gute 800 m vom Strand entfernt liegt.

Essen & Trinken

●**Mesón La Giralda,** c/ Fray Baldomero González, gegenüber vom Hostal Gran Capitán. Gute und breite Auswahl.

●**Bar la Parca,** c/ Isaac Peral 14. Hat einen gemütlichen Innenhof.

●**Restaurante La Pañoleta,** c/ Isaac Peral 4, Tel. 956 373 771, beim Hotel La Española. Hat einen mit Meeresfrüchten gut bestückten Tresen und eine ebensolche Speisekarte.

●**Restaurante El Gato,** c/ Pez Espada 9-11, Ecke c/ Moro, Tel. 956 370 787. Liegt etwas abseits, am besten fragt man sich durch. Sehr beliebt für *pescaito frito* („frittierten Fisch").

●**Bar La Tasco,** direkt vor der Parroquia de Nuestra Señora de la O. an einem ruhigen Platz gelegen, hat eine angenehme Terrasse.
●**Bodega El Castillito,** c/ del Castillo, unweit vom Castillo gelegen. Von außen kaum zu erkennen, drinnen gibt's *vino vom Fass.*

Feste

●**Anfang Juni:** Romería del Pinar – eine vier Kilometer lange Prozession mit der Virgen de la Regla
●**16. Juli:** Virgen del Carmen – u.a. mit einer Meeresprozession
●**Mitte August:** Gran Festival del Moscatel – man huldigt dem Wein, da in dieser Gegend viel Moscatel angebaut wird.
●**Anfang September:** Nuestra Señora de la Regla – Patronatsfest

Sanlúcar de Barrameda

●**Einwohner:** 62.000
●**PLZ:** 11540
●**Entfernung nach Cádiz:** 41 km
●**Touristeninformation:** Calzada del Ejército s/n, Tel. 956 366 110, Fax 956 366 132, www.aytosanlucar.org

Überblick

Sanlúcar liegt an der Mündung des Río Guadalquivir beim Nationalpark Coto Doñana. Maritimes prägte die Stadt schon in ihren Anfängen. Gerne betont man, dass **Kolumbus** zu seiner dritten Reise von hier aus in See stach und dass auch die erste Weltumsegelung **Magellans** im Hafen von Sanlúcar de Barrameda begann. Magellan überlebte die dreijährige Tour ebenso wenig wie 220 seiner Seeleute. Nur siebzehn Mann kehrten unter der Führung von *Juan Sebastián Elcano* zurück. Viele Jahre später flossen die zusammengeraubten Schätze aus *Las Américas* auch durch Sanlúcar in spanische Truhen. Die ein oder andere Dukate fiel dabei für örtliche Handaufhalter ab. Einige **Prachtbauten** zeugen noch heute davon.

Küste der Provinz Cádiz

Warten auf Gäste

Später siedelten sich hier ein paar **Sherry-Barone** an und produzierten in großem Stil vor allem den örtlichen Manzanilla. Heute ist Sanlúcar eine geschäftige Kleinstadt mit einem sehenswerten Altstadtbereich und einer weithin geschätzten **Restaurantmeile.**

Strand-profil

Playa de las Piletas liegt etwas am Stadtrand und misst etwa 1500 m. Das Besondere an diesem Strand ist aber seine außerordentliche Breite von über 100 m. Seit 1845 werden hier im August die legendären Pferderennen abgehalten. Der Startschuss richtet sich dabei nach Ebbe und Flut. Geritten wird immer zwischen dem 7. und 9. August, ein zweiter Renntag findet zwischen dem 22. und 24. August statt.

Playa Bajo de Guía – La Calzada ist ein sehr beliebter Strand von 3900 m Länge und einer Breite, die zwischen 20 m und 60 m wechselt. Seine Popularität beruht auf dem schönen hellen Sand, der guten Erreichbarkeit (nahe am Zentrum) und nicht zuletzt den exzellenten Lokalen. Eine ideale Mischung also, nur Einsamkeit darf niemand erwarten.

Playa de Bonanza heißt der letzte Strand der Provinz Cádiz. Er endet am Fischereihafen, verläuft über gute 400 m und ist recht schmal. Dennoch wird er gern von den Bewohnern aufgesucht, da eine breite Straße fast direkt vorbeiführt. Man kann hier etwas abenteuerlich parken, ein Kiosk öffnet zur Saison, ansonsten gibt es aber keine weiteren Serviceeinrichtungen.

Sehens-wertes

Natürlich gibt es ein paar klassische Bauwerke, aber der wirkliche Reiz von Sanlúcar liegt in der Vielfalt der kulinarischen Genüsse. Es gibt zwei Zonen, in denen etliche Bars miteinander konkurrieren. Beide, nämlich Strand und Altstadt, weisen obendrein ein angenehmes Ambiente auf.

Auch in Sanlúcar gibt es eine **Parroquia de Nuestra Señora de la O.** Im gotisch-mudejar Stil

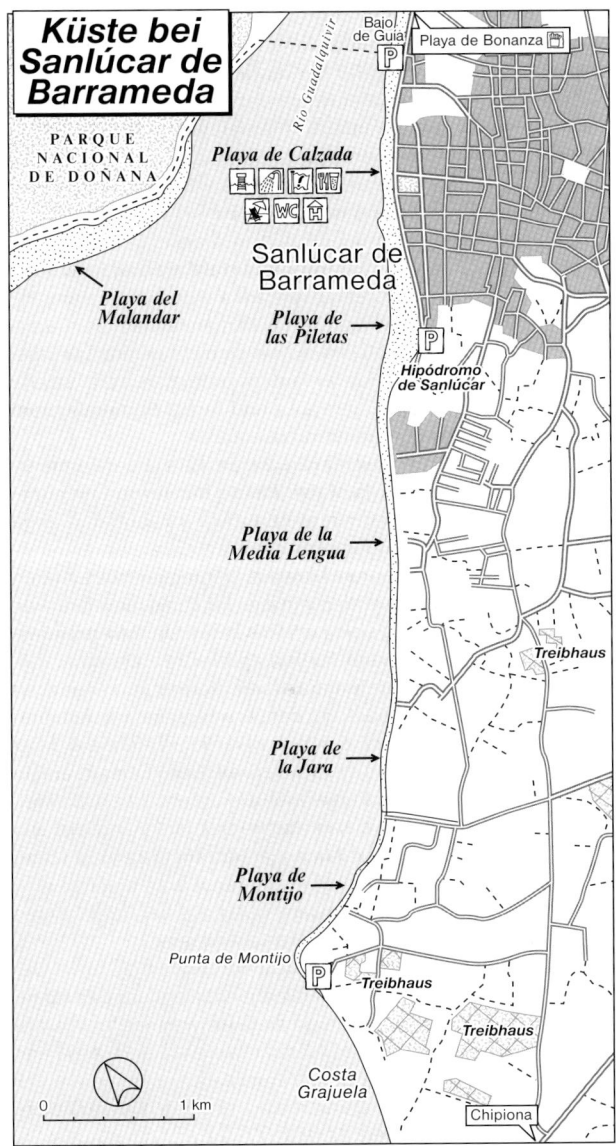

Küste bei
Sanlúcar de
Barrameda

PARQUE
NACIONAL
DE DOÑANA

Río Guadalquivir

Bajo
de Guía

Playa de Bonanza

Playa de Calzada

Sanlúcar de
Barrameda

Playa del
Malandar

Playa de
las Piletas

Hipódromo
de Sanlúcar

Playa de la
Media Lengua

Treibhaus

Playa de
la Jara

Playa de
Montijo

Punta de Montijo

Treibhaus

Treibhaus

Costa
Grajuela

Chipiona

0   1 km

erbaut, steht diese Kirche aus dem 14. Jahrhundert an der Plaza de la Paz mitten in der Altstadt.

Das **Castillo de Santiago,** eine Burg aus dem 15. Jahrhundert, erhebt sich wehrhaft an der Straße Cava del Castillo. Heute bewacht sie dort die gegenüberliegende Bodega Barbadillo.

Der **Palacio de Orleóns y Borbón** wird heute als Rathaus genutzt. Er ist am Rande der Altstadt in der c/ Cuesta de Belén zu finden.

Der breite **Flanierboulevard Calzada del Ejército** verbindet die Altstadt mit der Strandzone. Allzu viel Spektakuläres wird man neben dem Touristenbüro und einem optisch nicht gerade gelungenen Hotel kaum finden. Jedoch zeugen etliche schmucke Villen links und rechts der Straße vom früheren Wohlstand der Stadt.

Dann erreicht man den Strand mit der Promenade. Der großzügige **Paseo Marítimo** fällt angenehm auf, mit seinen blau-terrakottafarbenen Fliesen.

Wer hier nach rechts abbiegt, erreicht nach einiger Zeit die ehemalige Eisfabrik, die Fábrica de Hielos. Hier befindet sich heute ein **Informationszentrum zum Nationalpark Coto Doñana.** Gezeigt werden anhand von Karten und Modellen die Ausmaße und die verschiedenen Abschnitte des Parks. Eine audiovisuelle Vorführung klärt über die Besonderheiten von Coto Doñana auf. In der oberen Etage erfährt der Besucher dann einiges über die Geschichte des Parks und des Río Guadalquivir. Auch die Nao Victoria, das Schiff, das an der ersten Weltumsegelung beteiligt war, wird vorgestellt. Ganz oben, auf der dritten Etage befindet sich eine Aussichtsterrasse.

●Geöffnet: 9.00-20.00 Uhr, Eintritt frei

Nur wenige Schritte entfernt liegt das **Centro de Interpretación Bajo de Guía,** welches Informationen zum Parque Natural Doñana liefert, also nicht zum eigentlichen Nationalpark.

●Geöffnet: Di.-So. 10.00-14.00, 16.00-18.00 Uhr (im Sommer 18.00-20.00 Uhr).

Von der Eisfabrik bis zu den **Lokalen** der c/ Bajo de Guía sind es nur ein paar Schritte. Hier wird dem Gaumen eine breite Auswahl geboten, ein knappes Dutzend Lokale buhlt um Kundschaft. Man sitzt schön draußen und schaut beim Essen auf den Fluss, was vor allem am Abend recht stimmungsvoll sein kann.

Wie im benachbarten Jerez de la Frontera können auch in Sanlúcar einige **Sherry-Bodegas** besucht werden (siehe unten).

Unterkunft

● **Hotel Guadalquivir,** €€€-€€€€, Calzada del Ejército 10, www.hotelguadalquivir.com, Tel. 956 360 742, Fax 956 360 745. Das große Haus mit 80 Zimmern besticht durch eine sehr zentrale Lage, aber – bei allem Respekt – einen Schönheitspreis gewinnt dieser zehnstöckige Kasten nicht.

● **Hotel Doñana,** €€€€, c/ Orfeón Sta. Cecilia s/n, Tel. 956 365 000, Fax 956 367 141, www.partner-hotels.com. Das Hotel zählt 96 Zimmer und liegt keine 100 m von der Kneipenmeile der Bajos de Guía entfernt. Das Haus kann optisch nicht als hübsch bezeichnet werden, dafür ist es zu betonlastig, aber sehr nett gelegen.

● **Hotel Tartaneros,** gerade noch €€€, c/ Tartaneros 8, Tel. 956 385 378, Fax 956 385 394. Das Hotel liegt am oberen Ende der Straße, einmal ums Eck geht es in die zweite Kneipenzone des Ortes. 22 Zimmer liegen in diesem Haus, das mit seiner gelben Farbe und der leicht verwinkelten Bauweise ins Auge sticht. Es ähnelt ein wenig einem kleinen *castillo.*

● **Hotel Posada del Palacio,** €€€, c/ Caballeros 11, Tel. 956 364 840, Fax 956 365 060. Mitten in der Altstadt gelegenes, kleines 11-Zimmer-Haus, das liebevoll von einem Ehepaar mit schweizer background geführt wird. Es ist sehr individuell eingerichtet. Auf einer kleinen Terrasse wird gefrühstückt.

● **Pensión La Bohémia** €€, c/ Don Claudio 1, Tel. 956 369 599. Sehr zentral in der Altstadt bei der Iglesia de Santo Domingo gelegen. Für Fahrzeuge problematisch, ansonsten für den Preis und die Lage ein vernünftiges Haus mit elf Zimmern.

Essen & Trinken

Zwei Zonen locken die Durstigen und Hungrigen. Am Strand reiht sich in der Bajos de Guía ein gutes Dutzend Lokale aneinander. In der Altstadt liegen ebenfalls etliche, wenn auch nicht so dicht gedrängt wie am Strand. Es erscheint beinahe ungerecht einzelne Namen hervorzuheben. Bei den meisten dominiert Fisch auf der Karte.

Küste der Provinz Cádiz

Am Strand:

● **Mirador de Doñana,** Tel. 956 364 205. Erstes Haus dieser Reihe, wie die meisten Lokale hier mit Terrasse.

● **Avante claro,** Tel. 956 380 915. Meeresfrüchte und Fisch, sonst nichts. Der Name ist ein Terminus aus dem Seefahrerlatein und bedeutet etwa: „Vorwärts!"

● **Bigote,** Tel. 956 362 696. Eines der beliebtesten Lokale der Stadt. Es wird von zwei Brüdern geführt, keiner von beiden trägt übrigens einen Schnurrbart, einen *bigote.* Vom Speiseraum in der oberen Etage hat man einen tollen Blick über den Fluss.

● **Paco Secundino,** Tel. 956 362 088. Seit Jahren ein Klassiker, etwas kleiner, ebenfalls von tadelloser Qualität.

● **Joselito Huerta,** Tel. 956 362 694. Relativ einfaches Lokal, aber qualitativ einwandfrei.

● **Casa Juan,** Tel. 956 362 695. Das erste Lokal hier hält immer noch mit, ist spezialisiert auf *langostinos.*

In der Altstadt liegen etliche Lokale, ungefähr zwischen Ende des zentralen Paseo Calzada del Ejército und Plaza del Cabildo. Einfach eintauchen, durch die schmalen und zumeist kurzen Gassen laufen und schon stolpert man über die Schwelle.

● **Casa Balbino,** Plaza del Cabildo 11. Eine der beliebtesten Tapa-Bars mit Selbstbedienung.

● **La Gitana,** Plaza del Cabildo s/n. Eine sehr beliebte Pinte. Hier wird vor allem der gleichnamige Sherry ausgeschenkt.

Ein Lokal an der Bajos de Guía

●**Cervezería Cabildo,** liegt ebenfalls an diesem Platz und man kann auch hier nett draußen sitzen.
●**Barbiana,** c/ Isaac Peral 1, kleine Bar an der Straße, die an der Plaza Cabildo vorbeiführt. Hier gibt es vor allem Manzanilla-Wein.

Bodegas

Folgende Bodegas liegen im innerstädtischen Bereich:
●**La Cigarrera,** Plaza Madre de Dios s/n (wenige Schritte von dem Kneipenplatz Plaza Cabildo entfernt), Besichtigung Mo.-Sa. 10.00-14.00 Uhr, 2 €.
●**Barbadillo,** beim Castillo de Santiago, Besichtigung Mo.-Sa. 12.00-13.00 Uhr, 3 €.
●**Pedro Romero,** c/ Trasbolsa 84 (einen gewaltigen Block vom Hotel Doñana entfernt Richtung Innenstadt), Besichtigung Fr. und Sa. 12.30 Uhr, 1,80 €.
●**Hidalgo,** c/ Banda Playa 24, (unweit der Haltestelle der Amarillo-Busse an der breiten Einfallstraße Avda. Quinto Centenario), Besichtigung Mi., Fr. 11.45, 12.45, Sa. 12.30 Uhr, 1,80 €.

Adressen

●**Busterminal:** Los Amarillos (fährt die meisten Orte an), Avda. Quinto Centenario, Ecke c/ San Juan; Linesur (fährt nach Jerez), Hermano Fermín, fast in Höhe Touristeninfo an der Calzada
●**Mietwagen:** Hertz, im Hotel Doñana, Tel. 956 366 838
●**Post:** Avda. Cerro Falón s/n

Feste

●**Ende Mai:** Feria de la Manzanilla
●**Juli:** Flamencofestival Noche de Bajo Guía
August: Fiestas de Exaltación al Río Guadalquivir – eine Huldigung an den Fluss.
●**Zweite und vierte Augustwoche:** Pferderennen am Strand Playa Piletas
●**15. August:** Nuestra Señora de la Caridad – Patronatsfest
●**18. Oktober:** San Lucás – Patronatsfest

Markt

●Mittwoch

Ausflug

In der Fábrica de Hielo werden Tickets für einen **Schiffsausflug** über den Río Guadalquivir zum Nationalpark **Coto Doñana** verkauft. Bei der Tour werden zwei Stopps eingelegt und kurze Fußmärsche unter Begleitung unternommen. Dabei erhalten die Teilnehmer allerlei Erklärungen zu Flora und Fauna. Die Exkursion dauert etwa vier Stunden. Die Abfahrtszeiten richten sich nach Ebbe

Küste der Provinz Cádiz

und Flut, angepeilt werden: 10.00 und 17.00 Uhr, an manchen Tagen 16.00 Uhr, im Herbst und Winter nur am Vormittag. Preis: Erw. 14,20 €, Kinder 5-12 Jahre 7,10 €. Infos: Fábrica de Hielo, Tel. 956 363 813, Fax 956 362 196, real_fdo@teleline.es.

Viajes Doñana veranstaltet ähnliche Touren. Sie dauern gut 3½ Stunden. Start 8.30 und 16.30 Uhr, außerhalb der Sommermonate 14.30 Uhr. Infos: Viajes Doñana, c/ San Juan 20, Tel. 956 362 540.

Arcos de la Frontera

- **Einwohner:** 30.000
- **PLZ:** 11630
- **Entfernung nach Cádiz:** 60 km
- **Touristeninformation:** Plaza del Cabildo s/n, Tel. 956 702 264, Fax 956 702 226.

Überblick   Arcos ist eines der schönsten Weißen Dörfer überhaupt! Es liegt **malerisch schön,** hoch oben auf einem Felsplateau. Unten fließt der Río Guadalete. Der Ort stammt aus der Zeit der Römer, erhielt sein prägendes Bild aber während der arabischen Epoche. Viele enge, teilweise sehr enge Gassen durchziehen den alten Kern. Dort liegen einige wunderschöne alte Gebäude, in denen u.a. Hotels und Restaurants untergebracht sind. Und immer wieder stößt man auf einen *mirador,* einen „Aussichtspunkt", von dem man wahrlich weit ins Land schauen kann.

Eines der schönsten Weißen Dörfer:
Arcos de la Frontera

Küste der Provinz Cádiz

Anfahrt

Anreise per Auto

Arcos de la Frontera ist leicht zu finden, es liegt an der A382. Am besten folgt man der **Ausschilderung.** Sobald der Ort erreicht ist, sollte ein Parkplatz gesucht werden. Oben in den Gassen der Altstadt wird es so eng, dass ein Kleinwagen gerade noch zwischen den Häusern hindurchpasst, ein Wohnmobil hat keine Chance. Unten gibt es eine große **Parkfläche,** die aber aus Richtung Jerez kommend nicht ausgeschildert ist: Etwa 100 m nachdem man ein Hinweisschild „Centro Ciudad" passiert hat (dem Schild NICHT folgen!), liegt der Parkplatz auf der rechten Seite. Zu Fuß geht es dann weiter – so schlimm ist der Aufstieg nun auch wieder nicht und außerdem kommt man an einigen Bars vorbei, in denen man sich für den weiteren Weg stärken kann.

Anreise per Bus

Von den größeren Orten, wie Jerez und Cádiz, gibt es **Linienbusverbindungen** nach Arcos. Die Busse halten in etwa beim oben beschriebenen Parkplatz.

Sehenswertes

Im unteren Ortsteil

Arcos ist eine zweigeteilte Stadt. Im unteren Teil befindet sich ein recht **beschaulicher,** wenn auch nicht sonderlich spektakulärer **Ortskern.**

In den Gassen

Von dort führen Straßen normaler Breite nach oben, passieren zwei Hotels und mit einem Mal ist man im **Gängeviertel.** Jetzt nach Stadtplan laufen zu wollen ist sinnlos. Besser einfach der groben Richtung „nach oben" folgen. Zurück geht es dann umgekehrt. Die Gassen werden immer enger, schlagen manchmal atemberaubende Kurven. Spannend wird es vor allem, wenn ein Lieferwagen in VW-Bus-Ausmaßen um die Ecke biegen will. Meistens klappt es mit Ach und Krach. Touristen und Einheimische drücken sich derweil in den nächsten Hauseingang, darauf hoffend, dass der Wagen ihnen nicht über die Zehen rollt.

Santa María de la Asunción

Die Iglesia de Santa María de la Asunción ist das wichtigste sakrale Gebäude. Das **älteste Gotteshaus** der Stadt wurde im 13./14. Jahrhundert auf den Resten einer Moschee errichtet – die übliche Vorgehensweise, nachdem die Araber vertrieben worden waren. In der örtlichen Geschichtsschreibung heißt es heute noch, dass König *Alfonso X.* die Stadt „zu Ehren der Pracht Kastiliens" einnahm. ●Geöffnet: Mo.-Fr. 10.00-13.00, 15.30-18.30 Uhr, Sa. 10.00-14.00 Uhr, Eintritt 1 €

Castillo

Vor der Kirche liegt das wehrhafte Castillo, welches schon zu arabischer Zeit als solches diente. Es befindet sich heute in Privatbesitz.

Plaza del Cabildo

Hinter der Kirche befindet sich die Plaza del Cabildo. Hier sind der **Parador,** das **Rathaus** *(ayuntamiento)* und ein *mirador* zu finden. Der **Mirador de la Peña Nueva** wird auch Balcón de Arcos genannt und man genießt wahrlich spektakuläre Ausblicke hinunter ins Tal.

Küste der Provinz Cádiz

Fassaden und Patios
Vom Plaza del Cabildo nur ein paar Gassen entfernt liegen weitere sehr schöne, alte Häuser. Einige sind ehemalige **Adelspaläste.** Manche sind ausgeschildert, andere nicht. Die meisten bleiben den Betrachtern verschlossen, nur die Fassaden darf man bestaunen. Vereinzelt lohnt auch ein Blick in einen der geschmackvoll dekorierten Patios, wobei bitte nicht vergessen werden darf, dass es sich um privaten Grund handelt.

Aussichtspunkte
Zwei weitere Aussichtspunkte versprechen Fotopanoramen, der **Mirador de Abades** und, gewissermaßen am Ortsende, der **Mirador San Agustín.** Von Letzterem kann man auch einen weiten Blick über den Stausee werfen.

Praktische Tipps

Unterkunft

●**Parador,** €€€€, Plaza del Cabildo s/n, Tel. 956 700 500, Fax 956 701 116. Ein kleines Haus mit 24 Zimmern, das an dem Hauptplatz der Altstadt liegt. Von einigen Zimmern hat man einen atemberaubend weiten Blick über die tief unten liegende Ebene. Dekoration, Stil und Ambiente sind dem Charakter der Altstadt angepasst. Einige wenige Parkplätze gibt's übrigens direkt vor der Tür zu finden.

●**Hotel Convento,** €€€, c/ Maldonado 2, Tel. 956 702 333, Fax 956 704 128. Das Haus liegt gewissermaßen an der Rückseite des Paradors und bietet von einigen der Zimmer einen ähnlich bemerkenswerten Blick. Außen hängt neben dem Eingang ein Schildchen, das für sich spricht: „Das Generalsekretariat der spanischen Tourismusorganisation (Turespaña) zählt das Hotel Convento zu den besten Hotels Spaniens" (dt. Übersetzung).

●**Hotel Los Olivos,** €€€, Paseo de Boliches 30, Tel. 956 700 811, Fax 956 702 018. Ein weiteres kleines, stilvolles Haus mit 19 Zimmern. Nicht nur optisch bietet es einen angenehmen Eindruck: Die Zimmer wurden geschmackvoll dekoriert und sind um einen Innenhof gruppiert. Der Blick über die Olivenfelder ist einmalig.

●**Hotel Peña de Arcos,** €€€, c/ Muñoz Vázquez 42, Tel. 956 704 532, Fax 956 704 502. Liegt im unteren Teil des Ortes. 44 Zimmer verteilen sich auf drei Etagen in einem Gebäude, das sich vom Stil her perfekt an die benachbarten Häuser anpasst.

●**Mesón La Fonda,** €€-€€€, c/ Corredera 83, Tel. 956 700 057, Fax 956 703 661. Ein 19-Zimmer-Haus, das ansehnlich aufgemacht ist (gelb-weiß), im unteren Teil der Stadt.

Camping

●**Lago de Arcos,** 1. Kategorie, direkt am Lago de Arcos gelegen. Zufahrt über die N-342, am Km 29 abbiegen, Tel. 956 708 333, Fax 956 708 000. Ein kleinerer Platz für 408 Personen.

Essen & Trinken

Restaurante El Convento, c/ Marqués de Torresoto 7, Tel. 956 703 222. Wohl immer noch das führende Haus in Arcos. *María,* die Patronin, heimste schon viel Lob ein. Davon zeugen etliche Artikel, die im Schaukasten ausgestellt sind. Am 19.3.1999 wurde El Convento als bestes Restaurant der Provinz Cádiz ausgezeichnet.

●**La Taberna del Curro,** eine Weinbar nahe des Paradors.

●**Mesón del Corregidor,** Plaza del Cabildo s/n, Tel. 956 700 500. Ein weiteres, weithin gelobtes Haus. Es liegt beim Parador.

Stadt-führungen

Das Touristenbüro bietet zwei interessante geführte Touren an. Treffpunkt ist jeweils das Touristenbüro an der Plaza del Cabildo.

●Die **Ruta Monumental** führt durch die Altstadt. Dem Besucher werden dabei eine Menge Histörchen zu den vielen geschichtsträchtigen Häusern erzählt. Start: Mo.-Sa. 10.30 und 17.00 Uhr, Sa. nur 10.30 Uhr, Preis: 3 €.
●Die zweite Tour heißt **Ruta de los Patios.** Bei diesem Spaziergang wird es einem ermöglicht einige der wunderschönen **Innenhöfe** zu besichtigen. Start: Mo.-Fr. 12.00 und 18.30 Uhr, Sa. nur 12.00 Uhr, Preis: 3 €.

Feste

●**Ostersonntag:** Toro de Aleluya – Stiertreiben à la Pamplona durch die engen Gassen
●**5. August:** Velada de Nuestra Señora de las Nieves – Patronatsfest
●**29. September:** Feria de San Miguel – Patronatsfest

Jerez de la Frontera

●**Einwohner:** 187.000
●**PLZ:** 11403
●**Entfernung nach Cádiz:** 36 km
●**Touristeninformation:** c/ Paúl s/n, Tel. 956 348 696 Fax 956 331 731, www.webjerez.com

Überblick

Jerez gilt als die Hauptstadt des **Sherry,** der in Spanien *jerez* heißt, aber noch genauer, je nach Art, bestellt wird: *vino fino* (der trockenste), *vino oloroso,* um nur zwei zu benennen. Sherry ist nämlich nicht gleich Sherry, eine Lektion darüber kann jeder Besucher hier erhalten. Praktisch alle Bodegas laden zur Besichtigung mit Erklärungen in mehreren Sprachen ein. Und natürlich wird im Anschluss das gerade Gelernte probiert, ein kostenloser Ausschank rundet jeden Besuch ab.

Daneben steht für viele ein Besuch der **Königlich Andalusischen Reitschule** auf dem Programm. An bestimmten Tagen wird ein spezielles Show-Programm geboten. Ansonsten kann man beim Training zusehen.

Jerez ist eine mittelgroße Stadt mit einem hübschen Kern und geschäftigen Randbezirken.

Küste der Provinz Cádiz

Hochhäuser, stark befahrene Durchgangsstraßen, Großkaufhäuser und viel Hektik prägen das Bild. Das wirkt zunächst nicht einladend! Man muss also die Außenbezirke ignorieren und sich zum Kern durcharbeiten. Dort ändert sich das Bild – manche Sehenswürdigkeit wartet darauf entdeckt zu werden.

**Tages-
ausflug**

Wer Jerez in einem Tag besichtigen und dabei die beiden Hauptattraktionen besuchen will (eine Bodega und die Reitschule), wird sich zwangsläufig an den **Uhrzeiten der Pferdeschule** orientieren müssen. Die Vorführungen finden nur am späten Vormittag statt. Danach bietet sich der Besuch ei-

Sherry ist das Lebenselixier von Jerez

ner Bodega an und abschließend ein Bummel durch die Altstadt. Wer dann noch Ausdauer hat, dem bieten sich weitere Möglichkeiten. An dieser Stelle soll Jerez jedoch nur unter dem Gesichtspunkt eines Tagesausflugs vorgestellt werden. Wer vertiefende Informationen wünscht, dem sei der Andalusien-Band aus diesem Verlag empfohlen.

Anfahrt

Anreise per Auto

Sinnvollerweise sollte der Besucher über die Autobahn fahren und die Abfahrt **„Jerez Norte"** wählen. Von dort wird man problemlos und relativ schnell ins Zentrum gelotst und landet beinahe automatisch am Parkhaus unterhalb der Plaza Mamelón. Wer die Abfahrt „Jerez Sur" wählt, hat es ungemein schwerer und wird wohl nur nach dem Rateprinzip ins Zentrum gelangen. Die Ausschilderung fällt jedenfalls wesentlich spärlicher aus.

Anreise per Bus

Der **Busterminal** liegt am Rande der Altstadt, ist aber noch gut zu Fuß zu erreichen. Er befindet sich in der c/ Cartuja. Über die c/ Medina gelangt man von dort rasch ins Zentrum.

Stadtrundgang

Reitschule

Die Königlich Andalusische Reitkunstschule wurde 1973 von *Alvaro Domecq* gegründet. Sie liegt in einem weitläufigen Parkgelände, nicht allzu weit vom Zentrum entfernt. Die Pferde, die zumeist zur so genannten **pura raza española** zählen, also reinrassige spanische Tiere und Nachkommen der starken arabischen Rasse sind, werden hier streng dressiert. Sie zeigen Formationen, Sprünge und bestimmte Seitwärtsbewegungen, die in der Gesamtheit ein **choreografisch abgestimmtes Bild** ergeben. Einige Pferde haben schon Medaillen in der klassischen Dressur bei nationalen und internationalen Wettbewerben, ja sogar bei den Olympischen Spielen, gewonnen.

Küste der Provinz Cádiz

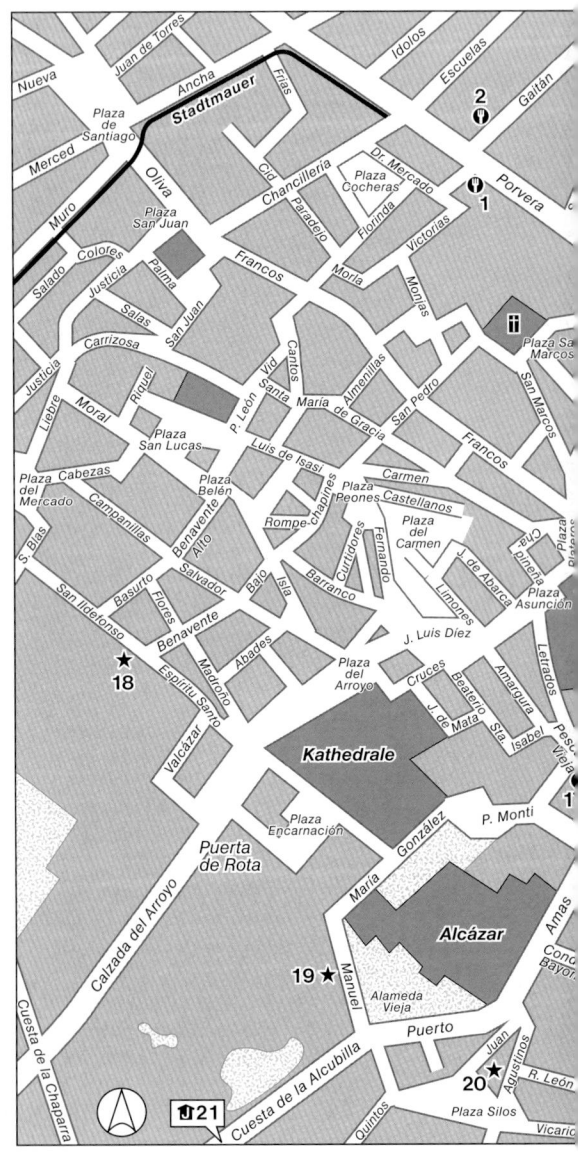

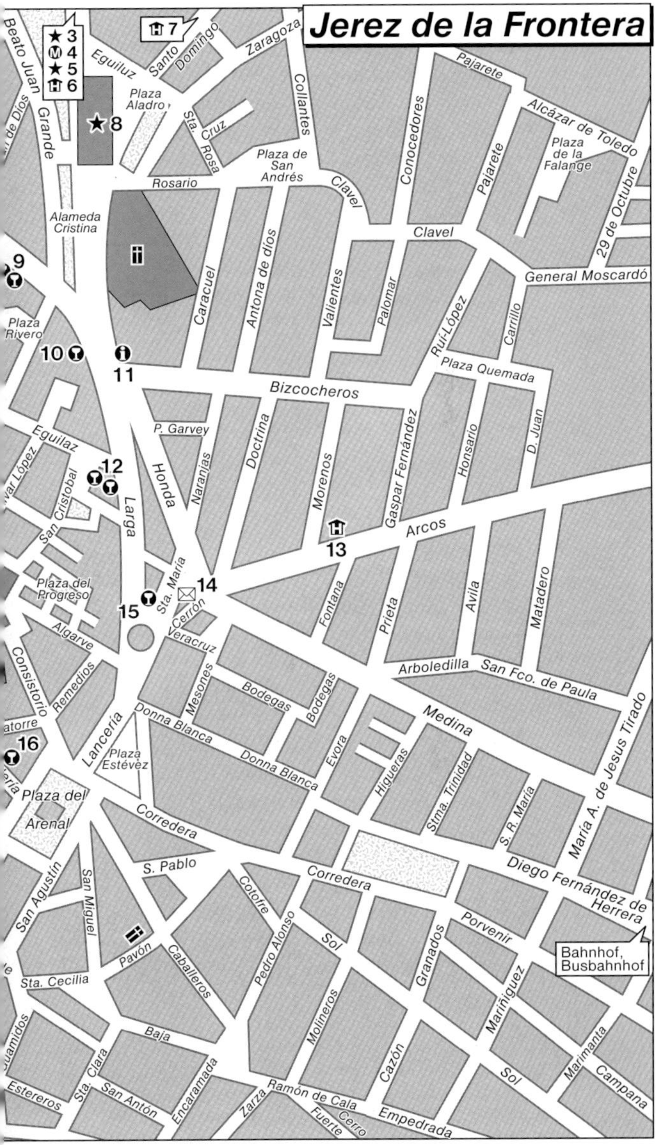

Jerez de la Frontera

★ 3
Ⓜ 4
★ 5
🏠 6
★ 8
🏠 7

Beato Juan Grande

de Dios

Eguiluz

Santo Domingo

Zaragoza

Pajarete

Alcázar de Toledo

Collantes

Conocedores

Pajarete

Plaza de la Falange

Plaza Aladro

Sta. Cruz

Sta. Rosa

Plaza de San Andrés

Clavel

29 de Octubre

Rosario

Caracuel

Antona de dios

Clavel

General Moscardó

Alameda Cristina

Vallentes

Palomar

Rui-López

Rui-López

Plaza Rivero

Clavel

Carrillo

Honsario

D. Juan

9

10

ℹ 11

Bizcocheros

Plaza Quemada

Eguiluz

P. Garvey

Doctrina

Naranjas

Morenos

Gaspar Fernández

San Cristobal

Honda

Larga

12

13

Arcos

Avila

Matadero

Plaza del Progreso

Sta. María

Cerrón

14

Fontana

Prieta

15

Veracruz

Arboledilla

San Fco. de Paula

Algarve

Remedios

Mesones

Bodegas

Bodegas

Medina

Consistorio

atorre

16

Lanceria

Plaza Estévez

Donna Blanca

Donna Blanca

Evora

Higueras

Stma. Trinidad

S. R. María

María A. de Jesus Tirado

a

Plaza del Arenal

Corredera

San Agustin

San Miguel

S. Pablo

Corredera

Diego Fernández de Herrera

Sta. Cecilia

Pavon

Caballeros

Pedro Afonso

Sol

Cotofre

Granados

Porvenir

Bahnhof, Busbahnhof

amidos

Baja

Molineros

Cazón

Marriquez

Sol

Marmania

Campana

Estereros

Sta. Clara

San Antón

Encarnada

Zarza

Ramón de Cala

Cerro

Fuerte

Empedrada

Küste der Provinz Cádiz

Die Show wird jeden Donnerstag unter dem Motto *„Como bailan los caballos andaluces"* – **„So tanzen die andalusischen Pferde"** – vorgeführt. An anderen Tagen kann der Besucher dem nicht minder interessanten Training zuschauen.

●**Showprogramm:** Do. 12.00 Uhr, 1.3.-31.10. Di., Eintritt: 12-18 €

Training: Mo., Mi., Fr. 10.00-13.00 Uhr, 1.11.-28.2. Di., Eintritt: 6 €. Beim Trainingsbesuch kann man auch an einem geführten Rundgang mit Blick in die Ställe teilnehmen. Fotografieren und Filmen ist streng verboten.

Infos: Real Escuela Andaluza del Arte Ecuestre, Avda. Duque de Abrantes s/n. Tel. 956 319 635, Fax 956 318 014, www.realescuela.org.

Bodega-besuch

Etliche Bodegas liegen im innerstädtischen Bereich von Jerez. Grundsätzlich verläuft eine Visite immer nach dem gleichen Muster. Kleine Gruppen werden von geschultem Personal durch die Anlagen geführt. Dabei wird der **Herstellungsprozess** vom Pflücken der Traube bis zum verkaufsfertigen Produkt mit allen notwendigen Zwischenschritten veranschaulicht und erklärt. Staunend steht man vor den gewaltigen Fässern und nimmt den leicht betörenden Weingeruch auf. Am Ende der Tour kennt man dann den Unterschied zwischen *fino* und *amontillado* zumindest in der Theorie. Und damit die Praxis nicht zu kurz kommt, gibt es zum Schluss eine kleine **Weinprobe.** Wer nun auf den Geschmack gekommen ist, deckt sich gleich mit ein paar Flaschen ein, denn den **Verkaufsraum** muss man natürlich ebenfalls passieren. Die Touren werden in mehreren Sprachen angeboten, hier eine innerstädtische Auswahl:

●**Sandeman,** c/ Pizarro 10, www.sandeman.com, Tel. 956 151 700, Besichtigung Mo., Mi., Fr. 10.30-14.30 Uhr, Di., Do. 10.30-15.00, Sa. 11.30-13.30 Uhr, 4 €. Geführter Rundgang mit detaillierten Erklärungen auch auf Deutsch und Englisch mit anschließender Verköstigung.

Legende zu Karte auf Seite 228	

🍴	1	Rest. La Cepa de Oro	❶ 11	Tourist-Information
🍴	2	Restaurante El Gaitán	🍷 12	Bars Barbiana,
★	3	Bodegas Sandeman	🍷	La Española
Ⓜ	4	Museo Taurino	🏨 13	Hotel Torres
★	5	Königliche Hofreitschule	✉ 14	Post
🏨	6	Hotel Guadalete	🍷 15	Bars La Canilla, Gallo Azul
🏨	7	Hotel Royal Sherry Park	🍷 16	Bar Juanito
★	8	Domecq-Palais	🍷 17	Bar Las Almenas
🍷	9	Bars La Cañita,	★ 18	Bodegas Domecq
🍷		La Tertulia	★ 19	Bodegas Gonzáles Byass
🍷	10	Bar Moderna	★ 20	Bodegas Maestro Sierra
			🛏 21	Jugendherberge

●**Pedro Domecq,** c/ San Ildefonso 3, Tel. 956 151 500, www.domecq.es. Besichtigung Mo.-Fr. 9.00-13.00 Uhr stündlich nach Anmeldung, im Juli, Aug., Sept. 12.00 Uhr, auch auf Deutsch, 5 €.
●**González & Byass,** c/ Manuel María González 12, Tel. 956 357 016, www.gonzalezbyass.es. Besichtigung Mo.-Sa. 9.30-18.00, So. 10.00-13.00 Uhr, im Sommer: Mo.-Sa. 9.30-20.00 Uhr, jeweils mit einer zweistündigen Pause ab 14.00 Uhr. Führungen auf Deutsch 12.15 und 16.15 Uhr, u.a. mit einer Multivisions-Show, Weinbergbesuch und Visite im Shop von Tío Pepe.
●**Maestro Sierra,** Plaza de Silos 3, Tel./Fax 956 342 433, www.maestrosierra.com. Besichtigung Mo.-Do. 12.00-14.00 Uhr.

Wer nach dem Besuch einer kühlen Bodega nicht zu angeschlagen wieder ans heiße Tageslicht tritt, der kann bei ausreichenden Energiereserven z.B. ein Museum besichtigen. Das Folgende ist auf dem Weg von der bzw. zur Reitschule zu finden.

Museo Taurino

Dieses kleine Museum in der c/ Pozo del Olivar 6 ist in dem Gebäude einer alten Bodega untergebracht. Hier wird der Kunst(?) des **Stierkampfes** gehuldigt und natürlich nichts hinterfragt. Fotos, Plakate, Büsten von erfolgreichen Toros und Toreros sind ausgestellt. Originell zumindest die Aufmachung: Sie ist dem Rund einer Arena mit den typischen Holzbegrenzungen nachempfunden.
●Geöffnet: Mo.-Sa. 10.00-14.00 Uhr, Eintritt: 2,40 €, inklusive eines Glases Sherry

Küste der Provinz Cádiz

Altstadt

Von der Reitschule spaziert man in 10-15 Minuten bis zur **Plaza Mamelón.** Von dort sollte man die Fußgängerzone Calle Larga hinunterschlendern. Hier trifft sich scheinbar ganz Jerez. Sehen und gesehen werden, shopping, ein Gläschen Sherry und weiter geht's. Bei der großzügigen Plaza Esteve erkennt man schon die palmenbestückte Plaza del Arenal. Weit ist es nicht mehr bis zu den Sehenwürdigkeiten und so manche Bar lockt unterwegs zum Verschnaufen. Es lohnt ein zwangloser Bummel durch die **kleinen Gassen** der Altstadt mit grober Zielrichtung Kathedrale oder Alcázar. Beide sind teils ausgeschildert, ansonsten kann jeder *jerezano* („Bewohner von Jerez") den Weg beschreiben. Auf diese Weise lernt der Besucher das alte Viertel kennen und rundet seine Visite mit zwei klassischen Sehenswürdigkeiten ab.

Kathedrale

Die Kathedrale wurde im 13. Jahrhundert errichtet, und zwar wie so oft auf den Mauern der ehemaligen arabischen Hauptmoschee. Im 18. Jahr-

Kathedrale und Sherrybaron

hundert musste dann gründlich nachgebessert werden. Das Ergebnis ist ein ziemlicher **Stilmix.** Herausragend bleiben die Hauptfassade, der separate Glockenturm und die beachtliche Freitreppe an der Westseite.

Alcázar

Gleich nebenan steht der Alcázar, erbaut im 11. oder 12. Jahrhundert (die Quellen sind hier nicht eindeutig). Im Inneren sind noch vereinzelte Bestandteile aus der arabischen Epoche erhalten, wie die achteckige **Moschee** oder die **arabischen Bäder** sowie der ruhige **Garten.** Nach der Reconquista hatte man eine **Kirche** in den Alcázar hineingebaut und im 18. Jahrhundert noch einen **Palast** für *Don Villvicencio* hinzugefügt.

Spannend ist auch die in einem alten Turm installierte **Cámera Oscura.** Dort wird in einem abgedunkelten Raum ein seitenverkehrtes Bild vom aktuellen Geschehen auf den Straßen von Jerez projiziert. Speziell für Kinder ist es ein Heidenspaß sein, wenn die Vorführer Menschen auf kleinen Karteikärtchen durch die Lüfte schweben lassen.
●Geöffnet: täglich, 1.5.-15.9. 10.00-20.00 Uhr, 16.9.-30.4. 10.00-18.00 Uhr, Eintritt: Alcázar Erw. 1,29 €, Kinder 0,64 €, Cámera Oscura Erw. 3,25 €, Kinder 2,57 €.

Praktische Tipps

Unterkunft

●**Hotel Guadalete,** €€€€, (etwa 140 €), Avda. Duque de Abrantes 50, www.hotel-guadalete.com, Tel. 956 182 288, Fax 956 182 293. Beim Kongresszentrum und somit etwas außerhalb des Stadtzentrums, aber noch in Fußgängerdistanz. Ein bräunlich gehaltener Bau mit 125 Zimmern.
●**Hotel Royal Sherry Park,** €€€€, Alvaro Domecq 11, Tel. 956 317 614, Fax 956 311 300. Ein durch und durch funktionales Haus mit 170 Zimmern, liegt etwas außerhalb.
●**Hotel Torres,** €€-€€€, c/ Arcos 29, Tel. 956 323 400, Fax 956 321 816. Dieses zentral gelegene Haus verfügt über 30 Zimmer. Es ist ein bisschen verwinkelt, was ihm aber einen gewissen Charme verleiht.
●**Jugendherberge,** Avda. Carrero Blanco 30, Tel. 956 143 901

Küste der Provinz Cádiz

Das Who's who des Sherry

In Andalusien stehen etliche Kathedralen, groß, luftig und von einem steten Alkoholdunst durchzogen. Keine Gotteshäuser sind damit gemeint, sondern die *bodegas*. Eine Bodega wird nämlich gerne mit einer *catedral* verglichen.

In den Bodegas wird Sherry produziert. Das geschieht in riesigen Fässern von etwa 530 Litern Fassungsvermögen. Die Fässer sind aus amerikanischer Eiche gefertigt und stehen in langen Reihen, drei oder vier übereinander. Das **Herstellungsprinzip** ist im Grundsatz ganz einfach. Der junge Wein wird ins obere Fass gekippt und ruht dann ein halbes Jahr. Die Fässer werden dabei nie gänzlich gefüllt, sondern nur mit etwa 500 Litern, so dass immer auch ein wenig Luft darin verbleibt. Nach etwa einem halben Jahr wird ein Teil des Weines aus den einzelnen Fässern jeweils in die nächst unteren umgefüllt, wobei dieser Prozess von oben nach unten fortgeführt wird. Ganz unten steht die *solera,* das untere Fass. Das Wort *solera* leitet sich vom Wort *suelo* („Boden") ab. In der *solera* befindet sich immer der älteste Wein, der in Flaschen abgefüllt wird. Durch das mehrfache Umfüllen versucht man eine gleich bleibende Qualität zu erzielen.

Es gibt grundsätzlich nur zwei verschiedene Sherry-Typen: *fino* und *oloroso.* **Fino** hat 15% Alkohol. Bei seiner Herstellung bildet eine Hefepilzkultur oben im Fass, also an der Luft, eine Hefeschicht, die *flor* („Blume") genannt wird. Diese Blume zerfällt nach einem halben Jahr, vermischt sich mit dem Weingeschmack und eine neue *flor* bildet sich. Finos sind trockene Weine von hellgelber Farbe. Sie schmecken leicht gekühlt am besten.

Oloroso hat 17% Alkohol. Dieser höhere Gehalt verhindert eine *flor*-Bildung. Somit hat der Wein einen unmittelbaren Kontakt zum Sauerstoff und oxidiert stärker. Er bildet eine dunkle Farbe aus und hat einen weichen Geschmack.

Manche Bodega süßt für den Export auch gezielt nach. So entsteht ein **Cream:** ein Oloroso, der besonders stark gesüßt wurde.

Amontillado hat ebenfalls einen Alkoholgehalt von 17%. Auch bei seiner Herstellung bildet sich kein *flor,* so dass der Wein an der Luft oxidiert. Dadurch nimmt er eine dunkle Mahagonifarbe an. Seine Geschmacksrichtung wird vielfach noch bearbeitet. Grundsätzlich ist Amontillado ein trockener Wein, manche Bodega versüßt ihn aber etwas.

Manzanilla ist ein trockener Wein von 15% Alkohol. Er wird in Sanlúcar de Barrameda produziert. Bei seiner Herstellung bildet sich zwar eine Blume, diese zersetzt sich aber nicht. Die Folge: Der Wein schmeckt milder und hat eine noch hellere Farbe als der *fino.*

Essen & Trinken

- **Restaurante El Gaitán,** c/ Gaitán 3, Tel. 956 345 859. Ein Klassiker in Jerez. Relativ kleines Lokal mit guter Weinkarte und andalusisch-baskischer Karte.
- **Restaurante La Cepa de Oro,** c/ Porvera 35, Tel. 956 344 175. Ein nicht übergroßes Lokal mit einem originell-gemütlichen Ambiente: Die Wände sind mit allerlei Krimskrams vollgehängt.
- **Bar La Tertulia,** c/ Porvera 11. Eine rustikale Pinte, die vor allem mittags stark frequentiert wird.
- **Bar La Cañita,** liegt nebenan und auch hier drängelt man sich am Tresen oder hockt an kleinen Tischchen auf dem schmalen Bürgersteig.
- **Bar La Española,** c/ Larga 35. An einer Fußgängerzone gelegene gute Tapa-Bar.
- **Bar La Canilla,** c/ Larga 8. Weitere gute Tapa-Bar.
- **Bar Gallo Azul,** ein paar Schritte weiter. Günstig gelegene, beliebte Eckbar mit Draußenbetrieb unter Sonnenschirmen.
- **Bar Barbiana,** Plaza del Barco, nur 20 m von der c/ Larga entfernt. An einem ruhigen Platz unter Bäumen, wo man nett draußen hocken kann.
- **Bar Las Almenas,** c/ Pescadería Vieja 7. Kleine Bar schräg gegenüber von *Juanito,* authentisch, beliebt, mit gutem Wein und Tapas.
- **Bar Juanito,** c/ Pescadería Vieja 10. Die vielleicht beste, in jedem Fall beliebteste, Tapa-Bar der Stadt! Bereits 1943 gegründet und immer wieder verbessert werden Tapas und leckerster Sherry angeboten. Außerdem eine Vielzahl von Weinen aus der Region.

Adressen

- **Bahnhof:** Plaza de la Estación s/n, Tel. 956 342 319, schmuckes Gebäude, etwas außerhalb.
- **Busterminal:** c/ Cartuja s/n, Tel. 956 345 207, keine fünf Gehminuten vom Bahnhof entfernt.
- **Deutsches Honorarkonsulat:** Avda. Duque de Abrantes 44, Tel. 956 306 917, Fax 956 314 054
- **Mietwagen:** Große Firmen sind am Flugplatz vertreten.
- **Post:** c/ Cerrón 2, am Ende der c/ Honda, die von der c/ Larga abzweigt.
- **Shopping:** Sombrerería González, c/ Larga 33, authentische andalusische Hüte!

Feste

- **Anfang Mai:** Feria de Caballo – ein Pferdemarkt mit Umzügen und vor allem nächtliche Fiesta
- **September:** Fiesta de la Bulería – ein Flamenco-Spektakel
- **24. September:** La Merced – Patronatsfest
- **9. Oktober:** San Dioniso – Patronatsfest
- **Herbst:** Fiestas de Otoño – Herbstfeierlichkeiten: mehrere Feiern zum Sommerausklang, u.a. rund um die Weinlese.

Markt

- Ein **Flohmarkt** findet am **Sonntagvormittag** an der Alameda Fortún de Torres statt.

Küste der Provinz Cádiz

Gibraltar

- **Einwohner:** 28.000
- **Entfernung nach Cádiz:** 145 km
- **Telefonvorwahl:** aus Deutschland: 00 34 95 67 + Nr. des Teilnehmers (spanische Auslandsvorwahl nutzend) oder 00350 + Nr. des Teilnehmers, aus Spanien: 95 67 + Nummer des Teilnehmers
- **Touristeninformation:** Tourist Board, Duke of Kent House, Cathedral Square, Tel. 956 774 950, Fax 956 774 943 oder (0350) 74 950, Fax (0350) 74 943 www.gibraltar.gi

Überblick Gibraltar ist ein **Kuriosum aus** längst vergessenen **kolonialen Tagen:** Ein Felsen, der an seiner höchsten Stelle 426 m aufragt und auf einer schmalen Landzunge tief im spanischen Süden liegt. Britisches Hoheitsgebiet auf spanischem Territorium, das sorgt für Unruhe.

Die Spanier möchten den nicht einmal 5 km² großen Felsen unbedingt zurückhaben, mit der Begründung, dass ein EU-Mitgliedsland doch

Gibraltar ist nicht viel mehr als ein Felsen

wohl kaum einen kolonialen Posten in einem anderen EU-Staat haben könne. Die Briten kontern, dass sie „Gib" aus strategischen Gründen behalten müssten. Das wiederum lässt Madrid nicht gelten und erinnert daran, dass beide Länder schließlich NATO-Mitglieder seien und die Spanier sehr wohl selbst hier aufpassen könnten. Spätestens an diesem Punkt bringt London dann den Hinweis, dass die Spanier ja selbst noch koloniale Restposten in Form von zwei kleinen Städten auf marokkanischem Boden besäßen (Melilla und Ceuta). Und schon hat man wieder die unsachliche Ebene erreicht.

Aus touristischer Sicht bietet Gibraltar nur begrenzt Spannendes. Der Reiz liegt eben im Nebeneinander von **britischem und spanischem Flair** in Andalusien, garniert mit einer Hand voll Sehenswürdigkeiten aus der Historie des Felsens.

Geschichte Schon die **Araber** interessierten sich für diesen Felsen im Süden Spaniens. 711 setzte *Tarik* der Eroberer seinen Fuß hier an Land und startete seinen Siegeszug nach Norden. 400 Jahre später wurde die erste Siedlung gegründet.

Die **Spanier** eroberten den Felsen im Jahre 1300. Nachdem sie zwischenzeitlich wieder vertrieben werden konnten, gelang es ihnen dann 1463 entgültig das Landstück einzunehmen.

Während des Spanischen Erbfolgekrieges aber schlugen die **Engländer** 1704 im Handstreich zu und besetzten Gibraltar – bis heute. Im **Friedensvertrag von Utrecht** wurde ihnen neun Jahre später auch offiziell der Felsen zugesprochen.

Lange Zeit störte sich niemand sonderlich an dieser Situation, bis in den 60er-Jahren *Franco* die Briten vertreiben wollte. Die gingen nicht, ließen aber im Jahre 1967 einen **Volksentscheid** durchführen. Die überwältigende Mehrheit entschied sich damals für eine britische Oberhoheit, gerade mal 0,4% votierten für Spanien. Das konnte jedoch niemanden überraschen, denn der wirt-

Küste der Provinz Cádiz

schaftliche Unterschied zwischen beiden Staaten war zu der Zeit einfach zu groß. Der verärgerte Franco ließ daraufhin die **Grenze schließen.** Niemand konnte mehr auf dem Landweg von Spanien nach Gibraltar reisen. Diese Regelung wurde eisern durchgehalten. Erst 1982 lockerte man die Bestimmungen. Spanier, die auf Gibraltar arbeiteten, durften nun die Grenze passieren. Für Ausländer blieb sie aber weiterhin geschlossen. Das änderte sich erst 1985. Spanien wollte in die EU aufgenommen werden und musste etwas tun. Seit jener Zeit ist die Grenze wieder passierbar.

2002 wurde erneut abgestimmt, mit dem gleichen Ergebnis: Knapp 99% der *Llanitos,* wie sich die Gibralteken selbst nennen, votierten für einen **Verbleib unter der britischen Krone.**

Anfahrt

Anreise per Bus

Wer mit einem Linienbus anreist, steigt in **La Línea de la Concepción,** dem Grenzort, aus. Von dort sind es fünf bis zehn Minuten Fußmarsch zur Grenze. Es gibt nur einen einzigen direkten Bus nach Gibraltar, aber da der Weg nicht so weit ist, muss dieser nicht zwingend genommen werden.

Anreise per Auto

Wer aus Richtung Tarifa kommt, sollte so lange auf der **N-340** bleiben, bis kurz nach dem Passieren von Algeciras beim Km 118 das erste und einzige Hinweisschild nach Gibraltar kommt. Dieses lotst die Besucher über La Línea zum Felsen. Man kann mit seinem Pkw dann direkt auf den Felsen fahren, aber das ist **nicht empfehlenswert.**

Ausländer müssen die **grüne Versicherungskarte** vorzeigen. Wer sie vergisst, hat Pech. Die Briten kontrollieren durchaus genau, die Spanier sehr streng. Das führt dazu, dass sich speziell bei der Ausreise lange Schlangen bilden, **Wartezeiten** von einer Stunde sind durchaus üblich.

Auf Gibraltar gibt es auch nur sehr wenig Parkmöglichkeiten. Außerdem sind viele Parkplätze gebührenpflichtig und die Automaten nehmen nur britisches Geld. Kleine Hinweisschilder weisen deutlich darauf hin.

Die Straßen, die zu den Sehenswürdigkeiten hochführen, sind **steil, schmal** und **kurvig.** Außerdem steht man ständig im **Stau,** wenn an den Sehenswürdigkeiten all die neugierigen Besucher den Ausflugsbussen und Taxen entsteigen. Vorbeifahren ist dann nicht möglich.

Es ist also ratsam das Auto in La Línea stehen zu lassen und zu Fuß weiterzugehen. Etwa fünf Minuten Fußmarsch von der Grenze entfernt kann der Wagen in einer großen Tiefgarage abgestellt werden. Diese **Parkmöglichkeit** wird schon frühzeitig ausgeschildert. Sollte die Tiefgarage belegt sein, kann man auch noch kurz vor der Grenze parken, und zwar gegen Gebühr auf Parkplätzen an der schattigen Straße oder ohne Gebühr auf einem schattenlosen Feld. Dort wird man zwar auch gleich von einem Mann mit weißer Mütze angesprochen – er wird irgendetwas von „Gebühr" murmeln und sich auf Nachfrage als freiwilliger Helfer ausgeben, dem man etwas geben könne aber nicht müsse. In dieser Situation sollte am besten jeder selbst entscheiden, was zu tun ist.

Noch ein paar Hinweise

Einen **Personalausweis oder Reisepass** muss man unbedingt mitnehmen. Jeder wird kontrolliert, ein Durchwinken gibt es nicht.

Die offizielle **Währung** ist das Gibraltar Pound, das dem Britischen Pound gleichgestellt ist. Mit dem Euro kann aber auch überall bezahlt werden. Man bekommt dann die britische Währung als Wechselgeld zurück. Die Euro-Preise sind allerdings höher.

Es herrscht **Rechtsverkehr.** Hingegen sind die **Öffnungszeiten** der Geschäfte an die üblichen britischen Zeiten angepasst: Gegen 19.30 Uhr schließen die meisten Läden und auch am Samstagnachmittag kann man nicht mehr einkaufen gehen.

Küste der Provinz Cádiz

Organisierte Rundfahrt Gleich hinter der Grenze wird dem Besucher charmant eindringlich die Teilnahme an einer organisierten 90-minütigen Rundfahrt angeboten. Diese **Rock-Tour** bietet schon ein paar Vorteile. Denn wer die Sehenswürdigkeiten oben auf dem Felsen besuchen will, kann zwar auch per Seilbahn dorthin gelangen, muss dann aber von der Endstation noch ziemlich weit laufen. Und nicht vergessen: Die Straßen sind sehr steil! Am Ende der Rock-Tour wird man in der City abgesetzt und kann dort noch herumspazieren. Eine Person bezahlt 10-12 £ für die Fahrt, je nach Anbieter, die Eintrittspreise für die Sehenswürdigkeiten sind dabei schon eingeschlossen. Man kann aber auch noch in der City, direkt vor dem Friedhof, zum gleichen Preis buchen. Calypso Tour bietet eine kombinierte Tour für 10 £, bei der am Ende eine Fahrt mit der Seilbahn inklusive ist.

Blick auf Landepiste und Grenze

Sehenswertes

Überque-
rung der
Landebahn

Das erste Kuriosum erwartet den Gibraltar-Reisen-
den, gleich nachdem er die Passkontrolle passiert
hat: das Überqueren der Landebahn des **Flugplatzes.** Aus Platzmangel führt der Weg in die
City quer über die Rollbahn. Wenn ein Flugzeug
landen will, wird die Straße durch eine Schranke
gesperrt.

Main
Street

Fußgänger erreichen nach etwa zehn Minuten die
Main Street. Sie ist, wie der Name schon sagt, die
zentrale Ader, an der Shops, Bars und einige offizielle Ämter liegen. Ein Großteil der Main Street
wurde zur Fußgängerzone umgebaut. So können
vor allem die Touristen noch entspannter bummeln und hoffentlich etwas kaufen. Britische Ein-
flüsse sind überall zu bemerken. Aber wer ein wenig genauer hinsieht, der wird ein kosmopoliti-
sches Bild entdecken: Engländer, Spanier, Araber,
Juden, tief verschleierte Frauen neben Minirock-
Schönheiten, Tattoo tragende, lässig dahinschrei-
tende Soldaten im „knapp-über-dem-Knaben-Al-
ter", distinguierte Gentlemen mit akkurat gestutz-
tem Schnauzer. Und immer wieder auch seriös
blickende Herren im Zweireiher und mit Attaché-
Köfferchen. Was da wohl drin ist? Gibraltar gilt
nämlich als eines der Finanzparadiese dieser Welt.

Gibraltar
Museum

Das Gibraltar Museum in der Bomb House Lane,
schräg gegenüber der katholischen Kirche, gibt einen Einblick in die **Historie** und würdigt die
militärische Leistung der Briten. Darüber hinaus
ist ein gewaltiges, detailgetreues Modell des Felsens ausgestellt und mehrmals täglich wird ein 15-
minütiger Film gezeigt. Im gleichen Gebäude können aber auch die Reste **arabischer Bäder** besichtigt werden.
●Geöffnet: Mo.-Fr. 10.00-18.00 Uhr, Sa. 10.00-
14.00 Uhr, Eintritt: 2 £, Kinder unter 12 Jahren 1 £

Küste der Provinz Cádiz

Governor's House
Das Governor's House liegt weiter oben an der Main Street. Dort residiert der Gouverneur. Mehrmals täglich findet vor dem Gebäude nach guter britischer Militärtradition die Zeremonie einer **Wachablösung** (Changing of the guard) statt. Gibraltar hat ein eigenes Regiment, dessen Soldaten genauso zackig die Hacken knallen lassen wie die Kollegen vor dem Buckingham Palace in London.

Trafalgar Cemetery
Am Ende der Main Street liegt der kleine Friedhof Trafalgar Cemetery, wo die Toten der **Schlacht von Trafalgar** liegen. Am Kap von Trafalgar, etwa 50 km von Gibraltar entfernt, besiegte die britische Flotte unter Admiral *Nelson* am 21.10.1805 die spanisch-französische Armada. Nelson starb in jener Schlacht.

Seilbahn
Noch ein kleines Stückchen weiter befindet sich die Seilbahnstation. Sie **verbindet die Stadt mit dem Gipfel** – auf halbem Wege wird übrigens am Affenfelsen angehalten. Preis: 5 £ für das Rückfahrticket, 7 £ inkl. der Eintrittsgebühren für die Sehenswürdigkeiten. Die Seilbahn verkehrt Mo.-Sa. ab 9.30 Uhr, die letzte Bahn startet um 17.15 Uhr zum Gipfel, zurück zur Bodenstation geht es letztmalig um 17.45 Uhr. Am Sonntag, dem Tag des Herren, ruht auch die Seilbahn.

Upper Rock
Mit dem eigenen Fahrzeug: etwas mühselig, aber machbar. Steile Straßen und Staus müssen einkalkuliert werden. Preis Erw. 7 £, Kinder 5-12 Jahren 4 £, Auto 1,50 £. Der Preis schließt die Eintrittsgebühren aller Sehenswürdigkeiten ein.

Europa Point
Der **südlichste Punkt Gibraltars** ist der Europa Point. Von hier schaut man bei klarer Sicht bis nach Tanger (54 km) oder nach Ceuta (24 km).

081c Foto: jf

Küste der Provinz Cádiz

St. Michael's Cave
Eine große **natürliche Tropfsteinhöhle,** in der auch gelegentlich Konzerte stattfinden, ist die St. Michael's Cave. In einer Ecke wurde mit menschengroßen Puppen das primitive Leben früher Steinzeitmenschen nachgestellt.

Apes Den
Der **Affenfelsen** kündigt sich schon von weitem durch eine wartende Autoschlange an. Die Affen sind friedlich, doch sollte man sie lieber nicht ärgern. Sie springen geschickt zwischen den Besuchern herum, setzen sich auf Schultern, lassen sich füttern und zögern auch nicht durch ein heruntergekurbeltes Fenster in ein Auto zu springen. Die Affen, Berbermakaken, werden von der britischen Armee betreut. Aus gutem Grund, denn die Legende erzählt, dass die Briten Gibraltar verlassen müssten, wenn die Affen verschwänden. Da sie

Gibraltar aber eigentlich loswerden wollen, so ein weiteres Gerücht, sollen sie den Affen ein empfängnisverhütendes Mittel ins Futter gemischt haben – vergebens, noch toben 280 herum.

Great Siege Tunnels Great Siege Tunnels dürfte wohl das beeindruckendste Bauwerk Gibraltars sein. Ein von Menschenhand geschaffenes **Tunnelsystem** durchzieht hoch oben den ganzen Felsen auf mehreren hundert Metern. Durch Fenster, die früher zumeist als Schießscharten genutzt wurden, genießt man heute eine grandiose Aussicht auf die Landepiste und das dahinter liegende Spanien. Früher wurden hier Kanonen auf Angreifer abgefeuert und im 18. Jh. hielten die Briten sogar einer jahrelangen Belagerung stand. Heute sind hier in mehreren Räumen historisch-militärische Szenen nachgestellt. Betritt ein Besucher z.B. einen bestimmten Raum, so brüllt ein Sergeant: „Halt! Who goes there?" so täuschend echt, dass man unwillkürlich zusammenzuckt.

Moorish Castle

The Moorish Castle aus dem Jahre 1333 liegt ganz in der Nähe. Es war zum Zeitpunkt der letzten Recherchen nicht zu besichtigen, soll aber inzwischen den Besuchern wieder zugänglich sein. Viel zu sehen gibt es allerdings nicht.

Praktische Tipps

Unterkunft

Da ein Tagesgast wahrscheinlich nicht unbedingt in Gibraltar übernachten möchte, gibt es an dieser Stelle keine speziellen Tipps. Wissen sollte man aber, dass die Hotels **nicht allzu billig** sind.

Essen & Trinken

●**Entlang der Main Street** reiht sich ein Lokal an das nächste, darunter auch einige, die schon jahrelang hier etabliert sind wie **The Angry Friar,** Hausnummer. 287, gegenüber Governor's Residence, oder die bereits 1895 gegründete **The Horse Shoe Bar,** schräg gegenüber dem Gibraltar Museum.

●Viele Läden bieten **fish 'n' chips** an. Sicherlich kein kulinarischer Hochgenuss, aber *„when in Gib",* muss es einmal probiert werden; etwa im **Roy's** am Ende der Main Street, in Richtung Grenze.

●**La Bayuca,** 31 Turnbull's Lane, gilt als das älteste Lokal des Felsens.

Adressen

●**Post:** Main Street, im oberen Drittel, Richtung Grenze. Einen Kartengruß aus „Spanien" mit Gibraltar-Briefmarke kann man in jedem Souvenirshop erwerben. Klassisch rote Briefkästen stehen in der Main Street.

Feste

●**Mitte März:** Commonwealth Day
●**Ende Mai:** Spring Bank Holiday
●**Mitte Juni:** Queen's Birthday
●**Ende August:** Late Summer Bank Holiday
●**10. September:** Referendum Day

Küste der Provinz Cádiz

Mahlzeit!

Die Küste der Provinz Huelva

Überblick

Die Provinz Huelva liegt im äußersten Südwesten Spaniens. Zwei Flüsse markieren die Grenzen nach Portugal und zur benachbarten Provinz Cádiz: im Westen der Río Guadina und im Südosten der Río Guadalquivir. Weite Umwege muss der Besucher deshalb fahren. Keine Brücke und keine Fähre verbindet die Provinzen Cádiz und Huelva. Gute 250 km sind immerhin zurückzulegen, um von der Küste bei Cádiz über Sevilla erneut an den Atlantik zu gelangen. Aber dieser Weg lohnt sich! Locken doch **120 Kilometer Küstenlinie** mit beinahe durchgehend feinen Sandstränden. Obendrein erstreckt sich hier über 50.000 ha das **größte Naturschutzgebiet Europas:** der Parque Nacional Doñana, ein einzigartiges Refugium für über 150 verschiedene Vogelarten.

Bei solch weiten Sandstränden möchte man das Schlimmste ahnen, befürchtet eine zubetonierte Küstenlinie wie an der Costa del Sol. Aber weit gefehlt! Bis auf zwei Ausnahmen finden sich an der gesamten Küste keine oder nur sehr gemäßigte *urbanizaciones*. Der große, internationale Tourismus mit seinen bautechnischen Sünden findet hier nicht statt. Selbst unter spanischen Urlaubern gilt die Provinz Huelva nicht unbedingt als erste Wahl. Europa jedenfalls hat diese Ecke noch nicht entdeckt. Und so wurden zumeist **Ferienwohnungen** für den nationalen Tourismus errichtet.

An kulturellen Highlights bietet die Provinz Huelva nicht allzu viel: ein paar ruhige Städtchen, die in irgendeinem Zusammenhang mit **Kolumbus** stehen und dies jetzt vermarkten, der Wallfahrtsort **El Rocío** – das war's beinahe schon. Die Provinzhauptstadt **Huelva** ist keine Schönheit, das muss bei allem Respekt schon so deutlich gesagt werden. Aber es sind auch mehr die **kleinen**

Vorhergehende Seite: Mit 1 PS durch Sevilla

Orte, die den Reiz ausmachen. Eigentlich eine ideale Zone für Leute, die keine abendliche Animation benötigen, die etwas **Ruhe** wünschen und auch mal neugierig ein kleines spanisches Dorf kennen lernen wollen. Die abseitige Lage hat dazu geführt, dass die Provinz Huelva eine der relativ unentdeckten Ecken an Spaniens Küste geblieben ist.

Sevilla

- **Einwohner:** 750.000
- **PLZ:** 45011
- **Entfernung nach Cádiz:** 125 km
- **Touristeninformation:** Plaza de América s/n, Tel. 954 592 915; c/ Arjona 28, Tel. 954 505 605; Avda. de la Constitución 21 b, Tel. 954 221 404; Paseo de las Delicias 9, Tel. 954 234 465; am Flughafen und am Bahnhof Santa Justa; www.turismo.sevilla.org

Überblick   Sevilla ist heute mehr denn je ein Nebeneinander von **Alt und Neu,** von Fortschritt und Historie. 1992 war das magische Jahr, als hier die Weltausstellung stattfand. Milliarden von Pesetas wurden investiert, es wurde gebaut, gebuddelt, abgerissen und modernisiert. Alles war eine Option auf die Zukunft, träumten doch die Stadtväter von einem beflügelnden, dauerhaften Aufschwung. Ganz so kam es dann aber doch nicht. Die erhoffte Ansiedlung von High-Tech-Firmen auf dem EXPO-Gelände ließ auf sich warten. Immerhin bekam die Stadt ein paar neue Infrastruktureinrichtungen, von denen sie heute noch profitiert: einen vergrößerten Flughafen, einen neuen Bahnhof, neue Brücken über den Río Guadalquivir und eine geschlossene Ring-Autobahn um die Stadt. Aber das alles wird den Tagesbesucher nicht sonderlich interessieren. Und damit wären wir beim Historischen. Die Altstadt und ihre jahrhundertealten Monumente haben den Ansturm der Besucher

Küste der Provinz Huelva

überstanden. Sie haben nichts von ihrer Anzie-
hungskraft verloren und sind als Lockmittel für
Ausländer erhalten geblieben. Wenn schon keine
neuen Firmen angesiedelt werden konnten, sollen
doch wenigstens weiterhin die Touristen kommen.
Und die suchen keine High-Tech-Spielwiese, sondern die wirklich pittoreske Altstadt. Dorthin soll
auch unser Rundgang führen.

Geschichte **Hispalis** wurde eine Ursiedlung in vorrömischer
Zeit genannt. Aus diesen Anfängen liegt jedoch
nach wie vor vieles im Dunkeln. *Julius Cäsar*
höchstpersönlich soll dem Kind dann einen neuen
Namen gegeben haben: **Hispalis Iulia Romula.**

Dann kamen andere: erst die Vandalen, dann
die Westgoten, schließlich 712 die Araber. Sie
nannten den Ort *Ichbilija.* Über die Jahrhunderte
entwickelte sich die Stadt zu einem der wichtigsten Zentren in **al-Andalus,** bevor sie 1248 zurückerobert wurde, wie es so schön heißt.

Ferdinand III. von Kastilien pflanzte sein Banner
auf und residierte hier. Eine Zeit lang lebten die
drei Kulturen nebeneinander: **Christen, Juden**
und **Araber.** Die Hebräer hatten ihr eigenes Viertel, das auch heute noch seinen Namen trägt:
judería, das heutige Barrio Santa Cruz und Barrio
San Bartolomé.

Dann kam **Kolumbus.** Er brach vom nahen Palos zu seiner Entdeckungsfahrt auf und kehrte ein
halbes Jahr später triumphierend zurück. In Sevilla
wurde er feierlich empfangen. Einige Jahre später
erkannte man erst den wahren Wert seiner Entdeckung. Unvorstellbare Reichtümer flossen über
den Ozean und erreichten spanisches Territorium
und königliche Truhen über eine Kontrollinstanz in
Sevilla. Die 1503 gegründete **Casa de Contratación** überwachte den gesamten spanischen Über-
seehandel, denn Sevilla hatte mit seinem Hafen eine Monopolstellung.

Im gleichen Jahr, als Kolumbus die Neue Welt
entdeckte, eroberten die spanischen Könige

Granada, die letzte Bastion der Araber auf spanischem Boden. Nur wenige Jahre später fühlte man sich so stark wie nie und verjagte sowohl die letzten verbliebenen Juden als auch die Mauren. Der **Niedergang der Stadt** kam schleichend: 1561 verlegt König *Felipe II.* den Thron nach Madrid. Dort spielte nun die Regierungsmusik. Noch zwei Jahrhunderte lang hielt Sevillas Monopolstellung, aber 1717 war es auch damit vorbei. Da der Guadalquivir nicht mehr schiffbar war, bekam Cádiz den Zuschlag. 1765 wurde der Monopolstatus jedoch endgültig aufgehoben und sechs weiteren Häfen der Amerikahandel erlaubt.

Es dauerte bis 1929, bevor Sevilla wieder ins Rampenlicht rückte. In jenem Jahr wurde schon einmal eine **Weltausstellung** in der andalusischen Metropole gefeiert. Einige bedeutende Bauten entstanden – ähnlich sollte es 63 Jahre später wieder geschehen.

Küste der Provinz Huelva

Platz vor der Kathedrale

**Tages-
besuch**

Die Hauptstadt Andalusiens bietet eine solche **Fülle von Attraktionen,** dass ein Tagesbesuch viel zu kurz erscheint. Aber da viele Urlauber nun einmal nicht länger verweilen können, soll hier die Möglichkeit geboten werden einen ersten Eindruck zu gewinnen: Tipps für einen Tagesausflug.

Natürlich muss sich der Besucher in einem solchen zeitlichen Rahmen einschränken, er kann nicht „alles" sehen. Die wichtigsten **historischen Sehenswürdigkeiten** liegen jedoch relativ dicht beisammen: die Kathedrale, Alcázar, Plaza España und das Barrio Santa Cruz. Das ist das Sevilla der Historie und der Legenden; das moderne Sevilla wird hier bewusst ausgeblendet.

Wer länger bleiben möchte, dem sei das **Reisehandbuch Andalusien** aus diesem Verlag empfohlen. Dort werden alle Sehenswürdigkeiten ausführlich vorgestellt und praktische Hinweise für einen längeren Aufenthalt in Sevilla gegeben.

Anfahrt

**Anreise
per Auto**

Die Anreise mit dem Pkw ist **nicht gerade empfehlenswert.** Zum einen stellt sich wie in kaum einer anderen spanischen Stadt die Frage nach einem sicheren Parkplatz. Es kann nämlich nicht beschönigt werden: Sevilla hat einen traurigen Ruf, was **Autoaufbrüche** betrifft. Der Wagen darf auf keinen Fall einfach an der nächsten Ecke geparkt werden. Es muss unbedingt ein bewachter Parkplatz aufgesucht werden. Des Weiteren herrscht immer ein ziemlich **hohes Verkehrsaufkommen** auf den großen Einfallstraßen. Die Gefahr sich hier zu verfahren ist nicht gerade klein.

Wer trotzdem per Auto anreist, gelangt im Großraum Sevilla irgendwann auf die **Umgehungsautobahn SE-30.** Dort sind alle Fernziele prima ausgeschildert, weniger jedoch, wie man ins Zentrum gelangt.

Eine Möglichkeit wäre zunächst der Ausschilderung nach **Huelva** zu folgen und sich dann nach

den Schildern **„Isla Mágica"** zu richten. Dies ist ein Freizeitpark, der auf dem ehemaligen EXPO-Gelände liegt. Dort ist ein großer Parkplatz ausgewiesen. Der Park liegt am Rande des Zentrums und mit dem Taxi kommt man schnell und bequem weiter. Ebenso einfach geht es zurück, die „magische Insel" kennt jeder Taxifahrer.

Eine weitere Möglichkeit wäre bis zum Bahnhof „Santa Justa" zu fahren. Dort sind sogar mehrere Parkplätze. Ausgeschildert sind **„Estación Santa Justa"** oder die breite Ausfallstraße **„Kansas City"**.

Man kann auch bis zum Flugplatz (ausgeschildert) fahren, dort parken und per Bus oder Taxi ins Zentrum gelangen. Der **aeropuerto** liegt etwa zehn Kilometer außerhalb. Da fällt sogar der Taxitarif nicht allzu üppig aus. Etwa stündlich fährt auch ein Bus ins Zentrum bis zur Puerta Jerez.

Fazit: Wer keinen guten Stadtplan hat und vor allem seine Nerven nicht strapazieren will, der sollte nicht mit dem Auto nach Sevilla fahren.

Blick von der Giralda über Sevilla

Nadelöhr Sevilla

Jeder fährt über Sevilla, sowohl diejenigen die aus der Provinz Huelva kommen als auch die aus Richtung Cádiz. Es gibt keine Verbindung entlang der Küste oder gar über den Río Guadalquivir. Aber so tragisch ist das heute nicht mehr. Eine **Ring-Autobahn** führt einmal um Sevilla herum und die Ausschilderung ist hervorragend. Es wird zwar flott gefahren und das Verkehrsaufkommen ist sicher hoch, aber grundsätzlich sollte jeder gut durchrutschen können.

Aus Richtung Cádiz führen die Autobahn und die N-IV gemeinsam auf den Ring SE-30. Wer an die Küste oder zur Coto Doñana will, folgt den Schildern nach Huelva. Dabei wird man über die gewaltige neue Brücke geführt, streift Sevilla gerade mal aus der Ferne und wird dann auch schon wieder hinaus auf die A-49 geleitet. Einziger Knackpunkt: An einer Stelle verengt sich die Fahrbahn kurzzeitig auf eine Spur. Ansonsten sollte es keine Probleme geben.

Wer **aus Huelva** kommend nach Cádiz will, wird entsprechend andersherum geleitet. Auch hier ist man schnell wieder draußen.

Wer **von Cádiz nach Córdoba** bzw. **Madrid** auf die N-IV will, muss den Ring großzügig östlich von Sevilla befahren. Córdoba ist schon frühzeitig ausgeschildert. Ansonsten muss man sich am Flughafensymbol orientieren.

Den weitesten Weg hat derjenige, der **von Huelva nach Córdoba** möchte. Leider wird man dann nicht westlich auf dem kürzesten Weg um Sevilla herumgeleitet, sondern man umfährt die Stadt auf dem östlichen Bogen: ein dreimal so langer Weg!

Das klingt jetzt alles sehr theoretisch und kompliziert, ist es aber nicht. Die Ausschilderung ist ausgezeichnet und teilweise braust man auf dreispurigen Straßen dahin.

Anreise per Bus

Nach Sevilla fahren sehr viele Gesellschaften, aber natürlich nicht von jedem Ort der Costa de la Luz aus. Das ist leider der Haken an der Sache. Von den meisten Orten aus wird ein Service nach Cádiz oder Huelva angeboten, also in die jeweilige Provinzhauptstadt, und von dort gibt es etwa stündliche Verbindungen nach Sevilla.

Die Stadt hat **zwei Busterminals:** Busse aus der Provinz Cádiz kommen am Terminal Prado San Sebastián unweit der Plaza España an. Busse aus der Provinz Huelva landen beim neuen Terminal Plaza de Armas am Río Guadalquvir.

Wie herum-kommen? Im historischen Zentrum bewegt man sich am besten **zu Fuß.** Alternativ kann man sich auch mit einer **Kutsche** spazieren fahren lassen. Das ist sogar keine schlechte Idee, genießen die Kutscher doch das Privileg bestimmte Straßen und Plätze befahren zu können, die den Autos versperrt bleiben. Maximal vier Personen werden mitgenommen, eine Stunde Kutschfahrt kostet rund 25 €.

Ein Rundgang

Überblick Die folgende Besichtigungstour führt an den bedeutendsten Sehenswürdigkeiten der Stadt vorbei. Ausgangspunkt ist die Plaza de España. Von dort geht es zunächst zur Kathedrale und dann weiter zum Alcázar. Danach bietet sich ein Spaziergang durch die engen Gassen der Altstadt an. Dieser Bummel kann auch gut mit einer Zwischenmahlzeit verbunden werden. Zum Abschluss bieten sich verschiedene Optionen, je nach Lust und Laune.

Plaza de España Ein weitläufiger, halbkreisförmiger Platz, der 1929 anlässlich der in Sevilla veranstalteten **iberoamerikanischen Ausstellung** angelegt wurde. Bemerkenswert sind mehrere Dutzend auf schönen *azulejos* („Kacheln") dargestellte Szenen der spanischen Geschichte. Man kann hier einmal quer durch Spaniens Historie spazieren. Obendrein fließt hier ein künstlicher Wasserlauf und wer

Küste der Provinz Huelva

Sevilla

La Macarena

Barrio Santa Cruz

Bahnhof Santa Justa,
Hotel Meliá Lebreros

Ronda Capuchinos

Calle de María Auxiliadora

Calle de la Enladrillada

Calle del Sol

Perez Hervas

Calle de Arroyo

José Laguillo

Saturno

C. Salesianos

Gonzalo Bilbao

Calle

Amador de los Ríos

Averroes

Calle Juan Anton.

Montoto

C. de Luis

Ca

Calle de Recaredo

Osario

Matahacas

Esduel Pías

Jaurgui

Pl. Ponce
de León

Calle de Bustos Tavera

Carrión Melias

Calle Aguilas

Virgenes S. José

Calle de San Luis

C. Socorro

C. Castellar

Calle Gerona

A. Apodaca

Pl.
San
Pedro

Pl. Cristo
de Burgos

R. D.P.

Corr. de Rey

Argote de Molina

Imagen

C. de Feria

Viriato de la Palma

Mora Saes

Calle de la Cuna

Plaza
Salvador

C. de Francos

Alameda de
Hercules

C. del
Amor de Dios

C. Tarifa

Campana

Marín Villa

Laraña

★ 12

Avenida

Calle de Jesus

C. de Potro

del Gran Poder

P.

C. Sierpes

Velázquez

13 🎭

Tetuan

Plaza
Nueva

Mad.

Jimios Cast

11 🎭

Calle de Santa Ara

Calle de Santa Clara

Juan Rabadan

Calle de Baños

Calle de San Eloy

O'Donell

14 🎭

Calle Zaragoza

Calle de San Vicente

Calle Alfonso XII

San Pablo Murillo

Santas Patronas

15 🏨

Calle de Ballén

Capataces

R. Católicos

Calle del Torneo

E. Marqués de

Paradas

Av. del Cristo de la Explanación

Calle

de Arjona

17 ℹ️

Guadalquivir

Pasarela La Cartuja

16 🅱️

Isla Mágica

C. de Castil

0   400 m

möchte, kann in kleinen Tretbooten herum-
schippern.

Parque de Dieser recht große Park liegt genau gegenüber
María Luisa der Plaza de España. 1893 schenkte Prinzessin
María Luisa Fernanda de Orleans das Gelände
der Stadt mit der Bedingung hier einen Park zu
schaffen. So geschah es und *Jean Forestier*, Direk-
tor des riesigen Pariser Parks Bois de Boulogne,
übernahm die Aufgabe. Eine schöne, weitläufige
Parkanlage ist dabei entstanden. Sie wird auch
heute noch liebevoll gehegt und gepflegt.

Kathedrale Von der Plaza España ist es nur ein kleiner Spaziergang bis zur Kathedrale. Sie gilt als das
drittgrößte Gotteshaus der Welt, nach dem
Petersdom von Rom und der Londoner St. Paul's
Cathedral.

Plaza España

Legende zu Karte auf Seite 256	
❶ 1	C./Mateos Gago mit vielen Tapabars
★ 2	Hospital de los Venerables Sacerdotes
⑬ 3	Busterminal Prado de San Sebastián
❶ 4	Touristeninfo
⑬ 5	Flughafenbus
🏠 6	Hostal Picasso
❶ 7	Touristeninfo
★ 8	Archivo de las Indias
◯ 9	Internet Café
🏠10	Hotel Simón
❶11	C./Gamazo mit vielen Tapabars
★12	Plaza de San Francisco mit Rathaus
❶13	C./General Polavieja mit vielen Tapabars
❶14	C./Albareda mit vielen Tapabars
🏠15	Hotel Regina
⑬16	Busterminal Plaza de Armas
❶17	Touristeninfo

1402 begannen die Bauarbeiten. Sie zogen sich über ein Jahrhundert hin. Auch Sevillas Kathedrale wurde auf den Mauern einer ehemaligen Moschee errichtet. Dies geschah, wie man so schön sagte, als Ausdruck des Stolzes, des Reichtums und des Glaubens. Wenn schon, denn schon, hieß es damals. „Errichten wir eine Kirche von derartiger Größe, dass man uns für verrückt erklärt." Gesagt, getan! Die Fakten: Gesamtfläche: 23.500 m², Länge: 126 m, Breite: 83 m, größte Höhe: 37 m. Der Turm La Giralda erreicht eine Höhe von 96 m. Das Gotteshaus beeindruckt also schon durch seine Größe.

Besucher betreten zunächst einen Innenhof, **Patio de los Naranjos** genannt, und etliche Orangenbäume wachsen tatsächlich hier. Außerdem steht hier ein kleiner Brunnen, wo sich die gläubigen Moslems Hände und Füße wuschen, bevor sie zum Gebet in die Moschee gingen.

Wer dann die Kathedrale betritt, kann zunächst nur staunen. Pracht und Größe vereinen sich hier zu wahrem Gigantismus. Hoch oben fallen hübsch bemalte **Fenster** auf, in der Mitte erhebt

Küste der Provinz Huelva

sich der gewaltige **Hauptaltar** und an den Seiten befinden sich verschiedene Kapellen.

Die **Capilla Mayor** („Hauptkapelle") wird von einem filigranen Gitterwerk geschützt. Allein diese Arbeit ist bemerkenswert. Man arbeitete geschlagene 14 Jahre daran. Und dann erst der Altar! Ein handgeschnitztes Meisterwerk von 23 m Höhe, das 44 Szenen aus dem Leben Jesu zeigt. Die oberen Figuren sind etwas größer gehalten, damit es für den Betrachter keine perspektivischen Verzerrungen gibt. Alle Figuren wirken gleich groß.

Einmal um den zentralen Bereich herum befindet sich die angeblich **letzte Ruhestätte von Kolumbus.** Vier würdevoll dreinblickende Männer tragen seinen Sarg auf ihren Schultern. Somit schwebt er gewissermaßen über der ungeliebten spanischen Erde, in der Kolumbus nicht begraben werden wollte. In Santo Domingo, der Hauptstadt der Dominikanischen Republik, kann man übrigens auch eine würdevolle Ruhestätte des Entdeckers besuchen. Wo der Admiral nun wirklich ruht, weiß niemand so genau.

Die Kapellen sind voller Kunstschätze und Begräbnisstätten berühmter Herrscher. So ruhen König *Fernando III.* und *Pedro el Cruel* („Peter der Grausame") in der **Capilla Real.** Dort befindet sich auch der wertvollste Schatz: die Virgen de los Reyes, eine Marienfigur, die Schutzpatronin von Sevilla.

An der Ostseite liegt die **Sacristía Mayor,** ein prachtvoller Anbau mit auffälligem Gewölbe. Hier sind der Kirchenschatz sowie verschiedene wertvolle Gemälde, u.a. von *Murillo,* zu finden.

Den Turm **Giralda** sollte jeder Besucher einmal hinaufsteigen, auch wenn man dabei leicht ins Schnaufen kommt. Die Spitze erreicht man nicht über Treppen, sondern über ein wenig steile Ram-

Küste der Provinz Huelva

pen. Es sind insgesamt 34! Oben wird man dann aber mit einem überwältigenden Blick über die Dächer Sevillas belohnt. Der Turm war ursprünglich Minarett der Moschee und stammt aus dem Jahr 1198. Nach der christlichen Eroberung baute man vor allem die Spitze um und tauschte die Wetterfahne aus. Die Figur, die dem Turm den Namen gab – El Giraldillo – stammt aus dem Jahr 1568. Es handelt sich um eine den christlichen Glauben repräsentierende Bronzefigur von 4 m Größe.

●Geöffnet: Mo.-Sa. 11.00-17.00 Uhr, So. 14.30-18.00 Uhr, Eintritt: 6 €, sonntags ist der Eintritt frei und der Andrang doppelt so groß

Reales Alcázares

Der Plural im Namen dieses Gebäudes deutet schon darauf hin, dass es sich hier streng genommen um mehrere Paläste handelt. Etwa um das Jahr 900 sollen die ersten Bauten im Schutz einer hohen Mauer entstanden sein: der **Palacio del Gobernador** („Gouverneurspalast"). Der damalige Gouverneur war *Dar Al-Imara*. Die folgenden Herrscher machten es ihm nach und die Anlage wuchs beständig.

Nach der Vertreibung der Mauren wurde die Tradition fortgesetzt. 1364 ließ *Pedro I.* durch **arabische Baumeister** eine königliche Residenz bauen. In nur zwei Jahren entstanden wunderschöne Patios und Räume, die das heutige Bild prägen. Dies lockte später auch die spanischen Könige. Die Reyes Católicos kamen im Winter, ihr Sohn *Juan* wurde sogar im Alcázar geboren. *Carlos V.* feierte hier seine Hochzeit mit *Isabel von Portugal* und noch heute residiert die Königsfamilie hier, wenn sie sich in Sevilla aufhält.

Vom Haupteingang an der **Puerta del León** erreicht man zunächst einen hübsch begrünten Innenhof: den **Patio de Leones.** Geradeaus folgt der **Patio de la Montería.** Wendet man sich dagegen nach links, so gelangt man zum **Patio del Yeso.** Dies ist ein Garten, der sehr schön mit Ornamen-

Wo ist das Grab des Kolumbus?

Kolumbus hatte kein Glück! Vier Reisen unternahm er in die Neue Welt und fand doch nicht, was er suchte. Tragischerweise setzte sich diese Ruhelosigkeit über seinen Tod hinaus fort. Am 20. Mai 1506 starb er in Valladolid. Seinem letzten Wunsch, in Santo Domingo (Dominikanische Republik) begraben zu werden, entsprach man erst 1544. Bis dahin wurde seine Urne in der Kathedrale von Sevilla untergebracht. Nachdem man schließlich aber den wahren Wert seiner Entdeckungen erkannt hatte, wurde der Bitte von *María del Toledo*, einer Schwiegertochter des Admirals, entsprochen und seine Urne nach Santo Domingo überführt. In der dortigen Kathedrale wurde er feierlich neben Sohn *Diego* und seinem Enkel *Luis* beerdigt.

Jahrzehnte später zerfiel allmählich Spaniens Kolonialreich. 1795 wurde im Vertrag von Basel festgelegt, dass Spanien nach einer kriegerischen Auseinandersetzung die Dominikanische Republik an Frankreich abzutreten habe. Kolumbus sollte jedoch in spanischer Erde ruhen und so überführte man ihn nach Kuba, damals noch spanische Kolonie. Die Urne wurde also in der Kathedrale von Havanna deponiert.

1877 wurden in der Kathedrale von Santo Domingo Reparaturen durchgeführt. Dabei fand der Priester *Billini* an der ehemaligen Grabstelle eine Urne. Man öffnete sie in einem feierlichen Akt und entschied, dass seinerzeit die falsche Urne nach Kuba geschickt worden war, nämlich die von Diego.

Die Sache wurde aber noch komplizierter. Nachdem 1898 Spanien die allerletzten Kolonien verloren hatte, und damit auch Kuba, sollte Kolumbus endgültig nach Spanien zurückkehren. Die Urne wurde abermals über den Atlantik geschickt und in die Kathedrale von Sevilla gebracht.

So findet man heute in der dortigen Kathedrale eine imposante Grabstätte von Kolumbus. Aber trotz aller Wirrungen wurde in Santo Domingo eine nicht minder eindrucksvolle Grabstätte in der dortigen Kathedrale über Jahre betreut und schwer bewacht von Marinesoldaten.

Gerüchte wurden später laut, die besagten, dass nur ein Teil der Asche von Kuba geschickt worden wäre. Später soll die restliche Asche angeblich an Kolumbus' Heimatstadt Genua übergeben worden sein. Aber auch dies bestätigt offiziell niemand.

Die Frage bleibt: Wo ist das Grab des Kolumbus? Ein letztes Mal(?) wurde Kolumbus 1992 umgebettet. Zur 500-Jahrfeier wurde ihm eine gewaltige, ja fast monströse Grabstelle im Museum Faro a Colón hergerichtet.

0580 Foto: jf

ten verziert ist und noch aus dem 12. Jahrhundert stammt. Über den Patio de la Montería sagt die Legende, dass die Adligen sich hier zum Ausritt versammelten. Heute staunt der Besucher vor allem über die herrlich gearbeitete Fassade des gegenüberliegenden Palastes von Pedro I.

Im Alcázar

Durchschreitet man das Portal, erreicht man den dahinter liegenden **Patio de las Doncelas.** Und hier wird wohl jeder einen Augenblick staunend verweilen und die filigranen Verzierungen, die Zackenarbeiten und die Marmorbögen betrachten. Ähnlichkeiten mit der Alhambra in Granada sind nicht zu übersehen. Angeblich wurden hier übrigens dem arabischen Herrscher Tributleistungen in Form von hundert christlichen Jungfrauen übergeben.

Rechts liegt nun der **Salón de Embajadores,** dessen Eingangsbereich von drei Hufeisenbögen gebildet wird. Hier kann man die feine Dekoration, den leicht bläulich gehaltenen Wandschmuck, die schwungvollen arabischen Schriftzeichen und die kunstvolle Kuppel bewundern. Es ist wohl keine Übertreibung, diesen Bereich als den schönsten hervorzuheben.

Hinter dem Komplex öffnet sich der **weitläufige Garten:** ein verspieltes Ensemble mit kleinen Pavillons und Springbrunnen.

An der gegenüberliegenden Seite befindet sich der **Bereich von Carlos V.** Dort dominieren riesige Wandteppiche, die Szenen des tunesischen Feldzuges zeigen.

Wie eingangs schon erwähnt, wohnen die spanischen **Könige im Alcázar,** wenn sie Sevilla besuchen. Dieser Bereich kann nur in einer geführten Gruppe von 15 Personen besichtigt werden. ●Geöffnet: 1.4.-30.9. Di.-Sa. 9.30-19.00, So. 9.30-17.00 Uhr, 1.10.-31.3. bis 18.00 Uhr, So. bis 14.30 Uhr, Mo. geschlossen, Eintritt: 5 €

Archivo de Indias   Dieses Gebäude liegt zwischen Kathedrale und Alcázar. Erbaut wurde es in den Jahren 1584-1598 von *Juan de Herrera,* der auch federführend die Planung des El Escorial bei Madrid leitete.

Zunächst war hier eine Warenbörse untergebracht. 1785 aber beschloss König *Carlos III.* an einem bestimmten Ort alle wichtigen Dokumente zu sammeln, die die **spanischen Überseekolo-**

Küste der Provinz Huelva

nien betrafen. Diese wurden damals noch *Nuevas Indias* („Neu-Indien") genannt. Daher stammt der heutige Name.

So wurden hier Briefe, königliche Dekrete, Stadtpläne, Listen von Auswanderern, Skizzen, Lieferscheine von goldbeladenen Gallonen, Justizurteile, Anordnungen für die Kolonien – einfach alles archiviert. **90 Millionen Dokumente** liegen in 43.000 Ordnern, zeugen von Spaniens Glanz und Blutrausch.

Der Besucher kann allerdings nur einen Saal besichtigen. Dort sind unter Glas einige **Stadtpläne** größerer lateinamerikanischer Orte und vor allem Faksimiles (Reproduktionen) von **Briefen** bekannter Eroberer zu finden: von *Córtes, Kolumbus, Magellan,* aber auch von den Reyes Católicos und von *Cervantes.*

● Geöffnet: Mo.-Fr. 10.00-13.00 Uhr, Eintritt: frei

Barrio de Santa Cruz

Das Barrio de Santa Cruz schließt sich unmittelbar an Kathedrale und Alcázar an. Es ist ein Labyrinth aus kleinen und kleinsten **Gassen** mit vielen **malerischen Häusern.** Einst war es das jüdische Viertel. Die Häuser sind teils hübsch restauriert, teils etwas „angeknackst", nicht selten mit einem schönen **Patio** und immer mit kunstvollen Gittern vor den Fenstern.

Speziell in der Gasse **Callejón del Agua** liegen prachtvoll gestaltete Patios. Der Name („Wassergässchen") erinnert daran, dass hier einst ein Aquädukt zum Alcázar führte.

Ziemlich genau im Zentrum liegt das **Hospital de Venerables Sacerdotes,** ein ehemaliger Altersruhesitz für Priester.

Rathaus

Ebenfalls lohnend ist ein Bummel durch die etwas außerhalb des Santa-Cruz-Viertels gelegenen Gassen. Dazu steuert man am besten die Kathedrale an und folgt der davor verlaufenden breiten Avenida de la Constitución bis zur Plaza de San Francisco. Dort steht das **ayuntamiento** („Rathaus"), ein Renaissancegebäude aus dem 16. Jahrhundert.

Zum Ausklang

Von hier aus hat der Besucher mehrere Möglichkeiten seine Tour fortzusetzen. Es bietet sich zum Beispiel ein Spaziergang über die Calle Sierpes, der **Einkaufsstraße** von Sevilla, an. Im Sommer, wenn es sehr heiß ist, werden Laken als Schattenspender hoch oben über diese Fußgängerzone gezogen.

Man kann auch über die Calle Bruna zur gemütlichen Plaza del Salvador schlendern und dort in einer der **urigen Bars** verschnaufen oder von der Plaza San Francisco in die schmale Gasse c/ General Polavieja oder c/ Albareda gehen. Dort reiht sich ein empfehlenswertes **Lokal** an das andere (siehe „Praktische Tipps/Essen und Trinken").

Wahrscheinlich steht nun niemandem mehr der Sinn nach **weiteren Besichtigungen.** Für den, der aber immer noch nicht genug gesehen hat bieten sich Möglichkeiten zur Genüge: die Zone am Guadalquivir zwischen Stierkampfarena und Torre del Oro, ein Besuch der Alameda de Hercules oder gar des Themenparks Isla Mágica auf der Insel Cartuja, dem EXPO-Gelände, ...

Praktische Tipps

Unterkunft

Falls nun doch jemand über Nacht bleiben möchte: hier nur ein paar Tipps. Die Hotels in Sevilla liegen auf einem hohen Niveau, man findet ultramoderne Kästen, aber auch richtig schnuckelige, kleine Häuser in der Altstadt.

● **Hotel Meliá Lebreros,** €€€€ (etwa 185 €), Avda. Luis de Morales 2, Tel. 954 579 400, Fax 954 582 726. Mit 437 Zimmern eines der größten Hotels der Stadt. Es liegt in der geschäftigen Zone, nur wenige Schritte vom Bahnhof entfernt. Zur Altstadt sind es 30 Minuten Fußweg.

● **Hostal Picasso,** €€€, c/ San Gregorio 1, Tel. 954 210 864. Sehr zentrale und ruhige Lage in einer Seitenstraße beim Alcázar. Nett eingerichtet, die Zimmer verteilen sich auf drei Etagen, die alle hübsch dekoriert sind.

● **Hotel Simón,** €€€, c/ García de Vinuesa 19, Tel. 954 226 660, Fax 954 562 241, hotel-simon@jet.es. Das kleine, aber urgemütliche Haus liegt nicht einmal 100 m von der Ka-

Küste der Provinz Huelva

thedrale entfernt in einer Seitenstraße. Es hat 29 Zimmer und einen sehr schönen Patio, leider aber keinen Parkplatz.
●**Hotel Regina,** €€€€, c/ San Vicente 97, Tel. 954 907 575, Fax 954 907 562. Das Haus liegt nicht weit vom Tennis entfernt am Rande der Altstadt und hat 72 Zimmer. Ursprünglich bestand das Gebäude aus zwei Herrenhäusern. Daher hat es auch heute noch zwei Patios.
●**Jugendherberge,** c/ Isaac Peral 2, Tel. 955 056 500, Fax 955 056 508. Liegt nicht gerade zentral, sondern etwas abseits im Uni-Viertel. Zu erreichen: mit dem Bus Nr. 34 von der Plaza Nueva beim *ayuntamiento* („Rathaus") oder vom Busterminal Plaza de Armas mit Bus Nr. 6.

Camping

●**Sevilla,** 2. Kategorie, N-IV Richtung Madrid am km 534 gelegen, Tel./Fax 954 514 379. Kein allzu großer Platz, der etwa 10 km vom Zentrum entfernt liegt, direkt an der Landebahn des benachbarten Flugplatzes (kein Witz!). Zweimal täglich, um 10.00 und 12.00 Uhr, pendelt ein Bus direkt vom Campingplatz zur Plaza España. Wer den verpasst, kann auch den Stadtbus Nr. 70 nehmen, der alle 20 Minuten fährt. Zur Bushaltestelle muss man etwa einen Kilometer bis zur Tankstelle laufen, kurz dahinter nach links und dann die erste Straße nach rechts abbiegen.
●**Camping Club de Campo,** in Dos Hermanas, 2. Kategorie, Avda. de la Libertad 11, Tel. 954 720 250, Fax 954 726 308. Der kleine Platz liegt im Süden Sevillas, an der Straße nach Dos Hermanas und Cádiz, etwa 12 km vom Zentrum entfernt.
●**Villsom,** 2. Kategorie, N-IV Sevilla-Cádiz am km 554,8, Tel./Fax 954 720 828. Auch dieser Platz liegt in Dos Hermanas, nahe der Nationalstraße. Etliche Bäume spenden Schatten, ein Pool ist auch vorhanden. Die Anfahrt erfolgt über die N-IV, dann Abzweiger „Isla Menor" nutzen. Mit dem Bus „Dos Hermanas – Barriada" gelangt man ins Zentrum, zur Avda. Palos de la Frontera beim Parque María Luisa.

Essen & Trinken

Allein im Barrio Santa Cruz liegen derart viele Lokale, dass man ein eigenes Büchlein schreiben könnte. Sinnbildlich gesprochen liegt ein Lokal neben dem anderen, sowohl in der c/ General Polavieja als auch in der c/ Albareda. Beide Gassen sind nicht weit von der c/ Sierpes und der Plaza San Francisco. Es ist schwierig dort spezielle Empfehlungen zu geben. Alle Lokale werden auch gern von Sevillanern besucht und haben trotz der Nähe zu den touristischen Brennpunkten ihren Charme erhalten können.
●**Albero,** c/ General Polavieja 11, kleine Tapa-Bar
●**Góngora,** c/ General Polavieja 19, Tapas und *vino*, kein Bier
●**El Portón,** c/ General Polavieja 20, ein Klassiker für den „Tapeo"

Küste der Provinz Huelva

● **Barbiana,** c/ Albareda 11, spezialisiert auf Meeresfrüchte
● **Sancho,** c/ Albareda 3, ebenfalls Meeresfrüchte
Im Barrio Santa Cruz ist die c/ Mateos Gago so etwas wie eine erste Anlaufstation. Die Straße beginnt an der Plaza Virgen de los Reyes, unmittelbar vor der Kathedrale.
● **La Goleta,** c/ Mateos Gago 20, klein, aber immer überlaufen
● **Giralda,** c/ Mateos Gago 1, wie ein Intellektuellencafé eingerichtet, mit besten Tapas
● **El Giraldillo,** Plaza Virgen de los Reyes 2, beste Lage, immer gut besucht

Bars in der Altstadt

●**El Tenorio,** c/ Mateos Gago 11, Bar mit angeschlossener Galerie – oder umgekehrt?

Südlich der Kathedrale (einmal die Avenida de la Constitución überqueren) verlaufen als Kneipen-Tipps die c/ Gamazo und die c/ Harinas. Hier liegen ebenfalls etliche Lokale, beispielsweise:

●**Cervecería Internacional,** c/ Gamazo 1, ein tolles Lokal, das angeblich hundert Biersorten vorrätig hält.

Einmal um die Ecke verläuft die c/ Zaragoza, auch dort locken einige Tresen, wie etwa:

●**Taberna del Alabardero,** c/ Zaragoza 20, ein toller Laden, der schon einige Auszeichnungen einheimste.

●An der Plaza San Salvador liegt u.a. die **Bodeguita Los Sorpotales,** ein Lokal, das immer schwer umlagert ist.

Adressen

●**Internetcafé:** Seville Internet Centre, c/ Almirantazgo 2, 1. Stock, genau gegenüber der Kathedrale

●**Post:** Avda. de la Constitución 32, gegenüber der Kathedrale

●**Shopping:** Eine Vielzahl von kleinen Läden der unterschiedlichsten Ausrichtung liegen in der c/ Sierpes und der Parallelstraße c/ Tetuán.

La Tienda del Aceite, c/ García de Vinuesa 31. Breite Auswahl an Öl, Essig und ähnlichen Ingredienzien.

Confitería La Campana, c/ Sierpes 1. Köstliches Angebot an Gebäck.

Bustouren

Zwei Gesellschaften (Sevilla Tour und Sevirama) bieten Rundfahrten durch die Stadt mit offenen Doppeldeckerbussen an. Beide legen vier Stopps unterwegs ein. Man kann aussteigen, sich die Sehenswürdigkeiten anschauen und mit dem nächsten Bus weiterfahren. Die vier Stopps sind: Torre del Oro, Plaza España, Isla Mágica, Monasterio de la Cartuja. Preis des Tickets: 9 bzw. 11 €.

Schiffstour

Bei einer etwa einstündigen Fahrt auf dem Guadalquivir lernen die Passagiere Sevilla von der Wasserseite kennen. Abfahrt ist beim Torre del Oro, und zwar alle 30 Minuten.

Feste

●**Semana Santa,** die Osterwoche, wird nirgends so aufwändig und intensiv gefeiert wie in Sevilla. Von Palmsonntag bis Ostersonntag finden jeden Tag feierliche Prozessionen statt. Insgesamt 54 Bruderschaften ziehen in tiefster Nacht, aber auch am Tage durch Sevilla. In der Osterwoche ist es so gut wie unmöglich ein Bett zu bekommen. Und so bieten Sevillaner auch schon mal ihre Wohnung für aberwitzige Preise an.

●Die **Feria de Abril** findet nicht immer im April statt, sondern etwa zwei Wochen nach Ostern. Dann werden kleine und mittelgroße Festzelte aufgebaut. Dort versammelt sich ganz Sevilla – feiert, trinkt, tanzt, lacht und putzt sich schick

O6rbf Foto: jf

heraus. Nicht alle Zelte sind für jeden frei zugänglich, bestimmte gesellschaftliche Gruppen treffen sich jeweils in „ihren" Zelten. Die *feria* wird so zu einem gesellschaftlichen Ereignis, an dem „man" teilnimmt und sich *à la sevillana* (ver)kleidet. Der Jugend ist das piepegal, sie feiert ausgiebig wie es ihr gefällt. Ursprünglich war die *feria* mal ein Pferde- und Viehmarkt. Die Tiere sind heute in den Hintergrund getreten, aber dennoch kommen stolze Reiter und Kutscher in traditioneller Tracht und zeigen, was sie können und was sie haben.

● **30. Mai:** San Fernando
● **15. August:** Virgen de los Reyes – Patronatsfest

Markt
● **Donnerstag** auf der c/ Feria
● **Flohmarkt:** jeden Sonntagvormittag auf der Alameda de Hércules
● **Briefmarken und Münzen** werden am Sonntagvormittag auf der Plaza del Cabildo gehandelt. Dieser Platz liegt in einem Innenhof an der Avenida de la Constitución, gegenüber der Kathedrale.

Küste der Provinz Huelva

Auf dem Vorplatz der Kathedrale

Matalascañas

- **Einwohner:** 12.000
- **PLZ:** 21760
- **Entfernung nach Huelva:** 46 km
- **Touristeninformation:** Sector A, Parzelle 1,
  Tel. 959 430 086, Fax 959 430 028

Überblick　　Matalascañas besteht aus nichts anderem als Ferienwohnungen, ergänzt um eine Hand voll Hotels und Lokale. Das Ganze hat den **Charme einer Retortenstadt.** Wer außerhalb der Hochsommermonate kommt, wird sich ziemlich einsam fühlen. Auf einer Länge von mehreren Kilometern stehen Apartment-, Reihen- und auch einige Einzelhäuser, die in Sektoren eingeteilt sind. In den 70er-Jahren wurde diese Gegend massiv touristisch erschlossen. Man wollte den internationalen Tourismus an die Strände locken, hat dieses Ziel aber bis heute noch nicht ganz erreicht. Es dominieren andalusische Urlauber aus den nahen Großstädten Sevilla, Huelva und Cádiz. Man scherzt sogar, dass im Sommer die Straßen von Sevilla von ausländischen Touristen bevölkert werden und nicht von den einheimischen *sevillanos* – die sind dann nämlich am Strand von Matalascañas.

Eine Art **geschäftiges Zentrum** mit einigen Bars, Restaurants, Burger-Buden und Geschäften liegt im so genannten Sector A, ganz außen beim **Torre Higuera.** Hier hat alles einmal angefangen, hier liegt der älteste Teil der Siedlung. Der Turm ragt wie ein mahnendes Fanal hoch auf. Von dort schaute man aufs Meer, um Feinde rechtzeitig erkennen zu können. Viele Jahrhunderte später kamen die neuen Eroberer aus dem Rücken: die Touristen ...

Anfang der 80er-Jahre galt Matalascañas noch als Geheimtipp. Diese Zeiten sind zwar vorbei, aber immerhin hätte man eine derartige Anlage auch hässlicher bauen können. Hier wurde wenigstens noch in Grundzügen auf Ästhetik geachtet, wenn auch nicht bei den Hotels, die als relativ einfallslose Kästen in Kauf genommen werden müssen. Drei von ihnen liegen dafür direkt am Meer, womit wir beim Positiven wären: dem **herrlichen Strand.**

Strand-profil

Gut, dass es da Naturschützer gibt, denn ansonsten wäre Matalascañas mindestens fünfmal so riesig ausgefallen. Der Strand **Playa de Matalascañas** verläuft nämlich über geschätzte 15 Kilometer bis hinunter zur Mündung des Río Guadalquivir. Aber die letzten 10 Kilometer dürfen nicht betreten werden, sie fallen unter die strengen Restriktionen des Nationalparks Doñana.

Der restliche Strand ist aber auch bemerkenswert! Er verläuft über etwa 5000 m, also entlang der gesamten *urbanización*. Die Statistiker lassen ihn an einem Punkt namens „Torre la Higuera" enden, was aber nur eine Namensabgrenzung ist, eine räumliche Trennung ist nicht erkennbar. Tatsächlich läuft der Strand noch über viele Kilometer weiter. Er ist von feinstem, hellen Sand und 80-100 m breit. Hier machen sich die Gezeiten schon gewaltig bemerkbar, aber richtig schmal wird der Strand auch bei Flut nicht. Im Hochsommer und speziell am Wochenende kann es eng werden. Da sonnt sich halb Sevilla hier. Eine kleine Promenade mit ein paar Lokalen gibt es auch. Und die Häuser der *urbanización* reichen direkt bis an den Strand, so mancher genießt also traumhaften Meerblick.

Sehenswertes

Schön liegt das neue **Museo del Mundo Marinero,** fast ein wenig versteckt, mitten in den Dünen, etwas abseits vom trubeligen Ferienort – ein Versuch, die Meereswelt, speziell die der Bucht von Cádiz, den Besuchern näher zu bringen. In fünf Sälen werden exemplarische Themenbereiche vorgestellt, die alle einen Bezug zur Bahía de Cádiz haben. So werden die Dünenlandschaft von

Küste der Provinz Huelva

Matalascañas, die Meerenge von Gibraltar, aber auch typische Schiffe und Handelsrouten in gut gemachten Modellen und Schautafeln dargestellt. Eindrucksvoll ist die Darstellung der Almandraba, die alljährliche blutige Thunfischjagd von Barbate. Außergewöhnlich auch die Modelle und Skelette von Walen in Lebensgröße sowie die Dauereinspielung von Walgesängen. Leider sind alle Erklärungen nur auf Spanisch.

●Geöffnet: Di.-Sa. 10-18 Uhr, So. 10-14 Uhr, Mo. geschlossen, Eintritt: 5 €

Unterkunft Neben Hunderten von Ferienwohnungen gibt es im Ort sieben größere Hotels und zwei kleine Pensionen. Sie sind hier in der Reihenfolge von außen nach innen aufgelistet, die letzten liegen also im Sektor Torre Higuera:

●**Hotel El Coto,** €€€€, Sector D, 2. Phase, Tel. 959 440 017, Fax 959 440 202. Stolze 467 Zimmer zählt dieses wirklich große Haus, das am Strand liegt, aber leider gute 6 km von den Bars entfernt. Ein großer Garten und ein verschlungener Pool ergänzen das allgemein gute Angebot. Im Nov. und Dez. geschlossen.

●**Hotel Tierra Mar,** €€€-€€€€, Parcela 120, Sector M, Tel. 959 440 275, Fax 959 440 720. Das Haus liegt direkt am Strand, von etlichen der 253 Zimmer schaut man aufs Meer.

●**Hotel El Rocío,** €€€€, Sector L, 68-69, Tel. 959 440 350, Fax 959 440 164. Vom 30.9. bis Ostern geschlossen. Liegt im Zentrum von Matalascañas und etwa 300 m vom Strand entfernt. Das Haus hat 270 Zimmer, die sich auf fünf Etagen verteilen.

●**Hotel Carabela,** €€€-€€€€, Sector L, Parcela 59, Tel. 959 448 001, Fax 959 448 125. Ein recht gewaltiges Haus mit 275 Zimmern, das gute 400 m vom Meer entfernt liegt.

●**Hotel El Cortijo,** €€€-€€€€, Sector E, Parcela 179, Tel. 902 383 099, Fax 952 389 622. Mal etwas anderes! Das Hotel ist eine ehemalige Farm. Es liegt an der Verbindungsstraße, genau gegenüber den Ausläufern des Coto Doñana. 53 Zimmer, ein Restaurant, ein Pool und ein tadelloser Gesamteindruck sprechen für sich.

●**Hotel Flamero,** €€€-€€€€, Sector D, Parcela 82, Tel. 902 505 100, Fax 959 505 300. 1.11.-31.3. geschlossen. Toplage direkt am Meer. Die 310 Zimmer verteilen sich auf mehrere Gebäude von drei bis acht Etagen.

●**Hotel Matalascañas,** €€€€, Sector I, Parcela 136, Tel. 959 430 265, Fax 959 448 438. Dez. und Jan. geschlossen. Ein kleines Haus mit 25 Zimmern, das ganz am Ende der *urbanización* liegt. Zum Strand sind es etwa 400 m, zur Kneipenmeile nicht viel mehr.

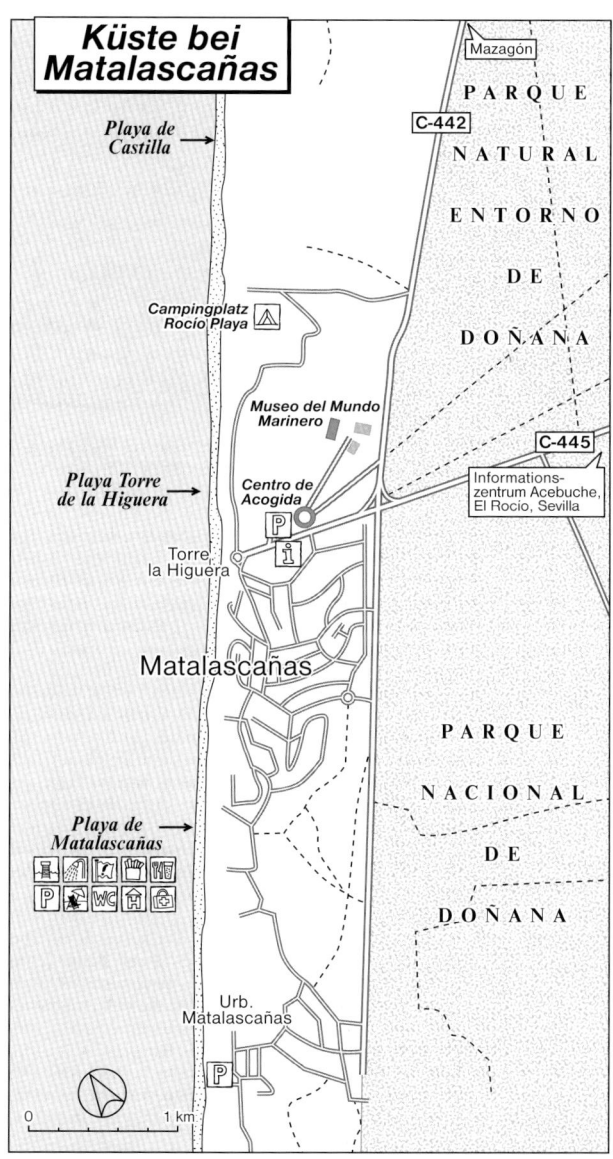

Küste bei Matalascañas

Mazagón

PARQUE

Playa de Castilla →

C-442

NATURAL

ENTORNO

DE

Campingplatz Rocio Playa △

DOÑANA

Museo del Mundo Marinero

C-445

Centro de Acogida

Informations-zentrum Acebuche, El Rocio, Sevilla

Playa Torre de la Higuera →

Torre la Higuera

Matalascañas

PARQUE

NACIONAL

DE

Playa de Matalascañas →

DOÑANA

Urb. Matalascañas

0   1 km

●**Hostal Los Tamarindos,** €€€, Avda. de las Adelfas 31, Tel. 959 430 119. Eine kleine Pension mit 20 Zimmern im Sektor Torre Higuera. Zum Strand sind es keine 100 m, ebenso zur Kneipenmeile.
●**Hostal El Duque,** €€, Avda. de las Adelfas, Tel. 959 430 058. Dieses noch kleinere Haus liegt gleich nebenan.

Camping

●**Rocío Playa,** 2. Kategorie, Straße Huelva – Matalascañas am km 51; Tel. 959 430 240, Fax 959 448 072. Dies ist einer der größten Plätze Spaniens: ein riesiges Gelände, das sich über etliche Terrassen bis zum Strand hinunterzieht und eine Kapazität von 4000 Personen hat! Von etlichen Stellplätzen genießt man traumhafte Ausblicke aufs Meer. Allerdings muss man den ständigen Wind ertragen. Bis Matalascañas sind es keine 1000 m Fußweg, die sowohl am Strand als auch über eine Piste durch die Dünen zurückgelegt werden können.

Essen & Trinken

So viel wie man meinen könnte ist hier gar nicht los. Die meisten Tresen haben sich in der Zone **beim Torre Higuera** angesiedelt und dort im so genannten Sector A. Aber es muss schon so deutlich gesagt werden: Außerhalb der Sommermonate schließen die meisten Lokale. Zwei, die ständig geöffnet haben:
●**Taberna Tío Paco,** Plaza Begonia (A-18), Tel. 959 448 194. Man darf „Onkel Paco" wohl einen Klassiker nennen, seit 1979 versorgt er Urlauber mit Tapas und spanischen Gerichten zu vernünftigen Preisen.

●**Da Pino,** Paseo Marítimo, Tel. 959 440 437. Auch nicht immer geöffnet, aber wenn, dann lohnt ein Besuch bei diesem Italiener, der mehr als Pizza und Pasta bietet. Zu finden: im Sector P, also im hinteren Drittel, im strandnahen Gebäude Barlovento, Parzelle C 80.5.

Markt
●**Donnerstag:** vormittags in Torre Higuera, nachmittags in der Hotelzone

El Rocío

●**Einwohner:** etwa 1200
●**PLZ:** 21750
●**Entfernung nach Huelva:** 63 km
●**Touristeninformation:** Avda. Canaliega s/n, Tel. 959 443 808, www.donana.es

Überblick
Irgendwie ist dieses Dorf ein **irrealer Ort.** Die Straßen sind viel zu breit geraten, auch die Plätze fallen zu gewaltig aus. Alles wirkt überdimensioniert. Und dabei ist keine Straße asphaltiert. Es sind ausnahmslos staubige, breite Pisten, die sich durch den Ort ziehen. Vor beinahe jedem Haus stehen kleine Gatter, an denen, wie im Wildwestfilm, Pferde und Ochsen angebunden werden. Bei genauerem Hinsehen fällt auf, dass beinahe jedes zweite Gebäude einen religiösen Hintergrund hat. Zumeist sind es kleine Kapellen einzelner Bruderschaften aus der Umgebung.

Der Ort lebt für und von der Heiligenfigur Nuestra Señora del Rocío. Ihr zu Ehren findet alljährlich zu Pfingsten eine **Wallfahrt** statt, bei der Hunderttausende mitmachen. Sie marschieren tagelang quer durch die Wildnis, begleitet von Ochsenkarren, und versammeln sich schließlich in El Rocío vor der Kapelle: ein unglaubliches Spektakel, eine Mischung aus religiöser Inbrunst und Dauerfete.

Küste der Provinz Huelva

Die Wallfahrtskirche

Außerhalb des Pfingstwochenendes fällt der Ort in eine Art dörfliche Ruhe, aus der er aber an beinahe jedem Wochenende wieder erwacht. Dann kommen Hunderte – je näher der Pfingsttermin rückt auch Tausende – von Gläubigen, die sich Schutz und Beistand erflehen. Die **ermita** („Wallfahrtskapelle") fällt längst nicht so gewaltig aus, wie man annehmen könnte. Sie ist weiß, wie die meisten Häuser, hat eine muschelförmige Fassade und ein großes Kreuz über dem Eingang. Innen dominiert der vergoldete Altar mit dem Bildnis der Jungfrau.

Geschichte und Legende

Ursprünglich hatte König **Alfonso „der Weise"** Ende des 13. Jahrhunderts eine erste Kapelle zu Ehren der *Virgen* bauen lassen. Dann kamen die **turbulenten Zeiten:** arabische Präsenz und Vertreibung. Das Heiligtum wurde zwischenzeitlich in Sicherheit gebracht.

Die Legende berichtet, dass ein Jäger im 15. Jahrhundert die Figur der *Paloma Blanca,* wie sie auch genannt wird, **in einem Ölbaum** versteckt fand. Sie sollte daraufhin mit einem Ochsenkarren zurückgebracht werden. Der Fundort lag ein paar Kilometer von El Rocío entfernt. Die **Ochsen** wollten sich jedoch nicht bewegen, was man als göttliches Zeichen deutete. Und so errichtete man an dieser Stelle eine Kapelle. Angeblich war aber niemand damit einverstanden, weshalb die Paloma Blanca schließlich doch noch übersiedelte. Und da der Jäger sie just **zu Pfingsten** gefunden hatte, stand der Termin für die alljährliche Pilgerreise fest.

Wallfahrt

Man sagt, dass eine Million Menschen an der Pilgerfahrt teilnehmen. Tatsache ist, dass am Pfingstsonntag der kleine Ort aus allen Nähten platzt. Viele marschieren wirklich tagelang durch Staub und Schlamm. Andere gehen es etwas lässiger an und reisen mit dem Allradwagen. Am Sonntag wird eine heilige Messe, *la misa real,* gelesen. Danach macht praktisch niemand mehr die Augen zu. Montagmorgen bei Sonnenaufgang wird die Paloma Blanca herausgetragen. Um die Ehre als Träger dabei zu sein gibt es immer ein gewaltiges Gerangel. Und dann, wenn die Virgen ihre Runde durchs Dorf dreht, gibt es kein Halten mehr. Irgendetwas zwischen **Ekstase, religiöser Inbrunst** und **Massenhysterie** erfasst die Menge. Wer klaustrophobisch veranlagt ist, darf hier nicht mitmischen.

Unterkunft   Während der Pfingstwoche sollte man nicht einmal daran denken hier ein Zimmer bekommen zu können. Wer es dennoch versuchen möchte, sollte zuvor einen Blick auf die Preisliste werfen. Aus gegebenem Anlass sind hier ausnahmsweise einmal die konkreten Preise vermerkt.

●**Hotel Toruño,** normalerweise: 56 €, vereinzelt: 112 €, Pfingsten: 280 €; Plaza Acebuchal 22, Tel. 959 442 323, Fax 959 442 338, h.toruno@eresmas.com. Hotel mit 30 Zimmern im hinteren Dorfbereich direkt an einem See.

●**Hotel Puente del Rey,** 52/68/303 €, Avda. de la Canaliega 1, Tel. 959 442 575, Fax 959 442 070. Das große Gebäude hat 237 Zimmer und liegt an der Durchgangsstraße nach Matalascañas.

Üben für die Wallfahrt

Küste der Provinz Huelva

●**Pension Isidro,** 24/36/168 €, Avda. Los Ansares 59, Tel. 959 442 442. Kleine Pension mit 17 einfachen Zimmern.
●**Cortijo Los Mimbrales,** A-483 Km 30, Tel. 959 442 237, www.cortijomimbrales.com. Ein ehemaliges Gehöft wurde umgebaut zu 21 komfortablen DZ sowie vier Ferienhäusern für kleine und größere Gruppen.

Camping

●**Camping La Aldea,** 1. Kategorie, weniger als 1 km außerhalb Richtung Almonte, Tel. 959 442 677, Fax 959 442 677, www.campingaldea.com. Neuer mittelgroßer Platz mit Restaurant, Pool und noch kleinen Bäumen, wenig Schatten.

Essen & Trinken

●An der **Plaza de Acebuchal** liegen ein paar Lokale mit Tisch und Stuhl im staubigen Sand. Einige Bäume spenden Schatten – einer soll übrigens 600 Jahre alt sein. Dort auch das schick aufgemachte Restaurant Toruño, c/ Acebuchal 16, Tel. 959 442 422.

Adressen

El Rocío ist ein sehr guter Beobachtungsposten für Vögel, da sich direkt nebenan ein See ausbreitet. Dort lassen sich die Tiere gut und vor allem bequem von Sitzbänken aus betrachten. Organisierte Touren bieten:
●**Doñana Tour,** c/ El Real 31, Tel. 959 442 468
●**Doñana Ecuestre,** im Hotel Puente del Rey, Tel. 959 442 474. Organisiert Ausflüge zu Pferd oder per Kutsche.
●**Discovering Doñana,** c/ Águila Imperial 150, Tel. 959 442 466. Geführte Touren im Umfeld des Parks.

Feste

●**Pfingsten:** Romería del Rocío – die möglicherweise größte Prozession Spaniens
●**26. Juni:** Saca de Yeguas – Jedes Jahr werden am Morgen dieses Tages die jungen Wildpferde in den Marismas de Hinojos eingefangen, mit einem Brandzeichen versehen, später aber wieder freigelassen.
●**Anfang Juli:** Feria de San Pedro – Patronatsfest
●**18. und 19. August:** Rocío Chico – Das Fest geht auf ein kriegerisches Geschehen im Jahre 1812 zurück, als die Gemeinde Almonte von französischer Besetzung befreit wurde.
●**Von Mitte September bis Ostern** treffen sich jeden Sonntag die einzelnen Bruderschaften in der Ermita.

Parque Nacional de Doñana

Überblick

Der Parque Nacional de Doñana gilt als das größte und bedeutendste Naturschutzgebiet Spaniens. Es umfasst eine Fläche von gut 50.720 Hektar (1 ha = 100 x 100 m) und besteht aus drei Ökosystemen: *Marismas, Dunas* und *Cotos*.

Doñana wird zwar hauptsächlich mit dem Feuchtgebiet in Zusammenhang gebracht und tatsächlich nehmen die Marismas auch den größten Teil der Fläche ein, optisch viel beeindruckender dürfte jedoch die Zone der **Dunas** („Dünen") sein. Über gewaltige dreißig Kilometer erstrecken sich die schier endlosen Wanderdünen zum Meer. Der beständig wehende Wind treibt den feinen Sand konstant weiter und türmt ihn zu beeindruckenden Gebilden von zehn bis teilweise dreißig Metern Höhe auf. Da die Dünen sich über viele Kilometer hinziehen, werden sie auch *trenes* („Züge") genannt. Direkt hinter den Dünen bilden sich vegetationshaltige Täler. In diesen so genannten *Corrales* wachsen Pinien und niedrige Sträucher. Sie stellen kleine grüne Inseln im Sandmeer dar, sind aber nicht von Dauer. Die Dünen wandern zwei bis sechs Meter im Jahr. Die nächste Wanderdüne überrollt also irgendwann das Tal und bedeckt die Vegetation, bis sie Jahre später in Form von abgestorbenen Stämmen wieder auftaucht.

Die nächste Vegetationsstufe wird **Coto** genannt, was sich nicht gut übersetzen lässt. Ursprünglich bezeichnet der Begriff ein Jagdgebiet, aber das ist hier natürlich nicht gemeint. Eher ist es ein relativ festes Buschland, das schon von einer breiten Vegetation bedeckt ist. Hier wachsen Korkeichen, Buschwerk, Pinien und Eukalyptus.

Schließlich kommt das riesige Feuchtgebiet: die **Marismas.** Insbesondere nach den Herbstregenfällen sammelt sich das Wasser, bedeckt den Boden und es entsteht ein ideales Refugium für über 300 Vogelarten, die zur Brut und zur Rast auf ihren langen Wegen vom kühlen Norden hierher kommen. Das Feuchtgebiet fällt zur Zeit der Sommerhitze weitestgehend trocken. Viele Vögel sind dann bereits wieder bei uns im Norden. Gerade die Zeit, in der die meisten Menschen Urlaub im Süden machen, ist also am wenigsten für einen Parkbesuch geeignet.

Küste der Provinz Huelva

Geschichte 1262 erobert König *Alfonso X.,* genannt „der Weise", das Königreich Niebla und erfährt so neben-
bei von dem Tierreichtum dieses Gebietes. Er re-
klamiert es als **Königliches Jagdrevier.**

1294 schenkt König *Sancho IV.* das Gebiet dem
Herzog von Medina Sidonia für geleistete Dienste
beim Kampf um Tarifa.

Ende des 16. Jahrhunderts heiratet der siebte
Herzog von Medina Sidonia *Doña Ana Gómez de
Mendoza,* Tochter der Prinzessin *Eboli,* einer Da-
me von zweifelhaftem Ruf. Jener Doña Ana lässt

der Herzog eine **Residenz** im heutigen Park bauen, ein Name entsteht: aus *Doña Ana* wird *Doñana*.

Über Jahrhunderte bleibt der Park herzogliches Jagdrevier. 1963 werden die ersten 6.700 ha aufgekauft und zu **biologischen Studien** genutzt. 1969 wird Doña zum Nationalpark erklärt und das Gebiet auf 37.000 ha ausgedehnt. Bis 1978 vergrößert sich die gesamte schützenswerte Zone auf 73.000 ha, inklusive einiger Gebiete, die nicht zum Nationalpark gehören. 1994 wird Doñana in die Liste der zum **Welterbe** zählenden Regionen aufgenommen.

Besuchsmöglichkeiten

Besucher-zentren

Wer den Parque de Doñana kennen lernen möchte, muss zunächst zu einem **Besucherzentrum** fahren und kann von dort aus dann auf festgelegten Rundgängen durch den Park streifen.

Es existieren fünf Besuchszentren, von denen eines, die **Fábrica de Hielo,** bei Sanlúcar de Barrameda, also auf dem Gebiet der Provinz Cádiz liegt. Ein zweites, **José Antonio Valverde,** ist nur über holprige Pisten zu erreichen. Außerdem liegt es so abseits, dass es wohl nur von den wenigsten Urlaubern aufgesucht wird. Zu den Zentren **El Acebuche** und **La Rocina** gelangt man hingegen ganz problemlos über die Straße, die von El Rocío nach Matalascañas führt. Das fünfte Besuchszentrum, **Palacio de Acebrón,** ist schließlich nur über das Zentrum La Rocina zu erreichen.

Küste der Provinz Huelva

Besucherzentrum El Acebuche

Allzu tief dringt man bei diesen Exkursionen nicht in das Gelände ein, aber das ist ja auch der Sinn eines Schutzparks. Wer etwas mehr sehen möchte, muss sich einer organisierten **Landrover-Fahrt** anschließen. So eine Tour kann im Besucherzentrum Acebuche gebucht werden.

La Rocina und Palacio de Acebrón Das Besuchszentrum **La Rocina** liegt an der Straße, die von Almonte nach Matalascañas führt, beim Km 16, also unweit von El Rocío. Neben ausführlichen Informationen kann man sich einen 10-minütigen Film über das Gebiet La Rocina anschauen, ebenso wie eine Ausstellung über die Romería nach El Rocío. Hinter dem Gebäude verläuft ein 3,5 km langer Rundweg, der *Charco de la Boca* genannt wird. Hier wandert der Besucher auf Holzbohlen durch unterschiedliche Landschaften. Unterwegs kann man von insgesamt fünf getarnten Beobachtungshütten aus die Tierwelt beobachten.

Etwas weiter im Hinterland liegt der **Palacio de Acebrón.** Dieser kann mit dem Auto über eine 6 km lange Piste vom Parkplatz des Besucherzentrums La Rocina aus angesteuert werden. Dort befindet sich eine Dauerausstellung: „Mensch und Doñana". Obendrein lockt ein 1,5 km langer Rundweg durch das Gebiet und an mehreren Beobachtungsposten darf der Besucher auf optische Beute hoffen. Der Weg führt im Wesentlichen um einen Teich herum, zweimal wird dieser sogar überquert.

●Geöffnet: täglich 8.00 Uhr bis zur Dunkelheit, der Film wird jeweils zur vollen Stunde gezeigt, Tel. 959 442 340

El Acebuche Das Besuchszentrum El Acebuche ist das größte von allen. Es liegt am Km 27 der Straße Almonte – Matalascañas. Neben einer Dauerausstellung über das Ökosystem Doñana wird ein 20-minütiger Film über den Nationalpark in den unterschiedlichen Jahreszeiten gezeigt. Von hier startet

Bedrohung für den Park

„El vertigo tóxico ocurrió por un error de cálculo" („Die Giftkatastrophe passierte wegen eines Berechnungsfehlers"), so titelte die Zeitung Diario de Sevilla am 8. April 2000. Fast auf den Tag genau vor zwei Jahren ergoss sich **hochgiftiger Schlamm** aus einer Eisenerzmine in die Natur. Es passierte in Aznalcóllar, einem Ort unweit vom Sevilla. Und obwohl die Mine weit vom Park entfernt liegt, drang der Giftschlamm bis in die Marismas. Denn über den nahe am Ort vorbeifließenden Río Agrio gelangten die Partikel in den Río Guadimas und dieser fließt schließlich ins Feuchtgebiet. Trotz sofort eingeleiteter Schutzmaßnahmen erreichten etwa 2 Millionen m³ Giftschlamm den Naturschutzpark und man zählte später 7000 ha verseuchte Erde sowie 23.000 kg toter Fische.

Aber als ob das nicht schon schlimm genug wäre, traten später bei der Beseitigung weitere **Probleme und Schlampereien** auf. Kritiker bemängelten, dass die Erde nicht tief genug ausgehoben und nicht restlos abgetragen wurde.

Dazu schwebte die **Schuldfrage** im Raum, bis eine Expertenkommission zu dem Ergebnis kam, dass das gebrochene Becken von Anfang an falsch berechnet und daher zu schwach konstruiert worden war. Erbaut wurde die Anlage 1977. Der letzte Betreiber, eine schwedische Firma, kaufte die Mine aber erst 1996. Wer trägt nun die Schuld? Kauften die Schweden im guten Glauben eine falsch berechnete Anlage? Oder hätten sie Derartiges prüfen müssen? Ein Gericht sprach sie schließlich von jeder Schuld frei, woraufhin sie die Mine endgültig schlossen und sich zurückzogen. Nur leider blieben giftige Rückstände zurück, die Flora und Fauna wohl noch viele Jahre bedrohen werden.

Küste der Provinz Huelva

ein Wanderweg von 1,5 km Länge, genannt „Laguna de Acebuche", am Ufer eines alten Sees mit sieben Aussichtspunkten.

In Acebuche wird als spezieller Service eine **Landrover-Tour** von 80 km Länge angeboten. Die Tour findet nur in kleinen Gruppen statt und führt durch die Dünenlandschaft bis zur Mündung des

Río Guadalquivir. Unterwegs werden einige Zwischenstopps eingelegt, so dass man frei von Motorenlärm kleine Wanderungen in die Natur machen kann.

●Geöffnet: täglich 8.00-19.00 Uhr, der Film wird fünfmal am Tag gezeigt. Dauer der Landrover-Tour: ca 4 Std., Preis: 18,70 €. Eine telefonische oder persönliche Voranmeldung ist dringend anzuraten, die Touren sind zu bestimmten Zeiten auf Wochen ausgebucht, Tel. 959 430 432, Fax 959 430 451. Gefahren wird täglich außer Mo. um 8.30 und 17.00 Uhr, im Winter 15.00 Uhr. Info Tel. 959 448 711, www.parquenacionaldonana.com

Playa de Castilla

Überblick Zwischen Matalascañas und dem Nachbarort Mazagón verläuft über gute 24.000 Meter ein durchgehender Strand – **vierundzwanzig Kilometer Sandstrand!** Das schreit doch förmlich nach einer Vermarktung à la Benidorm oder Torremolinos. Aber genau das ist nicht einmal im Ansatz geschehen.

Als man in den 60er und 70er-Jahren die Mittelmeerküste zubetonierte, verschwendete niemand auch nur einen Gedanken an die Atlantikküste. Das kann auch nicht weiter verwundern, wenn man sich vergegenwärtigt, dass diese ganze Gegend bis 1969 die reinste **Wildnis** war. Erst in jenem Jahr baute man die C-442, die Küstenstraße von Mazagón nach Matalascañas! Zuvor lag die Region im touristischen Abseits.

Aber allzu viel tat sich später auch nicht. Nur in Matalascañas wurde kräftig geklotzt. Entlang der Straße nach Mazagón wurde hingegen nichts gebaut. Noch immer wachsen hier Pinien und Eukalyptus und sonst nichts. 1989 stellte die andalusische Regionalregierung die Zone kurzerhand unter Naturschutz. Der ganze Pinienwald bis hinunter zu den sagenhaften, aber immer noch

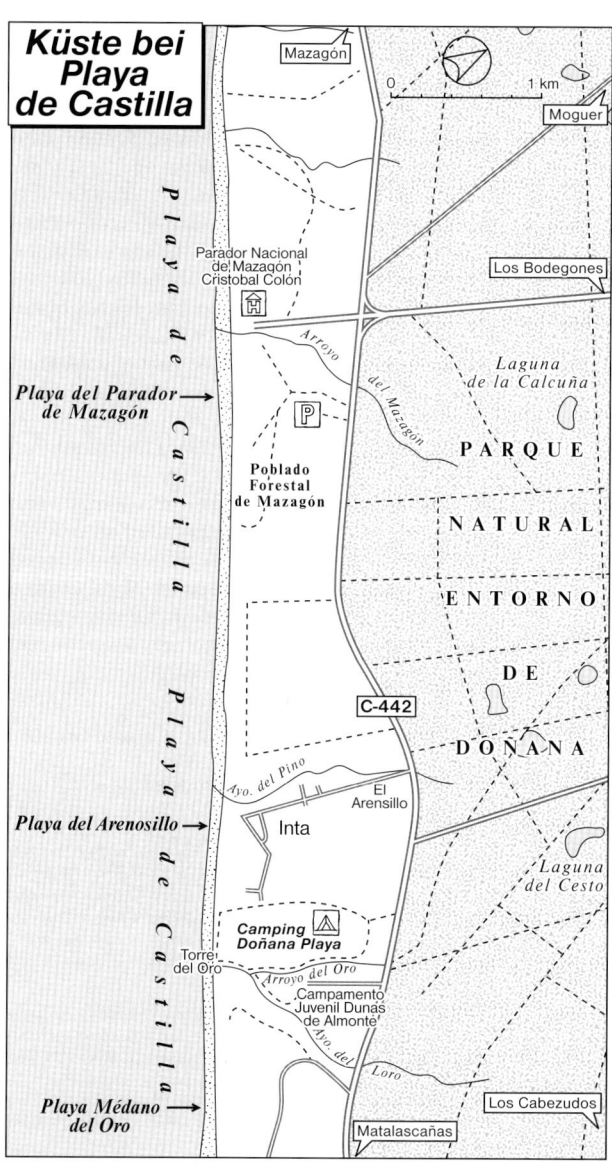

Küste bei Playa de Castilla

Mazagón

0   1 km

Moguer

Parador Nacional de Mazagón Cristobal Colón

Los Bodegones

Arroyo del Mazagón

Laguna de la Calcuña

Playa del Parador de Mazagón →

P l a y a   d e   C a s t i l l a

Poblado Forestal de Mazagón

PARQUE

NATURAL

ENTORNO

DE

C-442

DOÑANA

Ayo. del Pino

El Arensillo

Inta

Playa del Arenosillo →

P l a y a   d e   C a s t i l l a

Laguna del Cesto

Camping Doñana Playa

Torre del Oro

Arroyo del Oro

Campamento Juvenil Dunas de Almonte

Ayo. del Loro

Playa Médano del Oro →

Los Cabezudos

Matalascañas

Küste der Provinz Huelva

unentdeckten Stränden wurde zum **Parque Natural Entorno de Doñana** erklärt. Nicht nur die Begrifflichkeit ist ähnlich (hier: *Parque Natural,* dort *Parque Nacional),* auch die Ausmaße sind vergleichbar: Der Naturpark erstreckt sich über eine Fläche von 53.970 ha. Das Schutzgebiet schließt direkt an den Nationalpark an.

Heute sieht die Situation so aus, dass es entlang der Straße nur drei markante Punkte gibt: einen **Parkplatz** mit Zugangsmöglichkeit zum Strand, einen **Campingplatz** und einen **Parador Nacional.**

Der Parkplatz liegt, von Matalascañas kommend, im oberen Drittel. Es ist ein beliebter Picknickplatz, von dem ein Weg zum Strand führt. Dieser Weg ist mit Holzbohlen ausgelegt und trägt den Namen *Pasarela Cuesta de Maneli.* Am **Strand** findet man natürlich keinerlei Serviceeinrichtungen, dafür aber einige sagenhafte Dünen. Der Spaziergang dorthin dauert etwa 30-40 Minuten.

Der Strand wechselt auf seinen 24 Kilometern mehrfach den **Namen.** Aber es ist wohl nirgendwo so egal wie hier, ob und wie oft er umbenannt wird. Man sollte hier nicht kleinlich sein.

Unterkunft
●**Parador Nacional Cristóbal Colón,** €€€€, km 30, Tel. 959 536 300, Fax 959 536 228. Was soll man mehr loben, die wahrlich einmalige Lage, den Service, die großzügigen Zimmer? Wahrscheinlich alles zusammen! Service und Zimmerqualität müssen bei einem Parador einfach stimmen. Aber die Lage ist in diesem Fall einfach umwerfend. Hoch oben liegt das Haus an den Klippen, wobei es einen direkten Zugang zum Strand hat. Die 63 Zimmer liegen in mehreren Gebäuden, die etwa halbkreisförmig angelegt sind. Und von den meisten Balkonen genießt man einen tadellosen Blick aufs Meer. Hier einen Drink nehmen, während die Sonne untergeht, ist einfach traumhaft.

Camping
●Einige Kilometer hinter dem Parkplatz liegt der Campingplatz **Doñana Playa,** 1. Kategorie, am km 34,6; Tel. 959 536 281, Fax 959 536 313. Noch ein Superlativ: Dies ist wohl der größte Campingplatz Spaniens. Er hat Platz für 6000 Personen! Zur Besichtigung fährt man am besten mit dem Auto, denn zu Fuß muss man einen Marsch von weit über einem Kilometer zurücklegen, bevor man überhaupt

die Zone mit dem Supermarkt und der Bar erreicht. Praktisch alle Stellplätze liegen unter Schatten spendenden Pinien. Die Sanitäranlagen sind in Ordnung ohne zu glänzen. Viele Dauercamper haben ihr Refugium im strandnahen Bereich aufgeschlagen, aber natürlich bleibt trotzdem viel Platz, sogar im Hochsommer.

Mazagón

- **Einwohner:** 2650
- **PLZ:** 21130
- **Entfernung nach Huelva:** 18 km
- **Touristeninformation:** Avda. de los Descubridores s/n, Tel. 959 376 300, Fax 959 376 044

Überblick

Mazagón ist nicht viel mehr als ein Straßendorf. Daher erscheint die Auskunft des Touristenbüros, wonach der Ort im Sommer auf 35.000 Bewohner anwachsen soll, fast unglaublich. Es gibt zwar eine Reihe von Chalets und Ferienwohnungen, unübersehbar liegen diese Gebäude in den Seitenstraßen und auch außerhalb in kleineren *urbanizaciones*. Der mittelgroße Sportboothafen lockt unzweifelhaft seine Liebhaber an. Aber dass sich die Bevölkerung im August mehr als verzehnfacht, ist sicherlich leicht übertrieben.

Strand-profil

Playa de Mazagón verläuft über 10 km, nur kurz unterbrochen von einem Sportboothafen. Hochoffiziell heißt der südlich vom Hafen gelegene Teil Playa de las Dunas und später Playa de Alcor. An seiner breitesten Stelle überschreitet der Strand locker die 100 m, im Mittel liegt seine Breite bei 40 m. Direkt im Ort verläuft eine Straße am Strand entlang, außerhalb von Mazagón schlängelt sich eine Nebenstraße in Sichtweite vorbei. Auch wenn es im Sommer im Ort voll wird, am Strand bleibt immer genügend Platz.

Ein kritisches Wort: Nur einige Kilometer weiter liegen einige petrochemische Großbetriebe bei Huelva. Dort fließt der Río Tinto vorbei, bevor er

Küste der Provinz Huelva

in Höhe Playa Mazagón ins Meer mündet. Das muss nicht unbedingt etwas heißen. Wer aber einmal diese teilweise museal anmutenden Kessel, Türme und Betriebe gesehen hat, darf Zweifel an der Wasserqualität anmelden.

Playa El Espigón ist eine 2500 m lange Sandinsel, die beständig durch die Strömung mit Sand gespeist wird und von Punta Umbría aus über eine sehr schmale Straße zu erreichen ist.

Unterkunft

●**Hotel Carabela Santa María,** €€€-€€€€, Avda. Conquistadores s/n, Tel. 959 376 180, Fax 959 377 258. Ein trotz 73 Zimmern nicht zu groß wirkendes Haus am Ortseingang. Von hier ist es weder zum Strand noch zum Ortskern allzu weit. Das Haus hat vier Etagen und ein Restaurant. Die Zimmer sind zweckmäßig eingerichtet, mit kleinem Balkon.
●**Hostal Hilaria,** €€, Avda. Conquistadores s/n, Tel. 959 376 206. An der Hauptzufahrt zum Strand, schräg gegenüber vom Hotel Santa María gelegen. Kleines Haus, eine Etage, unten befindet sich eine Bar.
●**Hotel Albaida,** €€€, Ctra. Huelva – Matalascañas, km 18,3; Tel. 959 379 029, Fax 959 376 108. Ein kleines Haus mit 24 Zimmern, das an der Durchgangsstraße liegt, aber doch nur fünf bis zehn Minuten Fußweg vom Strand entfernt. Nichts Sensationelles, aber recht ordentlich.

Camping

●**Fontanilla Playa,** 2. Kategorie, Ctra. Huelva – Matalascañas, km 22,5; Tel. 959 536 237, Fax 959 536 237. Dieser nicht zu große Platz (900 Personen) liegt direkt am Meer und etwa einen Kilometer vom Parador entfernt. Er ist von Pinien bewachsen, die im Sommer Schatten spenden.
●**Playa Mazagón,** 2. Kategorie, Cuesta de la Barca s/n, Tel. 959 376 208, Fax 959 536 256. Dieser Campingplatz ist sehr viel größer (3000 Personen) und liegt viel näher bei Mazagón, direkt am Meer. Viel Schatten durch dichten Pinienbestand sowie ein breites Serviceangebot inklusive eines Pools.

Essen & Trinken

●Entlang der **Avda. Conquistadores,** der Hauptstraße zum Strand, reiht sich ein gutes halbes Dutzend Lokale aneinander, alle mit Terrasse zur Straße, so beispielsweise Trovador, Terranova oder Europa.
●Die Avda. Fuentepiña ist eine kurze **Fußgängerzone** mit vielen Shops und Bars. Sie verläuft schräg gegenüber vom Hotel Santa María.
●**Restaurante El Remo,** Avda. Conquistadores 123-124, Tel. 959 536 138. Das Lokal liegt in Strandnähe, bietet eine fundierte Küche und betreibt im Sommer gleichzeitig einen Chiringuito am Strand.

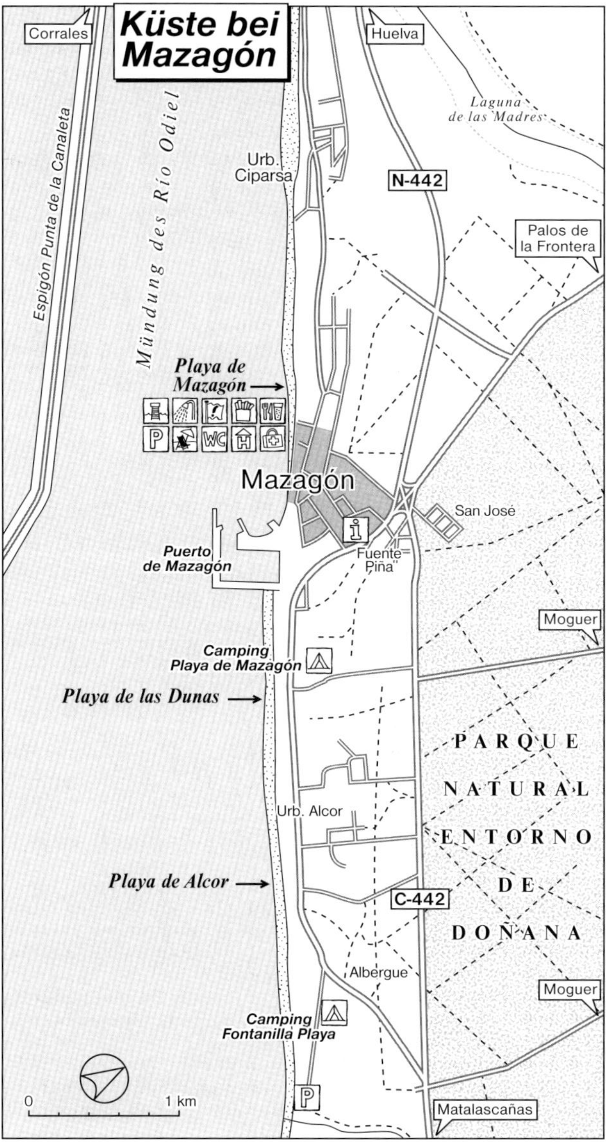

Küste bei Mazagón

Corrales

Huelva

Laguna de las Madres

Espigón Punta de la Canaleta

Mündung des Río Odiel

Urb. Ciparsa

N-442

Palos de la Frontera

Playa de Mazagón →

Mazagón

San José

Puerto de Mazagón

Fuente Piña

Moguer

Camping Playa de Mazagón

Playa de las Dunas →

Urb. Alcor

PARQUE

NATURAL

ENTORNO

Playa de Alcor →

C-442

DE

DOÑANA

Albergue

Moguer

Camping Fontanilla Playa

Matalascañas

0   1 km

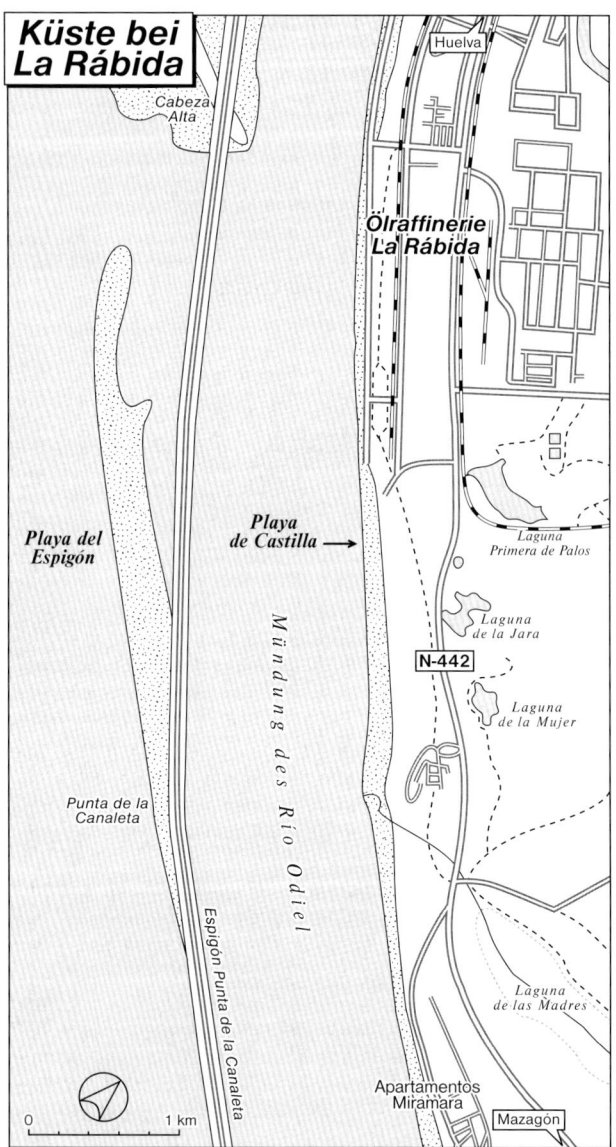

Küste bei La Rábida

Cabeza Alta

Huelva

Ölraffinerie La Rábida

Playa del Espigón

Playa de Castilla →

Laguna Primera de Palos

Laguna de la Jara

N-442

Laguna de la Mujer

Punta de la Canaleta

M ü n d u n g   d e s   R í o   O d i e l

Espigón Punta de la Canaleta

Laguna de las Madres

Apartamentos Miramara

Mazagón

0   1 km

●**Restaurante Las Dunas,** Avda. Conquistadores 178, Tel. 959 377 811. Liegt schräg gegenüber vom Hafen und bietet vor allem gegrillten Fisch oder Fleisch.

Feste

●**1. Mai:** Romería Nuestra Señora del Carmen – Patronatsfest
●**16. Juli:** Fiesta de Nuestra Señora del Carmen – Patronatsfest
●**Erstes Augustwochenende:** großes Sommerfest

Palos de la Frontera

●**Einwohner:** 7350
●**PLZ:** 21810
●**Entfernung nach Huelva:** 12 km
●**Touristeninformation:** In La Rábida,
 Tel. 959 531 137, Fax 959 530 565 oder
 in Palos, c/La Rábida 2, Tel. 959 350 851

Überblick

Am Ortseingang von Palos steht eine kleine Karavelle: ein Modell des winzigen Schiffes, mit dem Kolumbus seine Fahrten antrat. Entlang der dann folgenden Zufahrtsstraße zum Zentrum fallen links und rechts die gefliesten Ehrerbietungen und Danksagungen vieler amerikanischer Städte und Nationen an die **„Wiege der Entdeckung"** (cuna del descubrimiento) auf. Als ob der ganze amerikanische Kontinent jahrhundertelang nichts anderes getan hätte, als auf eine Hand voll Spanier zu warten, von denen zufälligerweise einige aus diesem Nest stammten.

Kolumbus startete seine erste Reise mit drei Schiffen. Zwei der Kapitäne kamen aus Palos: Martín Alonso Pinzón und sein Bruder Vicente. Aber auch fast die gesamte 90-köpfige Besatzung setzte sich aus Bewohnern dieses Ortes zusammen. Obendrein brach Kolumbus zu seiner ersten Entdeckungsfahrt 1492 in Palos auf. Acht Monate später kehrten zwei der Schiffe zurück. Grund genug für den Ort sich selbst als „Wiege der Entdeckungen" zu feiern.

Küste der Provinz Huelva

Palos ist heute ein nettes, kleines andalusisches Städtchen, das sich noch immer im Glanz der Entdeckungsfahrten sonnt.

Sehenswertes
Die Hauptzufahrtsstraße bringt den Besucher zum zentralen Platz beim Rathaus. Kaum zu glauben, aber der Platz trägt tatsächlich noch den Namen des ehemaligen spanischen Diktators: **Plaza del Comandante Franco.** Dort steht eine Statue zu Ehren von *Martín Alonso Pinzón,* der ein wenig traurig von seinem Sockel blickt. Kein Wunder, kennt doch alle Welt den Namen *Kolumbus.* Wer aber weiß etwas mit *Pinzón* anzufangen?

Die Stadtväter von Palos haben dem größten Sohn ihrer Gemeinde ein eigenes **Museum** gewidmet. Es befindet sich in seinem ehemaligen Wohnhaus in der Calle Colón 24; dies ist die weitere Verlängerung der Hauptzufahrtsstraße. Dort dreht sich alles um die Entdeckungsfahrt, aber auch um frühere Expeditionen, die Pinzón schon vor Kolumbus' Zeit zu einer lokalen Berühmtheit gemacht hatten.

●Geöffnet: Mo.-Sa. 10.30-13.30, 17.00-19.30 Uhr, So. 10.30-13.30 Uhr, Eintritt frei

Die **Iglesia de San Jorge** stand schon zu Kolumbus' Zeiten. Hier wurde einst die Bevölkerung von Palos zusammengetrommelt und das Königliche Dekret verlesen, nach dem der Ort Palos zwei Schiffe samt Besatzung für Kolumbus' Abenteuer stellen musste. Das wird damals einen gehörigen Schrecken verursacht haben, denn – so die gängige Meinung – hinterm Horizont hörte die Welt auf und Schiffe kippten in den Abgrund.

Am Ortsausgang Richtung Moguer liegt **la Fontanilla,** ein alter Ziehbrunnen, aus dem Trinkwasser für Kolumbus' Schiffe geschöpft wurde.

Unterkunft
●**Hotel La Pinta,** €€€, c/ Rábida 79, Tel. 959 350 511, Fax 959 530 164. Ein kleines, hübsch dekoriertes Haus im Zentrum von Palos mit 30 nicht zu großen Zimmern.
●**Hotel de la Rábida,** €€, c/ La Rábida 9, Tel. 959 350 163. Schräg gegenüber der Pinzón-Statue. Ein sehr kleines und einfaches Haus mit einem Lokal und ruhigem Innenhof.

06ócl Foto: jf

Küste der Provinz Huelva

●**Hotel Santa María,** €€, Carretera Palos – La Rábida s/n, Tel. 959 520 001, Fax 959 350 499. Relativ nahe am Kloster und damit ca. 3 km außerhalb gelegenes Haus mit 18 spartanisch eingerichteten Zimmern.

Essen & Trinken

●**Restaurante El Paraíso,** c/ Rábida 17. Für diesen Ort fast schon ein wenig gediegen.
●**El Bodegón,** c/ Rábida 46. Eine Weinpinte mit mächtigem Tresen.
●**Restaurante La Pinta,** im gleichnamigen Hotel. Ein Lokal mit fundierter Küche ohne großes Trara.

Feste

●**15. März:** Rückkehr der Schiffe La Niña und Pinta
●**23. April:** San Jorge – Patronatsfest
●**3. August:** An diesem Tag liefen die Schiffe zur ersten Fahrt aus.
●**15. August:** Virgen de los Milagros – Patronatsfest
●**12. Oktober:** Día de la Raza oder Día de la Hispanidad – Tag der Entdeckung Amerikas, wird übrigens in der gesamten hispanischen Welt gefeiert.

Pinzón-Denkmal

Ausflüge

Kloster La Rábida

Nur ein paar Kilometer außerhalb von Palos liegt das Kloster **Monasterio Santa María de la Rábida.** Auch diese Anlage ist eng mit Kolumbus verknüpft. Der Entdecker suchte hier Trost und Beistand, nachdem sein Projekt vom Königspaar zunächst abschlägig beschieden worden war. Einer der Mönche, *Juan Pérez,* war seinerzeit Beichtvater der Königin. Durch seinen Einfluss änderte sie ihre Meinung. Der Rest ist bekannt. Nachdem am 1. Januar die letzte maurische Bastion in Granada gefallen war, hatten die Herrscher wieder Zeit und Ohren für neue Eroberungen. So bekam Kolumbus eine zweite Chance seine Pläne vorzutragen.

Das Kloster stammt aus dem 14. Jahrhundert und gilt als ein besonders schönes Exemplar der andalusischen **Mudéjarkunst.** Neben verschiedenen Kirchenschätzen sind die Deckenmalereien herausragend. Und natürlich wird dem Besucher präsentiert, wie Kolumbus sich hier mit den Mönchen über seine Pläne beriet.

●Eine Besichtigung ist nur in Gruppen möglich, Di.-So. etwa jede Dreiviertelstunde zwischen 10.00 und 13.00 Uhr sowie zwischen 16.45 und 20.00 Uhr, Mo. geschlossen, Eintritt 2,50 €.

Die gesamte **Parkanlage,** bis hinunter zum Ufer des Río Tinto, ist heute den Entdeckungsfahrten und der Verbindung zwischen Spanien und Hispanoamerika gewidmet – eine etwas bunte Mischung, der ein kritisches Wort über die unrühmlichen Eroberungszüge gut getan hätte.

Etwa in Höhe des Hauptweges, der zum Kloster führt, ragt ein schroffes **Denkmal** in die Höhe. Dieser etwas angegraute und nicht gerade hübsche Kreuzturm von 1892 erinnert an den vierhundertsten Jahrestag der Entdeckung Amerikas.

Auf der anderen Straßenseite liegt das kleine **Centro de Información y Recepción,** ein ehemaliges Bauernhaus. Heute ist es eine Informations-

06/Scf Foto: jf

quelle für Touristen. Das Gebäude wird auch *Casita de Zenobia* genannt, da die Ehefrau des Literaturnobelpreisträgers *Juan Ramón Jiménez, Zenobia,* lange Zeit hier lebte.

Muelle de las Carabelas

Die Hauptattraktion der ganzen Anlage ist die *Muelle de las Carabelas,* die **„Mole der Karavellen".** Dort liegen originalgetreue Nachbauten der drei Schiffe, mit denen Kolumbus 1492 von Palos in See stach: backbords (links) La Niña, in der Mitte Santa María und steuerbords (rechts) La Pinta. Alle Schiffe können betreten werden. Aus heutiger Sicht mag man es kaum glauben, dass diese kleinen Schiffe den Atlantik überqueren konnten. Im Hauptschiff sind ein paar alltägliche Szenen nachgestellt, etwa wie die Matrosen damals hausten und malochten. Nur der Admiral sitzt nachdenklich schreibend in seiner Kajüte. Die drei Schiffe liegen direkt nebeneinander, so dass man von einem zum anderen hinübergehen kann. Alles wirkt sehr authentisch. Der Wind lässt die Segel flattern, der Mast knarrt, Wasser schwappt gegen die Bordwand, Möwen segeln kreischend vorbei.

Küste der Provinz Huelva

Kolumbus –
Entdecker oder Fälscher?

Als Christoph Kolumbus 1492 in Richtung Westen se-
gelte, stieß er zufällig und unbeabsichtigt auf einen
neuen Kontinent. Er nahm an, dass es sich um Indien
handelte, und taufte das Land schließlich „Neu Indien",
Nuevas Indias. So steht es seit einem halben Jahrtau-
send in den Geschichtsbüchern und auch in unserem
Geschichtskapitel.

Seit einiger Zeit sind aber erste Zweifel an dieser
Version aufgetaucht. Der spanische Seefahrer und Pro-
fessor der Marineschule von Cádiz *Luís Miguel Coín
Cuenca* studierte jahrelang die Aufzeichnungen über

Kolumbus' Entdeckungsfahrten. Er hegte schließlich den Verdacht, dass Kolumbus sehr wohl wusste, dass er nach drei bis vier Wochen Fahrt Land entdecken würde. Ihm kamen nach dem Studium der Logbücher erste Zweifel daran, dass Kolumbus wirklich so unwissend gehandelt hatte. Und so bereiste er die Strecke mit originalgetreu nachgebauten Schiffen noch einmal, wobei er seinen Verdacht bestätigt sah. Seine Theorie basiert im Wesentlichen auf folgender Annahme:

Kolumbus wusste von der Existenz eines Landes zwischen Europa und Indien. Durch angespülte Gegenstände und verirrte Seefahrer erahnte man schon in der damaligen Zeit die Existenz eines im Westen gelegenen Landes.

Die Portugiesen hatten bereits die Kapverdischen Inseln erobert. Diese liegen noch heute im Bereich des nach Westen wehenden Passatwindes. Und so nimmt Coín Cuenca an, dass einige portugiesische Schiffe, die vom Mutterland zu den Kapverden reisten, ungewollt abgetrieben wurden und in der Karibik landeten. Möglicherweise gelang es einer Besatzung sogar, wieder nach Portugal zurückzukommen.

Kolumbus besaß eventuell eine Karte, auf der Teile des fremden Landes verzeichnet waren. Immerhin arbeitete er jahrelang als Kartenzeichner in portugiesischen Diensten, was damals eine Top-Secret-Position war. So konnte er sicher sein, dass er nach einiger Zeit Land erreichen würde. Er wusste, dass man die Passatwinde erreicht, wenn man weit genug nach Südwesten segelt (Höhe der Kapverdischen Inseln).

Laut seinen Aufzeichnungen ist er von den Kanarischen Inseln direkt Richtung Westen gesegelt. Die in seinem Logbuch beschriebenen Phänomene (ungünstige Strömungen, weniger salzhaltiges Wasser, bestimmte Fische) passen aber nicht zu dieser Route. Sie wurden jedoch bei der anderen Route, die Coín Cuenca nachsegelte, angetroffen.

Doch warum sollte Kolumbus in seinem Logbuch gefälschte Angaben gemacht haben? Er konnte nicht seine tatsächlich gefahrene Route ins Logbuch schreiben, da sie durch die Hoheitsgewässer der Portugiesen führte, was für einen im spanischen Auftrag segelnden Kapitän strengstens verboten war. Außerdem wäre es einem Hochverrat gleichgekommen, wenn man ihn mit einer geheimen portugiesischen Karte erwischt hätte.

Theorie oder Hirngespinst? Coín Cuenca trägt genügend Indizien zusammen, die seine Theorie untermauern. Einen unumstößlichen Beweis liefert er aber noch nicht.

Küste der Provinz Huelva

Ergänzt wird das Bild durch eine Ausstellung mit dem Titel: „**Begegnung der Kulturen**". Auf der einen Seite wurde ein spanischer Marktplatz aus dem 15. Jahrhundert nachgebildet mit allem, was damals wichtig und im alltäglichen Gebrauch war. Auf der gegenüberliegenden Seite sind Markt, Behausung und Jagdutensilien der indianischen Bevölkerung des Karibikraumes dargestellt. So findet man etwa einen typischen Bohío: ein Rundhaus aus Holz und Palmenblättern. Der Besucher hat die Möglichkeit Nahrungsmittel, Häuser und letztlich die Lebensumstände der beiden Kulturen zu vergleichen. Ob die Indianer die „Entdeckung" Amerikas jedoch auch als „Begegnung" zweier Kulturen erlebt haben, darf man wohl bezweifeln. Ein kritisches Wort hätte der Ausstellung wahrlich nicht geschadet.

Ergänzend gibt es eine Ausstellung mit maritimen Exponaten und Landkarten sowie einen 20-minütigen Film zur Entdeckungsreise.

●Geöffnet: 20.4.-20.9. Di.-Fr. 10.00-14.00 und 17.00-21.00 Uhr, Sa. und So. 11.00-20.00 Uhr, Mo. geschlossen, 21.9.-19.4. Di.-Do. 10.00-19.00 Uhr, Eintritt: Erw. 3 €, Familien 6,25 €, Kinder unter 5 Jahren frei

**Foro Ibero-
americano**

Ganz in der Nähe der Mole der Karavellen gibt es noch weitere Monumente und Sehenswürdigkeiten, die eine Verbindung zu Hispanoamerika haben. Das Foro Iberoamericano ist eine Art Stadion mit Platz für 4000 Personen, ohne Überdachung allerdings. Hier finden kulturelle Veranstaltungen statt, beispielsweise Konzerte.

**Plaza
Macuro**

Ein in blauen Farben gehaltenes, dreistufiges Denkmal, das an einen Hubschrauberflug von Venezuela nach La Rábida erinnert.

**Muelle de
la Reina**

Erinnert an den Transatlantikflug eines Wasserflugzeuges von Palos nach Buenos Aires im Jahr 1926.

Parque Botánico	Der Parque Botánico José Celestino Mutis liegt ein klein wenig abseits, lohnt aber einen Spaziergang. Pflanzen aus allen fünf Kontinenten sind hier vereint, unterbrochen von kleinen Flüsschen, Springbrunnen und schmalen Brücken.

●Geöffnet: April bis September Di.-Fr. 10.00-14.00, 17.00-21.00 Uhr, Sa./So. 11.00-20.00 Uhr, September bis April Di.-So. 10.00-19.00 Uhr, Mo. geschlossen, Eintritt: Erw. 1,50 €, Familien 3 €

Moguer

●**Einwohner:** 14.500
●**PLZ:** 21800
●**Entfernung nach Huelva:** 19 km
●**Touristeninformation:** Plaza del Cabildo 1, Tel. 959 371 898, Fax 959 371 853, www.aytomoguer.es

Überblick	Moguer ist ein adretter, angenehmer Ort. Nur Parkplätze gibt es nicht. Am besten lässt man den Wagen also gleich am Ortseingang stehen und geht zu Fuß weiter. Die Wege sind kurz, die Gassen eng, die wenigen Sehenswürdigkeiten schnell erreicht. Was gibt es zu sehen? An klassischen Anziehungspunkten eine Kirche, ein ehemaliges Kloster und ein Museum zu Ehren des Literaturnobelpreisträgers. Nichts Außergewöhnliches also und so sollte ein Besuch auch aufgefasst werden. Man genießt den Aufenthalt in diesem **schönen Weißen Dorf** ganz besonders, wenn man sich einfach treiben lässt. Schmiedeeiserne Gitter vor den Fenstern und etliche schick dekorierte Innenhöfe gilt es zu entdecken – mal auf Details achten!
Sehenswertes	An der Plaza del Cabildo steht ein **Denkmal** zu Ehren des Literaturnobelpreisträgers **Juan Ramón Jiménez.** Er wurde am 24.12.1881 in Moguer geboren und starb am 29.5.1958 in San Juan auf Puerto Rico. Den Nobelpreis für Literatur erhielt er 1956. Sein wichtigstes Werk heißt *Platero y yo*

Küste der Provinz Huelva

("Platero und ich"). Es erschien bereits 1917 und erzählt in 138 Sequenzen, Bildern, Geschichtchen und Zyklen von seinem Heimatdorf Moguer. Beinahe an jeder Straßenecke sind hübsche **Kacheln** angebracht, auf denen ein Satz aus „Platero y yo" zitiert wird.

Natürlich charakterisierte Jiménez auch die örtliche Kirche **Iglesia de Nuestra Señora de Granada:** *„La Torre de Moguer de cerca parece una Giralda vista de lejos",* so steht es an einer Ecke bei der Kirche. „Der Turm von Moguer, aus der Nähe betrachtet, erinnert an die Giralda (Turm der Kathedrale von Sevilla) aus der Ferne besehen". Auffällig ist tatsächlich der schlanke, eckige Glockenturm, der leicht gelblich und mit einigen blauen Kachelstreifen verziert ist. Ganz oben thront eine Figur – fast wie die Giralda von Sevilla. Die Kirche, die ursprünglich an dieser Stelle gestanden hat, wurde beim schweren Erdbeben von Lissabon im Jahre 1755 zerstört. Kaum zu glauben, dass dieses Unglück sich bis hier auswirkte. 1783 konnte der Wiederaufbau beendet werden.

Zweimal um die Ecke liegt das **Casa Museo Zenobia y Juan Ramón** in der c/ Juan Ramón Jiménez 10. In diesem schönen Haus lebte der Dichter mit seiner Frau *Zenobia* und schrieb u.a. sein bekanntestes Werk. Er verbrachte hier seine Kindheit und Jugendzeit. Es ist ein typisch andalusisches Haus mit einem Patio im Kern, um den auf zwei Etagen die Räume verteilt sind. Heute finden sich ausschließlich Exponate über den Dichter sowie große Fotos, seine Bibliothek, Handschriften und Ähnliches.

●Geöffnet: Di.-Sa. 10.00-14.00, 17.00-20.00 Uhr, So. nur am Vormittag geöffnet, jeweils um Viertel nach finden Führungen statt, Mo. geschlossen, Eintritt: 1,80 €

Das **Convento de Santa Clara** ist ein großes, festungsartiges Gebäude aus dem 14. Jahrhundert. Das Kloster wurde 1337 gegründet und über 600 Jahre später aufgelöst. Heute kann man es

besichtigen und die schönen Arbeiten im Mudéjarstil bewundern, beispielsweise den Kreuzgang
oder das Chorgestühl. Angeschlossen ist ein Diö-
zesanmuseum, in dem religiöse Kunstschätze ausgestellt werden. *Kolumbus* kehrte nach der Been-
digung seiner ersten Reise zu einer Dankesmesse
hier ein.

●Geöffnet: Di.-Sa. 11.00-13.00, 17.00-19.00 Uhr,
Mo. und So. geschlossen, Eintritt: 1,80 €

Etwas weltlicher geht es auf dem Platz vor dem
Kloster zu. Er ist sehr schön gepflastert, Bänke laden zum Verschnaufen ein und alles wirkt irgendwie schön entspannt.

Dazu trägt auch die nahe **Fußgängerzone** bei,
etwa die c/ Andalucía, wo sich das Touristenbüro
im Casa de Cultura befindet und wo auch ein auffälliges Theater steht. Das Gebäude, in dem das
Teatro Felipe Godínez untergebracht ist, sticht mit

Küste der Provinz Huelva

Beschaulichkeit an allen Ecken

seinen hübschen Kacheln auf gelbem Grund ins Auge.

Unterkunft
- **Pensión Santa Clara,** €€, c./ J. R. Jiménez 20, Tel. 959 370 907. Einfaches Haus, ca. 20 Meter hinter dem Jiménez-Haus und damit noch halbwegs zentral gelegen.
- **Pension Platero,** €-€€, c/ Aceña 4, Tel. 959 372 159. Ein kleines, einfaches Haus mit 19 Zimmern. Es liegt unweit vom Kloster.

Essen & Trinken
- **Restaurant La Parrala,** Plaza de las Monjas 22 (beim Kloster), Tel. 959 370 452. Sozusagen das erste Haus am Platze. Spezialisiert auf Fleisch- und Fischgerichte der Region, *comidas caseras* („Hausmannskost") lautet die Eigenwerbung.
- **Mesón El Lobito,** am Ortseingang. Sieht aus wie eine umgebaute Scheune und strahlt damit eine gewisse urige Atmosphäre aus. Ab 12.00 Uhr geöffnet.
- **Mesón Carabela,** Plaza de las Monjas, Tel. 959 370 452. Lobenswerte bodenständige Küche.

Adressen
- **Bodegas Sáenz,** c/ Osario, Tel. 959 370 004. *Vino* zum Probieren!

Feste
- **2. Sonntag im Mai:** Romería de Montemayor – farbenprächtiger Umzug, an dem Tausende von Teilnehmern hoch zu Ross oder in wunderbar geschmückten Kutschen zur Ermita de Montemayor ziehen, 2 km außerhalb von Moguer.
- **Juli:** Flamencofestival
- **8. und 9. September:** Fiestas de Montemayor – Patronatsfest

Huelva

- **Einwohner:** 145.000
- **PLZ:** 21003
- **Touristeninformation:** Avda. de Alemania 12, Tel. 959 257 403, Fax 959 257 403, othuelva@andalucia.org

Überblick
Huelva ist keine Schönheit. Es gibt wenige Gründe dorthin zu fahren. Es sei denn, man hat eine Autopanne. Dann ist Huelva der absolut richtige Ort. Alle Marken sind mit sehr großen Werkstätten vertreten, zu finden an den großen Ausfallstraßen.

Von Mazagón kommend, nähert man sich der Stadt auf einer zweispurigen Straße. Aber allzu viel Verkehr herrscht hier für gewöhnlich nicht. Möglicherweise wurde sie für die vielen Lastwagen gebaut, die hier ständig entlangschleichen. Huelva ist nämlich ein einziges **riesiges Industriezentrum.** Kilometerweit passiert man rauchende und teilweise auch stinkende Anlagen.

Im Zentrum wird es nur unwesentlich besser, denn die Innenstadt besteht beinahe ausschließlich aus mehrstöckigen Hochhäusern. Die Stadt bietet also wenig Attraktives, es sei denn, man möchte einkaufen. Für einen Shopping-Bummel ist Huelva die richtige Adresse.

Sehens-
wertes

Das **Monumento a Colón** ist mittlerweile wohl so etwas wie das Markenzeichen von Huelva geworden. Es steht am Ortseingang beim Punta del Sebo und ist ein Geschenk der USA an die „Entdecker der Neuen Welt"! Einem geschenkten Gaul schaut man ja bekanntlich nicht ins Maul, aber die Stadtväter von Huelva werden sich im Stillen schön bedankt haben. Geradezu monströs trägt diese 30 m hohe Betonskulptur nicht unbedingt zur Verschönerung des Stadtbildes bei.

Das **Barrio Obrero Reina Victoria** ist wirklich mal etwas anderes, nämlich ein winziges Viertel von kleinen gelb-weißen Einfamilienhäusern mit Spitzdächern und winzigen Gärten inklusive Gartenzaun. Diese Häuser wurden 1917 von einer ehemaligen britischen Minengesellschaft für ihre Arbeiter gebaut. Obwohl sie sich alle stark ähneln, trägt jedes Haus ein signifikantes Detail, das es von den anderen unterscheidet. Im Hochhäusermeer von Huelva fallen diese kleinen Häuschen heute sofort auf. Sie liegen unweit des großen Kaufhauses El Corte Inglés.

Das **Museo Provincial Arqueológico,** Alameda de Sundheim 13, hat zwei Abteilungen: die Abteilung der schönen Künste und eine zweite, in der archäologische Exponate aus der Frühgeschichte

Küste der Provinz Huelva

und der römischen Epoche dieser Gegend gezeigt werden.

● Geöffnet: Di.-Sa. 9.00-20.00, So. 9.00-15.00 Uhr, Mo. geschlossen, Eintritt: frei

Lohnenswert ist auch ein Spaziergang durch die recht ursprünglichen Straßen in Richtung Plaza de las Monjas. Hinter dem Platz erstreckt sich ein Gassengewirr in Richtung Busterminal. Hier schlägt das **Altstadtherz** mit vielen kleinen und kleinsten Läden, diversen Bars und einer Menge Atmosphäre, viel Volk ist unterwegs. Eine der interessantesten Ecken der Stadt!

Unterkunft
● **Hotel Tartessos,** €€€€, Avda. Martín Alonso Pinzón 13, Tel. 959 282 711, Fax 959 250 617. Ein Hochhaus mit schickem Eingangsbereich und 112 Zimmern, mitten im Zentrum gelegen.

● **Hotel Los Condes,** €€€, Alameda Sundheim 14, Tel. 959 282 400, Fax 959 285 041. Das schlanke Haus mit sechs Etagen liegt ebenfalls im Zentrum und hat 54 funktionale Zimmer.

● **Jugendherberge,** c/ Marchena Colombo 14, Tel. 955 253 793. Liegt nicht gerade zentral, ein Taxi sollte deshalb drin sein.

Essen & Trinken

●**Bar Lizarran,** c/ Martín Alonso Pinzón 15. Ein baskisches Lokal, das eine nette Tradition pflegt, die im Baskenland oft zu finden ist: Am Tresen einen Teller schnappen, die leckeren Tapas aus der Glasvitrine nehmen (Selbstbedienung!), verspeisen, aber die kleinen Hölzchen, die in den Tapas stecken, auf dem Teller sammeln. Sie werden am Ende gezählt und abgerechnet.
●**Restaurant Portichuelo,** c/ Martín Alonso Pinzón 1, Tel. 959 245 768. Sieht sehr schick aus. Hier gibt es ein Mittagsmenü für etwa 15 €, also kein Durchschnittsladen.
●**Restaurant El Estero,** Avda. Martín Alonso Pinzón 13, Tel. 959 256 572. Liegt beim Hotel Tartessos und hat eine „innovative Küche" mit Schwerpunkt auf Fisch zu bieten.

Adressen

●**Autovermieter:** Hertz, Alameda Sundheim 16-18, Tel. 955 258 211
●**Autowerkstätten:** Citroen, Carretera de Sevilla, km 637, Tel. 955 229 609; Ford, Pol. San Diego s/n, Tel. 955 228 512; Opel, Carretera de Sevilla, km 638, Tel. 955 231 013; Peugeot, Carretera de Sevilla, km 638, Tel. 955 221 988; Renault, Legión Española 2, Tel. 955 254 964; SEAT, Audi, VW, Carretera N-431, km 637,5. Tel. 955 234 051
●**Busterminal:** Gesellschaft DAMAS, Avda. de Portugal 9, Tel. 959 256 900, liegt ganz in der Nähe der Touristeninformation
●**Post:** Avda. Tomás Domínguez 1, liegt einmal um die Ecke beim Touristenbüro
●**Shopping:** Los Ángeles, c/ Concepción 17, unweit der Plaza de las Monjas. Hier gibt es eine sehr gute und vor allem sehr breite Wurstauswahl!
Eulogio Castaño Rodríguez, c/ Tendaleras 18, in der Nähe des Touristenbüros, iberische Wurst- und Käsewaren.

Feste

●**20. Januar:** San Sebastián – Patronatsfest
●**Erste Augustwoche:** Fiestas Colombinas – dem großen Entdecker *Colón* huldigt man durch ein Sommerfest.
●**8. September:** Virgen de la Cinta – Patronatsfest

Markt

●**Freitag** im Recinto Colombino, einem kleinen Viertel unweit vom Fußballstadion

Küste der Provinz Huelva

Der Feinschmecker kauft ihn frisch vom Markt

Punta Umbría

- **Einwohner:** 12.000
- **PLZ:** 21110
- **Entfernung nach Huelva:** 16 km
- **Touristeninformation:** Avda. Ciudad de Huelva s/n, Tel. 959 495 160, Fax 959 495 166

Überblick Punta Umbría ist auf drei Seiten von Wasser umgeben: vom Atlantik, dem Río Punta Umbría und dem Canal de la Madres. Zwar befindet sich der Ort fast in Sichtweite zur benachbarten Großstadt Huelva, aber aufgrund der **trennenden Flüsse** und eines **Marschlandes** muss der Besucher einen gehörigen Bogen fahren. Das hat irgendwann dazu geführt, dass die Stadtväter eine autobahnähnliche Verbindungsstraße von Huelva an die Strände von Punta Umbría bauten. Und die suchen tatsächlich ihresgleichen!

Kein Wunder, dass sich hier ein intensiver **nationaler Tourismus** entwickelt hat. In den Monaten Juli und August, also während der spanischen Reisesaison, platzt der Ort aus allen Nähten. In der übrigen Zeit geht es bedeutend ruhiger zu. Dann kann der Besucher tatsächlich den Fischern in Ruhe beim Flicken der Netze zuschauen.

Der **Fischfang** ist durchaus noch lebendig und die Boote dümpeln nicht nur malerisch im Wasser. Mittags kippen die wettergegerbten Fischer ihre bleischwere Müdigkeit mit einem kräftigen Schluck aus den Knochen.

Im Bereich des Hafens wirkt Punta Umbría ziemlich geschäftig, etwas weiter außerhalb dominieren **Ferienwohnungen.** Diese liegen unweit der schönen Strände und dort bleibt es relativ ruhig – bis auf die Monate Juli und August eben.

Im Hafen von Punta Umbría

Küste der Provinz Huelva

Strand-profil

Playa de Punta Umbría beginnt an der Spitze des Ortes, dort wo der Río Punta Umbría ins Meer mündet. Er verläuft über 3800 m und hat eine durchschnittliche Breite von 50 m, die aber im östlichen Bereich beträchtlich zunimmt. Begleitet wird der Strand stadtauswärts von einer über mehrere Kilometer verlaufenden Ferienhaussiedlung. Eine breite Straße, die Avenida del Océano, verläuft etwa 50 m entfernt parallel zur Küste. Alle hundert Meter zweigen Stichstraßen zum feinen Sandstrand ab.

    Playa del Calé wird ein kleiner Strandabschnitt genannt, der im Übergangsbereich zwischen *urbanización* und Pinienwald liegt. Hier zeigt sich der Strand sehr breit: etwa 60-80 m. Er wird von einer schönen Dünenlandschaft beherrscht. Diese Landschaft steht unter Naturschutz. Deshalb sollen Besucher nur auf Holzbohlen hier durchlaufen und die einzigartige Natur und Ruhe genießen. Es gibt einen Parkplatz, aber keine weiteren Serviceeinrichtungen.

Playa los Enebrales liegt schon außerhalb von Punta Umbría. Offiziell trennt man noch einen Strandabschnitt namens **Playa de Mata Negra** ab, aber da es keine erkennbare Grenze gibt, sind hier beide zusammengefasst. Das Strandgebiet verläuft über 2300 m und verbreitert sich auf solide 50 m. Eine Straße verläuft teilweise in Sichtweite, teilweise versteckt im Pinienwald vorbei, sie ist aber relativ schwach befahren. An drei Stellen kann geparkt werden und dann hat der Strandläufer ein einsames Fleckchen von diesem schönen Sandstrand für sich. Ausgedehnte Spaziergänge können auch durch den direkt angrenzenden Pinienwald unternommen werden. Ein immerhin 162 ha großes Gelände wurde unter Naturschutz gestellt: die Paraje Natural de los Enebrales. Neben dem Wanderweg führt auch ein Fahrradweg hierdurch. Da der Strand etwas abseits liegt, gibt es außer einem sporadisch geöffneten Kiosk keine Serviceeinrichtungen.

Sehens-
wertes
Viel zu besichtigen gibt es in Punta Umbría nicht. Vom **Torre Almenara** sind noch Reste erhalten. Der Aussichtsturm wurde im 17. Jahrhundert auf Befehl von König *Felipe III.* erbaut. Von dort oben versuchte man die Einfahrt über den Fluss nach Huelva zu kontrollieren.

Gleich nebenan steht die hübsche Kirche **Iglesia de Nuestra Señora de Lourdes.** Sie ist jüngeren Datums und wurde erst 1950 fertig gestellt.

Die **Hafenmeile** mit der *lonja,* der Fischauktionshalle, lohnt vor allem dann einen Bummel, wenn die Fischer nach getaner Schicht am späten Vormittag wieder einlaufen.

Küste bei Punta Umbría

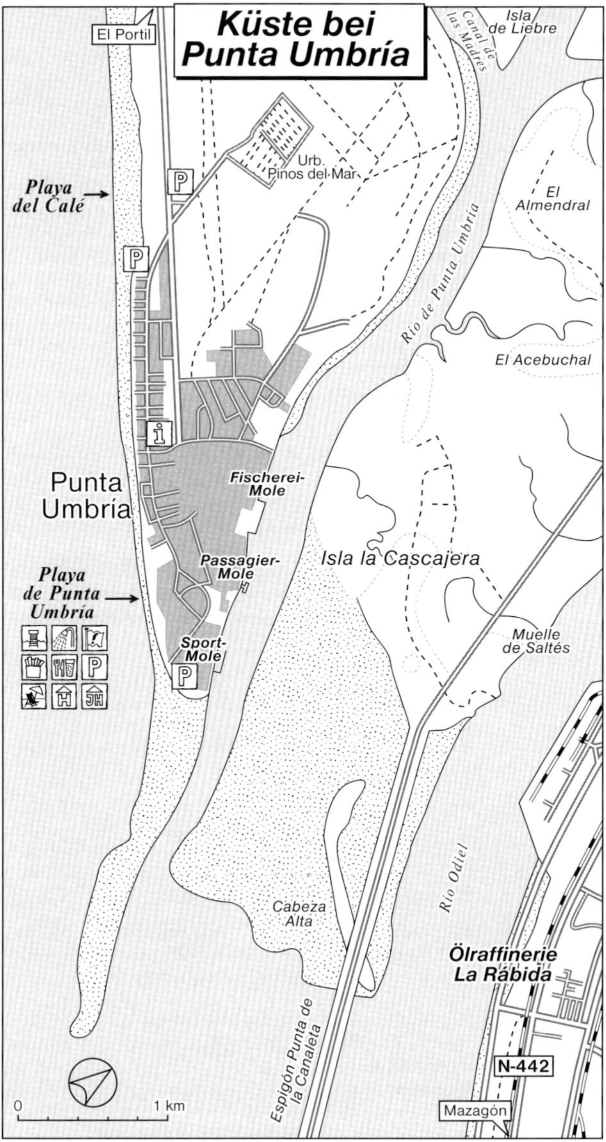

El Portil

Isla de Liebre

Canal de las Madres

Urb. Pinos del Mar

Playa del Calé

P

P

P

El Almendral

Río de Punta Umbría

El Acebuchal

i

Punta Umbría

Fischerei-Mole

Isla la Cascajera

Playa de Punta Umbría

Passagier-Mole

Muelle de Saltés

Sport-Mole

P

Cabeza Alta

Río Odiel

Ölraffinerie La Rábida

Espigón Punta de la Canaleta

N-442

Mazagón

0   1 km

Unterkunft

● **Hotel Barceló Punta Umbría,** €€€€, Avda. del Océano s/n, Tel. 959 495 400, Fax 959 310 244, www.barcelo.com. Die Hotelkette Barceló hat am Stadtrand ein großes Haus unmittelbar am schönen Strand errichtet. In quadratischer Form erbaut, in dessen offenem Zentrum sich ein großer Pool nebst Liegewiese befindet. Insgesamt 296 Zimmer und vier Suiten. Von vielen Räumen hat der Gast wenigstens einen seitlichen Meerblick.

● **Pato Amarillo,** €€€-€€€€, Avda. Océano, Tel. 959 311 250, Fax 959 311 258, www.hotelpatoamarillo.com. Gilt als das beste Haus am Platze. Es hat 120 Zimmer und liegt in Strandnähe, außerdem: ein netter Garten mit Pool.

● **Pato Rojo,** €€€-€€€€, Avda. Océano, Tel. 959 311 600, Fax 959 311 258. Sozusagen die kleinere Schwester mit 60 Räumen und einem etwas aufgelockerten Stil. Beide Pato-Häuser liegen dicht beieinander und sind nur vom 1.3.-31.10. geöffnet.

● **Hostal El Ancla,** €€, Avda. del Océano 29, Tel. 959 314 810. Ein kleines Haus mit sechs Zimmern, nur 100 m vom Strand entfernt.

● **Hotel Ayamontino,** €€€, Avda. Andalucía 35, Tel. 959 311 450, Fax 959 310 316. Das nicht zu große, helle Haus hat 45 Zimmer und liegt nicht weit vom Zentrum ganz am oberen Ende der Fußgängerzone. Ein Fischrestaurant ist angeschlossen.

● **Hotel Emilio,** €€€, c/ Ancha 21, Tel. 959 311 800, Fax 959 659 051. Ein kleines, aber sehr zweckmäßig eingerichtetes Haus mit 35 Zimmern und einer Sonnenterrasse in zentraler Lage.

● **Hostal Playa** €€-€€€, Avda. del Océano 95-97, Tel. 959 310 112, Fax 959 659 450. Kleines Haus in Strandnähe schräg gegenüber des Pato Amarillo. Einfach aber solide.

● **Jugendherberge Inturjoven,** Avda. del Océano 13, Tel. 959 311 650. Die Herberge liegt unmittelbar am Strand, unweit vom Hostal El Ancla.

Camping

● **La Bota,** 2. Kategorie, Carretera Huelva – Punta Umbría am km 11, Tel. 959 314 537, Fax 959 314 546. Ein recht großer Platz für knapp 1000 Personen in einem Pinienwald, vielleicht 300 m vom Meer entfernt am Strand La Bota, etwa fünf Kilometer außerhalb.

Essen & Trinken

● **Restaurant Carmen,** Avda. Andalucía 35, Tel. 959 311 450. Ein gutes Fischlokal, das zum Hotel Ayamontino gehört.

● Entlang der **Calle Ancha** sind viele Bars zu finden. Es ist die erste Parallelstraße zum Hafen und gleichzeitig eine Fußgängerzone. Im Sommer bleibt hier kein Auge trocken! Dort liegt auch die hübsch gekachelt Bar **El Marinero,** c/ Ancha 61.

● **Restaurant Bodeguita,** c/ Ancha 86. Am unteren Ende der Straße, bereits außerhalb der Fußgängerzone. Das optisch gefällige Lokal bietet prima Fischgerichte.

Adressen	● **Busterminal:** Avda. Ciudad de Huelva, nahe der unübersehbaren Touristeninformation
	● **Post:** Avda. de Andalucía, auf der gegenüberliegenden Seite der Touristeninformation
	● **Shopping:** In der Markthalle Mercado de Abastos, gegenüber der Fischauktionshalle, wird der Schinken von *Antonio Toscano Mena* hoch gelobt. Zu finden am Kiosk 5 und 6.
Feste	● **April:** Muestra Nacional de Coquina – ein Koch-Festival mit Probiermöglichkeiten
	● **Letzter Sonntag im Mai:** Santa Cruz – mit einer gut besuchten *romería*, also einem farbenfrohen Umzug
	● **Juli:** Fiesta Nacional del Marisco – den Meeresfrüchten wird gehuldigt
	● **16. Juli** und **15. August:** Nuestra Señora del Carmen – Patronatsfest mit Meeresprozessionen

Ausflug

Marismas del Odiel

Ziemlich genau zwischen Huelva und Punta Umbría liegt das **Naturschutzgebiet** Marismas del Odiel: ein Brackwasserbereich im Flussgebiet des Río Odiel, der durch die Gezeiten des Meeres periodisch überschwemmt wird. (Brackwasser ist die Vermischung von Süß- und Salzwasser.) Hier können zu bestimmten Zeiten Flamingos und Löffler beobachtet werden, die auf der streng geschützten Insel Isla de Enmedio rasten und teilweise auch brüten. Das Besucherzentrum Dique Juan Carlos I. findet man an der Straße Punta Umbría – Huelva bei der Brücke abbiegend und der Ausschilderung „Recepción de Calatilla" folgend.

● **Touren** im Landrover oder per Boot bietet Erebea: www.erebea.com, Tel. 959 500 512, Fax 959 500 639.

Küste der Provinz Huelva

El Portil

Überblick

El Portil ist ein weitläufiger **touristischer Komplex,** der vor allem in den Sommermonaten genutzt wird. Dann füllen sich all die Apartments mit spanischen Touristen. Außerhalb der Monate Juli und

August wird es ruhig, der Ort verwandelt sich beinahe in eine Geisterstadt.

Die Mehrheit der Gebäude erreicht fünf bis sechs Etagen, so dass sich während der Saison gut und gerne **ein paar tausend Urlauber** hier tummeln. Dann sind natürlich auch alle Lokale geöffnet und der Strand ist überlaufen.

**Sehens-
wertes**

Ein wenig Abwechslung bietet ein Spaziergang um den Binnensee **Laguna del Portil**. Ein 3 km langer Fußweg, der direkt bei der rosafarbenen Kirche Santa María del Portil startet, führt einmal um die 15,5 ha große Lagune herum. Es handelt sich um eine Süßwasserlagune, die von einem Pinienwald und einigen Dünen umgeben ist: ein hübsches Naturbild.

**Strand-
profil**

Playa la Bota liegt etwas außerhalb von El Portil. Aber dieser schöne Sandstrand erstreckt sich über 3800 m und hat eine durchschnittliche Breite von 35 m. Die Straße nach Punta Umbría verläuft in Sichtweite. Es ist also problemlos möglich ein relativ einsames Plätzchen zu ergattern. Die meisten Urlauber drängeln sich nämlich lieber am nächsten Strand. Am Playa la Bota liegt auch der gleichnamige Campingplatz (siehe „Punta Umbría/Camping").

Playa del Portil heißt der Hauptstrand der *urbanización*. Er geht nahtlos in eine benachbarte Zone namens **Playa de San Miguel** über. Hier tummeln sich im Sommer Tausende, da die Reihen der Ferienwohnungen direkt hinter dem Strand beginnen. Er ist 45 m breit, 3600 m lang und von feinem, hellen Sand. Kleine Besonderheit: Durch bestimmte Strömungsverhältnisse hat sich ein paar hundert Meter vor der Küste ein kilometerlanger Nehrungshaken im Wasser aufgebaut. Das Phänomen schreitet fort und schützt dabei die Küste. Die Badenden können auf diese Weise absolut ruhiges Wasser genießen.

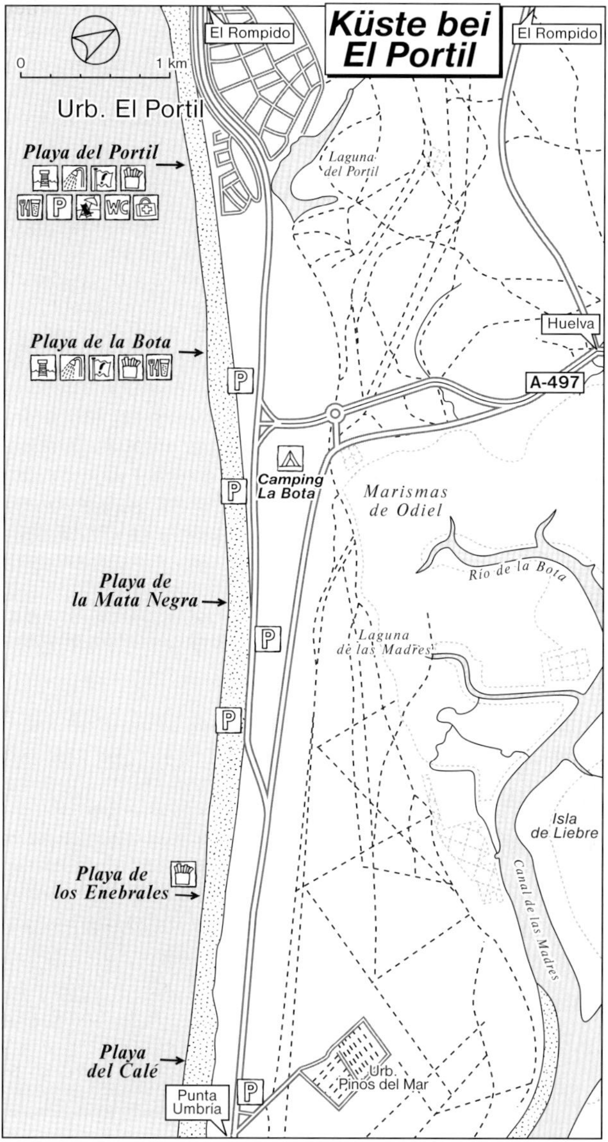

Küste bei El Portil

Urb. El Portil

El Rompido

El Rompido

Playa del Portil →

Laguna del Portil

Huelva

A-497

Playa de la Bota →

P

P

Camping La Bota

Marismas de Odiel

Río de la Bota

Playa de la Mata Negra →

P

Laguna de las Madres

P

Isla de Liebre

Playa de los Enebrales →

Canal de las Madres

Playa del Calé →

Urb. Pinos del Mar

Punta Umbría

P

Küste der Provinz Huelva

0   1 km

**Essen &
Trinken**

●**Restaurant As de Oros,** c/ Camaléon s/n. Sehr beliebt, schon alleine wegen der üppigen Mengen, die aufgetischt werden.

El Rompido

Überblick

El Rompido war einst ein kleines Fischerdorf am Atlantikzufluss des Río Piedras. Da sich ein **Nehrungshaken** kilometerweit parallel zur Küste am Ort vorbeischiebt, liegt der Hafen sehr geschützt. Das haben in jüngster Zeit auch immer mehr Touristen erkannt, so dass sich El Rompido langsam gewandelt hat. Heute dominieren hier Ferienwohnungen. Aber ein netter ursprünglicher Dorfkern mit flachen Häusern und einer erstaunlichen Anzahl von Lokalen, nicht wenige mit Strandterrasse, hat sich am Hafen noch erhalten können (am Leuchtturm der Straßengabelung nach unten folgen). Etwa 20 m erhöht verläuft die Durchgangsstraße mit neueren Bauten und Ferienwohnungen.

Sehenswertes

Zu sehen gibt es eigentlich nichts, außer dem **Hafen,** dem **Leuchtturm** und einigen alten, gitterbesetzten **Fischerhäusern.**

Strandprofil

Playa de El Rompido hat eine Länge von 3600 m und eine mittlere Breite von 40 m, er verjüngt sich jedoch zunehmend in Richtung Hafen. Die meisten Urlauber sonnen sich etwas außerhalb, da dort die Ferienwohnungen in zwei *urbanizaciones* liegen. Wie entlang der gesamten Küste ist der Strand feinsandig und hellgelb. Durch die parallel verlaufende Nehrung bleibt er von eventuellen Atlantikwellen verschont.

Unterkunft

●**Hostal La Galera,** €€, an der Straße nach Cartaya, Tel. 959 399 176. Das kleine Haus hat nur 16 Zimmer und liegt am Ortsrand.
●**Hostal San Miguel,** €€€, Straße nach Cartaya Km 6, Tel./Fax 959 504 262. Sehr ruhig und idyllisch gelegenes 32-Zimmer-Haus auf einem 60.000 m² großen Piniengelände, gut 2 km außerhalb.

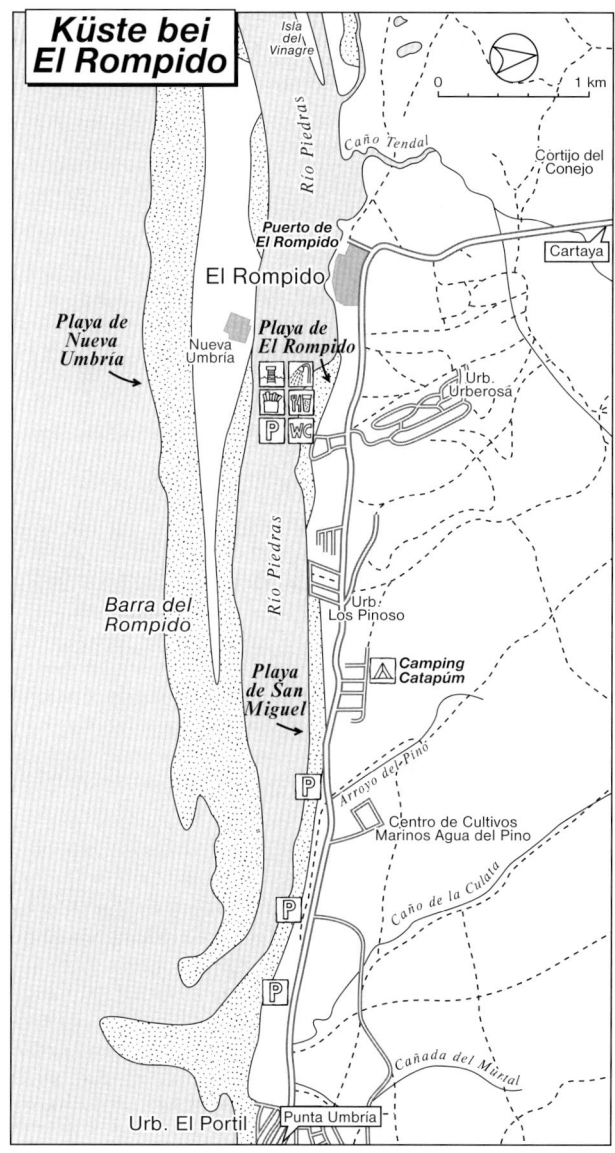

Küste bei El Rompido

Isla del Vinagre

Río Piedras

Caño Tendal

Cortijo del Conejo

Puerto de El Rompido

Cartaya

El Rompido

Playa de Nueva Umbría

Nueva Umbría

Playa de El Rompido

Urb. Urberosa

Río Piedras

Barra del Rompido

Urb. Los Pinoso

Playa de San Miguel

Camping Catapúm

Arroyo del Pino

Centro de Cultivos Marinos Agua del Pino

Caño de la Culata

Cañada del Mirtal

Urb. El Portil

Punta Umbría

Camping
●**Catapum,** 2. Kategorie, 2 km außerhalb von El Rompido, Tel. 959 399 165. Dieser recht große Platz (1680 Personen) unter Pinien liegt gut: Zum Strand muss man nur einmal die Straße überqueren.

Essen & Trinken
●Im alten Ortskern **beim Hafen** wartet wenigstens ein halbes Dutzend schnörkelloser Lokale auf Kundschaft. Fast alle haben eine Terrasse zum Meer, sind ohne Firlefanz eingerichtet und spezialisiert auf Fisch. So beispielsweise La Ola, La Patera oder auch Puesta del Sol.

Aktivitäten
●Um den Touristen etwas Abwechslung zu bieten, wurden einige Kilometer außerhalb von El Rompido an der Straße nach Cartaya ein Badepark namens **Divertimundo** und eine **Kart-Bahn** eingerichtet. Hier findet man das ganze Programm mit Karussells, Rutschen, Liegewiesen, Snackbars und Hüpfburg. Nur während der Sommersaison geöffnet.

Ausflug

Wanderung Cabezas del Terrón
Für denjenigen, der ein wenig Bewegung nicht scheut, bietet eine kleine Wanderung zur Landspitze Cabezas del Terrón am Río Piedras eine willkommene Abwechslung: Von El Rompido läuft man zunächst auf der Straße nach Cartaya bis zur Tankstelle. Dort muss man nach links abbiegen. Der Weg bleibt vorerst asphaltiert, geht später aber in eine Piste über. Man durchquert riesige **Erdbeerfelder** und das Schwemmgebiet **Marismas de San Miguel.** Am Ende gelangt man zum Ufer des Río Piedras und wird mit einer famosen Aussicht auf den Hafen von El Terrón belohnt.

El Terrón

Überblick
Der Ort ist winzig. Er hat aber einen gar nicht so kleinen Hafen, in dem noch **Fischfang** betrieben wird. Kühlwagen stehen bereit, um die Ware sofort nach Norden zu bringen. Ein Teil der Fänge bleibt jedoch hier und wird in einem der vier **Restaurants** angeboten. Frischere Ware kann man nicht bekommen. Das wissen auch die Bewohner der umliegenden Orte. Die Lokale sind durchweg gut besucht. Es lohnt sich!

Zu empfehlen ist außerdem ein Besuch in der **Aula Marina,** einem kleinen Ausstellungsgebäude im hinteren Teil des Hafens. Dort wird die Küste von Huelva mit vielen Infos vorgestellt. In riesigen Aquarien ist die heimische Tierwelt zu besichtigen.

● Geöffnet: 1.7.-15.9. täglich 17.30-21.30, 16.9.-30.6. Sa./So. 12.00-14.00, 16.30-19.30 Uhr, Eintritt: Erw. 3,30 €, Kinder 2,70 €

Strand-profil

Eigentlich hat El Terrón keinen Strand. Man kann aber von der Zufahrtsstraße zum Hafen über einen Fußweg durch die Marismas bis zum Strand auf dem **Nehrungshaken Flecha de El Rompido** laufen. Der Weg startet genau gegenüber der Straße, die zur Kapelle Nuestra Señora de la Bella führt, und ist etwa zwei Kilometer lang. Wer sich dieser Mühe unterzieht, erreicht dann schließlich den Strand **La Antilla – Nueva Umbría** (s.u.), der sich über zwölf Kilometer hinzieht! Die Nehrung wird aus Sedimenten gespeist, die die ständig gleichförmige Strömung hier ablagert. Auf diese Weise wächst sie um durchschnittlich 40 m pro Jahr! Momentan reicht sie fast bis El Portil.

Küste der Provinz Huelva

Essen & Trinken

● Vier Restaurants liegen direkt am Hafen: **La Señora María**, **El Ancla** (mein persönlicher Favorit), **Puerto**, **La Bella Casa Revuelta** (ist etwas schicker aufgemacht).

Ausflug

Schiffs-exkursion

Vom Hafen werden Schiffsexkursionen **entlang der Küste** angeboten, beispielsweise entlang des kilometerlangen Nehrungshakens, der hier *Flecha de El Rompido* („Pfeil von El Rompido") heißt.

● Dauer: zwei Stunden, Abfahrt: 19.00 Uhr, Preis: Erw. 10 €, Kinder 6 €, Anbieter: Barco Azariel, am Hafen zu finden, Tel. 959 382 570

La Antilla

● **Einwohner:** 700
● **PLZ:** 21449
● **Entfernung nach Huelva:** 45 km
● **Touristeninformation:** Avda. de Castilla s/n, Tel. 959 481 479

Überblick

Eine Mischung aus kleinem Dorf und moderner *urbanización* ist hier zu finden. Offensichtlich besteht La Antilla zum überwiegenden Teil aus Ferienwohnungen, die sich **nur im Sommer mit Leben** füllen. Auch die temporär in den umliegenden touristischen Betrieben Beschäftigten wohnen hier.

La Antilla liegt direkt am Meer, eine **harmonisch gestaltete Promenade** lockt zum Bummeln. Allzu viel wird dort aber nicht geboten – die Auswahl an Lokalen ist doch recht beschränkt (möglicherweise ein Zugeständnis an die kurze Saison). Zwei Straßen führen von der außen vorbeilaufenden Hauptverkehrsader in den Ort hinein: die Calle La Antilla und die Calle de Castilla. Hier haben sich die meisten Lokale und Geschäfte angesiedelt.

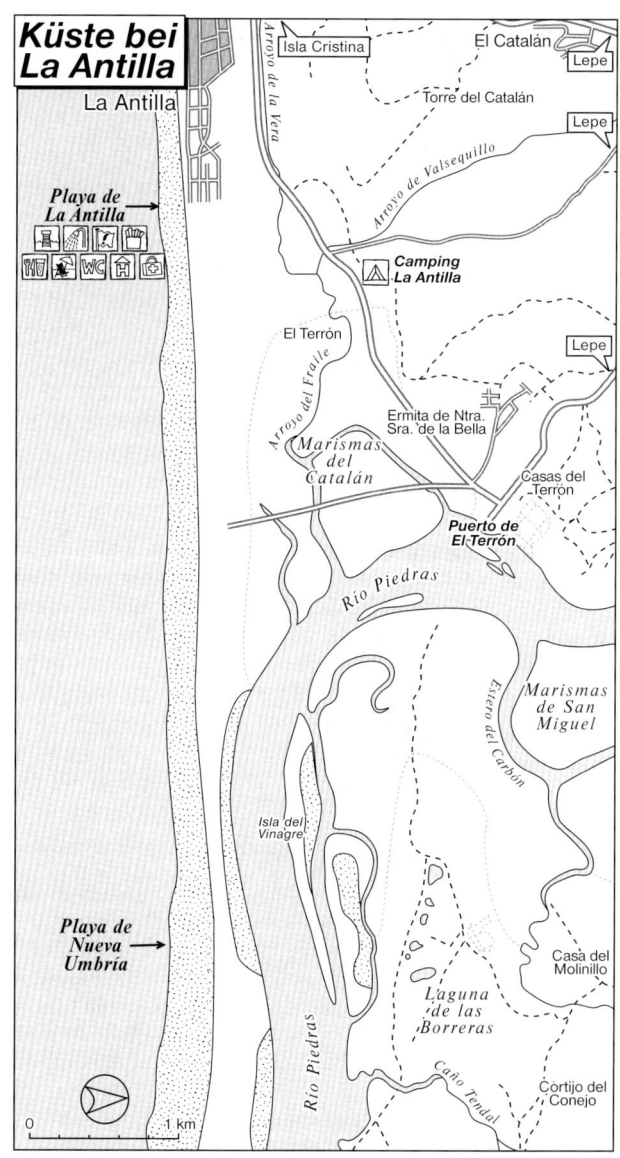

Strand-
profil

Playa de La Antilla – Nueva Umbría ist ein sehr feiner Sandstrand von 2000 m Länge und einer Breite von an die 100 m. Die EU verlieh diesem Küstenstreifen sogar die blaue Fahne für besonders gute Wasser- und Strandqualität. Eine nicht zu geschäftige Promenade, die ausschließlich für Fußgänger vorgesehen ist, liegt zwischen dem Strand und der ersten Häuserzeile. Albtraumartige Hochhäuser sind nicht zu finden, jedenfalls nicht in der ersten Reihe.

Unterkunft

●**Hotel Lepe-Mar,** gerade noch €€€, c/ Delfín 12, Tel. 959 481 001, Fax 959 481 478. Sozusagen das erste Haus am Platze, welches auch in der ersten Reihe direkt am Strand liegt. Es hat immerhin 72 zweckmäßige Zimmer, einige sogar mit Meerblick. Ein Restaurant und eine Terrasse mit Snackbar sind die wichtigsten Attribute. Geöffnet: 1.6.-31.12.
●**Hostal La Antilla,** €€-€€€, Plaza la Parada s/n, Tel. 959 480 056, Fax 959 480 088. Eine kleine Pension mit 15 Zimmern, die nicht einmal 100 m vom Meer entfernt liegt.

Strandpromenade in La Antilla

●**Hostal Azul,** €€-€€€, Plaza La Parada 9, Tel./Fax 959 480 700. Liegt gleich nebenan und sieht schon von außen recht hübsch aus. Das Haus bietet insgesamt elf Zimmer. Geöffnet: 1.4.-30.11.

●In unmittelbarer Nachbarschaft liegen noch drei weitere Pensionen: **Pensión La Parada,** Tel. 959 481 462, **Pensión Sol y Mar,** Tel. 959 481 111, **Pensión Triana,** Tel. 959 480 813, die aber auch außerhalb der Saison schließen.

Camping

●**La Antilla,** 2. Kategorie, an der Straße nach El Terrón, Km 2, Tel./Fax 959 480 829. Recht ordentliche bis gute Einrichtungen, die vor zwei Jahren grundlegend renoviert wurden. Die 700 m bis zum Strand muss niemand zu Fuß zurücklegen, da ein kleiner Bummelzug die Camper kostenfrei dorthin bringt. Der Platz kann knapp 1000 Personen aufnehmen.

Essen & Trinken

Wie es bei Saisongeschäften üblich ist, schließen im Winter etliche Betriebe über einen mehr oder weniger langen Zeitraum. Dauerhaft geöffnet bleibt:

●**Bar La Parada,** an der Plaza de la Parada. Der Koch ist spezialisiert auf Fischgerichte der Region und auf Paella. Da nach La Antilla wohl eher weniger ausländische Urlauber kommen, darf man auf die Erfüllung dieser mutigen Eigenwerbung gespannt sein.

●**Restaurant Coral Playa,** liegt strategisch sehr gut am zentralen Platz bei der Strandpromenade und hat eine Terrasse mit Meerblick.

●In der Calle de Castilla liegen weitere Lokale, die aber – siehe oben – nur temporär geöffnet sind, wie das **Lino** oder das **Álamo.**

Islantilla

Überblick

Islantilla ist eine **reine urbanización von beachtlicher Größe.** Über mehrere Kilometer wurden am Strand entlang Apartmentanlagen, Ferienwohnungen und einige wenige Hotels errichtet. Ausgangspunkt des ganzen Baubooms war ein **Golfplatz** mit 27 Löchern. Dort entstand obendrein eine Vielzahl von Residenzen. Allein diese Golf-Residenz-Anlage umfasst 60.000 m². Fast die dreifache Fläche soll aber noch bebaut werden. Fernziel ist es, in Islantilla Platz und Betten für 22.000 Urlauber zu schaffen! Einiges ist auch schon ent-

Küste der Provinz Huelva

standen, aber so schnell wird hier kein Bauarbei-
ter arbeitslos.

Der Ort besteht aus zwei Querstraßen, von denen ein paar Stichstraßen in Richtung Meer abzweigen. Zurzeit sind nur zwei Hotels zu finden,
der Rest sind **Ferienwohnungen.** Zentraler Punkt
ist das nicht übermäßig große **Einkaufszentrum**
Centro Comercial. Dort sind eine Hand voll Lokale
und einige Shops zu finden.

**Strand-
profil**

Der Strand **Playa de Islantilla** ist natürlich das
Lockmittel für all dieses. Er misst etwa 1200 m Länge und gute 80 bis 90 m in der Breite. Von leich-
ten Dünen gezeichnet wird er von einer hübschen
Promenade ohne allzu viele Lokale begleitet. Einige der Ferienanlagen und die zwei Hotels liegen
in Strandnähe.

Unterkunft

●**Confortel Islantilla,** um 150 €, ist im Ort ausgeschildert,
Tel. 959 486 017, Fax 959 486 070. Ein großes Haus mit
304 Zimmern, die weitläufig über vier Etagen verteilt sind.
Es ist in einer Art U-Form mit Öffnung zum Meer angelegt
und stellt hohe Ansprüche an Komfort und Service.
●**Aparthotel Marina Oasis,** €€€-€€€€, Avda. Islantilla s/n,
Tel. 959 486 422, Fax 959 486 421. Ein ockerfarbenes
Haus mit 471 Zimmern auf fünf Etagen, direkt am Strand.
Neben Hotelzimmern werden auch geräumige Suiten ver-
mietet. Außerdem kann der Gast diverse Serviceangebote
nutzen, als da beispielsweise wären: Kinderspielplatz, Ten-
nisplätze, großzügiger Pool und mehrere Bars.

Camping

●**Playa Taray,** 2. Kategorie, liegt an der Carretera La Antilla
– Isla Cristina am Km 9, außerhalb in Richtung Isla Cristina,
Tel. 959 341 102, Fax 959 341 116. Ein recht großer Platz
für 850 Personen, der größtenteils unter Schatten spendenden Pinien liegt.
●**Luz,** 2. Kategorie, am Km 5 der Straße nach Isla Cristina,
somit dichter an Islantilla, Tel. 959 341 142, Fax 959 486
454. Der Camping hat Platz für 850 Personen und bietet
u.a. einen Pool, Bungalows und separate Caravan-Stellplät-
ze. Die spanische Zeitung El Mundo kürte den Platz zum
besten der Provinz Huelva.

**Essen &
Trinken**

●**Restaurante Escuela de Hostelería,** Avda. de Islantilla
s/n, Tel. 959 646 026, Fax 959 646 099. Ein ganz heißer
Tipp! Dies ist die Fachschule für Nachwuchsköche und
Lehrlinge der Gastronomie. Hier können etwa 40 Schüler

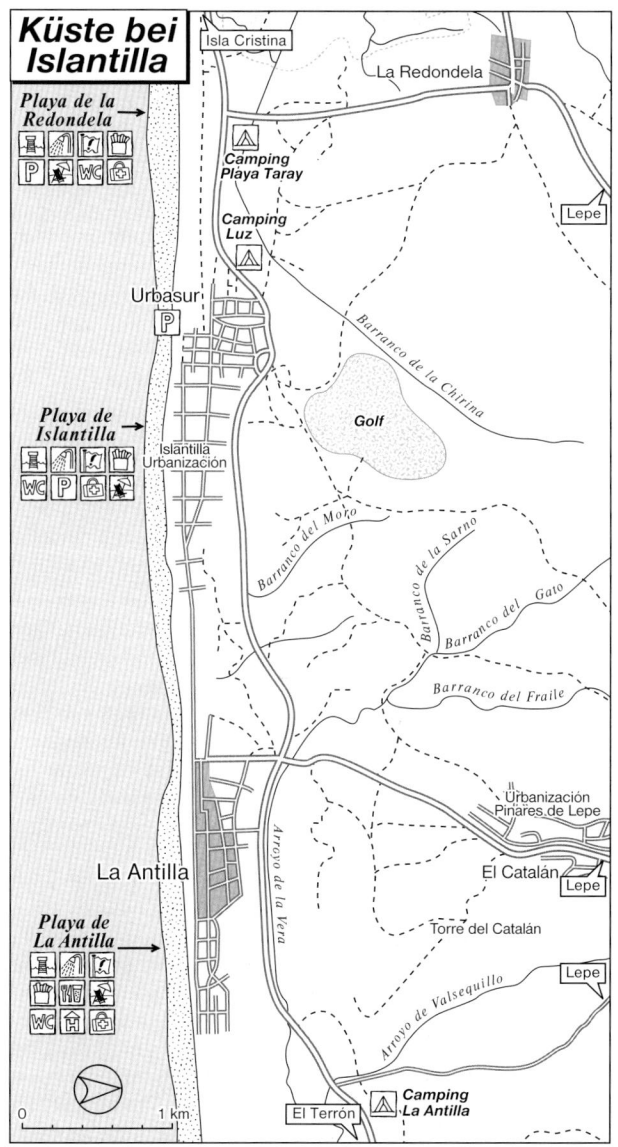

unter echten Bedingungen ihr Können zeigen, was sie auch mit viel Engagement tun: Ein sehr bemühter Service und eine außergewöhnliche Karte zeichnen das Restaurant aus. Es hat allerdings nur von Mo. bis Fr. über die (spanische!) Mittagszeit geöffnet, also 13.45-16.00 Uhr.

● **Bar Lula,** mal was anderes, eine Strandbar am Ende der Promenade, Höhe Hotel Oasis.

Adressen
● **Touristeninformation:** Avda. Islantilla, Isla Cristina, Tel. 959 486 319, Fax 959 486 027, www.islantilla.es, außerdem im Sommer: Avda. de Río Frío, neben der Apartmentanlage Islamar Golf, Tel. 959 646 013

Isla Cristina

● **Einwohner:** 18.850
● **PLZ:** 21410
● **Entfernung nach Huelva:** 56 km
● **Touristeninformation:** Avda. de Madrid s/n, Tel. 959 332 694, Fax 959 332 806, www.islacristina.org

Überblick
Der Name des Ortes verwirrt ein wenig, denn auf einer **Insel** *(isla)* liegt Isla Cristina nicht. Das war allerdings einmal anders. Im 18. Jahrhundert siedelten sich hier katalanische Fischer an. In jenen Tagen hieß der Ort Real Isla de la Higuerita und war tatsächlich eine Insel. Im Laufe der Zeit verlandete jedoch die eine Seite und so wurde die Insel Teil des Festlandes. Schließlich taufte man sie zu Ehren der damaligen Königin auf den heutigen Namen.

Der Fischfang spielt sicher noch eine gewisse Rolle, aber unübersehbar dominiert hier der nationale Tourismus. Es wird geschätzt, dass sich die Bevölkerungszahl im Sommer verdreifacht! Und natürlich zieht es alle Welt an den schönen Strand – kein Wunder, dass dort die **pure Bauwut** ausgebrochen ist. Ein Apartmentkomplex nach dem anderen wurde und wird hier hochgezogen, ein Ende der Bautätigkeit kann noch nicht abgesehen werden. Die Straßen sind im Neubaugebiet deut-

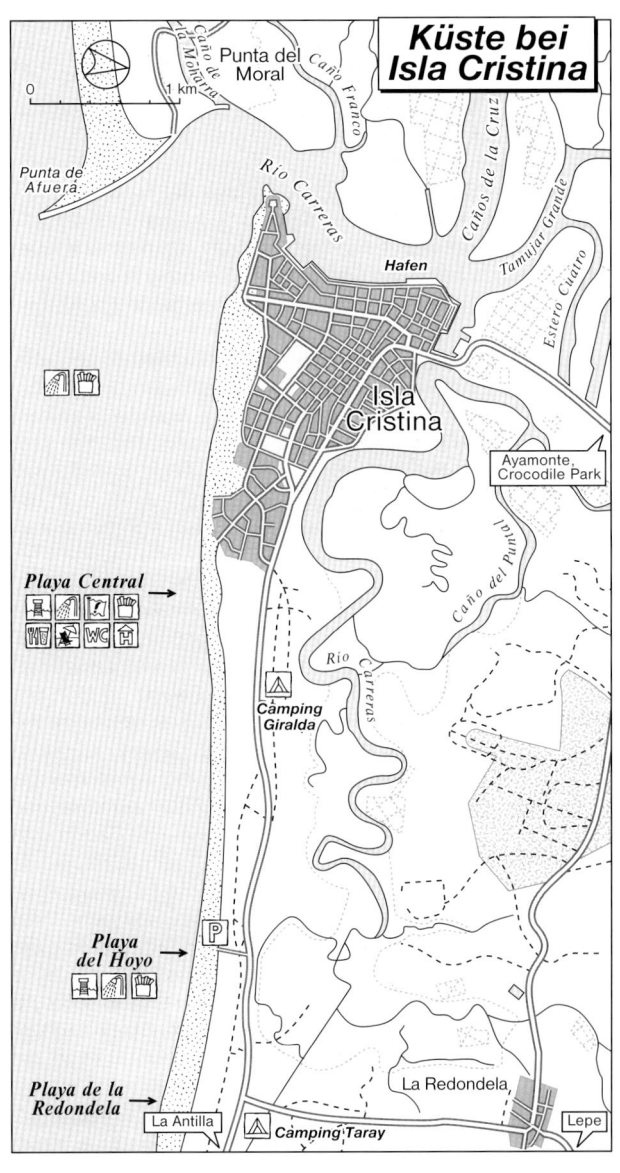

Küste bei Isla Cristina

0 — 1 km

Caño de la Montaña

Punta del Moral

Caño Franco

Caños de la Cruz

Punta de Afuera

Rio Carreras

Tamujar Grande

Estero Cuatro

Hafen

Isla Cristina

Ayamonte, Crocodile Park

Caño del Punta

Playa Central

Rio Carreras

Camping Giralda

Playa del Hoyo

P

Playa de la Redondela

La Antilla

Camping Taray

La Redondela

Lepe

Küste der Provinz Huelva

lich breiter als im alten Ortskern. Außerdem wurden sogar Radwege angelegt – ein Phänomen, das man so gut wie nirgendwo in Spanien findet. Einige Blocks sehen noch ganz ansprechend aus, andere weniger.

Strandprofil

Der feine Sandstrand **Playa del Hoyo** liegt am Ortsrand und wird gern von Joggern und Einsamkeitsuchenden frequentiert. Er zieht sich über 2800 m hin und ist etwa 65 m breit. Begrenzt wird er von einem weitläufigen Pinienwald. Die Verbindungsstraße läuft gute 200 m entfernt vorbei. Wer möchte, findet hier also tatsächlich seine Ruhe, man muss eben nur ein wenig laufen.

Playa Central ist genau das, was der Name andeutet: der Hauptstrand des Ortes. Natürlich ist er deshalb immer gut besucht. Der Strand misst 200 m Länge und durchschnittlich 70 m in der Breite. Vom Ortskern aus erreicht man ihn über eine Zufahrtsstraße, die einen Pinienwald mit ein paar Hotels durchquert. Dadurch sind die Parkmöglichkeiten eingeschränkt. Weitere Parkplätze liegen im Neubaubereich. Dort muss der Strandbesucher allerdings eine schon etwas ausgeprägtere Dünenlandschaft durchqueren.

Punta Caimán trägt zwar einen gefährlich anmutenden Namen, aber das täuscht: Krokodile gibt es hier nicht! Der Strand ragt wie der ausgestreckte Finger einer Nehrung quer zur Küste und durch das Mündungsgebiet des Río Carreras. Irgendwann wird einmal die gegenüberliegende Küste von Punta del Moral erreicht sein. Zurzeit misst der Strand 2000 m Länge und gute 75 m Breite. Durch die etwas isolierte Lage gibt es kaum Serviceeinrichtungen. Ungewöhnlich auch die Erreichbarkeit: Am Ende der Promenade, Avda. Atlántico, erreicht man einen Kreisverkehr und von dort zweigt eine 150 m lange Holzbrücke ab, die

quer über das Wasser zum Strand führt. Recht ordentliche Dünen müssen auf beiden Seiten bezwungen werden. Dann hat man den feinen Sandstrand aber fast für sich.

Sehens-wertes

Im Zentrum, hinter der Iglesia de los Dolores, breitet sich ein Viertel mit engen, urigen Gassen Richtung Hafen aus. Hier liegt auch die hübsch begrünte **Plaza de las Flores,** wo bunte Kachelbänke zum Verweilen einladen. Zum „*puerto*" ausgeschilderten Hafen ist es gar nicht weit. Diese Ecke strahlt durchaus einen pittoresken Charme aus, wirkt vereinzelt aber auch etwas vernachlässigt.

Einen Bummel durch das **Hafengebiet** sollte sich jeder gönnen. Dort herrscht die normale Lautstärke und Hektik, die in einem Hafen dieser Größe immer zu finden ist. Der frische Fang wird sofort verkauft. Große Kühlwagen aus Madrid stehen bereit die Restaurants der Hauptstadt zu beliefern. Im Hafengebiet gibt es auch einige Fabriken, die den Fisch gleich weiter verarbeiten. Wo so viel Handel mit Meerestieren stattfindet, dürfen kleine Bars mit entsprechendem Angebot natürlich nicht fehlen.

Küste der Provinz Huelva

In der **lonja,** der Fischauktionshalle, wird übrigens beinahe täglich Fisch versteigert, zumeist am späten Nachmittag.

- Geöffnet: im Sommer 17.00-20.00 Uhr

Etwas außerhalb, unmittelbar an der Kreuzung zur N-431, liegt der **Crocodile-Park.** Auf 35.000 m² werden etwa 2000 Reptilien gezeigt, darunter allein 200 Krokodile. Weiterhin im Angebot sind Schildkröten, Schlangen und Eidechsen. Natürlich dürfen Show-Einlagen, wie Krokos ins Maul schauen oder Schlangen küssen, nicht fehlen. Eine kleine Bar gibt es auch: das „Hard Croc Café".

- Geöffnet: April-Nov. 10.30-18.00 Uhr, Juli/Aug. bis 20.00 Uhr, Eintritt: 3 €

Unterkunft

Alle hier genannten Unterkünfte liegen in Strandnähe, aber schon gut 2 km außerhalb des Zentrums.

- **Hotel Paraíso Playa,** €€€, Avda. de la Playa s/n, Tel. 959 331 873, Fax 959 343 745. Das kleine Haus mit 34 Zimmern liegt an der Zufahrtsstraße zum Hauptstrand, der vielleicht 100 m entfernt liegt. Sicherlich ist es nicht völlig ruhig in dieser Zone, aber das Haus macht einen angenehm familiären Eindruck und wirbt mit *„English spoken".*
- **Hotel Los Geranios,** €€€, Avda. de la Playa s/n, Tel. 959 331 800, Fax 959 331 950. Das kleine Haus liegt ganz in der Nähe vom Strand und hat 24 Zimmer.
- **Hotel Sol y Mar Playa,** €€€, Playa Central, Tel. 959 332 050. Direkt am Strand gelegenes kleines Haus. Einige Zimmer mit Balkon und Meerblick. Unten befindet sich eine Bar.
- **Hotel Isla Cristina Palace,** €€€-€€€€, Avda. de la Playa s/n, Tel. 959 331 873, Fax 959 343 745. Ein direkt beim Strand gelegenes mittelgroßes Haus mit 34 komfortablen Zimmern.

Camping

- **Giralda,** 1. Kategorie, Carretera Isla Cristina – La Antilla, Km 1,5; Tel. 959 343 318, Fax 959 343 284. Ein großer Platz für 2200 Personen, der beinahe komplett unter Pinien liegt. Zum Strand sind es 200 m durch einen Wald, zu den Kneipen der Playa Central etwa 500 m am Strand entlang. Großes Sportangebot: u.a. Ruderboote, Segeln, Surfen, Fußball sowie Kinderanimation und ein Abenteuerspielplatz.

Essen & Trinken

- **Casa Rufino,** Avda. Playa Central s/n, Tel. 959 330 810. Ein gutes und durch die Lage stark frequentiertes Fischlokal unweit vom Hauptstrand.

●**Restaurant Acosta,** Plaza de las Flores 13, Tel. 959 331
420. Familiäres Lokal mit guten Fischgerichten.
● Im **Hafengebiet** liegen ein paar Bars, wo man den Fisch
fangfrisch auf den Teller bekommt.
●**Marinero,** ein Lokal, wo der übermüdete Fischer seinen
Gewinn durch die Kehle rinnen lässt und die Hausfrau sich
einen genehmigt, bevor sie nach Hause eilt und das Fisch-
filet brät.
●**Hermanos Moreno,** c/ Padre Mirabent 39, gegenüber
der *lonja.* Exzellente Fischgerichte, außerdem wird auch
außer Haus verkauft.
●Weitere empfehlenswerte Lokale in dieser Zone: **El Pes-
cador, Hermanos Ribero** oder **Chanquete.** Dort sollte eigentlich niemand enttäuscht werden.

Adressen
●**Busterminal:** c/ Manuel Siurot s/n, nicht weit von der
Plaza de las Flores
●**Taxi:** Gran Vía 10, Tel. 959 331 035

Feste
●**16. Juli:** Virgen del Carmen – Patronatsfest mit Meeresprozession
●**Zweite Augusthälfte:** Fiesta de la Virgen del Mar –
im Barrio Punta Caimán
●**9.-11. Oktober:** Choralfestival des Atlantiks – berühmte
Chöre aus ganz Spanien, teilweise auch aus Hispano-Ame-
rika, treten hier auf.

Isla Canela

Überblick
Diese *Isla* ist keine klassische Insel, sondern eher
eine **Landzunge,** die durch eine Brücke mit dem
Festland bei Ayamonte verbunden ist. Dort liegen
sehr schöne **Strände** und ein winziges **Fischer-
dörflein.** Leider hat der Tourismus nun auch diese
Gegend entdeckt und fängt bereits kräftig an zu
klotzen. Momentan sind hier eine riesige Golfanla-
ge, zwei tadellos gelungene Riu-Hotels und **etliche Apartmenthäuser** zu finden. Dabei wird es
aber nicht bleiben. Speziell im weiter östlich gelegenen Bereich des ehemaligen Fischerdorfs Punta
del Moral wird eine *residencia* nach der anderen
aus dem Boden gestampft. Insgesamt sollen
40.000 Wohnungen und vier weitere Luxushotels
entstehen. Das Dörflein wird irgendwann einmal

Küste der Provinz Huelva

von Apartmentanlagen verschluckt worden sein. Nur durch einen schmalen Wasserarm getrennt, blickt man übrigens auf die gegenüberliegende Isla Cristina, wo ja auch kräftig gebaut wird. Wo das mal alles enden soll ...

**Strand-
profil**

Playa de Canela ist der erste bzw. letzte (je nach Sichtweise) Strand Spaniens. Nach Westen bildet der Río Guadiana die Landesgrenze zu Portugal. Der feine Sandstrand misst 5500 m und verbreitert sich auf stolze 60-80 m. Man könnte ihn als typischen Strand der Costa de la Luz bezeichnen: eine wahre Eintrittskarte also. Allzu viel ist hier, zumindest unter der Woche, nicht los. Bislang bleiben die Gäste der Riu-Hotels unter sich. Bestenfalls am Wochenende kann es voller werden, Ayamonte ist schließlich nah.

In Punta del Moral scheint die Zeit
stehen geblieben zu sein

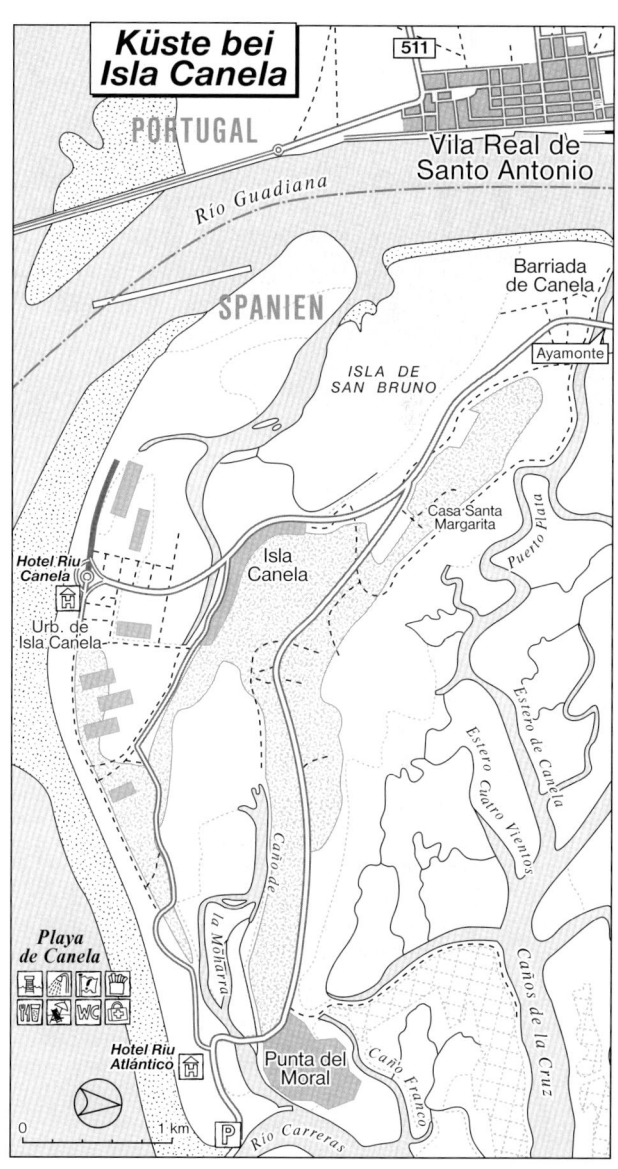

Küste bei Isla Canela

Playa Punta Moral ist eine relativ kleine Strandzone von 1000 m Länge und 80 m Breite. Noch ist es hier einsam, was sich aber wohl ändern wird, wenn die gerade gebauten Apartmentanlagen erst einmal bezogen sind.

Unterkunft

● **Hotel Riu Canela,** €€€€, Paseo Gavilanes s/n, Tel. 959 477 124, Fax 959 477 170. Das verspielt und ziemlich verschnörkelt wirkende Haus liegt nur wenige Schritte vom Strand entfernt. Es gehört zur Riu-Kette, die bekannt ist für tadellosen Service und beste gastronomische Versorgung. Das Hotel hat 350 Zimmer, die aber durch eine geschickte Bauweise mit vielen Türmchen und Erkern einen sehr individualistischen Charakter haben.
● **Hotel Riu Atlántico,** €€€€, Punta del Moral, Tel. 959 621 000, Fax 959 621 003. Direkt am Strand liegt dieses im Sommer 2000 neu eröffnete Hotel mit 358 Zimmern auf vier Etagen. Es ist von einem 10.000 m² großen Garten umgeben und bietet natürlich auch den guten Riu-Service.

Essen & Trinken

● In Punta del Moral locken einige Lokale mit gutem Ruf in der Avda. de la Palmera, beispielsweise die **Bar Simón, El Pescao** oder **Contrabando.** Meeresfrüchte und Fischgerichte stehen überall ganz oben auf der Speisekarte.

Im Zentrum von Ayamonte

Ayamonte

- **Einwohner:** 15.000
- **PLZ:** 21400
- **Entfernung nach Huelva:** 56 km
- **Touristeninformation:** Puente Internacional sobre el Guadiana (Brücke über den Fluss Guadiana) oder Apartado Postal 32, Tel. 959 502 121, Fax 959 502 122

Überblick

„Das Tor nach Spanien" wurde Ayamonte lange Zeit genannt. Aber damals war es gar nicht so einfach hineinzukommen, pendelte doch nur eine relativ kleine Fähre hinüber auf die portugiesische Seite. Das hat sich seit 1993 grundlegend geändert: Jetzt verbindet eine gewaltige Brücke über den Río Guadiana die beiden Staaten der Iberischen Halbinsel.

Wie so oft bei Grenzstädten, steht der **lokale Einkaufstourismus** im Vordergrund. Viele Güter scheinen für Portugiesen in Spanien billiger zu sein. Also kommen sie über den Fluss und kaufen die Läden leer. Die haben sich natürlich mit ihrem Angebot auf die gestiegene Nachfrage eingestellt.

Das Viertel vor dem Fähranleger wird von schmalen und teilweise **steilen Straßen** durchzogen, immer mal wieder unterbrochen von kleinen, **netten Plätzen.** Alles ganz hübsch also und an **Bars** herrscht auch kein Mangel. Genügend Parkplätze wurden ebenfalls geschaffen. Wer der Ausschilderung *„Ferry"* entlang der Avda. de Villa Real de San Antonio folgt, wird sie problemlos finden.

Sehenswertes

Grundsätzlich ist das ganze **Viertel gegenüber vom Fähranleger** sehenswert. Die Plätze werden von hübsch gekachelten Bänken geprägt, ein Lokal ist nie zu weit und ein Bummel immer entspannend.

Mittendrin steht die **Iglesia de San Francisco,** erbaut 1527 im Mudéjarstil. Während des großen Erdbebens von 1755 wurde das Konvent zerstört,

Küste der Provinz Huelva

übrig blieb nur die helle Kirche. Das Innere zeigt sich franziskanisch streng. Im angeschlossenen Museum können Schätze der Bruderschaften bewundert werden.

Auch die **Iglesia de Nuestra Señora de las Angustias** hebt sich aus dem Häusermeer heraus. Sie wurde im 15. Jahrhundert auf den Mauern einer ehemaligen Moschee erbaut. Beide Kirchen sind leicht zu finden, die Kirchtürme überragen die Häuser.

Unterkunft ● **Parador Nacional Costa de la Luz,** €€€€, El Castillejo s/n, Tel./Fax 959 320 700. Das Haus liegt ausgeschildert etwas außerhalb, hoch über den Dächern der Stadt auf einem Hügel. Von dort hat man eine perfekte Aussicht auf die Brücke, den Grenzfluss und die Stadt. Aber es ist doch so weit zum Zentrum, dass sich ein Fußweg verbietet.
● **Hotel Don Diego,** €€€, c/ Ramón y Cajal 2, Tel./Fax 959 470 250. Das 45-Zimmer-Haus liegt relativ nahe zum Zentrum, am Abzweiger zu den Stränden der Isla Canela.
● **Hostal Los Robles,** €€, Avda. Andalucía 146, Tel. 959 470 959. Das kleine Haus liegt an der Hauptzufahrtsstraße in einem älteren, weißen Gebäude, etwa in Höhe des ersten Kreisverkehrs bei der Tankstelle.

Essen &
Trinken

●An der Plaza de la Serranía, bei der Hauptstraße zur Fähre, liegen etliche Lokale mit Terrassen wie **La Serranía de Jabugo, La Esperanza** oder **La Cueva.**
●**Bar Casa Luciano,** c/ La Palma 1. Das Lokal liegt in der Nähe vom Sportboot-Hafen und ist auf Thunfisch und *bacalao* spezialisiert.

Adressen

●**Busterminal:** Avda. Cayetano Fen, kurz vor dem ersten Kreisverkehr an der Straße nach Huelva

Feste

●**August:** Festival Internacional de Música
●**8. September:** Nuestra Señora de las Angustias – Patronatsfest

Markt

●**Samstag**

Ausflug

Portugal

Die **Fähre** zum portugiesischen Ufer pendelt zwischen 9.00 und 20.00, im Sommer bis 21.00 Uhr etwa halbstündlich. Es wird übrigens ausdrücklich darauf hingewiesen, dass *hora española,* also spanische Zeit gemeint ist. Portugal ist eine Stunde zurück.
●Preis: Erw. 1 €, Kinder 3-10 Jahre 0,50 €, Auto 3,50 €. Der Trip dauert 15 Minuten.

Küste der Provinz Huelva

Anhang

Literaturtipps

●*Ali, Tariq:* **Im Schatten des Granatapfelbaums.** Vor dem Hintergrund der Vertreibung der Mauren wird ein einzelnes Familienschicksal erzählt. Der Roman gibt fundierte Einblicke in den Lebensalltag im südlichen Spanien vor 500 Jahren, während die Intoleranz immer stärker zunimmt. Heyne, Feb. 2000

●*Gautier, Théophile:* **Reise in Andalusien.** Der berühmte Autor reiste 1840 mit einem Freund durch Andalusien und schildert begeistert seine Eindrücke. Manches kommt dem Leser heute seltsam vertraut vor. dtv, 1994

●*Gordon, Noah:* **Der Medicus von Saragossa.** Die *Reyes Católicos* vertreiben 1492 die Juden; ein Einzelschicksal wird erzählt. Den dreizehnjährigen *Jona Toledano,* Sohn eines Silberschmieds, treibt die Angst vor der Inquisition quer durch Spanien. Er landet nach vielen Irrungen als Medicus in Saragossa. Blessing Verlag, 1999; Goldmann, 2001

●*Hewson, David:* **Semana Santa.** *Semana Santa,* heilige Karwoche mit weihevoll-mystischen Osterprozessionen in Cádiz. Die Stadt brodelt vor Emotionen. Da geschieht ein brutaler Doppelmord. Ein zusammengewürfeltes Polizeiteam findet eine Spur, die zunächst zu einer religiösen Bruderschaft führt, später aber bis zum spanischen Bürgerkrieg zurückreicht. Ullstein, 1997

●*Hilgard, Peter:* **Der maurische Traum.** Der Autor beschreibt die Kultur des Alltags während der 800-jährigen arabischen Herrschaft und erzählt dabei zum Beispiel von Speisen, Kräutern und Liebesdrogen. Verlag Jenior, 1997

●*Hofmann, Felix:* **Andalusische Ansichten.** Anthologie mit Texten aus sechs Jahrzehnten. Verlag Jenior, 1997

●*Jiménez, Juan Ramón:* **Platero und ich.** 1917 erschien dieses Werk, das dem Dichter später den Nobelpreis einbrachte. Das Buch besteht aus 138 kleinen Abschnitten mit Szenen aus dem Alltagsleben eines andalusischen Dorfes um die Jahrhundertwende: *Jiménez'* Heimatdorf Moguer. Der Dichter beschreibt die teilweise bittere Wirklichkeit, indem er sie Platero, seinem Esel, erzählt. Insel Verlag, 1992

●*Kinkel, Tanja:* **Mondlaub.** Fiktiver Roman vor dem historischem Hintergrund der letzten maurischen Tage in Spanien. Die Protagonistin gerät in die Wirren der Reconquista, wechselt unfreiwillig von moslemischer Seite zur christlichen und kurzfristig zur jüdischen. So erfährt der Leser eine Menge vom Alltag der drei Religionen, aber auch vom langsamen Untergang der maurischen Vorherrschaft. Goldmann, 1997

●*Uhlen, Anna:* **Lust auf Sherry.** Kochkunst und Lebensart aus Andalusien. Verlag M. Hahn, 1998

●**Spanien Almanach.** Erscheint jedes Jahr und ist weit mehr als nur ein Kalender. Landeskenner schreiben über kleine und große Themen der spanischen Kultur, Geschichte und Gegenwart. Verlag Jenior

●**Spanisch – Wort für Wort,** Kauderwelsch Band 16. Spanisch zum Einsteigen und Auffrischen, ermöglicht die schnelle Verständigung. REISE KNOW-HOW Verlag, Bielefeld

●**Spanisch Slang,** Kauderwelsch Band 57. Alltags-Spanisch für Fortgeschrittene, vom Autor dieses Urlaubshandbuches. REISE KNOW-HOW Verlag, Bielefeld

●**Spanisch kulinarisch,** Kauderwelsch Band 151, eine Hilfe in Restaurants und Tapa-Bars. REISE KNOW-HOW Verlag, Bielefeld

●**ReiseWortSchatz Spanisch.** Das Wörterbuch zum Kauderwelsch. REISE KNOW-HOW Verlag, Bielefeld

Anhang

Kleine Sprachhilfe

Hier sollen nur ein paar Phrasen genannt werden, die man schnell erlernen kann bzw. auf die keine komplizierte Antwort zu erwarten ist. Das reicht aber nicht zur Kommunikation, deshalb ist wenigstens ein Volkshochschulkurs angebracht oder ein vertiefender Blick in den Kauderwelschband Nr. 16 „Spanisch – Wort für Wort" aus diesem Verlag. Der Autor erklärt die Sprache und führt den Leser auf leichte, aber unterhaltsame Weise ins Spanische ein.

Aussprache und Betonung

Spanisch

Zur **Aussprache:**
- Jedes Wort wird so ausgesprochen, wie es geschrieben wird, d.h. es werden keine Buchstaben zusammengezogen.
    Beispiel: *bien* (gut) wird „bi-en" gesprochen.
- Einzige Ausnahme: *gue* und *gui* werden „ge" und „gi" gesprochen.
    Beispiel: *guerra* (Krieg) – „gerra"
- c wird meist weich gesprochen, fast wie englisches „th".
- c wird hart gesprochen, wenn a, u, o folgt. Beispiel: *casa* (Haus) – „kasa".
- **ch** – „tsch". Beispiel: *mucho* (viel) – „mutscho".
- **j** – „ch". Beispiel: *Juan* – „chuan".
- **ll** – „lj", fast wie deutsches „j". Beispiel: *Mallorca* – „Maljorka".
- **ñ** – „nj". Beispiel: *España* – „Espanja".

Ein Hinweis auf ein vom Deutschen abweichendes Phänomen: Das umgedrehte Fragezeichen (¿) vor dem Fragesatz ist eine typische spanische Besonderheit. Analog wird vor einem Befehlssatz ein umgedrehtes Ausrufungszeichen gesetzt (¡).

Bei der **Betonung** gibt es zwei Grundregeln:
- Grundsätzlich werden die Wörter auf der vorletzten Silbe betont, wenn sie auf einem Vokal *(a, e, i, o, u)* bzw. auf *-n* oder *-s* enden.
- Endet ein Wort auf einem Konsonanten (außer: *-n* und *-s*), wird die letzte Silbe betont.
- Abweichungen von dieser Regel zeigen die Akzente an. In diesem Fall wird dann der Buchstabe betont, über dem der Akzent steht.

Wichtige Begriffe und Phrasen

Höflich-keits-floskeln		
	hallo	*hola*
	guten Tag	*buenos días*
	auf Wiedersehen	*adiós*
	gute Nacht	*buenas noches*
	bis später	*hasta luego*
	Wie heißt du?	*¿Cómo te llamas?*
	Ich heiße	*Me llamo ...*
	Wie geht's?	*¿Cómo estás?*
	sehr gut, danke	*muy bien, gracias*
	bitte	*por favor*
	vielen Dank	*muchas gracias*
	gern geschehen, macht nichts	*de nada*
	ja	*sí*
	nein	*no*
	in Ordnung	*vale*

Verständi-gung		
	Ich verstehe nicht	*No entiendo*
	Sprechen Sie Deutsch?	*¿Habla Usted alemán?*
	Tut mir Leid, ich spreche kein Spanisch	*Lo siento, no hablo español*

Zeiten		
	jetzt	*ahora*
	spät	*tarde*
	später	*más tarde*
	(der) Morgen	*mañana*
	Nachmittag	*tarde*
	Nacht	*noche*
	gestern	*ayer*
	heute	*hoy*
	morgen	*mañana*
	Tag	*día*
	Woche	*semana*
	Monat	*més*
	Jahr	*año*

Anhang

Wochen-tage	Montag	*lunes*
	Dienstag	*martes*
	Mittwoch	*miércoles*
	Donnerstag	*jueves*
	Freitag	*viernes*
	Samstag	*sábado*
	Sonntag	*domingo*

Monate	Januar	*enero*
	Februar	*febrero*
	März	*marzo*
	April	*abril*
	Mai	*mayo*
	Juni	*junio*
	Juli	*julio*
	August	*agosto*
	September	*septiembre*
	Oktober	*octubre*
	November	*noviembre*
	Dezember	*diciembre*

Straßen	Straßen	*calle*
	Platz	*plaza*
	Prachtstraße	*avenida*
	Promenade	*paseo*

Touristi-sche Begriffe	geschlossen	*cerrado*
	geöffnet	*abierto*
	Toiletten	*servicio*
	Bad, Toilette	*baño*
	Männer	*hombres*
	Frauen	*señoras*
	Doppelzimmer	*habitación doble*
	Einzelzimmer	*habitación simple*
	Zimmer ...	*habitación ...*
	... mit Bad	*... con baño*
	... mit Dusche	*... con ducha*
	Flugplatz	*aeropuerto*

Hafen	*puerto*
Bahnhof	*estación de tren*
Busterminal	*terminal de autobús*
Preis	*precio*
Eintritt	*entrada*
Eintrittskarte	*billete*
Rückfahrkarte	*billete de ida y vuelta*

Wichtige Phrasen		
	Wie teuer ist es?	*¿Cuánto vale?*
	Wie kann ich nach ... gehen?	*¿Cómo podría ir a ...?*
	Wo liegt ...?	*¿Dónde está ...?*
	Wie spät ist es?	*¿Qué hora es?*
	Ich suche ...	*Estoy buscando ...*
	Ich benötige...	*Necesito...*
	Ich möchte...	*Quiero...*
	Ich hätte gerne...	*Querría ...*
	Geben Sie mir...	*Déme ...*
	Haben Sie...?	*¿Tiene ... ?*

Zahlen		
	0	*cero*
	1	*uno*
		(aber: *un kilo, una cerveza*)
	2	*dos*
	3	*tres*
	4	*cuatro*
	5	*cinco*
	6	*seis*
	7	*siete*
	8	*ocho*
	9	*nueve*
	10	*diez*
	11	*once*
	12	*doce*
	13	*trece*
	14	*catorce*
	15	*quince*
	16	*dieciséis*
	17	*diecisiete*

Anhang

18	*dieciocho*
19	*diecinueve*
20	*veinte*
21	*veintiuno*
22	*veintidós*
29	*veintinueve*
30	*treinta*
31	*treinta y uno*
40	*cuarenta*
50	*cincuenta*
60	*sesenta*
70	*setenta*
80	*ochenta*
90	*noventa*
100	*cien*
101	*ciento uno*
102	*ciento dos*
110	*ciento diez*
138	*ciento treinta y ocho*
200	*doscientos*
300	*trescientos*
400	*cuatrocientos*
500	*qinientos*
600	*seiscientos*
700	*setecientos*
800	*ochocientos*
900	*novecientos*
1.000	*mil*
2.000	*dos mil*

Die Zahlen ab 1000 aufwärts werden wie im Deutschen gebildet, indem jeweils *mil* angehängt wird.

HILFE!

Dieses Urlaubshandbuch ist gespickt mit unzähligen Adressen, Preisen, Tipps und Infos. Nur vor Ort kann überprüft werden, was noch stimmt, was sich verändert hat, ob Preise gestiegen oder gefallen sind, ob ein Hotel, ein Restaurant immer noch empfehlenswert ist oder nicht mehr, ob ein Ziel noch oder jetzt erreichbar ist, ob es eine lohnende Alternative gibt usw.

Unsere Autoren sind zwar stetig unterwegs und versuchen, alle zwei Jahre eine komplette Aktualisierung zu erstellen, aber auf die Mithilfe von Reisenden können sie nicht verzichten.

Darum: Schreiben Sie uns, was sich geändert hat, was besser sein könnte, was gestrichen bzw. ergänzt werden soll. Nur so bleibt dieses Buch immer aktuell und zuverlässig. Wenn sich die Infos direkt auf das Buch beziehen, würde die Seitenangabe uns die Arbeit sehr erleichtern. Gut verwertbare Informationen belohnt der Verlag mit einem Sprechführer Ihrer Wahl aus der über 160 Bände umfassenden Reihe „Kauderwelsch" (siehe unten).

Bitte schreiben Sie an: REISE KNOW-HOW Verlag Peter Rump GmbH, Osnabrücker Str. 79, D-33649 Bielefeld, e-mail: info@reise-know-how.de
Danke!

Kauderwelsch-Sprechführer –
sprechen und verstehen rund um den Globus

Afrikaans ● Albanisch ● Amerikanisch - *American Slang, More American Slang,* Amerikanisch oder Britisch? ● Amharisch ● Arabisch - Hocharabisch, für Ägypten, Algerien, Golfstaaten, Irak, Jemen, Marokko, ● Palästina & Syrien, Sudan, Tunesien ● Armenisch ● *Bairisch* ● Balinesisch ● Baskisch ● Bengali ● *Berlinerisch* ● Brasilianisch ● Bulgarisch ● Burmesisch ● Cebuano ● Chinesisch - Hochchinesisch, kulinarisch ● Dänisch ● Deutsch - *Allemand, Almanca, Duits, German, Nemjetzkii, Tedesco* ● *Elsässisch* ● Englisch - *British Slang, Australian Slang, Canadian Slang, Neuseeland Slang,* für Australien, für Indien ● Färöisch ● Esperanto ● Estnisch ● Finnisch ● Französisch - für Restaurant & Supermarkt, für den Senegal, für Tunesien, *Französisch Slang, Franko-Kanadisch* ● Galicisch ● Georgisch ● Griechisch ● Guarani ● Gujarati ● Hausa ● Hebräisch ● Hieroglyphisch ● Hindi ● Indonesisch ● Irisch-Gälisch ● Isländisch ● Italienisch - *Italienisch Slang,* für Opernfans, kulinarisch ● Japanisch ● Javanisch ● Jiddisch ● Kantonesisch ● Kasachisch ● Katalanisch ● Khmer ● Kirgisisch ● Kisuaheli ● Kinyarwanda ● *Kölsch* ● Koreanisch ● Kreol für Trinidad & Tobago ● Kroatisch ● Kurdisch ● Laotisch ● Lettisch ● Lëtzebuergesch ● Lingala ● Litauisch ● Madagassisch ● Mazedonisch ● Malaiisch ● Mallorquinisch ● Maltesisch ● Mandinka ● Marathi ● Mongolisch ● Nepali ● Niederländisch - *Niederländisch Slang,* Flämisch ● Norwegisch ● Paschto ● Patois ● Persisch ● Pidgin-English ● *Plattdüütsch* ● Polnisch ● Portugiesisch ● Punjabi ● Quechua ● *Ruhrdeutsch* ● Rumänisch ● Russisch ● *Sächsisch* ● *Schwäbisch* ● Schwedisch ● *Schwiizertüütsch* ● Scots ● Serbisch ● Singhalesisch ● Sizilianisch ● Slowakisch ● Slowenisch ● Spanisch - *Spanisch Slang,* für Lateinamerika, für Argentinien, Chile, Costa Rica, Cuba, Dominikanische Republik, Ecuador, Guatemala, Honduras, Mexiko, Nicaragua, Panama, Peru, Venezuela, kulinarisch ● Tadschikisch ● Tagalog ● Tamil ● Tatarisch ● Thai ● Tibetisch ● Tschechisch ● Türkisch ● Twi ● Ukrainisch ● Ungarisch ● Urdu ● Usbekisch ● Vietnamesisch ● Walisisch ● Weißrussisch ● *Wienerisch* ● Wolof ● Xhosa

Anhang

Alle Reiseführer auf einen Blick

Reisehandbücher
Urlaubshandbücher
Reisesachbücher
Rad & Bike

Afrika, Bike-Abenteuer
Afrika, Durch, 2 Bde.
Agadir, Marrakesch
  und Südmarokko
Ägypten individuell
Alaska ⊘ Canada
Algarve
Algerische Sahara
Amrum
Amsterdam
Andalusien
Äqua-Tour
Argentinien, Urug., Parag.
Athen
Äthiopien
Auf nach Asien!

Bahrain
Bali und Lombok
Bali, die Trauminsel
Bali: Ein Paradies ...
Bangkok
Barbados
Barcelona
Berlin
Borkum
Botswana
Bretagne
Budapest
Bulgarien
Burgund

Cabo Verde
Canada West, Alaska
Canadas Ost, USA NO
Chile, Osterinseln
China Manual
Chinas Norden
Chinas Osten

Cornwall
Costa Blanca
Costa Brava
Costa de la Luz
Costa del Sol
Costa Dorada
Costa Rica
Cuba

Dalmatien
Dänemarks Nordseeküste
Dominikanische Republik
Dubai, Emirat

Ecuador, Galapagos
El Hierro
Elsass, Vogesen
England – Süden
Erste Hilfe unterwegs
Europa BikeBuch

Fahrrad-Weltführer
Fehmarn
Florida
Föhr
Fuerteventura

Gardasee
Golf v. Neapel, Kampanien
Gomera
Gran Canaria
Großbritannien
Guatemala

Hamburg
Hawaii
Hollands Nordseeinseln
Honduras
Hongkong, Macau, Kant.

Ibiza, Formentera
Indien – Norden
Indien – Süden
Iran
Irland
Island
Israel, palästinensische
  Gebiete, Ostsinai
Istrien, Velebit

Jemen
Jordanien
Juist

Kairo, Luxor, Assuan
Kalabrien, Basilikata
Kalifornien, USA SW
Kambodscha
Kamerun
Kanada ⊘ Canada
Kap-Provinz (Südafr.)
Kapverdische Inseln
Kenia
Kerala
Korfu, Ionische Inseln
Krakau, Warschau
Kreta
Kreuzfahrtführer

Ladakh, Zanskar
Langeoog
Lanzarote
La Palma
Laos
Lateinamerika BikeBuch
Libyen
Ligurien
Litauen
Loire, Das Tal der
London

Madagaskar
Madeira
Madrid
Malaysia, Singapur, Brunei
Mallorca
Mallorca, Leben/Arbeiten
Mallorca, Wandern auf

Reise Know-How

Malta
Marokko
Mecklenb./Brandenb.:
  Wasserwandern
Mecklenburg-Vorpomm.
  Binnenland
Mexiko
Mongolei
Motorradreisen
München
Myanmar

Namibia
Nepal
Neuseeland BikeBuch
New Orleans
New York City
Norderney
Nordfriesische Inseln
Nordseeküste Niedersach.
Nordseeküste Schl.-Holst.
Nordseeinseln, Deutsche
Nordspanien
Normandie

Oman
Ostfriesische Inseln
Ostseeküste MVP
Ostseeküste SLH
Outdoor-Praxis

Panama
Panamericana,
  Rad-Abenteuer
Paris
Peru, Bolivien
Phuket
Polens Norden
Prag
Provence
Pyrenäen

Qatar

Rajasthan
Rhodos
Rom
Rügen, Hiddensee

Sächsische Schweiz
Salzburg
San Francisco
Sansibar
Sardinien
Schottland
Schwarzwald – Nord
Schwarzwald – Süd
Schweiz, Liechtenstein
Senegal, Gambia
Singapur
Sizilien
Skandinavien – Norden
Slowenien, Triest
Spaniens
  Mittelmeerküste
Spiekeroog
Sporaden, Nördliche
Sri Lanka
St. Lucia, St. Vincent,
  Grenada
Südafrika
Südnorwegen, Lofoten
Sydney
Sylt
Syrien

Taiwan
Tansania, Sansibar
Teneriffa
Thailand
Thailand – Tauch-
  und Strandführer
Thailands Süden
Thüringer Wald
Tokyo
Toscana
Transsib
Trinidad und Tobago
Tschechien
Tunesien
Tunesiens Küste

Uganda, Ruanda
Umbrien
USA/Canada
USA, Gastschüler
USA, Nordosten

USA – der Westen
USA – der Süden
USA – Südwesten,
  Natur u. Wandern
USA SW, Kalifornien,
  Baja California
Usedom

Venedig
Venezuela
Vereinigte Arab. Emirate
Vietnam

Westafrika – Sahel
Westafrika – Küste
Wien
Wo es keinen Arzt gibt

Edition RKH

Abenteuer Anden
Burma/Myanmar – im
  Land der Pagoden
Durchgedreht
Finca auf Mallorca
Geschichten aus dem
  anderen Mallorca
Goldene Insel
Mallorca f. Leib u. Seele
Mallorquinische Reise
Please wait to be seated!
Salzkarawane, Die
Schönen Urlaub
Südwärts durch
  Lateinamerika
Traumstraße
  Panamerikana
Unlimited Mileage

Praxis, KulturSchock

REISE
KNOW-HOW

Praxis

Aktiv Algarve
Aktiv franz. Atlantikküste
Aktiv Gran Canaria
Aktiv Marokko
Aktiv Polen
All Inclusive?
Als Frau allein unterwegs
Bordbuch Südeuropa
Canyoning
Clever buchen/fliegen
Clever kuren
Daoismus erleben
Drogen in Reiseländern
Dschungelwandern
Essbare Früchte Asiens
Fernreisen a. eigene Faust
Fernreisen, eig. Fahrzeug
Fliegen ohne Angst
Fun u. Sport im Schnee
Geolog. Erscheinungen
GPS f. Auto, Motorrad
GPS Outdoor
Heilige Stätten Indiens
Hinduismus erleben
Höhlen erkunden
Inline-Skaten Bodensee
Inline Skating

Internet für die Reise
Islam erleben
Kanu-Handbuch
Kommunikation/unterwegs
Konfuzianismus erleben
Kreuzfahrt-Handbuch
Küstensegeln
Maya-Kultur erleben
Mountain Biking
Mushing/Hundeschlitten
Orientier. Kompass/GPS
Paragliding-Handbuch
Pferdetrekking
Reisefotografie
Reisefotografie digital
Reisen und Schreiben
Respektvoll reisen
Richtig Kartenlesen
Safari-Handbuch Afrika
Schutz v. Gewalt/Kriminal.
Schwanger reisen
Selbstdiagnose u. Be-
  handlung unterwegs
Sicherheit/Bärengeb.
Sicherheit/Meer
Sonne/Wind/Reisewetter
Sprachen lernen/Ausland
Survival-Handbuch
  Naturkatastrophen
Tauchen kalte Gewässer
Tauchen warme Gewässer
Transsib Moskau-Peking
Trekking-Handbuch
Trekking/Amerika
Trekking/Asien, Afrika
Tropenreisen
Unterkunft/Mietwagen
Verreisen mit Hund

Vulkane besteigen
Wandern im Watt
Wann wohin reisen?
Was kriecht u. krabbelt
  in den Tropen
Wein-Reiseführer Dtschl.
Wein-Reiseführer Italien
Wildnis-Ausrüstung
Wildnis-Backpacking
Wildnis-Küche
Winterwandern
Wohnmobil-Ausrüstung
Wohnmobil/Indien
Wohnmobil-Reisen
Wracktauchen weltweit

KulturSchock

Afghanistan
Ägypten
Brasilien
China VR/Taiwan
Golf-Emirate, Oman
Indien
Iran
Islam
Japan
Jemen
Leben in fremden Kulturen
Marokko
Mexiko
Pakistan
Russland
Spanien
Thailand
Türkei
Vietnam

Wo man unsere Reiseliteratur bekommt:

Jede Buchhandlung in der BRD, der Schweiz, Österreichs und
in den Benelux-Staaten kann unsere Bücher beziehen.
Wer sie dort nicht findet, kann alle Bücher über unsere Internet-
Shops unter **www.reise-know-how.de** oder
www.reisebuch.de bestellen.

Anhang

Register

Abderraman Ibn Mu'awiya 87
Abderramán III. 87
Abendessen 25
Abkürzungen 66
ADAC 60
Adressen 66
Affenfelsen 243
Agrarsektor 101
Al-Andalus 86, 92
Alanen 84
Albóndigas 28
Alcázar 233
Alfonso VI. 88
Alfonso VIII. 89
Alhambra 90
Almohaden 89
Almoraviden 89
Andalusien 82
Andalusier 75
Andalusische Sprache 57
An- und Abreise 43
Arabische Herrschaft 85
Arbeit 100
Arbeitslosigkeit 107
Archäologische Fundstätte 129
Archivo de Indias 265
Arcos de la Frontera 220
Armada 145
Arztbesuch 39
Auslandskrankenschein 39
Auslands-
   krankenversicherung 42
Auto fahren 14, 43
Autobahn 14, 43
Autobahnpiraten 21, 54
Autobahngebühr 41
Autounfall 20
AutoZug 45

Ayamonte 335
Aznar, José María 99

Badepark 49
Baelo Claudia 129
Bahn 45, 50
Banken 38
Bar 31
Barrionuevo 99
Berber 85
Beschwerdeblätter 68
Bezahlen 34
Bier 30
Blumenverschenkerinnen 55
Boabdil 90
Bocadillos 28
Bodegas 197, 230
Bolonia 129
Boquerones 28
Botschaft 23
Briefmarken 51
Bus 46, 49

Cádiz 177
Café 25
Cafetería 31
Cámera oscura 186, 233
Camping 63
Caños de Meca 142
Carlos I. 95
Carlos V. 95
Casa de Contratación 95, 250
Casa de Huespedes 67
Castillo Santa Catalina 187
Chiclana de la Frontera 169
Chipiona 208
Chiringuito 34
Conil de la Frontera 153
Corridas 102
Cortado 25
Cortés, Hernán 94

Coto 281
Covadonga 85
Crocodile Park 49

Dar Al-Imara 262
DB AutoZug 44
Deutschland direkt 60
Deutschsprachige Ärzte 41
Diebstahl 55
Diplomatische
  Vertretungen 23
Dörfer 110
Drake, Francis 178
Dünen (Dunas) 281

Eisenbahn 46, 50
El Acebuche 284
El Palmar 147
El Portil 313
El Puerto de Santa María 189
El Rocío 277
El Rompido 316
El Terrón 318
Elcano, Juan Sebastián 213
Emigration 76
Emirat von Córdoba 86
Ensaladilla rusa 28
Entdeckungen 93
Erdbeeren 101
Erholung 56
Eroberung 96
Erste Besiedlung 83
Essen 25
Estanco 51
ETA 98
Euro 38
Europa Point 242
EXPO 1992 99

Fahrrad 51
Familie 76

Fax 51
Feiertage 35
Felipe II. 96
Felipe III. 91
Ferias 37
Ferienwohnung 62
Fernando de Aragón 89
Feste 35
Feuchtgebiet 281
Feuerwehr 60
Fiestas 36
Fisch 30
Flagge 82
Flamenco 37
Flugzeug 46
Flüsse 72
Fonda 67
Formalitäten 38
Franco 138, 238
Fremdenverkehrsämter 47
Frühstück 25

GAL 99
Gazpacho 30
Gebirge 72
Geld 38
Geografie 72
Geschäfte 50
Geschichte 82
Gesellschaft 81
Gesundheit 39
Gibraltar 236
Giralda 260
Golf 56
González, Felipe 98
Governor's House 242
Grenzkontrollen 38
Großgrundbesitz 100
Grüne Versicherungs-
  karte 38
Guadalquivir 72, 270

Anhang

Hakam II. 88
Handy 59
Hannibal 83
Highlights 112
Hin- und Rückreise 43
Hisam III. 88
Historische Bauten 112
Höchstgeschwindigkeiten 17
Hostal 67
Hotel 65, 114
Hotel Apartamentos 67
Hotel Residencia 67
Huelva 304
Hymne 82

Iberer 83
Industrie 107
Infostellen 46
Internet 48
Isabel de Castilla 89
Isla Canela 331
Isla Cristina 326
Islantilla 323

Jaime I. 89
Jakob Fugger 95
Jerez de la Frontera 225
Juan Carlos I. 98
Juden 86, 90

Kalifat von Córdoba 87
Karavellen 297
Karten 15
Kartenverzeichnis 360
Karthager 83
Kathedrale von Sevilla 258
Kaufkraft 39
Kelten 83
Kinder 49
Klima 73
Kloster La Rábida 296

Kolumbus 93, 213, 263, 298
Kolumbusschiffe 297
Königlich Andalusische
  Reitkunstschule 227
Konsulat 23
Kosten 39
Krankenversicherung 39
Krankheit 39
Kreditkarte 39
Kriminalität 107
Küche 28
Kulturhauptstadt 99
Kurzcharakteristik 110
Kutschfahrt 49

La Antilla 320
La Rocina 284
Läden 50
Landwirtschaft 101
Latifundien 100
Leihwagen 22
Literaturtipps 340
Lokale 31

Magellan 213
Marismas 281
Marismas del Odiel 313
Märkte 115
Matalascañas 272
Mauren 85
Mautgebühr 41
Mazagón 289
Meeresfrüchte 30
Mehrwertsteuer 69
Mentalität 77
Mietsafes 56
Mietwagen 22
Mittagessen 25
Moguer 301
Morisken 91
Motel 67

Muelle de las Carabelas 297
Musa Ibn Nusayr 85
Museen 112

Nasriden 89
Nationalpark Coto Doñana 219
Nationalstraße 14, 40
Naturpark 141, 219, 280,
    288, 313
Notfall 60
Novo Sancti-Petri 162
Numancia 84

Öffentliche Verkehrsmittel 49
Öffnungszeiten 50
Oliven 101
Orte 110
Osterwoche 35

Paella 29
Palacio de Acebrón 284
Palos de la Frontera 293
Panne 21
Papiere 38
Parador 66
Parken 17, 56
Parque Nacional
    de Doñana 280
Parque Natural de la Breña 141
Parque Natural Entorno
    de Doñana 288
Patatas bravas 28
Pauschalreise 62
Pedro I. 262
Pedro II. von Aragón 89
Pelayo 85
Pension 67
Personalausweis 38
Peseta 38
Pferde 227

Pfingsten 36, 278
Phönizier 83
Pilgerfahrt 278
Pinzón, Martín Alonso 293
Pizarro, Francisco 94
Playa Barrosa 164
Playa de Castilla 286
Playa Santa Catalina 198
Plaza de España 255
Polizei 60
Portugal 337
Post 51
PP 99
Preise 39
Provinz Cádiz 117
Provinz Huelva 247
PSOE 98
Punta Umbría 308

Quittungen 42

R-Gespräch 60
Rad fahren 51
Reales Alcázares 262
Reconquista 85, 92
Reichtümer 95
Reinos de Taifas 88
Reisegepäckversicherung 68
Reisekrankenversicherung 42
Reisepass 38
Reisezeit 52
Reiten 56
Reptilienpark 49
Residencia Apartamentos 67
Restaurant 34, 113
Reyes Católicos 90
Römer 83
Romerías 37
Rota 200
Rückreise 43
Rundflüge 57

Anhang

San Fernando 172
Sancho von Navarra 89
Sancti-Petri 164
Sanlúcar de Barrameda 213
Schiffstour 49
Sehenswertes 112
Semana Santa 35
Servicio Andaluz de Salud 41
Sevilla 249
Sherry 234
Sicherheit 54
Siesta 78
Spanisch 57, 342
Sport 56
Sprache 57, 92
Sprachschulen 57
Staat 81
Städte 110
Staus 19
Sternekategorien 65
Stierkampf 102
Strände 72
Straßenkarten 15
Surfen 56, 119
Suspiro del Moro 90
Sweben 84
Symbole 82

Tagelöhner 100
Tanger 129
Tapas 27
Tarifa 119
Tarik Ibn Ziyab 85
Taschendiebstahl 55
Tauchen 56
Telefonieren 59
Thunfisch 132
Toreros 102
Torre Tavira 186
Tortilla 30
Tourismus 106

Touristinfo 47, 51
Trafalgar 145
Trinken 25
Trinkgeld 35

Überblick 109
Unfall 20, 60
Unterkunft 62
Urbanizaciones 62

Vandalen 84
Vejer de la Frontera 149
Verhalten 34
Verkehrsmittel 50
Verkehrsregeln 15
Versicherungen 68
Viehzucht 101
Vögel 56
Vorwahlen 59

Währung 38
Wallfahrt 36, 278
Wechselkurs 39
Wechselstuben 39
Wein 30
Weltreich 93
Westgoten 84
Wetter 73
Whale Watching 129
Winde 73
Windsurfen 56, 119
Wochenmärkte 115

Yusuf I. 89

Zahara de los Atunes 132
Zollbestimmungen 69
Zug 46, 50

500-Jahrfeier 99

Der Autor

Hans-Jürgen Fründt, Jahrgang 1957, kam 1975 erstmals an die Costa de la Luz – damals fast noch ein echter Geheimtipp. Später ging er als Sprachstudent nach Madrid. Irgendwann fehlte dem gebürtigen Schleswig-Holsteiner dann aber die Nähe zum Meer. Also gab's nur eins: auf an die Küste. Und so kam er zu einigen Kurzabstechern an die immer noch relativ geheime „Küste des Lichtes". Was er dort erfuhr, wollte er nicht für sich behalten. Alsbald entstanden seine ersten Bücher über Spanien. Mittlerweile hat Hans-Jürgen Fründt ein Dutzend Bücher über die Iberische Halbinsel geschrieben. Neben Spanien, das fast so etwas wie seine zweite Heimat geworden ist, berichtet er auch über Schleswig-Holstein. Im REISE KNOW-HOW Verlag erschienen bislang die Titel „Sylt", „Fehmarn", „Ostseeküste", „Nordseeküste", „Hamburg", mehrere Titel zu einzelnen spanischen Küsten und „Dominikanische Republik".

Anhang

Kartenverzeichnis

Übersicht:
Nördliche Costa de la Luz   vordere Umschlagklappe
Südliche Costa de la Luz   hintere Umschlagklappe

Stadtpäne:
Cádiz 184
Conil 158
El Puerto de Santa María 194
Jerez de la Frontera 228
Sevilla 256
Tarifa 126

Küstenpläne:
Küste bei Barbate 139
Küste südlich von Barbate 135
Küste bei Bolonia 131
Küste an der Bucht von Cádiz 175
Küste bei Cádiz 179
Küste bei Chipiona 209
Küste bei Conil 154
Küste nördlich von Conil 156
Küste bei El Palmar 146
Küste bei El Portil 315
Küste bei El Puerto de Santa María 199
Küste bei El Rompido 317
Küste bei Isla Canela 333
Küste bei Isla Cristina 327
Küste bei Islantilla 325
Küste bei La Antilla 321
Küste bei La Rábida 292
Küste bei Los Caños de Meca 143
Küste bei Matalascañas 275
Küste bei Mazagón 291
Küste bei Novo Sancti-Petri 163
Küste am Playa de Castilla 287
Küste bei Puerto Real 191
Küste bei Punta Umbria 311
Küste östlich von Rota 203
Küste westlich von Rota 206
Küste bei Sancti-Petri 165
Küste bei Sanlúcar de Barrameda 215
Küste bei Tarifa 121
Küste nördlich von Tarifa 123
Küste bei Zahara de los Atunes 133